特殊路基工程

杨锡武 编

人民交通出版社股份有限公司

北 京

内 容 提 要

本书基于公路路基设计、施工和养护中常遇到的复杂地形、地质、土壤和气候环境条件下的特殊路基工程设计问题,较全面系统地介绍了土质高边坡、岩质路基边坡、滑坡地段路基、软土路基、膨胀土路基、黄土地区路基和冻土地区路基的设计理论、处治方法及施工技术。由于特殊路基的处治设计与特殊路基的形成环境条件密切相关,书中特别重视特殊路基形成的原因、处治设计的基本原理和方法介绍,内容重点突出,以便于读者较系统地掌握每类特殊路基的处治设计理论、方法。

本书可作为道路工程和土木工程专业的博士研究生、硕士研究生、本科生的教材或专业学习参考书,也可作为公路工程专业技术人员设计、施工的参考书。

图书在版编目(CIP)数据

特殊路基工程 / 杨锡武编. — 北京:人民交通出版社股份有限公司,2021.12
 ISBN 978-7-114-17522-0

Ⅰ.①特… Ⅱ.①杨… Ⅲ.①路基—道路工程 Ⅳ.①U416.1

中国版本图书馆 CIP 数据核字(2021)第 145404 号

Teshu Luji Gongcheng
书　　名:**特殊路基工程**
著　作　者:杨锡武
责任编辑:赵瑞琴
责任校对:孙国靖　龙　雪
责任印制:张　凯
出版发行:人民交通出版社股份有限公司
地　　址:(100011)北京市朝阳区安定门外外馆斜街 3 号
网　　址:http://www.ccpcl.com.cn
销售电话:(010)59757973
总　经　销:人民交通出版社股份有限公司发行部
经　　销:各地新华书店
印　　刷:中国电影出版社印刷厂
开　　本:787×1092　1/16
印　　张:20.75
字　　数:495 千
版　　次:2021 年 12 月　第 1 版
印　　次:2021 年 12 月　第 1 次印刷
书　　号:ISBN 978-7-114-17522-0
定　　价:58.00 元

(有印刷、装订质量问题的图书由本公司负责调换)

前言

Foreword

  随着国家经济的快速增长，我国的公路建设得到了前所未有的快速发展，高等级公路的修建已不仅仅集中在经济发达地区和大城市周围，高速公路、一级公路、二级公路已从经济中心的城市延伸到地处崇山峻岭的山乡、渺无人烟的沙漠和戈壁、水草丰美的辽阔草原。随着公路的延伸和建设范围的扩大，以及现代交通运输对公路的质量和运营要求的提高，公路设计、施工遇到的特殊地形、土壤、地质和自然气候条件越来越复杂。在过去低等级公路设计施工中很少遇到或未予重视的一些路基工程问题，在目前公路的设计施工中已较为常见，一般常规的路基设计、施工技术措施已难以解决各种特殊自然环境条件下的路基设计施工问题，给公路设计、施工提出了新的研究课题。作为公路工程专业技术人员，掌握一般路基设计施工技术知识已不能满足各种复杂自然环境条件下的公路设计、施工需要，本书无疑为解决这些问题开了一扇窗口。然而，由于特殊路基问题涉及范围较广，本书不可能穷尽解决所有特殊路基的方法，也不是设计手册，而是基于设计理论及施工较成熟的和工程中较为常见的原则，根据路基工程设计施工和养护中常遇到的较为普遍而又特殊的地形、土壤、地质和气候环境条件，结合公路路基设计施工的特点，较全面系统地介绍了特殊路基工程边坡、地基、特殊土和特殊气候环境四大类问题中的高边坡、滑坡、软土地基、膨胀土、黄土、冻土等特殊路基处治设计基本理论、方法及施工技术。本书供公路工程、土木工程专业技术人员设计、施工参考，也可作为道路工程和土木工程专业博士研究生、硕士研究生、本科生的教材或学习参考书。

  本书 1~6 章由杨锡武编写，第 7 章由黄明奎编写，第 8 章由黄明奎、杨锡武编写。本书在编写中参考了大量的相关文献，引用了部分网络图片，在此谨向这些文献和图片的作者一并表示感谢。

  限于编者水平有限，书中错误和不足在所难免，敬请读者批评指正。

2021 年 10 月于重庆

目 录
Contents

第1章 绪论 ··· 1
1.1 特殊路基的类型 ·· 1
1.2 特殊路基的处治原则 ·· 3

第2章 土质高边坡 ··· 4
2.1 概述 ·· 4
2.2 直线法 ··· 5
2.3 圆弧条分法 ·· 8
2.4 不平衡推力传递法 ·· 15
2.5 简布普遍条分法 ··· 16
2.6 土质边坡加固 ·· 21

第3章 岩质路基边坡 ·· 31
3.1 岩体结构及力学性能 ·· 31
3.2 岩质边坡的变形破坏模式 ·· 44
3.3 岩质边坡稳定性分析 ·· 50
3.4 岩质边坡防护与加固 ·· 67
3.5 岩质边坡崩塌落石的稳定性分析 ·· 71
3.6 危岩防治 ··· 78

第4章 滑坡地段路基 ·· 85
4.1 滑坡的形态要素与分类 ··· 85
4.2 产生滑坡的地形地质条件与因素 ·· 89
4.3 滑坡工程地质勘察 ··· 92
4.4 滑坡稳定性验算 ·· 98
4.5 滑坡防治 ··· 103
4.6 抗滑桩 ·· 106
4.7 预应力锚索 ··· 131
4.8 预应力锚索抗滑桩 ··· 145

第5章 软土路基 ··· 151
5.1 软土的成因类型及特性 ··· 151
5.2 软土的工程设计参数 ·· 155

5.3　软土路堤稳定性分析 ………………………………………… 158
　5.4　软土地基的沉降计算 ………………………………………… 162
　5.5　排水固结法 …………………………………………………… 171
　5.6　振冲碎石桩法 ………………………………………………… 180
　5.7　灌浆法 ………………………………………………………… 187
　5.8　强夯法 ………………………………………………………… 209
　5.9　软土地基的处理方法的选择 ………………………………… 217

第6章　膨胀土路基 …………………………………………………… 221
　6.1　膨胀土的特性 ………………………………………………… 221
　6.2　膨胀土的判别 ………………………………………………… 224
　6.3　膨胀土的工程特性及路基路面病害 ………………………… 229
　6.4　膨胀土路堑设计与施工 ……………………………………… 233
　6.5　膨胀土路堤设计与施工 ……………………………………… 240

第7章　黄土地区路基 ………………………………………………… 245
　7.1　黄土的特征及成因 …………………………………………… 245
　7.2　黄土的物理力学性质 ………………………………………… 248
　7.3　黄土地基湿陷等级判定与处理方法 ………………………… 256
　7.4　黄土地区的不良地质现象及路基病害 ……………………… 263
　7.5　黄土地区路基设计 …………………………………………… 269
　7.6　黄土路基施工 ………………………………………………… 275

第8章　冻土地区路基 ………………………………………………… 279
　8.1　冻土的分类及特点 …………………………………………… 279
　8.2　冻土的物理力学性质 ………………………………………… 282
　8.3　多年冻土的融沉计算 ………………………………………… 288
　8.4　多年冻土地区不良地质现象及对公路的影响 ……………… 295
　8.5　多年冻土地区路基设计 ……………………………………… 297
　8.6　季节性冻土地区的路基冻胀和翻浆及其处治方法 ………… 314

参考文献 ………………………………………………………………… 323

第1章 绪论

我国地域辽阔，公路建设所处的地形、土壤、地质和自然气候条件差异大，从东北的黑龙江到西北的新疆，由内蒙古到东南沿海地区，从青藏高原、云贵高原到东北的平原，从西北的荒漠、黄土高坡到沿海的江南水乡，从寒冷的东北到炎热的海南，气候环境和土壤地质条件复杂多变，在这些复杂多变的自然环境条件下修建公路，面临的工程技术问题不同、处理措施也不一样。例如，西南的云贵川地区，地形陡峻，地质条件复杂，夏季雨多，滑坡、泥石流和山洪对路基的损毁及高填方、深挖方路基边坡的稳定是路基设计、施工面临的问题；西北的新疆、甘肃地区，气候干旱少雨，公路通过沙漠和戈壁时，路基设计、施工所面临的则是干稳定性和盐渍对路基影响的问题；青藏高原地区，除了不良工程地质条件外，还有多年冻土的路基设计、施工问题；广东、浙江等东南沿海地区，地势平坦，水系发达，地下水位高，分布着各种软土，路基填方高度低，软土地基处理是路基常见的工程问题；在北方地区，地势平坦，冬季气温低、时间长，路基设计需要解决季节性冻胀和翻浆影响路基路面强度的问题。除此之外，在一些局部的特殊土质，如膨胀土、黄土、高液限土等具有不良工程性质的特殊土地区修筑公路，将同时面临特殊土的地基、边坡问题和特殊土填筑路基问题。由此可见，由于公路是带状结构的特点及我国国土面积大，地形、土壤、地质条件和气候环境条件差异大，没有可以直接套用的特殊路基普遍适用的处治方法，特殊路基设计、施工是公路工程建设面临的范围广且复杂多样的技术问题。此外，随着我国经济的发展和公路通达地区的深入，特别是偏远地区公路建设里程的快速增长，公路建设遇到的问题也越来越多，处理难度也在增大。因此，特殊路基是公路设计、施工、运营管理技术人员经常面临的技术问题，做好特殊路基设计和施工，对于提高路基工程质量、控制工程投资、保证路基稳定和公路的正常运营具有重要意义。

1.1 特殊路基的类型

路基是在天然地面上开挖或用土石填筑而成的带状土工构筑物，其稳定性必然要受道路所处地区的土壤、地形、地质、水文、气候等自然环境条件和路基边坡比、边坡高度、填料性质等路基结构的影响。特殊路基没有统一的定义，但一般指处于不良地形、土壤、地质、水文条件及特殊地理气候环境条件下需要单独进行分析、计算和设计的路基。与一般路基相比，特殊路基具有稳定性差、易产生工后病害等特点。因此，必须根据所处特殊条件进行专门设计，采取专门的防护、加固技术处治措施，以保证路基的强度和稳定性。

特殊路基的形成原因十分复杂，设计理论、计算方法和防护加固处治措施也千差万别，因此，特殊路基类型的划分也没有一个统一标准。但根据路基所处自然环境及其成因，特殊路基可以归纳为边坡类、地基类、特殊土质类、特殊气候环境类、特殊水文地质条件类及其他共六大类。

1) 边坡类——处于不良工程地质条件下的边坡及高大的人工填筑或开挖边坡

主要指位于滑坡、崩塌与岩堆、泥石流地段的路基边坡和人工开挖或填筑的高度超过20m的高填、深挖路基边坡、陡坡上填筑的路基。滑坡、崩塌与岩堆、泥石流地段路基的稳定性主要受不良工程地质、水文气候的影响，其主要问题是边坡的稳定。位于滑坡上的路基治理难度大，处治费用高，易产生病害，崩塌、危岩边坡发生速度快且突然，泥石流冲毁和掩埋路基，影响道路的正常运营和行人、行车安全。对于这些不良工程地质条件下的路基及路基边坡必须进行全面治理，一般工程治理费用较高。

人工开挖或填筑的高度超过20m的高填深挖路基和陡坡上填筑的路基，是一种人为的新型特殊路基高边坡问题，是山区道路设计为满足公路线形要求和利用弃方而产生的深挖和高填方特殊路基。深挖方边坡破坏了原山体的平衡稳定，产生新的边坡稳定问题，高填方路基除边坡稳定外，还容易产生路基本身的沉降，引起路面变形破坏；陡坡上填筑的路基不仅有边坡稳定问题，还有路基整体稳定问题。

2) 地基类——软弱地基（包括软土、人工回填土、强度较低的地基等）上填筑的路基

在我国从山区到平原，软土都有广泛的分布，这些软土成因不同、深度不同，处治方法也不同。位于软土地基上的路基容易产生不均匀沉降，引起路面变形开裂，处理费用高，影响行车的安全和舒适，增加道路的养护维修费用。

3) 特殊土质类——特殊土路堑或特殊土填筑的路基

膨胀土、高液限土、湿陷性黄土、盐渍土、风积沙及沙漠地区路基。这些不良土质地段的路基，既有边坡稳定问题，又有路基填料水温稳定性不好而产生的路基变形、强度低、稳定性差的问题。

4) 特殊气候环境类——特殊气候环境下的路基

如位于多年冻土、季节性冻土地区的路基。这种路基稳定性受气温变化影响，有冻融、融沉、冻胀、雪害、涎流冰等路基病害，处理难度大，常引起路基强度随季节气候的变化而变化，使路基路面变形、沉降，影响行车的安全和舒适。

5) 特殊水文地质条件类——处于不良水文地质条件区域内的路基

位于沿河（沿溪）、水库、滨海岸边修筑的路基。沿河（沿溪）、水库、滨海岸边路基长年或周期性地受到水的浸泡、冲刷作用，边坡稳定性和强度受水位涨落的影响，特别是在洪水或潮水涨落期间，剧烈水文条件变化时，使路基边坡被冲毁或坍塌。泥石流地段路基容易被泥石流冲毁和掩埋，影响道路的正常运营和行人与行车的安全。

6) 其他

如岩溶地区路基、采空区路基等等。这类地段的路基既有边坡问题，也可能有地基问题。岩溶地区的溶洞、坑穴出现的位置具有随机性，对路基的影响也因溶洞、坑穴的位置、规模而异，处治的方法也差别很大；采空区路基主要问题是采空区的沉降对路基的影响，与采空区埋深、地层构造、采空时间等因素有关。

1.2 特殊路基的处治原则

特殊路基的形成常常是多种因素综合作用的结果。例如，翻浆是水、土质和气温的综合作用；泥石流是暴雨、地形、土质的综合作用，滑坡是地质、水、施工活动的综合作用。因此，特殊路基没有可以通用的处治技术，对特殊路基的处治必须根据特殊路基所处的地形、土壤、地质、水文、气候环境条件及产生的原因，采取相应的处治技术措施。不同类型的特殊路基，处治遵循的原则和方法也不同。"针对性"是特殊路基处治的基本原则，同时，由于特殊路基的形成有其特定的自然环境条件，选择处治方法时，应充分吸收当地对类似特殊路基处治的工程经验，采取针对性措施，才能使处治达到预期的效果。一般可遵循以下原则和措施进行处治。

1) 绕避

特殊路基的处治不仅技术复杂、施工难度大，而且费用高昂，因此在公路选线时，若遇到特殊不良水文地质条件的特殊路基，应尽量绕避，如必须通过，应选择最短路径穿过。如大型滑坡、滑坡群，治理难度大、费用高，选线时应尽量绕避，若为沿溪线，应设置桥梁择岸绕避。

2) 改路基为桥梁和隧道

对于多年冻土、强膨胀土路段，或滑坡群路段，治理难度大，工程费用高，可以采用修建桥梁的方案；在一些崩塌落石严重的路段，可以采用明挖隧道或棚洞方案。

3) 增强

对于软土地基，可以根据软土情况，采取换填、固结排水、注浆、强夯、碎石桩、旋喷桩等措施进行加固增强，减少路基沉降；对于工程性质较差的膨胀土、湿陷性黄土路基、高液限土路基，可以通过石灰或水泥改善土质，提高土体的强度，增加路基的稳定性。

4) 支挡

对于高陡边坡、滑坡，基本的方法是支挡和锚固，同时进行防护与排水，增加路基稳定性。

5) 预防

采取工程措施，限制或消除发生路基病害的某些条件，如在多年冻土地区，路基设计采取各种措施，如通风管、填石、热棒等保持冻土层的稳定，预防冻土层融化，影响路基稳定性。

6) 因地制宜，综合处治

一种特殊路基的处治要取得好的长久效果，往往需要综合措施。如边坡支挡一般要与坡面防护、排水相结合处治；膨胀土、湿陷性黄土路基，采用土体增强改良与排水、坡面防护相结合，保证路基稳定。有些特殊路基可能处于多种复杂的条件，如滑坡区域可能有复杂的不良水文条件，软土地基上的路堤同时具有地基沉降和边坡稳定问题，湿陷性黄土地区的高边坡路基则具有特殊土体和边坡稳定问题。对于这些多种因素组合的特殊路基，就必须采取综合处治措施，同时，要因地制宜，充分借鉴当地治理的经验，使处治措施安全可靠、经济合理。

第 2 章 土质高边坡

2.1 概 述

土质边坡系指具有倾斜坡面的土体。由于土坡表面倾斜,在其自身重力及其他外力作用下整个土体都有向下滑动的趋势,当土体内部某一个面上的滑动的力超过土体的抗滑能力时,土坡就会产生滑动破坏。在工程建设中,常见的滑动土坡有两类,一类是天然土坡在水流冲刷、人类活动作用下破坏了土坡原来的平衡而产生的滑动破坏(滑坡);另一类是人工开挖或填筑的土坡,由于设计坡度太陡或工作条件变化改变了土体内部的应力状态,使某几个面上的剪应力达到土体的抗剪强度,土体的平衡状态被破坏而产生的边坡滑动破坏。各种形式的天然土坡或人工土坡滑移破坏,包括小型滑移、滑坍、大规模的滑坡。土坡的滑移破坏有缓慢的,也有突然的或间歇性滑动,在土坡的滑移过程中,有的滑移有明显的滑裂面,有的则没有。

影响边坡稳定的因素有地形、地质、水文、气候等各方面的因素。由于重力作用的影响,土坡的稳定性随其高度及边坡的陡度而变化,高度愈大、边坡愈陡,其稳定性愈低。土体内若有水流下渗,水对土起润滑作用,降低了土的抗剪强度,从而降低土坡的稳定性,极易产生滑动,如边坡坍塌经常发生在雨季或是暴雨之后,滑坡往往是由于地表水下渗或地下水渗流使土体内形成了软弱面所致。此外,边坡土层倾斜或夹有软弱土层,地面有张开裂缝,受动荷载或地震作用,以及河流对土坡脚的冲刷淘蚀或人为开挖山坡下部等作用,也可能造成土坡失稳而发生坍滑。在各种因素中,水是影响土坡稳定的主要外因之一,土的物理力学性质是影响土坡稳定的内因,土的力学强度对土坡稳定性起决定作用。

土坡滑动失稳,是由于土体内部发生剪切作用并形成了贯通的滑裂面,使土体沿此面滑动的剪切破坏。原因是,作用于土坡的外荷载和土坡自重应力在滑裂面上产生的剪应力超过了土体的抗剪强度,因此研究剪切面上的应力条件是土坡稳定分析的核心问题。大量的观察调查表明:黏性土破坏时的滑裂面近似圆柱面,在横断面上则呈现圆弧形;砂性土的滑裂面近似呈一个平面,在横断面上为一条直线。因此,在分析土坡稳定性时,为简化土坡稳定性验算,对滑动面形状进行近似假设,把土坡的滑动面简化成平面、柱面、多坡折面,其相应的土坡验算方法也分为圆弧法、直线法、折线法(不平衡推力传递法)三种。

土坡的稳定程度,通常用安全系数(或叫稳定系数)来评价,它表示土坡在可能的最不利条件下具有的安全保证。土坡稳定安全系数的表达形式根据滑面形式的不同而有多种,如圆弧滑面的土坡安全系数可定义为滑面上抗滑力矩与滑动力矩之比,即 $F_s = M_R/M_s$,直线滑面土坡的安全系数可定义为抗滑力与下滑力之比,即 $F_s = R/T$。由于土坡的破坏本质上是剪切破坏,因此,可以用摩尔-库仑准则表征土坡的安全系数,即 $F_S = \tau_R/\tau_S$,式中 τ_R 和 τ_S 分别是土体具有的抗剪强度和土体受到的剪应力。此外,也有用摩擦角、临界高表示的,其表达式分别为 $F_\varphi = \tan\varphi/\tan\varphi_c$ 和 $F_H = H_c/H$。第一个表达式表示抗剪强度中实际的摩擦强度与维持极限平衡需要的摩擦强度之比,为抗剪强度中摩擦部分的平均安全系数;第二个表达式中 F_H 是高度的安全系数,临界高 H_c 是土坡能保持稳定的最大高度,H 为实际高度。安全系数的不同表达方式都是在不同情况下为应用而提出的,其可靠程度决定于计算中选用的土的物理力学性质指标(主要是土的抗剪强度指标 c、φ 和土的重度 γ 值)是否得当,与实际土体性能的符合程度。在土坡稳定性设计时,F_S 的取值与土坡工程的重要性、对交通安全的影响有关。在一般情况下,只要抗剪强度参数取值合理,安全系数达到了规定值,土坡就是足够安全的,经济上也是合理的。

路堤、路堑边坡稳定性验算安全系数要求,见表 2-1、表 2-2。

路堤边坡稳定性验算安全系数要求　　　　　表 2-1

分析内容	地基强度指标	分析工况	稳定安全系数 F_S	
			二级及二级以上公路	三、四级公路
路堤自身的稳定性和路堤与地基的整体稳定性	采用直剪的固结快剪或三轴固结不排水剪指标	正常工况	1.45	1.35
		非正常工况	1.35	1.25
	采用快剪指标	正常工况	1.35	1.30
		非正常工况	1.25	1.15
路堤沿斜坡或软弱层滑动的稳定性		正常工况	1.30	1.25
		非正常工况	1.20	1.15

注:1. 正常工况:路基投入运营后经常发生或持续时间长的工况;
　　2. 非正常工况:路基处于暴雨或连续降雨状态下的工况。

路堑边坡稳定性验算安全系数要求　　　　　表 2-2

分析工况	稳定安全系数 F_S	
	高速公路、一级公路	二级及二级以下公路
正常工况	1.20 ~ 1.30	1.15 ~ 1.25
非正常工况	1.10 ~ 1.20	1.05 ~ 1.15

为了对土坡稳定性作出准确评价,必须做好现场地质调查、勘探,收集地形、地质、水文等资料,并对这些资料进行认真分析研究,选择适当的方法进行稳定性验算,然后按照土坡稳定性设计要求进行设计,确保土坡在各种自然因素作用下具有足够的稳定性,且安全可靠、经济合理。

2.2　直　线　法

由均质砂性土构成的土坡,破坏时滑裂面多近于平面;成层的非均质砂类土构成的土坡,破坏时滑裂面也往往近似于一个平面。这些滑裂面在断面上近似呈一条直线。对于用透水填料填筑的路堤,如用砂、砾石、卵石、碎石、块石等均没有黏聚力 c;当透水土中存在少量黏性土,而其抗剪强度主要是内摩擦力,但也存在一定的黏聚力,这些土坡的稳定性验算仍可采用直线法。同时,还应考虑黏聚力对边坡稳定性的影响。

滑裂面为平面的直线法的假定是:滑裂面为一平面,破坏时不稳定的土体沿此平面做整体滑动。

如图2-1a)所示,设土体 ABD 沿 AD 面滑动,土体 ABD 的自重及外荷载之和为 W,AD 面的水平倾角为 ω,显然 W 在滑面 AD 方向上的分力 T 是推动土体滑动的,称为滑动力。阻止土体滑动的力有两部分,即滑面上土体的黏聚力和摩擦阻力,称为抗滑力。

滑动力和抗滑力分别以式(2-1)、式(2-2)表示:

滑动力:

$$T = W\sin\omega \tag{2-1}$$

抗滑力:

$$R = W\cos\omega\tan\varphi + cl \tag{2-2}$$

因此,根据极限平衡原理,以抗滑力和滑动力的比值来表示土体沿滑面滑动的可能程度,即安全系数,以 F_S 表示。

$$F_S = \frac{R}{T} = \frac{W\cos\omega\tan\varphi + cl}{W\sin\omega} \tag{2-3}$$

式中:W——滑体 ABD 的重量(当有外荷载时,为两者之和,kN);

ω——滑裂面的倾角(°);

φ——边坡土体内摩擦角(°);

l——滑裂面的长度(m)。

当 $T > R$,$F_S < 1$,表示滑动力大于抗滑力,部分土体不稳定;$T < R$,$F_S > 1$,表示土坡稳定;$T = R$,$F_S = 1$,表示处于极限平衡状态。

用直线法验算边坡的稳定性时,为了求得最小安全系数,找出边坡的最危险滑裂面,可过坡角 A 点,假定3~4个可能的破裂面,如图2-1b)所示,求出边坡沿 AD_1、AD_2、AD_3、AD_4 的滑裂面滑动的安全系数 F_{S1}、F_{S2}、F_{S3}、F_{S4} 等值,并绘出 $F_S = f(\omega)$ 曲线及曲线最低点的水平切线,如图2-1c)所示,曲线的切点即为边坡的最小安全系数 F_{Smin} 值,其所对应的破裂角为最危险滑裂面倾角 ω_0 值,其滑裂面为最危险滑裂面。最危险滑裂面确定后,即可以此判别路堤边坡的稳定性,若 $F_{Smin} > [F_S]$($[F_S] = 1.25 \sim 1.5$),则边坡稳定。

安全系数 F_S 值应大于1.25,这是因为在稳定计算中作了一系列假定,这些假定与实际情况难免有出入;并且所采用的计算参数(例如土的抗剪强度指标)也不可能与实际情况完全吻合;此外,尚有一些难以预估的因素等等,都使计算结果存在着不同程度的误差,所以要求安全系数需要有一定的安全度。验算所得的 F_S 值,满足这个要求时,即可保证路基的稳定性,如不能满足要求的 F_S 值,必须重新设计或采取适当的加固措施。

由式(2-3)可知,$F_S = f(\omega)$,即 F_S 是破裂面倾角 ω 的函数。因此,对路堑边坡或不计荷载的路堤边坡,可以直接导出 F_{Smin} 及 ω_0 的关系式,一次计算即可得出结论。

如图2-2所示,假定土楔 ABD 沿破裂面 AD 滑动,其安全系数 F_S 按下式计算:

$$F_S = \frac{R}{T} = \frac{fW\cos\omega + cL}{W\sin\omega}$$

$$= f\cot\omega + \frac{cL}{W\sin\omega}$$

$$= f\cot\omega + \frac{cL}{\frac{1}{2}\gamma hL \frac{\sin(\theta-\omega)\sin\omega}{\sin\theta}}$$

$$= f \times \cot\omega + a_o[\cot\omega + \cot(\theta-\omega)]$$

$$= (f + a_o)\cot\omega + a_o\cot(\theta-\omega) \tag{2-4}$$

式中：W——土楔 ABD 的重量(kN)，按 1m 长度计；

ω——滑裂面的倾角(°)；

θ——边坡的坡度角(°)；

γ——边坡土体的重度(kN/m^3)；

h——边坡的垂直高度(m)；

f——边坡土体的内摩擦系数，$f = \tan\varphi$；

c——边坡土体的单位黏聚力(kPa)；

L——滑裂面 AD 的长度(m)；

a_o——参数，$a_o = \dfrac{2c}{\gamma h}$。

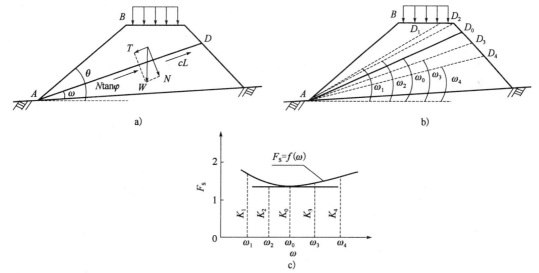

图 2-1 直线法验算砂、砾类土高路堤边坡稳定性

由微分学可知，令 $\dfrac{dF_S}{d\omega} = 0$，即可求得 F_S 为最小时的破裂面倾角 ω_0 值，由此得：

$$\cot\omega_o = \cot\theta + \sqrt{\frac{a_o}{f + a_o}}\csc\theta \tag{2-5}$$

将式(2-5)代入式(2-4)，得最小安全系数为：

$$F_{Smin} = (2a_o + f)\cot\theta + 2\sqrt{a_o(f + a_o)}\csc\theta \tag{2-6}$$

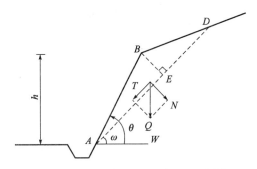

图 2-2　直线法验算砂砾类土路堑边坡稳定性

式中的 γ、c、φ、h 及 θ 在计算前可以确定,因此,用式(2-6)可以一次求得边坡的最小安全系数,从而大大简化边坡稳定性验算工作。

对于松散的砂砾类土,可取 $c=0$,由式(2-1)可得:

$$F_S = \frac{\tan\varphi}{\tan\omega} \tag{2-7}$$

处于极限平衡状态时,$F_S=1$,则 $\tan\omega=\tan\varphi$,或 $\omega=\varphi$,即砂砾类土的极限坡角等于内摩阻角,这个角亦称为天然休止角,对于砂砾类土是一个常数。

对于路堤,当原地面横坡较大,如陡坡路堤,除计算路堤边坡的稳定性外,还应计算整个路堤沿地面滑动的可能性。原地面为单一坡时,可按直线法验算,这时的强度指标 c、φ 值应取地基及路堤填料土质较差的一种土的试验值,并根据具体情况合理使用。如果原地面坡面为多坡,则应用不平衡推力传递法进行坡体是否沿原地面滑动的验算。

对于均质黏性土边坡,用直线法计算安全系数得到的结果,一般较圆弧条分法大。根据我国经验,有时可大至20%左右,是不安全的。因此,对不同土质组成的边坡,应根据其破坏滑裂面形式采用相应的稳定性验算方法。

2.3　圆弧条分法

圆弧条分法1916年首先由瑞典人彼德森提出,以后经过费兰纽斯、泰勒等人不断改进。这种方法假定土坡稳定问题是个平面应变问题,滑裂面是圆柱面,计算时不考虑土条间的作用力,在验算土坡稳定性时,把滑动体分为若干土条,土坡安全系数用滑裂面上的全部抗滑力矩与滑动力矩之比来定义。其后,各国学者以圆弧滑面为前提,又提出了摩擦圆法(φ 圆法)、总应力法、有效应力法、台罗尔图解法以及半图解法等,这些方法考虑的因素和适用条件虽有所不同,但都是基于圆弧滑裂面假定,从极限平衡状态出发来分析边坡的稳定。圆弧条分法是条分法中最古老而又简单的方法,是最广泛使用的一种分析土坡稳定性基本方法。

2.3.1　概述

大量的调查表明,黏性土自然土坡或人工填筑的土坡坍塌破坏体的形态多呈圆柱状,从而提出了假定破裂面在横断面上为圆弧形的边坡稳定验算方法。

用圆弧滑面进行土坡稳定分析的具体方法很多,在我国公路、铁路工程中应用最多的是费兰纽斯提出的圆弧条分法,这也是土坡稳定分析的一种基本方法。

图 2-3 所示为一个可能产生滑动破坏的土质路基边坡。AB 为可能破坏的滑裂面。假定边坡破坏时,滑动体 ABCD 同时整体地滑动,并视为沿 AB 面绕圆心 O 向下转动。其作用力有抵抗土体 ABCD 滑动的抗滑力与推动土体滑动的下滑力。当这两部分力对滑体产生的力矩不平衡时,ABCD 将产生沿滑裂面 AB 的破坏。设滑体对圆心 O 的抗滑力矩为 M_R,下滑力矩为 M_S,则定义两者之比为安全系数,即:

$$F_S = \frac{M_R}{M_S} = \frac{\tau l R}{WE} \tag{2-8}$$

式中:W——滑动土体(包括荷载)的重量(kN);

τ——土的抗剪强度(Pa);

l——滑弧长度(m);

E——滑体重心至圆心的距离(m);

R——滑弧半径(m)。

显然,此比值表示边坡土体沿着 AB 面滑动的可能程度。

从式(2-8)可知,为了计算安全系数 F_S,必须求得 M_S 和 M_R 的大小。其中,M_S 是由滑动土体(包括荷载)的重量产生的,当滑裂面的位置确定后,可以根据滑动体的重量和力臂来计算,而 M_R 是由土的抗剪强度引起的,为了确定土的抗剪强度,必须先知道作用在滑面上的法向应力的大小,或者说滑面上的应力分布情形,然后才能按库仑公式进行计算,但是滑面上的应力分布是一个十分复杂的课题,要准确地求解很困难,因此只能借助于近似的条分法来求解。

如图 2-3 所示,采用条分法计算安全系数 F_S 时,将滑动体 ABCD 分割成许多小直条。直条的宽度越小,计算精度越高,但为了避免计算过于烦琐,并能满足设计要求,一般取为 2~3m。当土坡由不同土质的土分层填筑时,应选择土层变化点作为分条的界限。根据圆弧条分法的原理,取任一分条 i(图 2-3),其上的作用力有:

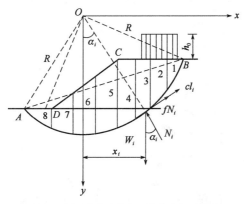

图 2-3 圆弧条分法分析土坡稳定性示意图

(1)土条的自重力 $W_i = \gamma A_i$,其中 γ 为土的重度,A_i 为 i 分条的面积。将 W_i 沿其形心作用线引至滑面上并分解为垂直于滑面的法向分力 N_i 和切于滑面的切向分力 T_i,由图 2-3 可知:

$$N_i = W_i \cos\alpha_i \tag{2-9}$$

$$T_i = W_i \sin\alpha_i \tag{2-10}$$

显然，T_i 是推动土体下滑的力。但如果第 i 分条位于滑弧圆心铅垂线的左侧（坡脚一边），则 T_i 起抗滑作用。起抗滑作用的切向分力用 T'_i 表示。因 N_i 作用线通过圆心，所以力矩为零，对土坡不起滑动作用，但 N_i 却决定着滑面上抗剪强度的大小。

(2)滑面上土的抗滑力 τ，方向与滑动方向相反。根据库仑公式：

$$\tau = N_i \tan\varphi + cl_i \tag{2-11}$$

式中：l_i——第 i 分条的弧长。

(3)条间力 x_i、y_i、x_{i+1}、y_{i+1}。

根据前述对整体滑动的假定，条间力属于内力，但从一分条来看又为外力，当分条宽度不大时，近似地认为分条两侧的条间力的合力大小相等、方向相反，在同一条作用线上，因而在分条计算中，可不予考虑。实际上条间力是不平衡的，但经验表明，忽略条间力的作用所产生的误差较小。

将作用于各分条弧段上的力 cl、$N_i \tan\varphi$、T_i、T'_i 分别乘以滑弧半径 R，便得到土体破坏时绕圆心 O 转动的总滑动力矩 $\sum M_S$ 和总抗滑力矩 $\sum M_R$。

$$\sum M_R = R \times (\sum cl_i + \sum N_i \tan\varphi + \sum T'_i) \tag{2-12}$$
$$\sum M_S = R \sum T_i$$

于是

$$F_S = \frac{\sum M_R}{\sum M_S} = \frac{R(\sum cl_i + \sum N_i \tan\varphi + \sum T'_i)}{R \sum T_i} = \frac{\sum cl_i + \sum N_i \tan\varphi + \sum T'_i}{\sum T_i} \tag{2-13}$$

T'_i 数值很小且有利于稳定，有时可忽略不计。

式(2-13)是圆弧条分法稳定分析的计算公式。

对于一个可能破坏的滑裂面，用上述公式可以算出相应的稳定系数 F_S 值。但是在一个计算断面上，可以任意假定无数个可能破坏的滑裂面，因而也就可算出无数个 F_S 值，显然，其中 F_S 值最小的那个滑裂面应当是最危险的，即，如果土坡发生破坏的话，必定首先沿着这个滑裂面滑动。因此，应用最小的 F_S 值 F_{Smin} 代表土坡的安全系数。其相应的圆心及滑裂面分别称为"临界圆心"及"临界滑裂面"。

为了寻求临界滑裂面，要进行大量的试算，因此，必须寻求一种简捷的方法找出临界滑裂面。

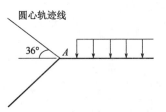

图 2-4 36°法作滑裂面圆心轨迹线

为求得 F_{Smin}，假设所有的滑裂面圆心轨迹在一条直线上，叫圆心轨迹线。求圆心轨迹线的方法之一是 36°法。从路堤坡顶作一与水平线呈 36°的直线，作为圆心轨迹线（图 2-4），这种作圆心轨迹线的方法又叫 36°法。

有活载作用时，圆心轨迹线应从换算土柱的边缘顶点起始。但在实际工作中，对于高路堤，由于换算土柱的高度与路堤整个高度相比较小（最大不过1/6），故圆心轨迹线也可从实际坡顶开始。两者计算所得的 F_S 值仅差 ±0.01 左右。

必须指出，上述自坡顶引 36°线寻求临界圆心轨迹的方法，只适用于土坡坡度 30°～45°（1:1.73～1:1）的情况，超出这一范围，求得的圆心位置将与实际位置有偏离。

作圆心轨迹线的另一种方法是 $4.5H$ 法。对于黏性土（$\varphi \neq 0$），当 φ 值增大，其圆心位置向上及向外移动,可用过 I 点作一直线 IM 来表示圆心之轨迹线(图2-5)。作直线 IM 的方法是:过坡脚 E 作主垂线 $EF=H$(边坡高度),再过 F 点作水平线 $FM=4.5H$ 得 M 点;根据边坡比(或平均边坡比)$1:m$ 查表2-3,得角值 β_1、β_2,过坡脚 E 作与边坡线 ES 的夹角 β_1,边坡顶 S 作水平线夹角 β_2,两线交点为 I,IM 线即为圆心轨迹辅助线。这种作圆心轨迹线的方法又叫 $4.5H$ 法。若为折线边坡,查表2-3时可以取连接坡脚与坡顶线的边坡比。

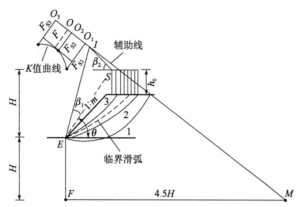

图2-5 圆弧条分法验算边坡稳定性图示

过坡脚的临界圆心位置有关角度值　　　　表2-3

坡　　度		β_1	β_2
$1:m$	i		
1:0.5	63°26′	29°30′	40°
1:0.75	53°18′	29°00′	39°
1:1	45°00′	28°	37°
1:1.25	48°30′	27°	35°30′
1:1.5	33°47′	26°	35°
1:1.75	29°45′	26°	35°
1:2	26°34′	25°	35°
1:3	18°26′	25°	35°
1:5	11°19′	25°	37°

在 φ 值很小的黏性土层内,当边坡角缓于53°时,临界圆弧可能是通过坡脚以外某点地基下的深置圆(滑弧通过地基以下为深置圆或坡底圆)。大量的验算结果表明:当 φ 值略大于5°时,则最危险深置圆的位置就与最危险坡趾圆(通过坡脚的滑弧称坡趾圆)的位置接近一致,故一般 φ 值大于5°的黏性土边坡的临界圆弧均通过坡脚。

路基边坡稳定性设计经验表明,在一般情况下,当地基良好,临界圆弧的下缘通过路基坡脚,对于路堤,其上缘又多见于滑动边坡另一侧的路面或线路中心附近。

若坡顶地面不是水平而是具有一定倾斜度的斜坡时,则临界滑裂面的圆心轨迹线将有变动。有关研究表明,临界圆心的位置除与边坡坡度及地面横坡陡度有关外,还与比值

$$\xi = \frac{\tan\varphi}{\dfrac{c}{\gamma h}}$$

有关，ξ 值增大，则临界圆心向外移，当 ξ 达到某值时，破裂圆弧就通过边坡与坡顶地面线的交点。圆心轨迹线为一曲线，但可近似地以直线代替，对安全系数的影响很小。

以上求临界圆心轨迹的方法是按土坡外形为给定的简单图形得出的，如果土坡外形复杂，如坡面有台阶或呈折线形，坡顶形状复杂或有大小不等的各种荷载，则上述临界圆心的轨迹将有变化，并可能出现一个以上的等 F_S 值圆心点连线包络的最小 F_S 值圆心区域，其值不一。因此，在坡形复杂时，应扩大试算范围，不受上述规律的限制。

当已知临界圆心轨迹线及滑弧上、下缘的大概位置后，只要试算几个滑弧即可迅速获得临界圆心的位置并求得其稳定系数 F_{Smin}，具体步骤如下：

①确定滑裂面圆心轨迹线

用 $4.5H$ 法（或 $36°$ 法）作圆心轨迹线，如图 2-3 所示。

②作圆弧滑裂面并分条

为求得某个滑裂面的稳定系数，先在圆心轨迹线上取任意点为圆心 O，以 $\overline{OE}$ 为半径 R 过坡脚 E 作圆弧。然后将滑动体分条，分条数一般以 10 条左右为宜，或根据边坡的宽度和精度要求确定。分条宽度可以相等，也可以不等。过圆心 O 建立坐标系，土条被 y 轴分成左、右两部分，量出各土条中心对 y 轴的横距 x_i，按 $\alpha_i = \arcsin x_i/R$ 关系，可得各土条对 y 轴的夹角 α_i。

③计算安全系数

A. 滑动力矩 M_S。各土条对圆心的滑动力矩等于重力的切向分力 T_i 乘以半径 R。整个滑动体的总滑动力矩 M_S 等于各土条分力矩之代数和（y 轴左边土条的滑动力矩为负），即：

$$M_S = R(\sum T_i - \sum T'_i) \tag{2-14}$$

式中：T'_i——y 轴左边的土条的重力切向分力；

T_i——y 轴右边土条的重力切向分力。

B. 抗滑力矩 M_R。各土条的抗滑力矩为滑裂面上的摩阻力和黏结力对圆心的矩，即，滑动体的总抗滑力矩 M_R 为：

$$M_R = R(\sum N_i f + \sum c l_i) \tag{2-15}$$

因此，由式（2-13）可得该滑裂面的稳定系数为：

$$F_S = \frac{R(\sum N_i f + \sum c l_i)}{R(\sum T_i - \sum T'_i)} = \frac{f \sum N_i + cL}{\sum T_i - \sum T'_i} = \frac{f \sum W_i \cos\alpha_i + cL}{\sum W_i \sin\alpha_i} \tag{2-16}$$

式中：f——土体摩擦系数，$f = \tan\varphi$；

l_i——各土条滑弧长；

α_i——各土条中心对 y 轴的夹角；

W_i——土条的重量，$W_i = A_i \gamma$，A_i 为土条面积；

N_i——土条在滑裂面法线方向的反力，$N_i = W_i \cos\alpha_i$；

T_i——土条重力在滑裂面上的切向分力，$T_i = W_i \sin\alpha_i$。

为求得边坡的最小安全系数 F_{Smin} 和最危险破裂面位置，应作若干个滑动圆弧，如图 2-5 所示，用式（2-13）计算出每一滑动体的安全系数 F_S，绘出 F_S 值曲线，然后作平行于圆心轨迹线且切于曲线的直线，即得切点，由切点向轨迹线作垂线，垂线与轨迹线的交点 O，即为临界圆心，过此圆心作过坡脚的滑裂面即是最危险滑裂面，该滑裂面的安全系数就是边坡的最小安全

系数 F_{Smin}。

④判断边坡的稳定性

若 $F_{Smin} \geq [F_S]$（$[F_S]=1.25\sim1.5$），则边坡稳定；反之，则须采取措施，增加边坡的稳定性。容许安全系数也可以根据不同行业的边坡安全等级规范要求确定。

2.3.2 改进的圆弧条分法（毕肖普法）

由于瑞典法略去了条间力的作用，因此严格地说，对每一土条力的平衡条件是不满足的，对土条本身的力矩平衡也不满足，只满足整个土体的力矩平衡条件。由此产生的误差，一般使求出的安全系数偏低10%~20%，这种误差随着滑裂面圆心角的增大而增大。

毕肖普考虑了条间水平推力和剪力的作用，在1955年提出了一个新的安全系数公式。如图2-6b)所示，取任一土条，对其进行受力分析，E_i 及 X_i 分别表示条间法向及切向力，W_i 为土条自重，N_i、T_i 分别为土条底部的总法向力（包括有效法向力及孔隙压力 u_i）和切向力，l_i 和 b_i 分别是土条的滑面长度和土条宽度。

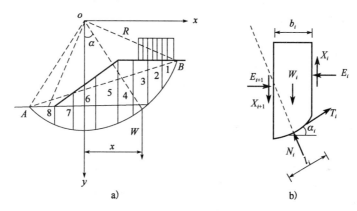

图2-6 毕肖普法分析土坡稳定性示意图

在土条 i 中共有6个未知数，即 T_i、N_i、E_i、E_{i+1}、X_i、X_{i+1}，要求出这6个力需要6个方程，而对于每个土条只能列出3个平衡方程。但是，根据圆弧法安全系数计算原理，E_i、E_{i+1}、X_i、X_{i+1} 是两对方向相反的条间力，两对力对圆心的矩可以近似抵消，所以，只要求出每土条的 T_i、N_i 就可以求得边坡的安全系数。

根据每一土条垂直方向力的平衡条件，有：
$$W_i - X_i + X_{i+1} - T_i \sin\alpha_i - N_i \cos\alpha_i = 0$$

或
$$N_i \cos\alpha_i = W_i - X_i + X_{i+1} - T_i \sin\alpha_i \tag{2-17}$$

按照摩尔-库仑准则及安全系数的定义：
$$F_S = \frac{\tau_f}{T} \tag{2-18}$$

T_i 可用下式表示（对于非饱和土，$u_i = 0$）：
$$T_i = \frac{c'_i l_i}{F_S} + (N_i - u_i l_i)\frac{\tan\varphi'_i}{F_S} \tag{2-19}$$

联立式(2-19)和式(2-17)，求得 N_i：

$$N_i = \left[W_i + (X_{i+1} - X_i) - \frac{c'_i l_i \sin\alpha_i}{F_S} + \frac{u_i l_i \tan\varphi'_i \sin\alpha_i}{F_S} \right] \frac{1}{m_{\alpha i}} \quad (2\text{-}20)$$

式中：

$$m_{\alpha i} = \cos\alpha_i + \frac{\tan\varphi'_i \sin\alpha_i}{F_S}$$

根据圆弧法的安全系数计算公式及 E_i、E_{i+1}、X_i、X_{i+1} 对圆心的矩可以近似抵消，得：

$$F_S = \frac{\sum M_{Ri}}{\sum M_{si}} = \frac{\sum N_i \tan\varphi + \sum cl_i}{\sum W_i \sin\alpha_i} \quad (2\text{-}21)$$

将式(2-20)代入式(2-21)，且 $x_i = R\sin\alpha_i$，可得安全系数公式：

$$F_S = \frac{\sum \dfrac{1}{m_{\alpha i}} \{ c'_i b_i + [W_i - u_i b_i + (X_{i+1} - X_i)\tan\varphi'_i]\}}{\sum W_i \sin\alpha_i + \sum Q_i \dfrac{e_i}{R}} \quad (2\text{-}22)$$

式中 X_i 及 X_{i+1} 是未知的，为使问题有解，毕肖普法又假定各土条之间的切向条间力均略去不计，也就是假定条间力的合力是水平的，这样式(2-22)可简化成：

$$F_S = \frac{\sum \dfrac{1}{m_{\alpha i}} [c'_i b_i + (W_i - u_i b_i)\tan\varphi'_i]}{\sum W_i \sin\alpha_i + \sum Q_i \dfrac{e_i}{R}} \quad (2\text{-}23)$$

这就是国内外普遍使用的简化毕肖普法。由于在 m_α 内也有 F_S，所以在求 F_S 时要进行试算。为了计算的方便，已制成 m_α 的图解曲线，如图2-7所示，试算时可由所假定的 F_S 及每一土条的 α_i、$\tan\varphi'_i$ 直接查得 m_α 值。在计算时，一般可先假定 $F_S = 1$，求出 m_α，再求 F_S，如果此 F_S 不等于1，则用此 F_S 求出新的 m_α 及 F_S，如此反复迭代，直至假定的 F_S 和算出的 F_S 非常接近为止。根据经验，通常只要迭代3~4次就可满足精度要求，而且迭代通常总是收敛的。

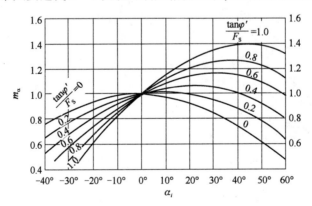

图2-7 m_α 的图解曲线

需要指出：对于 α_i 为负值的那些土条，要注意会不会使 m_α 趋近于零，如果是这样，则简化毕肖普法就不能用。这是由于既在计算中略去了 X_i 的影响，又要令各土条维持极限平衡，在土条的 α_i 使 m_α 趋近于零时，N_i 就要趋近于无穷大，当 α_i 的绝对值更大时，土条底部的 T_i 将要求和滑动方向相同，这是与实际情况相矛盾的。因此有的学者认为，当任一土条，其 $m_\alpha \leqslant$

0.2时,就会使求出的F_S值产生较大的误差,此时就应考虑X_i的影响或采用别的计算方法。

2.4 不平衡推力传递法

不平衡推力传递法又叫传递系数法,这种方法假定条间力的合力与上一条土条底面平行。根据力的平衡条件,化整为零,逐条向下推求,直至求得最后一土条的剩余下滑力。它适用于任意形状的滑裂面的边坡稳定性验算。

图2-8b)所示为任意一滑动土条,其两侧条间力合力作用方向分别与上一条土条底面相平行,取垂直和平行于土条底面方向力的平衡,有:

$$N_i - W_i\cos\alpha_i - E_{i-1}\sin(\alpha_{i-1} - \alpha_i) = 0$$
$$T_i + E_i - W_i\sin\alpha_i - E_{i-1}\cos(\alpha_{i-1} - \alpha_i) = 0 \quad (2\text{-}24)$$

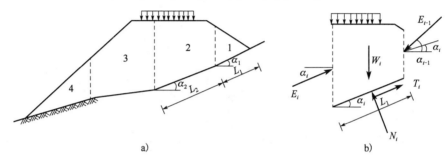

图2-8 不平衡推力传递法分析土坡稳定性

应用安全系数的定义及摩尔-库仑准则:

$$T_i = \frac{c'_i l_i}{F_S} + (N_i - u_i l_i)\frac{\tan\varphi'_i}{F_S} \quad (2\text{-}25)$$

式中:u_i——作用于土条底面的孔隙水压力,非饱和土$u_i=0$。

由以上三式消去T_i、N_i得:

$$E_i = W_i\sin\alpha_i - \left[\frac{c'_i l_i}{F_S} + (W_i\cos\alpha_i - u_i l_i)\frac{\tan\varphi'_i}{F_S}\right] + E_{i-1}\psi_i \quad (2\text{-}26)$$

式中:E_i——第i块土条在α_i滑裂面上的剩余下滑力;

E_{i-1}——上一块$(i-1)$土条的剩余下滑力,方向平行于其α_{i+1}滑裂面,当$E_{i-1}<0$时,取$E_{i-1}=0$;

c_i、φ_i——第i块土条与滑裂面间的黏聚力和内摩阻角;

ψ_i——传递系数:

$$\psi_i = \cos(\alpha_{i-1} - \alpha_i) - \frac{\tan\varphi'_i}{F_S}\sin(\alpha_{i-1} - \alpha_i) \quad (2\text{-}27)$$

计算时要先假定F_S,然后从第一条开始逐条向下推求,直至求出最后一条的推力E_n,E_n必须为零,否则要重新假定F_S进行试算。$E_n=0$时的F_S即为该土坡具有的安全系数,若其小于容许的安全系数,则可判定该土坡不稳定。也可以把要求达到的容许安全系数F_S代入,然后根据最下一块土条的E_n进行判定,$E_n<0$,土坡稳定;反之则不稳定。

为了使计算工作更加简化,在工程设计中常采用下列简化公式:

$$E_i = F_S W_i \sin\alpha_i - [c'_i l_i + (W_i \cos\alpha_i - u_i l_i)\tan\varphi'_i] + E_{i-1}\psi_i \tag{2-28}$$

式中传递系数 ψ_i 改用下式计算：

$$\psi_i = \cos(\alpha_{i-1} - \alpha_i) - \tan\varphi'_i \sin(\alpha_{i-1} - \alpha_i) \tag{2-29}$$

$$E_{i-1} = W_{i-1}\sin\alpha_{i-1} - \left[\frac{c'_{i-1} l_{i-1}}{F_S} + (W_{i-1}\cos\alpha_{i-1} - u_{i-1}l_{i-1})\frac{\tan\varphi'_i}{F_S}\right] \tag{2-30}$$

如采用总应力法，在式(2-28)中略去 $u_i l$ 项，c、ϕ 值可根据土的性质及当地经验计算，对于滑坡的稳定性验算，可以采用试验和反算相结合的方法来确定。F_S 值应根据边坡现状及其对工程的影响等因素确定，一般可取 1.25～1.5。另外，因为土条之间不能承受张力，所以任何土条的推力 E_i 如果为负值，在此 E_i 不再向下传递，而对下一土条取 $E_{i-1} = 0$。

由于不平衡推力传递法计算简便，目前仍为我国公路、铁路和工业与民用建筑部门验算滑坡稳定时常用的方法。

2.5 简布普遍条分法

直线法和圆弧法分别适用于滑裂面为平面和柱面的边坡稳定性验算，但在多数情况下，边坡的滑裂面既不是平面也不是柱面，而是呈任意形状。对于滑裂面为任意形状的边坡，其稳定性可以采用简布普遍条分法验算。

图 2-9 是一般土坡的任一断面，上面作用着各种荷载，剪切面（滑裂面）也是任意的。在整个土坡的两侧作用有推力 E_a、E_b 和剪力 T_a、T_b。

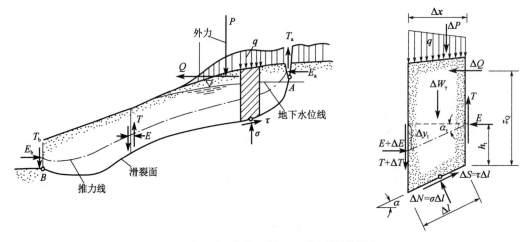

图 2-9 简布普遍条分法分析土坡稳定性计算图示

如果在土坡断面中任取一土条，如图 2-9 所示，其上作用着集中荷载 ΔP、ΔQ 及匀布荷载 q，ΔW_γ 为土条自重，在土条两侧作用有条间力 T、E 及 $T + \Delta T$、$E + \Delta E$，ΔS 及 ΔN 则为滑裂面上的作用力。一般条件下，T、E、ΔS 及 ΔN 为基本未知量。

为求出一般情况下土坡稳定的安全系数以及滑裂面上的应力分布，可以采用简布普遍条分法。

在平面应变问题的条件下，简布假定：

(1) 整个滑裂面上的安全系数相同，其定义表达式为 $F_S = \dfrac{\tau_f}{\tau}$。

(2) 土条上垂直方向荷载的合力 $\Delta W = \Delta W_\gamma + q\Delta x + \Delta P$，其作用线和滑裂面的交点与 ΔN 的作用点为同一点。

(3) 假定已知推力线的位置，所谓推力线是指土条两侧作用力（条间力）的合力作用点的连线，且为一光滑连续曲线。根据土压力计算理论，可以简单地假定土条侧面推力成直线分布，如果坡面没有超载，对于非黏性土（$c' = 0$），推力线应选在（或靠近）土条下三分点处，对于黏性土（$c' > 0$），则在这点以上（被动情况）或这点以下（主动情况）。如果坡面有超载，侧向推力成梯形分布，推力线应通过梯形的形心。

简布假定 ΔW 和 ΔN 的作用点是同一点，这不太合理，但其影响在推导公式中属于二阶微量，可予忽略。至于推力线位置的变化，主要影响土条侧向力的分布，对安全系数的影响也很小。

对于每一土条，根据所假定的滑裂面，可以量得滑裂面坡度 $\tan\alpha$ 及土条宽 Δx。单位土条宽度上作用的总垂直荷载为

$$p = \frac{\Delta W}{\Delta x} = \gamma z + q + \frac{\Delta P}{\Delta x} \tag{2-31}$$

式中：γ——土的重度。

水平荷载为 ΔQ，其作用点位置离滑裂面的距离为 z_Q。当推力线位置确定以后，尚可量得推力线与滑裂面的垂直距离 h_t 及推力线的坡度 $\tan\alpha_t$。

根据力及力矩平衡条件，对每一土条，可列出下列四个基本方程：

$$\tau = \frac{\tau_f}{F_S} = \frac{c'}{F_S} + (\sigma - u)\frac{\tan\varphi'}{F_S} \tag{2-32a}$$

$$\sigma = p + t - \tau\tan\alpha \tag{2-32b}$$

$$\Delta E = \Delta Q + (p + t)\Delta x \tan\alpha - \tau\Delta x(1 + \tan^2\alpha) \tag{2-32c}$$

$$T = -E\tan\alpha_t + h_t\frac{dE}{dx} - z_Q\frac{dQ}{dx} \tag{2-32d}$$

式(2-32a)是滑裂面上的平衡条件，u 为滑裂面上的孔隙压力；式(2-32b)是力的垂直平衡方程，式中 $t = \dfrac{\Delta T}{\Delta x}$；式(2-32c)是力的水平方向平衡方程，其中 σ 是用式(2-32b)代入消去的，式(2-32d)则是根据力矩平衡条件得出的，式中略去了 Δx 的高次项。

对于整个滑动土体，整体的水平作用力平衡要求（E_A 为作用于整个边坡上部开裂处的侧向推力、E_B 为下部的侧向推力）为：

$$\sum_A^B \Delta E = E_B - E_A \tag{2-33}$$

将式(2-32c)代入式(2-33)，得

$$E_B - E_A = \sum_A^B [\Delta Q + (p + t)\Delta x \tan\alpha] - \sum_A^B \tau\Delta x(1 + \tan^2\alpha) \tag{2-34}$$

根据假定，应用库仑准则 $\tau = \dfrac{\tau_f}{F_S}$，并代入式(2-34)，得：

$$F_S = \frac{\sum_A^B \tau_f \Delta x(1 + \tan^2\alpha)}{E_A - E_B + \sum_A^B [\Delta Q + (p + t)\Delta x \tan\alpha]} \tag{2-35}$$

式中：
$$\tau_f = c' + (\sigma - u)\tan\varphi' = c' + (p + t - u - \tau \times \tan\alpha)\tan\varphi'$$
$$= c' + \left(p + t - u - \frac{\tau_f}{F_s}\tan\alpha\right)\tan\varphi' \tag{2-36}$$

由于式子两边均包含有 F_s 项，因此须用迭代法试算。

由式(2-36)得：
$$\tau_f = \frac{c' + (p + t - u)\tan\varphi'}{1 + \tan\alpha\tan\varphi'/F_S} \tag{2-37}$$

为了使公式简化，引入
$$A = \tau_f \Delta x(1 + \tan^2\alpha) \tag{2-38}$$
$$B = \Delta Q + (p + t)\Delta x \tan\alpha \tag{2-39}$$

将式(2-37)代入式(2-38)，并令
$$A' = [c' + (p + t - u)\tan\varphi']\Delta x \tag{2-40}$$
$$\eta_\alpha = \frac{1 + \tan\alpha\tan\varphi'/F_S}{1 + \tan^2\alpha} \tag{2-41}$$

得到
$$A = A'/\eta_\alpha \tag{2-42}$$

由式(2-41)可以绘制 $\frac{\tan\varphi'}{F_S}$—$\tan\alpha$—η_α 的关系曲线（图2-10）以备查用。

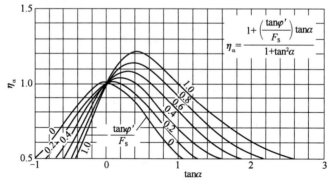

图 2-10　$\frac{\tan\varphi'}{F_S}$—$\tan\alpha$—η_α 的关系曲线

将式(2-35)简化以后得：
$$F_S = \frac{\sum_B^A A}{E_A - E_B + \sum_A^B B} \tag{2-43}$$

滑裂面上的剪应力 τ 可由式(2-44)求出：

$$\tau = \frac{\tau_f}{F_S} = \frac{A}{F_S(1+\tan^2\alpha)\Delta x} \tag{2-44}$$

正应力 σ 则直接由基本方程式(2-32b)求得。

必须指出,在上述各式中,T 及 $t = \frac{\Delta T}{\Delta x}$ 是未知的。为了求解 T 及 t,先将式(2-38)、式(2-39)的 A、B 代入基本方程式(2-32c),得

$$\Delta E = B - \frac{A}{F_S} \tag{2-45}$$

每一土条侧向水平作用力可由边坡上部开裂处开始,从上往下逐条推求:

$$E = E_A + \sum \Delta E \tag{2-46}$$

求出 E 以后,T 即可由基本方程式(2-32d)求得,当土条两侧的 T 均已知时,就可以得出该土条的 ΔT 及 t。由于求 A、B 的式(2-38)及式(2-39)中均含有 t 项,所以 t 并不能直接解出,也必须用迭代法求解。

用普遍条分法不仅可以求出沿滑裂面的平均安全系数 F_S 及滑裂面上应力 σ 及 τ 的分布,还可以求出各土条分界面上抵抗剪切的安全系数 F_v,作为校核之用。

因为各土条分界面上的作用力 E 及 T 已经求出,如果分界面的长度为 z,则分界面上平均的水平向应力为 $\sigma_h = \frac{E}{z}$,垂直向(切向)应力为 $\tau_v = \frac{T}{z}$,σ_h 可假定沿界面呈直线分布,若 E 的作用点位于下三分点,则分布图形为一个三角形,否则为梯形。若分界面上的总孔隙水压力为 U_h(方向水平),平均孔隙压力为 $u_h = \frac{U_h}{z}$,则

$$F_v = \frac{\tau_{fv}}{\tau_v} = \frac{c' + (\sigma_h - u_h)\tan\varphi'}{\tau_v}$$
$$= \frac{c'z + (E - U_n)\tan\varphi'}{T} \tag{2-47}$$

式中:c'、φ'——分界面上的平均强度指标,一般来说,$F_v \geq F_S$。

应用普遍条分法的具体计算步骤如下:

(1)假定滑裂面,划分土条,求出各土条的 $\tan\alpha$、Δx、$p = rz + q + \frac{\Delta P}{\Delta x}$、$u$、$c'$、$\tan\varphi'$ 及 ΔQ。

(2)假定 $t_0 = 0$,求出

$$B_0 = \Delta Q + p\tan\alpha\Delta x$$
$$A'_0 = [c' + (p-u)\tan\varphi']\Delta x$$

(3)先假定 $\eta_{\alpha 0} = 1$,则 $A_0 = A'_0$,而

$$F'_{S0} = \frac{\sum_A^B A'_0}{E_A - E_B + \sum_A^B B_0}$$

(4)由 F'_{S0} 选取 F^*_{S0}(一般 $F^*_{S0} > F'_{S0}$),求出 $\eta_{\alpha 0}$,再求出 $A_0 = \frac{A'_0}{\eta_{\alpha 0}}$。

(5)再由 A_0、B_0 求出 $F_{S0} = \frac{\sum A_0}{E_A - E_B + \sum B_0}$,若求出的 F_{S0} 与 F^*_{S0} 相比误差小于 5%,可选用,

否则重新假定 F_{S0}^* 重行计算。

(6)由式(2-45)可知,当 $t_0 = 0$ 时,$\Delta E_0 = B_0 - \dfrac{A_0}{F_{S0}}$。

(7)求出各土条分界面的 E_0,从坡顶逐条往下推,$E_0 = E_A + \sum \Delta E_0$,直到最后满足条件 $E_A - E_B = \sum_A^B \Delta E_0$。

(8)根据推力线位置求出 $\tan\alpha_t$、h_t、z_Q。

(9)由下式求 $\dfrac{dE}{dx}$。

$$\left(\dfrac{dE}{dx}\right)_{i,i+1} \approx \dfrac{\Delta E_i + \Delta E_{i+1}}{\Delta x_i + \Delta x_{i+1}}$$

(10)求得各土条分界面上第一个近似的 T 值:

$$T_1 = -E_0\tan\alpha_t + h_t\dfrac{dE}{dx} - z_Q\dfrac{dQ}{dx}$$

(11)求出每一土条的 ΔT

$$\Delta T_i = T_{i,i+1} - T_{i,i-1}$$

(12)求出每一土条的 t

$$t_i = \dfrac{\Delta T_i}{\Delta x_i}$$

(13)求出

$$B_1 = B_0 + \Delta T \tan\alpha$$
$$A_1' = A_0' + \Delta T \tan\varphi'$$

是 A'、B 的第一次近似值。

(14)由 F_{S0} 假定 F_{S1}^*,求出各土条的 $\eta_{\alpha 1}$。

(15)求得 $A_1 = \dfrac{A_1'}{\eta_{\alpha 1}}$,$F_{S1} = \dfrac{\sum A_1}{E_A - E_B + \sum B}$,若 F_{S1} 与 F_{S1}^* 相比,误差小于5%,可选用,否则重新假定 F_{S1}^* 重新计算。

(16)重复步骤(6)~(15),从 $\Delta E_1 = B_1 - \dfrac{A_1}{F_{S1}}$ 开始直到算出安全系数的第二次近值似值 F_{S2},将 F_{S2} 与 F_{S1} 比较,若符合精度要求,则迭代结束,取 $F_S = F_{S2}$,否则继续迭代,一般仅需迭代三次。

(17)当 F_S 确定以后,由式(2-32b)、式(2-44)求出各土条滑裂面上的应力 σ 及 τ,此时已得如下结果:沿滑裂面的平均安全系数 F_S;所有土条分界面上的作用力 E 及 T;每一土条底面的平均应力 σ 及 τ。

(18)校核每一土条分界面上的抗剪安全系数 F_v。

(19)绘制成果,计算结束。

普遍条分法通常用来校核一些形状比较特殊的滑裂面(如复杂的软土层面),所以不必假定很多的剪切面进行计算。

2.6 土质边坡加固

土质路基边坡稳定性不能满足要求时,必须采取加固、防护工程措施。目前,土质边坡常用的加固方法有:

(1)支挡。采取修建支墩(柱)、扶壁、挡土墙及抗滑桩等边坡支挡结构物增加边坡的稳定性。

(2)护面墙或石砌护坡。护面墙和护坡都不能承受侧向土压力的作用,是防护结构,因此要求土坡本身要稳定,主要作用是防止地面径流的冲刷和渗透而影响边坡稳定。护面墙是沿坡面用浆砌混凝土砌块、条石、片石或大卵石,把坡面护起来的防护墙。墙厚0.3~0.6m,护面墙高度一般不超过10.0m,当边坡高度较大时,可分级设置,两级间设平台,墙背可设耳墙,纵向每隔10m设一条伸缩缝,墙身应预留泄水孔,基础要求稳固,顶部应封闭;石砌护坡有干砌和浆砌两种,干砌片石可做成单层,亦可做成双层,片石下面应设置垫层,起平整作用,干砌片石要用砂浆勾缝。以防水分浸入,并提高整体强度。

(3)土钉墙。对于一些高陡的土质挖方或岩质破碎的边坡,在不便于设置支挡条件下,可以用土钉增加边坡的稳定性。

(4)加筋。在一些受地形限制条件下,土坡的边坡比较陡,为增加这些填方土坡的稳定性,可以采取在边坡中加筋的方法,增加较陡填方边坡的稳定性。

在这些方法中,支挡、护面等方法已有大量的书籍进行介绍,在公路、铁路路基中已较多的应用。本节主要介绍土钉墙结构在土质边坡加固中的设计与应用。

2.6.1 土钉墙

土钉墙是在土质或破碎软弱岩质边坡中设置钢筋,钢筋全长与岩土体黏结,并在坡面上设置喷射混凝土面层的边坡支护结构。土钉墙通过钢筋等高强度长条材料使周围岩土体形成整体,对原位岩土体进行加固。压力注浆的土钉通过置换和扩渗,提高了土体的强度和刚度,提高了岩(土)体的"视凝聚力"及其强度,使被加固岩(土)体形成物理力学性质与原岩(土)体不同的复合材料"加筋土挡土墙",从而提高边坡的稳定性。

1)土钉墙的构造

如图2-11所示,土钉墙主要由面层、土钉、排水系统组成。

(1)面层

土钉墙面层通常采用12~20cm厚网喷混凝土做成,并每隔15~20m设置一道伸缩缝,喷射混凝土面层一般分2~3次进行喷射,其强度等级不宜低于C20。为使表面美观平整,可在表面喷射1cm厚水泥砂浆。

为分散土钉对喷射混凝土面层的剪应力,以及使土钉与面层能很好地连接成整体,一般在面层和土钉交接中间螺母下设置一块承压板(钢垫板)(参考尺寸:200mm×200mm×12mm)。为加强喷射混凝土面层强度、使面层受力均匀,一般需要在面层中配置1~2层钢筋网,钢筋间距为15~30cm,钢筋直径为6~10mm,钢筋网搭接宜采用焊接。

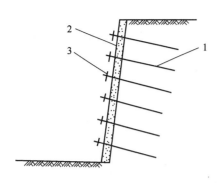

图 2-11　土钉墙的结构与布置设计示意图
1-土钉;2-喷射混凝土面层;3-锚固螺栓及垫板

(2)土钉

土钉通常采用钻孔注浆钉,即先在岩土中成孔,置入钉材,然后全孔注浆,钉材与外裹的水泥砂浆形成土钉体(图 2-12)。钉材一般采用Ⅱ、Ⅲ级钢筋,钢筋直径为 16～32mm,钻孔直径为 7～130cm。钉孔注浆材料宜采用水泥浆或水泥砂浆,其强度不宜低于 20MPa,一般采用 M30 水泥砂浆,常用配合比为:水:水泥:砂 = 0.40～0.45:1:1(水泥砂浆),水:水泥 = 0.40～0.45:1(水泥浆)。同时,注浆材料可防止土钉钢筋锈蚀,保护层厚度一般不小于 25cm,为使钢筋位于钻孔中心,每隔 2m 应设定位支架。边坡渗入水较严重时,可添加膨胀剂。注浆采用孔底注浆法,注浆压力一般为 0.2MPa,并需设置止浆塞和排气管。

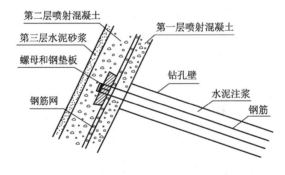

图 2-12　土钉墙细部结构图

(3)排水系统

为了防止地下水或地表水渗透对混凝土面层产生静水压力和侵蚀,避免岩土体因饱和而降低其强度及岩土与土钉之间的黏结力,土钉墙结构须设置完善的排水系统。一般视具体情况采用截水、浅层排水及深层排水三种排水方式。

首先应在坡顶外设置截水沟排除地表水。地下水不发育时,在坡面设置浅层排水系统,即沿坡面每间隔 2.5～3m 设置长 1m、孔径 5cm、仰斜 5°～10°的浅层排水孔,孔内设置直径 5cm 透水管或凿孔的聚氯乙烯(PVC)管。亦可在喷射混凝土面层上设置泄水孔,泄水孔间距 2～3m,其后设无砂混凝土板反滤层。

边坡渗水严重时,应设置仰斜 5°～10°的深层排水孔,排水孔长度视地下水情况而定,一般较土钉略长,孔内设置透水管或凿孔的 PVC 管,并充填粗砂。

2) 土钉墙的稳定性分析

大量试验研究与工程实践表明,土钉墙可能破坏的形式分为内部破坏(墙体内整体失稳和局部破坏)、外部破坏(整体侧移、倾覆和整体滑移)和超量变形三种形式(图2-13)。

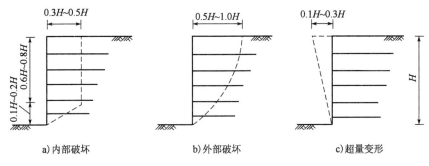

图2-13 土钉墙的变形破坏形式

对外部破坏分析,工程中一般采用类似于重力挡墙设计方法进行水平滑动稳定、抗倾覆稳定、墙底土承载力和整体抗滑稳定验算;对内部破坏分析,目前尚无工程界普遍认同的方法,归纳起来主要有极限平衡法、有限元法、工程简化分析法等,本节主要介绍实际工程中应用较为普遍的一种简化分析法,即双折线滑移面法,假设土钉墙的潜在滑移面为折线形的稳定性分析方法(图2-13a)。

(1) 土钉的几何尺寸计算

土钉的几何尺寸计算包括土钉长度、土钉间距、土钉直径等,可用经验公式计算确定。

① 土钉长度计算公式

$$L = mH + S_0 \tag{2-48}$$

式中:m——经验系数,一般可取 $m = 0.7 \sim 1.2$;

S_0——止浆器长度,一般为 $0.8 \sim 1.5 \mathrm{m}$;

H——边坡的垂直高度(m)。

② 土钉间距计算公式

$$S_x S_y \leq k_1 d_h L \tag{2-49}$$

式中:S_x、S_y——土钉行距、列距;

d_h——土钉孔直径,由施工钻机确定,一般为 $9 \sim 20 \mathrm{cm}$;

k_1——注浆系数,一次压力注浆,取 $1.5 \sim 2.5$。

③ 土钉钉材直径 d_b 计算公式

$$d_b = (20 \sim 25) \times 10^{-3} S_x S_y \tag{2-50}$$

同时,应根据土钉过量伸长或屈服进行土钉直径验算,按界面摩阻力进行锚固力计算。

(2) 土钉墙的内部稳定性验算

土钉墙的内部稳定性验算是把土钉墙当作加筋边坡进行计算,这时可以把土钉墙叫作"土钉边坡"。作为加筋边坡验算,需要确定边坡的滑裂面,施加于滑动体上加筋的锚固力,验算土钉在下滑力作用下是否会被拔出或拉断、土钉的长度是否足够,土钉的布置是否能满足边坡的稳定要求等内容。

①潜在破裂面的确定

土钉墙内部加筋体分为锚固区和非锚固区,其分界面为潜在破裂面。根据大量试验和工程实践,土钉内部潜在破裂面可简化如图2-14a)所示的双折线滑移面形式,滑移面的位置采用以下简化方法计算:

当 $h_i \leq \frac{1}{2}H$ 时,

$$l = (0.3 \sim 0.35)H \tag{2-51}$$

当 $h_i > \frac{1}{2}H$ 时,

$$l = (0.6 \sim 0.7)(H - h_i) \tag{2-52}$$

式中:l——潜在破裂面距墙面的距离(m);

H——土钉墙高(m);

h_i——第i层土钉距墙顶的高度(m)。

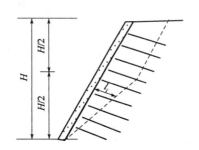

a)土钉墙的潜在破裂面及锚固区与非锚固区　　b)土钉墙背土压力分布

图2-14　土钉墙的潜在破裂面及土压力分布

当坡体渗水较严重或岩体风化破碎严重、节理发育时,l取大值。

土钉长度包括非锚固长度和有效锚固长度,非锚固长度应根据墙面与土钉潜在破裂面的实际距离确定。有效锚固长度由土钉内部稳定验算确定。

②土压力计算

作用于土钉墙墙面板上土压应力呈梯形分布,墙高三分之一以上按式(2-53)计算,墙高三分之一以下按式(2-54)计算。

$h_i \leq \frac{1}{3}H$ 时,

$$\sigma_i = 2\lambda_\alpha \gamma h_i \cos(\delta - \alpha) \tag{2-53}$$

$h_i > \frac{1}{3}H$ 时,

$$\sigma_i = \frac{2}{3}\lambda_\alpha \gamma H \cos(\delta - \alpha) \tag{2-54}$$

式中:σ_i——水平土压应力(kPa);

h_i——第i层土钉距墙顶的高度(m);

γ——边坡岩土体重度(kN/m³);

λ_α——库仑主动土压力系数;

α——土钉墙背与竖直面间的夹角(°);

δ——墙背摩擦角(°)。

③土钉的拉力计算

土钉受到的拉力是土钉墙面的土压力在土钉方向上的分力,按式(2-55)计算:

$$E_i = \sigma_i S_x S_y / \cos\beta \tag{2-55}$$

式中:E_i——距墙顶高度第i层土钉的计算拉力(kN);

S_x、S_y——土钉之间水平和垂直间距(m);

β——土钉与水平面的夹角(°)。

④土钉抗拉断验算

土钉钉材的容许抗拉力按式(2-56)计算:

$$T_i = \frac{1}{4}\pi d_b^2 f_y \tag{2-56}$$

式中:T_i——钉材抗拉力(kN);

d_b——钉材直径(m);

f_y——钉材抗拉强度设计值(kPa)。

因此,用式(2-57)进行土钉抗拉断验算:

$$\frac{T_i}{E_i} \geq K_1 \tag{2-57}$$

式中:K_1——土钉抗拉断安全系数,取1.5~1.8,永久工程取大值。

当满足式(2-57)时,土钉不会被拉断。

⑤土钉抗拔稳定验算

根据土钉与孔壁界面岩土抗剪强度τ确定有效锚固力F_{i1}:

$$F_{i1} = \pi d_h l_{ei} \tau \tag{2-58}$$

式中:d_h——钻孔直径(m);

l_{ei}——第i根土钉有效锚固长度(m);

τ——锚孔壁对砂浆的极限剪应力(kPa)。

根据钉材与砂浆界面的黏结强度τ_g确定有效锚固力F_{i2},按式(2-59)计算:

$$F_{i2} = \pi d_b L_{ei} \tau_g \tag{2-59}$$

式中:τ_g——钉材与砂浆间的黏结力(kPa),按砂浆标准抗压强度f_{ck}的10%取值。

土钉抗拔力F_i取F_{i1}和F_{i2}两者中的小值。土钉抗拔稳定性按式(2-60)验算:

$$\frac{F_i}{E_i} > K_2 \tag{2-60}$$

式中:K_2——抗拔安全系数,取1.5~1.8,永久工程取大值。

当满足式(2-60)时,则土钉不会被拔出。

⑥土钉墙内部整体稳定验算

土钉墙内部整体稳定验算就是验算土钉边坡的稳定性。验算时,应考虑施工过程中每一分层开挖完毕而未设置土钉时施工阶段和施工完毕使用阶段两种情况,根据潜在破裂面(对于土质边坡采用最危险滑弧面)进行分条分块,根据摩尔-库仑准则计算安全系数(图2-15)。

$$F_S = \frac{\tau_f}{\tau} = \frac{\sum W_i \cos\alpha_i \tan\varphi_i S_x + \sum_{i=1}^{n} P_i \sin(\alpha_i + \beta_i)\tan\varphi_i + \sum c_i l_i S_x + \sum_{i=1}^{n} P_i \cos(\alpha_i + \beta_i)}{\sum W_i \sin\alpha_i S_x}$$

(2-61)

式中：c_i——岩土的黏聚力(kPa)；

φ_i——岩土的内摩擦角(°)；

l_i——分条(块)的潜在破裂面长度(m)；

W_i——分条(块)重量(kN/m)；

α_i——破裂面与水平面夹角(°)；

β_i——土钉轴线与水平面的夹角(°)；

P_i——土钉的抗拔能力，取 F_i 和 T_i 中的小值(kN)；

n——实设土钉排数；

S_x——土钉水平间距(m)；

F_S——施工阶段及使用阶段整体稳定系数，施工阶段 $F_S \geq 1.3$，使用阶段 $F_S \geq 1.5$。

3）土钉墙外部整体稳定性验算

按重力式挡土墙稳定性验算方法验算。将土钉及其加固体视为重力式挡土墙(图2-16)，进行抗倾覆稳定、抗滑稳定及基底承载力验算。

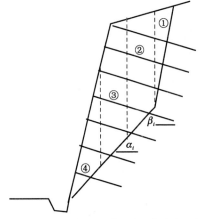

图2-15　土钉墙内部整体稳定验算分块示意图

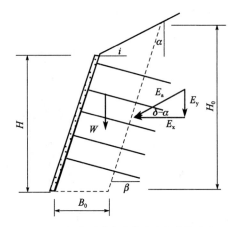

图2-16　土钉墙外部整体稳定性计算图示

(1) 土压力计算

土钉墙简化成挡土墙，其厚度不能简单地按土钉的长度来计算，只能考虑被土钉加固成整体的那一段，如图2-16所示。挡土墙的计算厚度一般按照土钉水平长度的2/3～11/12选取。

$$B_0 = \left(\frac{2}{3} \sim \frac{11}{12}\right) l \cos\beta \tag{2-62}$$

$$H_0 = H + \frac{B_0 \tan i}{1 - \tan\alpha \tan i} \tag{2-63}$$

$$E_x = \frac{1}{2}\gamma H_0^2 \lambda_x \tag{2-64}$$

$$E_y = E_x \tan(\delta - \alpha) \tag{2-65}$$

式中：l——土钉长度，当多排土钉不等长时，取其平均值(m)；
β——土钉与水平面的夹角(°)；
i——坡顶地面线与水平面的夹角(°)；
α——"墙背"与竖直面的夹角(°)；
H——土钉墙的设计高度(m)；
H_0——土压力计算高度(m)；
γ——边坡岩土体重度(kN/m^3)；
λ_x——库仑主动水平土压力系数。

(2) 抗滑动稳定验算

$$K_c = \frac{\sum N \tan\varphi}{E_x} \geqslant 1.3 \tag{2-66}$$

(3) 抗倾覆稳定验算

$$K_0 = \frac{\sum M_y}{\sum M_0} \geqslant 1.5 \tag{2-67}$$

(4) 地基承载力验算

基底合力偏心距：

$$e = \frac{B_0}{2} - \frac{\sum M_y - \sum M_0}{\sum N} \tag{2-68}$$

地基承载力 σ：

当 $e \leqslant \dfrac{B_0}{6}$ 时，

$$\sigma = \frac{\sum N}{B_0}\left(1 + \frac{6e}{B_0}\right) \leqslant [\sigma] \tag{2-69}$$

当 $e > \dfrac{B_0}{6}$ 时，

$$\sigma = \frac{2\sum N}{3\left(\dfrac{B_0}{2} - e\right)} \leqslant [\sigma] \tag{2-70}$$

式中：K_c、K_0——抗滑安全系数和抗倾覆安全系数；
$\sum N$——作用于土钉墙基底上的总垂直力(kN)；
$\sum M_y$——稳定力系对墙趾的总力矩(kN·m)；
$\sum M_0$——倾覆力系对墙趾的总力矩(kN·m)；
φ——土钉墙边坡岩土综合内摩擦角(°)；
e——基底合力的偏心距(m)。

4) 圆弧滑动法稳定性验算

对于土质边坡、碎石土状软岩边坡，还应进行圆弧稳定性验算。最危险滑弧面应通过土钉墙墙底，除下部少数土钉穿过圆弧外，大多数土钉均在圆弧以内，最危险圆弧面确定后，可用简单条分法进行稳定性计算,计算公式同式(2-61)。计算时应计入穿过最危险圆弧面一定长度的土钉作用力,其安全系数一般取1.2~1.3。达不到要求时,宜增加土钉数量或采取其他锚固措施,以满足外部整体稳定要求。

5) 土钉墙的设计原则和内容

(1) 土钉墙设计一般原则

①土钉墙高度宜控制在20m以内,墙面胸坡为1:0.1~1:0.4,根据地形地质条件,边坡较高时宜设多级。多级墙的上、下两级之间应设置平台,平台宽度不宜小于2m,每级墙高不宜大于10m。单级土钉墙墙高宜控制在12m以内。

②土钉的长度一般为墙高H的0.4~1.0倍(即$0.4H$~$1.0H$)。岩质边坡宜为$0.4H$~$0.7H$,岩性较差及地下水发育时取大值;非饱和土质边坡宜为$0.6H$~$1.0H$。

③土钉间距宜为0.75~2m,与水平面夹角宜为5°~20°。

④根据土钉墙沿支护高度受力为中间大、上部和下部小的分布,以及土钉墙坡脚应力集中明显的情况,设计时在边坡中部的土钉宜适当加密、加长,坡脚用混凝土脚墙加固,并使之与土钉墙连成一个整体。

⑤土钉墙分层开挖高度:土层一般为0.5~2m,岩层一般为1.0~3m。每一层开挖的纵向长度(分段长度),取决于岩土体维持不变形的最长时间及各施工程序的相互衔接。

(2) 土钉墙设计内容

一般土钉墙结构的设计内容为:

①总体设计布置,确定土钉墙的平、剖面尺寸。

②根据边坡岩土特性确定分层施工高度。

③确定土钉布置方式和间距。

④确定土钉钢筋的类型、直径、长度和倾角。

⑤确定注浆配比和注浆方式。

⑥喷射混凝土面板及坡顶防护设计。

⑦土钉墙内部及整体稳定分析。

⑧排水系统设计。

⑨现场监测和质量控制设计。

2.6.2 加筋

加筋方法主要用于填方路基边坡的加固,尤其是山区公路的高填方路基边坡的加固稳定。

在山区高等级公路建设中,为充分利用挖方,减少弃土占地和水土流失,常把桥改为高路堤,其路堤高度常在20m以上,同时由于地形限制,陡坡路堤也较常见。为了增加这些路基边坡的稳定性、收缩坡脚、减少占地,可以在填方路基边坡上加筋。

在加筋高路堤边坡设计时,需要确定加筋材料和加筋的布置及稳定性计算。

1) 加筋材料

用于高路堤边坡稳定的加筋主要有土工格栅、土工布、土工带等。从便于施工和满足确定要求方面考虑,应尽量采用土工格栅,其强度根据稳定性设计要求确定。

2）加筋布置与稳定性计算

在加筋边坡中，合理布置加筋对于充分发挥加筋作用和保证路基稳定性具有重要意义。目前，确定加筋布置及加筋数量的方法有两种，一种是《公路土工合成材料应用技术规范》的方法，把加筋对边坡的稳定作用当作一个施加于滑动体上的外力，增加滑体的抗滑力矩，从而增加边坡的稳定性。即：

$$F_\text{S} = \frac{\sum M_\text{R}}{\sum M_\text{S}} = \frac{\sum(W_i\cos\alpha_i\tan\varphi + cl_i) + \sum T_i h_i}{\sum W_i\sin\alpha_i} \tag{2-71}$$

式中：F_S——安全系数；

T_i——加筋的设计拉力(kN)；

h_i——i 层加筋至滑裂面圆心的垂直距离(m)；

其余符号意义同前。

另一种方法是把加筋的作用当作是增加了滑裂面上边坡土体的抗滑力。这种方法把加筋的拉力 T_i 分解成沿滑裂面切向和法向的两个力，增加了滑动体的一个抗滑力和滑面上的摩阻力，从而增加了边坡的抗滑力矩，提高了边坡的稳定性。即：

$$F_\text{S} = \frac{\sum M_\text{R}}{\sum M_\text{S}} = \frac{\sum[(W_i\cos\alpha_i + T_i\sin\beta_i)\tan\varphi + T_i\cos\beta_i + c_i l_i]}{\sum W_i\sin\alpha_i} \tag{2-72}$$

对于直线滑裂面，则

$$F_\text{S} = \frac{(W\times\cos\alpha + \sum T_i\sin\alpha)\tan\varphi + \sum T_i\cos\alpha + cl}{W\sin\alpha} \tag{2-73}$$

式中：β_i——加筋与滑裂面交点处的半径与垂直线间的夹角(°)；

α——直线滑裂面与水平直面的夹角(°)。

从两种方法的计算结果可以看出，在相同加筋条件下，两种方法所得安全系数是不同的，因此其经济性和安全可靠性也不相同。设计时，先进行加筋分层布置，然后根据边坡和加筋的情况选择一种方法进行稳定性验算，确定加筋的布置和数量。加筋层间距的确定时应考虑填料粒径、压实机械的功率等因素。

需要指出，这两种计算方法的边坡稳定性验算原理，未能反映加筋后坡体性质的变化及坡体变形与布筋之间的关系，两种方法的加筋布置方式都是在边坡下部应加强布筋，边坡下部布筋应加密。图 2-17 是文献[20]、[21]通过离心模型试验和断裂理论对不同布筋方案加筋边坡坡面位移的研究成果。结果表明，素土边坡和加筋边坡的最大位移不出现在边坡底部，而是在边坡的中下部，即在距边坡下部 $H/3 \sim H/2$ 高度的范围内边坡的变形最大，加筋能有效减小边坡的侧向位移，增加边坡的稳定性，但与布筋方案有关，在边坡中下部加强布筋能最有效减小边坡的侧向位移，是最合理的布筋方式。但此布筋方法在计算理论上遇到了困难，有待进一步研究。

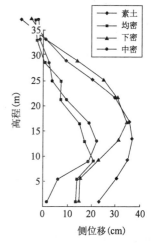

图 2-17 不同布筋方案加筋边坡坡面位移随高度的变化曲线

加筋边坡在施工时,应尽量选择粒径较小的填料填筑,最大粒径不超过加筋层间距的2/3。填土时应尽量保证加筋的平直,避免填土时使加筋卷曲、褶皱。加筋摊铺后尽快填土覆盖,避免在阳光下长时间曝晒,使加筋老化,强度下降。图2-18所示为加筋边坡在高速公路高填方路基的施工现场。

图2-18 加筋边坡施工

第3章 岩质路基边坡

在山区高等级公路的建设中,为了满足线形标准的要求,对山体进行开挖,形成路堑挖方边坡,在原坡面地形较陡的条件下,挖方边坡的高度可从十几米到几十米,在西南的山区高等级公路设计中,四五十米的挖方边坡并不罕见。由于开挖破坏了山体的平衡与稳定,新鲜岩石出露,风化破碎严重的挖方边坡会产生新的人为滑坡、崩塌等地质灾害,形成了新的一类特殊路基。由于这种挖方高边坡一般由岩石构成,影响其稳定性的因素较多而且复杂,包括边坡岩性、地质构造、边坡高度、坡比和地下水等。因此,其稳定性分析方法、设计参数的取得也比土质边坡复杂和困难,有时用单一的方法难以判定其稳定性,而判定结果直接影响着加固措施的安全可靠性和工程投资。因此,为了保证山区公路的正常运营和行车安全,必须对这种特殊路基边坡采用相应的方法对其进行稳定性分析,并采取相应的防护加固措施。

3.1 岩体结构及力学性能

3.1.1 岩体的特点

岩石是由矿物组成的构成地壳的主要物质,它可以是尺寸很小的矿物颗粒,也可以是相当大的岩体。

根据岩石的结构面和物理力学性质的不同,岩石又可分成岩块和岩体。岩体是在漫长地质年代中形成的地质体,它在形成和存在的整个地质进程中,经历了多次地质变迁,承受各种构造力的作用,遭受不同的地质破坏,因此岩体是含有弱面的岩石。岩体具有以下特点:

(1)岩体为非均质各向异性体。一定范围内的岩体均由许多种岩石构成,每种岩石中所包含的矿物成分又各不相同,矿物颗粒尺寸及其空间排列方式也有很大差别,其物理力学性质也相差甚远。此外,岩体内还存在一个裂隙系统。由于形成时期和其后的构造力作用,产生了一系列层理、节理、裂隙和断层,这些弱面将岩体分割成岩块,使岩体的完整性和均匀性遭受破坏。同时,由于弱面本身的种类和成因不同,其力学性质也不一样。因此,岩体是复杂的非均质各向异性体。

(2)岩体内存在初始应力场、原岩应力场,其中主要包括重力和构造力,它是岩体产生力学现象的原动力。

岩块是不含弱面的完整岩石,其强度比岩体大得多。因此,构成岩质边坡的材料力学性能具有多种多样的复杂性,即使是由相同物质组成的岩体也存在很大的差别,影响其边坡稳定性的因素多,而且复杂。

3.1.2 岩体结构

岩体经受了历次构造运动的改造和外营力次生作用的表生深化,在岩体中存在着各种不同的地质界面。它包括物质分界面和不连续面,如假整合,不整合、褶皱、断层、层理、节理和片理等。这些不同成因、不同特性的地质界面统称为结构面(或弱面)。结构面依其本身的产状彼此组合,将岩体切割成形态不一、大小不等以及成分各异的岩石块体,被各种结构面分割而成的岩石块体称为结构体。因此,岩体结构由结构面和结构体这两个基本单元组成,岩体结构是指岩体中结构面和结构体的形态和组合的特征,岩体的力学性质是岩石块体和结构面力学性质的综合反映,岩石和结构面的力学性质不同,岩体的力学性质也不同。

1)结构面

结构面是岩体中各种不同成因和不同特性的地质界面,包括物质的分界面及不连续面,是在地质发展历史中,在岩体内形成的具有不同方向、不同规模、不同形态及不同特性的面、缝、层、带状的地质界面,如断层、节理、层理、不整合面等。结构面是具有一定方向,延展较大、厚度较小的二维面状地质界面。结构面是岩体的重要组成单元之一,所以岩体的力学性质与结构面的特性密切相关。结构面按其成因可分为以下几种类型。

(1)原生结构面,即在成岩过程中形成的结构面。可进一步细分为:

①沉积结构面。沉积岩在沉积过程中形成的各种地质界面,沉积岩层之间的分割面,沉积岩的原始产状多是趋于水平的,后来的构造运动使其倾斜、直立、弯曲,甚至发生破裂,形成褶皱、节理、断层劈理等构造形态。包括层面、成立、沉积间断面(假整合面和不整合面)及原生软弱夹层等。

②火成结构面。岩浆侵入、喷溢冷凝所形成的各种结构面。如岩浆岩的流层、流纹、冷却收缩而形成的张裂隙,火成岩体与围岩的接触面等。这些结构面的产状侵入岩体与围岩接触面所控制。

③变质结构面。岩体在变质作用过程中形成的结构面,如片理、片麻理、板理及软弱夹层等。变质结构面的产状与岩层基本一致,延展性较差,一般分布密集。变质岩中常见的结构面是片理结构面,其表面光滑,形态呈波浪状;片麻理结构面常呈凹凸不平状,结构面表面较粗糙。变质岩中的软弱夹层主要是片状矿物,如黑云母、绿泥石、滑石等的富集带,其抗剪强度较低,遇水后性能更差。

(2)构造结构面。指岩体在各种构造应力作用下所形成的结构面,如节理(岩石裂隙)、断层、劈理及层间错动面等。构造结构面延展性较好,结构面中的物资因受构造错动作用,多呈破碎状、鳞片状,且含泥质物。

(3)次生结构面。指在地表条件下,由外力(如风化、冰冻、卸载等)的作用而形成的各种界面。如卸荷裂隙、风化裂隙、冰冻裂隙、爆破裂隙泥化夹层等。

结构面的几何特征反映结构面的外貌,它由以下要素组成。

(1)走向:结构面与水平面交线的方向,用方位角表示。

(2)倾斜:结构面的倾斜方向和倾斜角度。

(3)连续性。

(4)粗糙度:表示结构面的粗糙程度。

(5)起伏度:包括起伏波的幅度和长度。起伏波的幅度是相邻两波峰连线与其下波槽的最大距离;起伏波的长度是指相邻两波峰间的距离。

2)结构体

被结构面分割而成的岩块叫结构体,是岩体的基本组成部分。其几何形状、大小及相互间的组合情况,取决于结构面的产状、分布和组合情况。常见的结构体单元形状有块状、柱状、板状以及菱形、楔形、锥形体等,如果风化强烈或挤压破碎严重,也可形成碎屑状、颗粒状、鳞片状等。

3)岩体结构类型

按照岩体被结构面分割的程度或结构体的形态特征,可将岩体结构划分为以下几种基本类型。

(1)整块状结构。一般为岩浆岩、变质岩及厚层沉积岩形成的岩体。结构面以节理为主,不发育,结构面间距大于 1.5m(图 3-1)。岩体在整体上强度较高,变形特性接近于弹性均质各向同性体,工程地质条件良好,但要注意不利于岩体稳定的平缓节理。

(2)块状结构。由岩浆岩、变质岩及厚层沉积岩形成的岩体。结构面以节理为主,很少有断层或仅有小断层层间错动面,结构面间距为 0.7~1.0m,一般为 2~3 组。

(3)层状结构。是由中厚(0.1~0.5m)及薄层(<0.1m)的沉积岩、沉积变质岩所形成的岩体(图 3-2)。层理、片理、节理比较发育,往往有层间错动面,结构体的形状为板状或楔形,含层状水或脉状水,表现出明显的各向异性。边坡稳定性与岩层产状密切相关,一般陡立的较为稳定,如倾向路线并临空时,易产生滑坍,应提早预防。

图 3-1 整块状结构

图 3-2 层状结构

(4)碎裂结构。为构造破碎、褶皱破碎、岩浆岩穿插挤压破碎而成的岩体。主要结构面为节理、断层、断层影响带、劈理及层理、片理、层间错动等。软弱结构面发育,多被夹泥充填。地下水为脉状水、裂隙水或脉状承压水,结构体呈碎块状或片状。岩体稳定性较差,边坡有时会出现较大的坍塌,开挖后宜紧跟支护。

(5)松散结构。主要为断层破碎带、强烈风化破碎带。结构体呈鳞片状、碎屑状、颗粒状,结构面发育呈网状,地下水为脉状。岩体结构遭到极大破坏,接近于松散介质,稳定性最差,开挖后易产生沿下伏基岩或次生结构面的坍塌。

(6)镶嵌结构。主要由火成侵入岩和非沉积变质岩构成的岩体。节理比较发育,有小断层错动带。结构体呈菱形、锥形。岩体在整体上强度较高,但不连续性较为显著,当边坡过陡时以崩塌形式破坏,不易构成巨大的滑坡体。

(7)层状碎裂结构。主要为较强烈的褶皱及破碎的层状岩体。层理、片理、节理、断层及层间错动面发育。岩体结构为碎块状、片状。岩体完整性破坏较大,整体强度降低,软弱结构面发育,易受地下水不良作用影响,稳定性很差,要求路堑边坡较缓,适当防护加固。

3.1.3 岩体的结构面状态

结构面的存在,使岩体显示出构造上的不连续和不均质性,并在很大程度上决定着岩体的力学性质。结构面状态是指结构面的产状、形状、延展尺度、密集程度及胶结与填充情况等。结构面的状态是影响岩体强度和稳定性的重要因素。岩体中的结构面变化非常复杂,它们对岩体强度和稳定性的影响如下:

1)结构面产状

结构面的产状指结构面的走向、倾向和倾角,对岩体是否沿某一结构面滑动起着控制作用。

2)结构面形态

它决定着结构体沿结构面滑动时的抗滑力的大小。当结构面的起伏度大,粗糙度高时,其抗滑力就大。

3)结构面的延展尺度

在工程岩体范围内,延展尺度大的结构面,控制岩体的强度。按结构面延展的绝对尺度,可将结构面分为细小的(其延尺度小于1m)、中等的(1~10m)和巨大的(大于10m)三种结构面。但这种分类不能确切地表明结构面对不同的岩体工程结构的影响。因此,在实际工程中,应根据工程的类型和大小具体分析不同延展尺度结构面对工程结构的影响程度。

按结构面的贯通情况,可将结构面分为非贯通、半贯通和贯通三种类型(图3-3)。

a)非贯通　　　　b)半贯通　　　　c)贯通

图3-3　岩体内结构面贯通类型

(1)非贯通结构面。即结构面较短,不能贯通岩体或岩块,但它的存在使岩体或岩块强度降低,变形增大(图3-3a)。

(2)半贯通结构面。结构面有一定长度,但尚不能贯通整个岩体或岩块(图3-3b)。

(3)贯通结构面。结构面连续长度贯通整个岩体,是构成岩体、岩块的边界,它对岩体有较大的影响,岩体破坏常受这种结构面控制(图3-3c)。

4)结构面的密集程度

结构面的密集程度指岩体中各种结构面的发育程度,用岩体裂隙度 K 或切割度 x 指标评价。

(1) 裂隙度 K。裂隙度 K 是沿取样线方向单位长度上节理的数量。设取样直线的长度为 L，沿 L 长度内出现的节理数量为 n，则裂隙度：

$$K = \frac{n}{L} \tag{3-1}$$

沿取样线方向节理的平均间距 d 为：

$$d = \frac{1}{K} = \frac{L}{n} \tag{3-2}$$

当取样线垂直节理面时，d 即为节理的垂直间距。当节理垂直间距 $d > 180\text{cm}$ 时，可视岩体具有整体结构性质；$d = 30 \sim 180\text{cm}$ 时，视为块状结构，$d < 30\text{cm}$ 时，视为碎裂状结构；当 $d < 0.5\text{cm}$ 时，则为极碎裂结构。

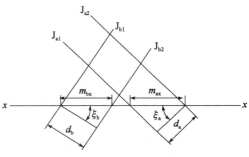

图 3-4　两组节理的裂隙计算图

若岩体中有几组不同方向的节理时，如图 3-4 所示的两组节理 J_a 和 J_b，则沿取样线 X—X 方向上节理的平均间距：

$$m_{ax} = \frac{d_a}{\cos\xi_a}$$

$$m_{bx} = \frac{d_b}{\cos\xi_b}$$

式中符号意义如图 3-4 所示。

在取样方向有 n 组不同的节理时：

$$m_{nx} = \frac{d_n}{\cos\xi_n}$$

该取样线上的裂隙度 K 即为各组节理裂隙度之和，即：

$$K = K_a + K_b + \cdots + K_n \tag{3-3}$$

式中：K_a、K_b、$\cdots$、K_n——各组节理的裂隙度，即：

$$K_a = \frac{1}{m_{ax}} \quad K_b = \frac{1}{m_{bx}} \quad K_n = \frac{1}{m_{nx}}$$

按裂隙度 K 大小，可将节理分为疏节理（$K = 0 \sim 1\text{m}^{-1}$）、密节理（$K = 1 \sim 10\text{m}^{-1}$）、非常密集节理（$K = 10 \sim 100\text{m}^{-1}$）及压碎或糜棱化（$K = 100 \sim 1000\text{m}^{-1}$）。

(2) 切割度 X_e。切割度是指岩体被节理割裂分离的程度。有些节理可将岩体完全切割，而有些节理由于其延展尺寸不大，只能切割岩体的一部分。当岩体中仅含有一个节理时，可沿着节理面在岩体中取一个贯通整体的假想平直断面，把节理面面积 a 与该断面面积 A 的比，称为该岩体的切割度 X_e，即：

$$X_e = \frac{a}{A} \tag{3-4}$$

可见，当 $0 < X_e < 1$ 时，说明岩体是部分地被切割，$X_e = 1$ 时，说明岩体该断面整个地被切割；当 $X_e = 0$ 时，则该岩体为完整的连续体。

如果沿岩体某断面上，同时存在着面积分别为 a_1、a_2、$\cdots$、a_n 的几个节理面时，则岩体沿该断面的切割度为：

$$X_e = \frac{a_1 + a_2 + \cdots + a_n}{A} \tag{3-5}$$

按切割度 X_e 的大小，可将岩体分为表 3-1 中的几种类型。

岩体按切割度 X_e 分类　　　　　　　表 3-1

名　　称	切 割 度 X_e
完整的	0.1~0.2
弱节理化	0.2~0.4
中等节理化	0.4~0.6
强节理化	0.6~0.8
完全节理化	0.8~1.0

由切割度的概念可知，切割度只能说明岩体沿某一平面被割裂的程度。有时为了研究岩体内部某组节理切割的程度，可用指标 X_v 来表达：

$$X_v = X_e K \tag{3-6}$$

式中：X_v——岩体内由一个节理组所产生的实际切割度（m^2/m^3）；

K——该节理组的裂隙度。

结构面密集程度决定结构体的尺寸和形状，能表征岩体的完整程度。当结构面发育组数越多，密度越大时，则结构体块度越小，岩体的完整程度越差，其强度也越低。

5）结构面胶结情况和充填物

结构面的强度取决于充填物的强度，结构面随着胶结物的成分不同，其力学效应也有很大差异。

对于胶结结构面，泥质胶结强度低，在脱水条件下有一定强度，遇水发生泥化、软化，强度明显降低；钙质胶结强度较高，且不受水的影响，但遇酸性水强度降低；硅质胶结的强度高，力学性能稳定。

对于非胶结结构面，无填充物结构面的强度取决于结构面两侧岩石的力学性质及结构面粗糙度。有填充物结构面的强度与填充物、结构面两侧岩壁接触面的力学特性及填充物的成分和厚度有关。

3.1.4　结构面的强度指标

1）平直结构面的抗剪强度

一般以结构面的抗剪强度和抗摩擦强度作为结构面的强度指标。结构面的抗剪强度可在实验室用直剪或三轴试验进行测定，也可在现场进行。将试件按图 3-5 放置，在垂直结构面方向施加恒定荷载，沿结构面方向施加水平推力。在此推力作用下，试件沿结构面发生滑移。试件剪断时的最大水平推力 T 除以断裂面面积 A，即为结构面的抗剪强度，即：

$$\tau = \frac{T}{A}$$

用同种岩石的不同试件，可获得一组试件沿结构面破坏时的正应力和剪应力。由此便可绘出结构面的强度曲线，见图 3-5c）。该曲线的表达式为：

$$\tau = \sigma\tan\varphi_j + c_j \tag{3-7}$$

式中：c_j——结构面的黏聚力；

φ_j——结构面的内摩擦角；

σ——作用在结构面上的正应力，$\sigma = \dfrac{P}{A}$。

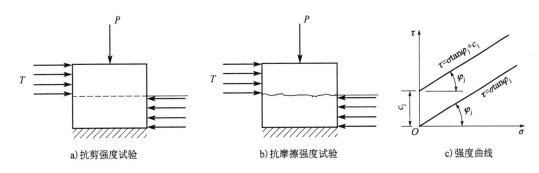

图 3-5　结构面的抗剪强度测度

结构面的抗摩擦强度，实质上是结构面上凝聚力为零时的结构面抗剪强度。利用已做完抗剪强度的试件重复做一次抗剪试验，即可测出结构面上的抗摩擦强度 τ。根据一组试件测试结果，可获得一条通过 $\sigma-\tau$ 坐标原点的斜直线，其表达式为 $\tau = \sigma\tan\varphi_j$，表明剪断后结构面只有摩擦力的存在。

2）粗糙结构面的抗剪强度

实际上，剪断面不可能绝对光滑，而是参差不齐，凹凸不平，甚至互相镶嵌，有如锯齿状。为了模拟粗糙结构面的抗剪强度，可以利用剪断的试件，进行试验，得出粗糙结构面的抗剪强度曲线。如图 3-6 中的 OAB，它由 OA 与 AB 两段组成。

当正应力较小时，在滑移过程中表面凸出部分互相嵌挤骑越，在允许岩体向上扩张的条件下，剪切结构面上只有摩擦力，抗摩擦强度特征如图 3-6 中的 OA 段，其表达式为：

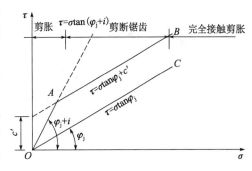

图 3-6　粗糙结构面抗剪强度曲线

$$\tau = \sigma\tan(\varphi_j + i) \tag{3-8}$$

式中：i——锯齿的起伏角。

由式(3-8)可以看出，由于剪切破坏面参差不齐，使剪断面上保持有一定的咬合力，从而使内摩擦角提高到 $\varphi' = \varphi_j + i$。

式(3-8)也可通过以下方法推导求得。为便于计算，把不规则的粗糙结构面简化为锯齿状结构面，如图 3-7 所示，i 为锯齿起伏角，当在结构面上作用有正应力 $\sigma = \dfrac{P}{A}$ 与剪应力 $\tau = \dfrac{T}{A}$ 时，在单位面积 cd 的齿面上受到正应力 σ_i 和剪应力 τ_i 作用。

由图 3-7 可知，

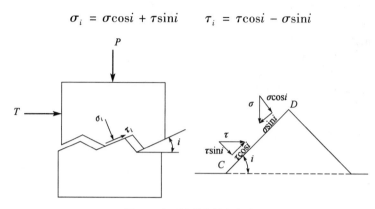

$$\sigma_i = \sigma\cos i + \tau\sin i \qquad \tau_i = \tau\cos i - \sigma\sin i$$

图 3-7　规则齿状楔效应摩擦

当试件处于极限平衡状态时，则有：

$$\tau_0\cos i - \sigma_0\sin i = (\sigma_0\cos i + \tau_0\sin i)\tan\varphi_j$$

$$\tau_0 = \sigma_0 \frac{\sin i + \cos i \times \tan\varphi_j}{\cos i - \sin i \times \tan\varphi_j}$$

整理后，得：

$$\tau_0 = \sigma_0 \frac{\sin(i+\varphi_j)}{\cos(i+\varphi_j)} = \sigma_0\tan(\varphi_j + i)$$

式中：σ_0、τ_0——试件处于极限平衡状态时结构面上作用的正应力和剪应力。

当正应力较大时，剪切滑移使粗糙面的凸出部分被剪掉，剪切面上既有摩擦力，又有黏聚力，此时抗摩擦强度曲线由图 3-6 中 AB 段表示，其表达式可写成：

$$\tau = c' + \sigma\tan\varphi_j \tag{3-9}$$

式中：c'——因粗糙面的凸出部分剪断而呈现出的似黏聚力。

结构面参差不齐、凹凸不平都起到了非常明显的增强黏聚力作用，当凸齿从根部被剪断时，它所发挥的黏聚力强度达到了最大值，称之为似凝聚力 c'。

如果重复进行沿此结构面的摩擦强度试验，由于凸齿已被破坏，可得到 OC 段的强度曲线。

表 3-2、表 3-3 是各类软弱结构面和软弱夹层的抗剪强度参数参考值。

各类软弱面的抗剪强度参数一般变化范围　　　表 3-2

软弱面类型	摩擦角 φ(°)	摩擦系数 f	单位黏聚力 c(kPa)
各种泥化的软弱面、滑石片岩片理面、云母片岩片理面等	9~20	0.16~0.36	0~50
黏土岩层面、泥灰岩层面、凝灰岩层面、夹泥断层、页岩层面、炭质夹层、千枚岩片理、绿泥石片岩片理面等	20~30	0.36~0.58	50~100
砂岩层面、石灰岩层面、部分页岩层面、构造节理等	30~40	0.58~0.84	50~100
各种坚硬岩体的构造节理、砾岩层面、部分砂岩层面、部分石灰岩层面等	40~43.5	0.84~0.95	80~220

注：本表是根据相当数量的现场试验，沿软弱面施加剪力所得的岩体软弱面峰值抗剪强度资料综合得到，可供参考。

软弱夹层的抗剪强度参考数值 表3-3

软弱夹层性质	f	$c(kPa)$	软弱夹层性质	f	$c(kPa)$
含阳起石的构造挤压破碎带	0.48	27	节理中充填30%的黏土	1.0	100
黏土页岩夹层	0.4	15	节理中充填40%的黏土	0.51	0
断层破裂带	0.35	0	碎石充填的节理	0.4~0.5	100~300
膨润土薄层充填的页岩状石灰岩	0.13	15	有黏土覆盖的节理	0.2~0.3	0~100
膨润土薄层	0.21~0.3	93~119	含角砾的泥岩	0.42	10

3.1.5 单节理面的力学效应

当岩体中含有一个节理面,岩体受到外力作用时,节理上将出现正应力 σ 及剪应力 τ ,σ 和 τ 值的大小随主应力最大主平面与节理面的交角而变化,如图3-8所示。岩体受有主应力 σ_1 及 σ_3 的作用,节理面与最大主平面的交角为 β ,则莫尔圆周上 P 点的坐标表示节理面的应力状态,即:

$$\left.\begin{array}{l}\sigma = \frac{1}{2}(\sigma_1 + \sigma_3) + \frac{1}{2}(\sigma_1 - \sigma_3)\cos2\beta \\ \tau = \frac{1}{2}(\sigma_1 - \sigma_3)\sin2\beta\end{array}\right\} \qquad (3\text{-}10)$$

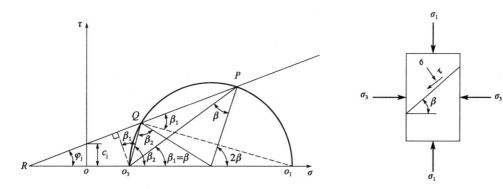

图3-8 单节理面的力学效应

节理面强度曲线为 RQP,根据库仑准则:

$$\tau_s = c_j + \sigma \times \tan\varphi_j \qquad (3\text{-}11)$$

式中:c_j、φ_j——节理黏聚力及内摩擦角。

显然,这时节理面处于极限平衡状态,岩体将开始沿节理产生滑移。当 β 角减小时,表示节理应力状态的 P 点将降至节理面强度曲线 RQP 之下,此时节理面上出现的剪应力将小于节理的抗剪强度,因此,岩体不沿节理面产生滑移。当 β 角增大,P 点落在强度曲线 RQP 之上,此时节理面上出现的剪应力 τ 将大于节理面的抗剪强度,因而使岩体沿节理面产生滑动,但当 β 角增至 $\beta>\beta_2$ 时,P 点又位于强度曲线之下,因而不会引起岩体节理面产生滑移。

由此可以看出,当主应力值为 σ_1 及 σ_3 时,只有在 $\beta_1 \leq \beta \leq \beta_2$ 的条件下,单节理岩体才会

沿节理面产生移动破坏。当 $\beta < \beta_1$ 或 $\beta > \beta_2$ 时，即使岩体发生破坏，也只能是在与节理相交的其他断面上破坏，与节理面无关。

将式(3-10)代入式(3-11)，可得到在极限平衡条件下主应力与节理强度相互关系表达式：

$$\frac{\sigma_1 - \sigma_3}{2}(\sin2\beta - \tan\varphi_j\cos2\beta) = c_j + \frac{\sigma_1 + \sigma_3}{2}\tan\varphi_j$$

以 $\tan\varphi_j = f$ 代入，得：

$$\sigma_1 - \sigma_3 = \frac{2c_j + 2f\sigma_3}{(1 - f \times \cot\beta)\sin2\beta} \tag{3-12}$$

式(3-12)是式(3-10)及式(3-11)的综合表达式，该式表明：当作用在节理岩体上的主应力值满足本方程时，则该主应力值也能同时满足式(3-10)和式(3-11)，即节理面上的应力处于极限平衡状态。

由式(3-12)看出，即使节理面的力学特性(φ_j、c_j)和 β 角保持不变，也可有无数的主应力组合能满足式(3-12)，即有无数个莫尔圆能与该节理面的强度曲线相交(或相切)，且满足其交点(或切点)与莫尔圆心的连线和 σ 轴的交角等于 2β。

从式(3-12)中可以看出：

当 $\beta = \dfrac{\pi}{2}$ 时，

$$\sigma_1 - \sigma_3 \rightarrow \infty$$

且 $\beta = \tan^{-1}f = \varphi_j$ 时，

$$\sigma_1 - \sigma_3 \rightarrow \infty$$

故 β 角须在满足 $\varphi_j < \beta < \dfrac{\pi}{2}$ 的条件下，式(3-12)才有意义。

此外，式(3-12)中的 $\sigma_1 - \sigma_3$ 也同时满足上述条件的莫尔圆直径。因此，其最小值应满足上述条件的最小莫尔圆，即与节理面强度曲线相切的莫尔圆直径。为求得最小摩尔圆直径，将式(3-12)进一步整理，得：

$$\sigma_1 - \sigma_3 = \frac{2(c_j + f\sigma_3)}{(1 - f \times \cot\beta)\sin2\beta} = \frac{2(c_j + f\sigma_3)}{\sin2\beta - 2f\cos^2\beta}$$

将上式对求 β 求导，并令其一阶导数为零，即：

$$\frac{d(\sigma_1 - \sigma_3)}{d\beta} = \frac{-2(c_j + f\sigma_3)(2\cos2\beta + 4f\cos\beta\sin\beta)}{(\sin2\beta - 2f\cos^2\beta)^2} = 0$$

所以

$$\beta = 45° + \frac{\varphi_j}{2} \tag{3-13}$$

式(3-13)即是莫尔圆与节理面强度曲线相切的条件。将式(3-13)代入式(3-12)即可求出最小莫尔圆的直径：

$$(\sigma_1 - \sigma_3)_{\min} = \frac{2(c_j + f\sigma_3)}{\left[1 - f\cot\dfrac{1}{2}(90° + \varphi_j)\right]\sin(90° + \varphi_j)}$$

$$= \frac{2(c_j + f\sigma_3)}{\sqrt{1 + f^2} - f} \tag{3-14}$$

单节理的力学效应也可以按图 3-9 直接进行分析,从图中可知,当莫尔圆与节理的强度曲线相切时,必有 $2\beta = 90° + \varphi_j$ 或 $\beta = 45° + \dfrac{\varphi_j}{2}$,而当 $\beta = \varphi_j$ 或 $\beta = \dfrac{\pi}{2}$ 时,莫尔圆上代表节理面应力状态的点必然在节理的强度曲线之下,其应力状态不是节理面上的临界应力状态,因而也不致引起岩体沿节理面产生滑移。显然,仅当 $\beta_2 \geq \beta \geq \beta_1$ 时,才可能使岩体沿节理面产生滑移。

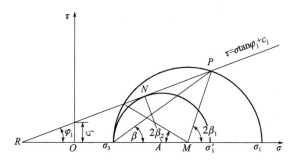

图 3-9 节理面极限莫尔圆直径与 β 之间的变化曲线

节理对岩体强度的影响程度,除与节理本身的力学性质(c_j、φ_j)有关外,主要决定于节理与主平面(σ_j)的交角 β。在围压 σ_3 为定值的条件下,当 $\beta = 45° + \dfrac{\varphi_j}{2}$ 时,岩体的强度最低,承载力最小,其极限莫尔圆的直径亦最小,如图 3-8 所示;当 β 角增大或减小,岩体的强度即随之加大,极限莫尔圆的直径亦随之增大,当 $\beta < \beta_1$ 或 $\beta > \beta_2$ 时,岩体的强度即取决于岩石的强度,而与节理的存在无关。β_1 及 β_2 值的大小可根据图 3-9 按以下方法求出:

$$\angle RPM = 2\beta_1 - \varphi$$

所以

$$\frac{RM}{\sin \angle RPM} = \frac{PM}{\sin \varphi}$$

$$\frac{c \times \cot\varphi + \sigma_m}{\sin(2\beta_1 - \varphi)} = \frac{\tau_m}{\sin \varphi}$$

$$\tau_m \sin(2\beta_1 - \varphi) = (c \times \cot\varphi + \sigma_m)\sin\varphi$$

因此

$$2\beta_1 = \sin^{-1}\left[(c \times \cot\varphi + \sigma_m)\frac{\sin\varphi}{\tau_m}\right] + \varphi$$

式中:

$$\sigma_m = \frac{1}{2}(\sigma_1 + \sigma_3)$$

$$\tau_m = \frac{1}{2}(\sigma_1 - \sigma_3)$$

从图 3-9 中还可以求出:

$$\beta_2 = 90° + \varphi - \beta_1$$
$$2\beta_2 = \pi + 2\varphi - 2\beta_1$$

则

$$2\beta_2 = \pi + \varphi - \sin^{-1}\left[(c \times \cot\varphi + \sigma_m)\frac{\sin\varphi}{\tau_m}\right]$$

3.1.6 岩体的强度

岩体的强度决定于结构面和岩石的强度。岩体的抗剪强度包络线是介于结构面强度包络线和岩石强度包络线之间的曲线,如图 3-10 所示。

岩体无论是单向受压或三向受压,其强度受加载方向与结构面夹角 β 的控制,使岩体表现出各向异性。这是由于破坏面与结构面的不同组合所致。当岩体中有结构面存在时,其强度在某些方向上有所降低,尤以单向受压时降低更甚。

结构弱面对岩体强度的影响可用图 3-11 做概括说明。若岩体为同类岩石分层所组成,或岩体只含有一种岩石,但有一组发育的弱面(如层理等)。

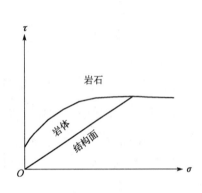

图 3-10 岩体强度　　　　图 3-11 岩体强度的各向异性

当最大主应力 σ_1 与弱面垂直时,岩体强度与弱面无关,此时岩体强度就是岩石的强度。

当 $\beta = 45° + \dfrac{\varphi_j}{2}$ 时,岩体将沿弱面破坏,此时岩体强度就是弱面的强度。当最大主应力与弱面平行时,由于弱面抗拉强度小,岩体将因弱面的横向扩张而破坏。此时,岩体的强度将介于前述两种情况之间。如果以极坐标辐角表示弱面与最大主平面的夹角 β,径向长度表示岩体的强度,则岩体强度 S_c 随 β 角的变化情况如图 3-11 所示。

$$\left. \begin{aligned} &(1)\ 当\ \beta = n\pi, S_c = \frac{2c\cos\varphi}{1-\sin\varphi} \\ &(2)\ 当\ \beta = n\pi + \left(45° \pm \frac{\varphi_j}{2}\right)\ 时, S_c = \frac{2c_j\cos\varphi}{1-\sin\varphi} \\ &(3)\ 当\ \beta = \left(n \pm \frac{1}{2}\right)\pi\ 时, \frac{2c_j\cos\varphi_j}{1-\sin\varphi_j} < S_c < \frac{2c \times \cos\varphi}{1-\sin\varphi} \end{aligned} \right\} \quad (3\text{-}15)$$

式中:φ、φ_j——岩石及弱面的内摩擦角;

c、c_j——岩石及弱面的黏聚力。

显然,没有弱面时岩体的强度即图 3-10 中的外圆半径。

当岩体中有多组弱面时,岩体的强度图像为各单组弱面岩体强度图像的叠加,这时岩体的强度则基本决定于弱面的强度。当岩体由不同的薄层岩石所组成时,其强度将变化介于最弱岩层岩石强度与弱面强度之间。

3.1.7 岩体质量评定

岩体含有各种结构面,硬的或软的岩块或碎块,还有粗粒或细粒土,其性质较为复杂。工程岩体质量指标包含三个因素:岩体的完整性、结构面的抗剪特性、结构体或岩块的坚强性。岩体的完整性,是指岩体的开裂程度或破碎程度,即结构面在岩体中存在的情况,用完整性系数来表示。结构面的抗剪特性用抗剪强度或摩擦系数表征。岩块的坚强性是指岩块对变形的抵抗能力。

工程岩体质量评价用半定量指标岩体质量系数 Z 评定岩体质量优劣,为工程设计提供依据。半定量评定岩体质量的常用方法有两种:①岩体质量系数。将特征系数连乘,以其乘积为岩体质量系数。②将特征系数相加,以其和为总系数。以下主要介绍第一种评价方法。

根据第一种方法,对岩体起控制作用的要素有三个,这三个要素的乘积即得到岩体质量系数。这三个要素是:

1)岩体的完整性

岩体的完整性指岩体的开裂和破碎程度,它与岩体结构类型、结构面的组合及岩块、碎屑和泥质物的组合情况有关。反映完整性的指标有节理的组数和间距、裂隙率、孔隙指数、块度($1m^3$ 内岩块数)和岩石质量指标(Rock Quality Designation,RQD)(长度大于10cm的岩心累计长度与回次进尺的比值,是表示岩石完整性的常用指标,其值越大越好)。由于天然露头和钻孔有限,岩石又接近弹性介质,波速 V_p 与岩体结构间的关系明显,因此可采用岩体纵波速与岩石纵波速的平方比作为岩体的完整性系数 I。显然,I 越大,岩体越完整;越小就越破碎。

岩体弹性波传播特性见表3-4。

岩体弹性波传播特性表 表3-4

性能指标		p 波波速 (km/s)	岩体岩石波速比 $\dfrac{V_m}{V_r}$	完整性系数 $\dfrac{V_m^2}{V_r^2}$	代表性岩石
结构类型	块状结构	1~5(3.5)	>0.8(0.6)	>0.6(0.4)	花岗岩、大理岩、厚层灰岩、砂岩
	层状结构	3~4(2.5)	0.5~0.8(0.5)	0.3~0.6(0.3)	页岩、薄层灰岩、砂页岩互层
	碎裂结构	2~3.5(1.5)	0.3~0.6(0.3)	0.1~0.3(0.1)	压碎岩带、节理密集带、劈理带
	散体结构	<2(0.5)	<0.4	<0.2	断层破碎带、强烈风化带

2)结构面的抗剪特性

结构面不仅破坏了岩体的完整性,而且是岩体中最薄弱的部位,其抗剪切滑动的能力与岩性、地下水以及结构面的连续性、粗糙度、起伏差、充填物等因素有关。张开充水或已泥化很平滑的结构面就很薄弱,所以结构面的抗剪特性常以该面的摩擦系数表示,只要结构面的摩擦系数 f 值高,无论其产状如何,岩体的质量都相对较好,而对于 f 值较小的结构面,其产状就很重要。结构面强度无试验资料时,可参考表3-2和表3-3。

3)岩块的坚强性

结构面特性对岩体的破坏起重要作用,但结构体特性所起的作用也不可忽视。岩块的大小一定程度上反映了岩体的完整性,而岩块的坚强性则反映岩块的物理力学性质,表示岩块抵抗变形的能力。其表征的指标有弹性模量、变形模量和抗压强度、抗剪和抗拉强度等。为便于应用,取饱和抗压强度值的 1/10,称为坚强系数 S。

上述三个基本特征系数连乘即为岩体质量系数 Z,即:

$$Z = I \times f \times S$$

式中:I——岩体的完整性系数,$I = \dfrac{V_m^2}{V_r^2}$,V_m 为岩体纵波波速、V_r 为岩石纵波波速;

f——结构面的摩擦系数,$f = \tan\varphi$,φ 为摩擦角;

S——岩块坚强系数,$S = \dfrac{R_t}{10}(\text{MPa})$,$R_t$ 为岩石的饱和抗压强度。

Z 值越大,岩体质量越好。Z 的变化范围一般为 0.002~20,并分为 5 级,见表 3-5。

岩体质量系数 Z 的范围及质量等级　　　表 3-5

质量系数 Z	0.002~0.1	0.05~1.0	0.2~2.5	0.08~3.0	0.2~5	0.3~10	2.5~20
结构类型	散体结构	碎裂结构	镶嵌结构	碎裂层状结构	层状结构	块状结构	整体结构
质量系数及质量等级 Z 的范围	<0.1	0.1~0.3	0.3~2.5		2.5~4.5	>4.5	
质量系数及质量等级 质量等级	极差(极不稳定)	差(不稳定)	一般		好	特好(极稳定)	

3.2 岩质边坡的变形破坏模式

在边坡开挖形成过程中,由于卸荷作用和受坡形地应力的影响,以及边坡岩体地质构造作用,坡体中产生应力重分布,使坡体中由上至下、由坡面至坡体内的应力分布明显不同,使边坡岩(土)体将发生不同方式、不同规模和不同程度的变形,并在一定条件下发展为破坏。边坡破坏是指在边坡岩(土)体中形成贯通性破坏性滑动面并产生位移。而在贯通性破坏面形成之前,边坡岩体的变形与局部破裂,称为边坡变形。边坡中已有明显变形破裂迹象的岩体,或处于进展性变形的岩体,称为变形体。被贯通性破坏面分割的边坡岩体,可以多种运动方式失稳破坏,如滑移、崩落等。破坏后的滑动体(滑坡)或崩落体等将不同程度地解体,但在特定的自身或环境条件下,它们还可继续运动,并演化或转化为其他运动方式,称为破坏体的继续运动。边坡变形、破坏和破坏后的继续运动分别代表边坡变形破坏的三个不同演化阶段。

3.2.1 边坡变形的主要形式

由人工开挖形成的边坡或其他自然方式形成的临空边坡,其边坡变形在形成过程中即已发生,并表现为卸荷回弹和蠕变两种主要变形方式。

卸荷回弹是边坡岩体内积存的弹性应变能释放而产生的变形形式。在高地应力区的岩质边坡中尤为明显。成坡过程中,边坡岩体向临空方向回弹膨胀,使原有结构松弛;同时,又可在集中应力和剩余应力作用下,产生系列新的表生结构面,或改造一些原有结构面。在此过程中,还包含有蠕变,但它是由岩体中积聚的内能做功所造成的,所以一旦失去约束的那一部分内能释放完毕,这种变形即告结束,大多变形在成坡以后的较短时期内完成。

边坡中经卸荷回弹松弛,并含有与之有关的表生结构面的那部分岩体,通常称为卸荷带。卸荷带的发育深度与组成斜坡的岩性、岩体结构特征、天然应力状态、外形以及边坡形成演化历史等因素有关。卸荷带同时也是边坡中应力释放的部位,相当于应力的降低带。一般情况下,卸荷带愈深,应力集中带也分布得愈深。

边坡蠕变是在坡体应力(以自重应力为主)长期作用下发生的一种缓慢而持续的变形,这种变形包含某些局部破裂,并产生一些新的表生破裂面,坡体随蠕变的发展而不断松弛。位移速度增大直至发生滑坡。这种蠕变波及范围可以相当大,一些高山地区(如我国西南、西北山区,国外的阿尔卑斯山、喀尔巴阡山、阿拉斯加山区等),都发现有深达数百米、长达数千米的巨型蠕变体。这些变形体对工程建设具有重要影响,当工程位于蠕变体上或其波及的范围内时,必须进行重点研究和治理。

3.2.2 边坡破坏基本类型

边坡破坏的分类,国内外有许多不同的方案。国际工程地质协会(IAEC)滑坡委员会建议采用瓦恩斯的滑坡分类(D. Varnes,1978)作为国际标准方案。该分类综合考虑了边坡的物质组成和运动方式。按运动方式划分为崩落(塌)、倾倒、滑动(落)、侧向扩离和流动等五种基本类型。这五种基本类型还可组合成多种复合的边坡破坏类型,如崩塌碎屑流、滑坡-泥石流等。

在五种基本类型中,崩落(塌)、滑落(坡)和(侧向)扩离是边坡破坏的三种基本类型,也是边坡失稳的基本方式。就岩体破坏机制而言,崩塌以拉断破坏为主、滑坡以剪切破坏为主、扩离则主要是由塑性流动破坏所致。

1)崩塌(崩落)

在陡峻的斜坡上,岩(土)体在重力作用下,脱离母岩,突然而猛烈地从高处崩落下来的边坡破坏现象称为崩塌。崩塌不仅发生在陡峻的山坡上,也可发生在河流、湖泊及海边高陡的岸坡上,还可发生在高陡的公路路堑边坡上。崩塌包括了小规模块石的坠落和大规模的山(岩)崩。如图3-12所示,崩塌体通常破碎成碎块堆积于坡脚,形成具有一定天然休止角的岩堆。在一定条件下,可在继续运动过程中发展为碎屑流。

图3-12 斜坡破坏(失稳)基本类型(一)——崩塌

2)滑坡

滑坡是斜坡岩土在重力作用下沿一定软弱面下滑的边坡变形破坏。滑坡可按滑动面或破坏面的纵剖面形成划分为平滑型(顺层)滑坡(图3-13a、b、c)和弧形或转动型(切层)滑坡两种类型(图3-13d、e、f)。滑面形态还可能是平面与弧形面组合形式或更为复杂。滑坡体滑动后通常被解体为块状,滑体的变形和解体状况往往更为复杂,有的可在滑动中被粉碎成碎块或碎屑状(可称其为滑塌),在坡前筑成与崩塌产物类似的岩堆(图 3-13e、f)。在一定条件下,滑动体可在继续运动过程中发展为碎屑流或泥流等,对于已转化为流动状态的滑体,其堆积形态明显区别于块状滑体和岩堆。

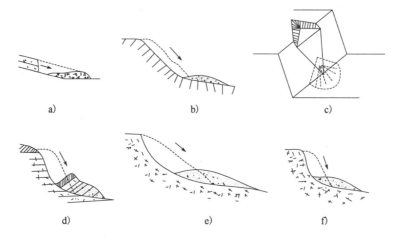

图 3-13　斜坡破坏(失稳)基本类型(二)——滑坡

3)扩离

扩离是由于边坡岩(土)体中下伏平缓产状的软弱层塑性破坏或流动引起的破坏,软弱层上覆岩(土)体作整体(图 3-14a)或被解体为系列块体(图 3-14b)向坡前临空方向"漂移"。这种破坏方式与块状滑坡类似。但由于呈现塑性流动状态的软岩,可因块体重力压缩被挤入被解体的块体之间,造成块体"东倒西歪",这是它区别于一般滑坡的重要特征。

图 3-14　斜坡破坏(失稳)基本类型(三)——(侧向)扩离

3.2.3　岩质边坡变形破坏的地质力学模式

根据岩体变形破坏的模拟实验和理论研究,以及大量的地质观察资料,岩体边坡基本的变形破裂地质力学模式单元可分为拉裂、蠕滑(滑移)、弯曲、塑流四种。

(1)拉裂为拉断破裂,包括以拉应力为主造成的拉裂和以压应力为主造成的压致拉裂,其力学特征表现为弹性介质模型。

(2)蠕滑为剪切变形破坏,包括沿某个潜在剪切面的剪切蠕变,沿原有结构面的滑移和介于两者之间的蠕变-滑移,流变特征一般属黏弹-黏塑性介质模型。

(3)弯曲即弯曲变形,按受力方式可分为横弯曲和纵弯曲,按支撑约束方式分为简支梁、外伸梁和悬臂梁弯曲等,其流变特征一般属黏弹-黏塑性介质模型。

(4)塑流,指岩体中原有软弱夹层(带)的压缩和向临空或减压方向的塑性流动,包括岩体中原有软弱夹层的塑性流动、岩体变形破坏发展中的压碎带或塑性破坏带的塑性流动,其流变特征一般属黏弹-塑性介质模型。

在不同荷载条件下,上述四种岩体的变形破坏模式单元并非单独产生。在同一边坡变形体中,一种基本变形破坏单元的出现常伴随有另一种基本变形破坏单元产生,并可能随着变形破坏过程的发展而相互转化,以不同方式组合。因此,岩体边坡的变形破坏地质力学力学模式可概括组合为以下几种:蠕滑-拉裂、滑移-压致拉裂、滑移-拉裂、滑移-弯曲、弯曲-拉裂、塑流-拉裂。

1) 蠕滑-拉裂

这类变形的特点是边坡岩体向坡前临空方向发生剪切蠕变,其后缘发育从坡面向深部发展的拉裂。可发生在各类岩体中,但以块状、层状和散体状岩体中多见,在均质或似均质体边坡中,倾内薄层状体坡中也可发生。一般发生在中等坡度(边坡坡角 $\beta < 40°$)斜坡中。

表现为一定形状的岩体沿原有软弱面或潜在剪切面的蠕滑,并伴有向滑移面方向逐渐收敛的拉裂,在斜坡的后缘可以观察到拉裂缝,可作为判断变形发生和发展的标志。蠕滑-拉裂变形发展过程中,坡内有一可能发展为破坏面的潜在滑移面,它受最大剪应力面分布状况的控制,该面以上实际上为一自坡面向下递减的剪切蠕变带。这种变形的进展主要由蠕滑发展控制,当滑面贯通或剪断潜在剪切面,即发展为剪切破坏。

对致密黏土边坡的研究表明,在未破坏之前,这种剪应变值可达 2.5cm/m。也即若剪切蠕变带厚度为 D,则坡面位移量可达 $0.25 \times D$。随着蠕滑的进展,坡面下沉,拉裂面向深处扩展,往往达到潜在剪切面,造成剪切面上剪应力集中。地表水沿拉裂面渗入坡内,从而又促进蠕滑的发展,削弱剪切面的抗剪强度,最后被剪断而导致滑坡。

多组结构面切割的碎裂体边坡,变形主要通过结构面的相互错位调整来实现,其演变过程如图 3-15 所示,最终破坏大多表现为滑塌。

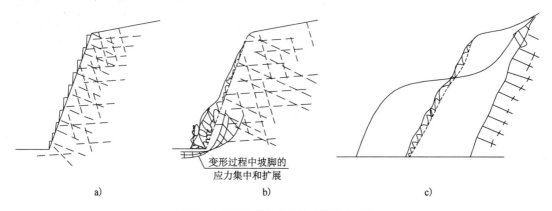

图 3-15 碎裂体边坡中蠕滑-拉裂演变过程

倾内薄层状体边坡,变形包含了岩层的层间错动和弯曲。当在软弱面 $\alpha = -30°$(倾内),中等坡度($\beta < 40°$或 $\alpha + \beta < 90°$)条件下,往往以这类变形为其主要变形方式,且岩层愈薄、层间摩擦系数愈低,愈容易产生这类变形。

2) 滑移-压致拉裂

这类变形大多发生在坡度中等至陡的块状或平缓层状岩体中。表现为一定形状岩体沿软弱面滑移,并伴有起源于滑移面的分支拉裂面,随着变形的发展,可使岩体碎裂化、散体化,也可以因拉裂面与滑移面在相交部位的压碎扩容,两者连成贯通性滑动面而发展成剪切破坏。

坡体沿平缓结构面向坡前临空方向产生缓慢的蠕变性滑移,滑移面的锁固点或错列点附近,因拉应力集中生成与滑移面近于垂直的拉张裂隙,裂隙向上(个别情况向下)扩展,且其方向逐渐转成与最大主应力方向趋于一致(大体平行坡面)并伴有局部滑移。这种拉裂面的形成机理与压应力作用下格里菲斯裂纹的形成扩展规律近似,所以它属压致拉裂,如图3-16a)所示。滑移-拉裂变形是由边坡内软弱结构面处自下而上发展起来的。模拟研究和实例分析表明,这类变形演变过程可分为三个阶段:

(1)卸荷回弹

在人工开挖边坡中可直接观察到这种滑移。

(2)压致拉裂面自下而上扩展

随着变形的发展,裂面可扩展至地面。边坡岩体结构随变形发展而松动,并伴有轻微的转动,仍处于稳定破裂阶段。

(3)滑移面贯通

变形进入累进性破坏阶段。变形体开始明显转动,陡倾的阶状裂面成为剪应力集中带,陡缓转角处的嵌合体逐个被剪断、压碎,并伴有扩容,使坡面微微隆起。当陡倾裂面与平缓滑移面构成一贯通性滑移面时,边坡发生破坏。

3)滑移-拉裂

主要发育在缓倾外层状斜坡和块状体斜坡中。斜坡岩体沿软弱面向坡前临空方向滑移时,使滑移体拉裂解体(图3-16b)。这种变形受软弱面控制,其进程取决于软弱面(滑移面)的产状与特性,当滑移面向临空方向的倾角足以使上覆岩体的下滑力大于该滑面的抗剪阻力时,边坡开挖过程中该面一旦被开挖临空,将在后缘产生拉裂面而滑动,形成滑坡,其蠕变过程很短暂。

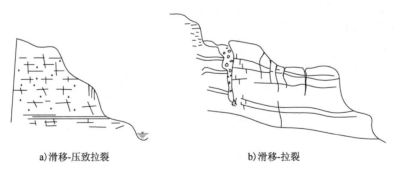

a)滑移-压致拉裂　　　　　　b)滑移-拉裂

图3-16　斜坡的滑移-压致拉裂和滑移-拉裂变形

4)滑移-弯曲

这类变形破坏主要发育在中~陡外倾层状体斜坡中,尤其以薄层状岩体及延性较强的碳酸盐类层状岩体中为多见,这类斜坡的滑移控制面倾角明显大于该面的峰值摩擦角,上覆岩体具备沿下滑面滑移的条件,但由于滑移面未临空,使下滑受阻,造成坡脚附近顺层板梁承受纵向压力,在一定条件下可使之发生弯曲变形,如图3-17所示。这类变形过程可分为以下三个阶段:

(1) 轻微弯曲。弯曲部位仅发生在顺层拉裂面,局部压碎,坡面轻微隆起,岩体松动。
(2) 强烈弯曲隆起。弯曲显著增强,出现剖面 X 形错动,其中一组发展为滑移切出面。
(3) 切出面贯通。滑移面贯通并发展为滑坡,具有崩滑特性,有的表现为滑塌式滑坡。

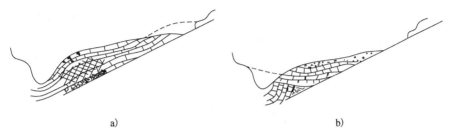

图 3-17　斜坡的滑移-弯曲变形

5) 弯曲-拉裂(倾倒)

主要发育在陡立或陡倾层状体组成的中～极陡边坡中,主要发生在斜坡前缘。倾陡的板状岩体在自重弯矩作用下,在前缘处开始作向临空方向的悬臂弯曲,并逐渐向坡内发展,弯曲的板梁之间相互错动并伴有拉裂,弯曲体后缘出现拉裂缝,形成平行于走向的反坡台阶和沟槽。在板梁弯曲剧烈的部位,产生横切板梁的折断,如图 3-18 所示。这种变形破坏过程可分为以下几个阶段:

(1) 卸荷回弹,陡倾面拉裂。
(2) 板梁弯曲,拉裂面向深部扩展,并向后坡推移。如果坡度很陡,在此阶段将伴有坡缘、坡面局部崩落。
(3) 板梁根部折裂、压碎。岩块转动、倾倒,导致崩塌。

图 3-18　斜坡的弯曲-拉裂(倾倒)

6) 塑流-拉裂

这类变形主要发生在软弱基座体斜坡中(图 3-19)。下伏软岩在上覆岩层压力作用下,产生塑性流动并向临空方向挤出,导致上覆较坚硬的岩层拉裂、解体和不均匀沉陷。风化及地下水对软弱基座的软化或溶蚀、潜蚀作用,是促进这类变形的主要因素。

在软弱基座产状近于水平的斜坡中,上覆硬岩层的拉裂起始于软弱层的接触面,这是由于软岩的水平变形远远大于硬岩所致,斜坡前缘可能出现局部坠落,随着上覆岩体的拉断解体,则发展成为侧向扩离或块状滑坡。当上覆岩层也有一定塑性时,被下伏呈塑流状的软岩载托

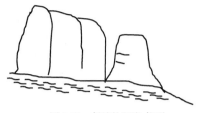

图 3-19 斜坡的塑流-拉裂

的坡体可整体向临空方向漂移,并在后缘产生拉裂造成的陷落带,形成整体式的侧向扩离。

7) 斜坡变形破坏模式的组合

现场调查及研究表明,斜坡变形虽然以某一种模式为主,但由于斜坡岩体结构和外形的复杂性,有的斜坡也可能出现两种或多种变形破坏模式,并以一定的方式组合在一起。或者在变形发展过程中,由于变形、应力集中和累进性破坏,坡体中结构面产状和特性的不断变化,某种新的拉裂面、剪切面的形成,使变形的条件发生变化,将可能使斜坡的变形从一种模式向另一种模式转化,且转化的发生往往是斜坡进入累进性破坏阶段的一个重要标志。斜坡变形破坏模式的组合与转化有多种形式,总体可以概括为以下几种:

(1) 弯曲-拉裂→滑移(蠕变)-拉裂。
(2) 弯曲-拉裂→滑移-压致拉裂。
(3) 塑流-拉裂→蠕滑-拉裂。
(4) 滑移-弯曲→蠕滑(滑移)-拉裂。
(5) 为了准确地预测斜坡的变形发展,必须具体分析坡体的地质条件和变形发展阶段。

根据岩体边坡变形破坏的地质力学模式,可以进行岩体的稳定性分析。

(1) 根据各地质力学模式产生的条件,预测岩体可能的主要变形破坏方式。
(2) 根据各模式演化进展阶段划分判据及各阶段的典型结构图示,结合实际观察到的变形破坏迹象和外貌特征来判定岩体所处的演变阶段,预测其发展趋势。
(3) 判定促进岩体变形破坏的关键部位及岩体中的应力集中和营力活跃部位,为定量评价其稳定性和制定整治方案提供依据。

3.3 岩质边坡稳定性分析

岩质边坡的稳定性分析方法有定性分析和定量分析两大类,定性分析法包括工程地质类比法、赤平极射投影、实体比例投影和摩擦圆法等;定量分析法有极限平衡法、有限元法和概率法三种。它是根据某一区段路基横断面的岩土性质,确定其可能破坏的模式,并考虑所受的各种荷载(重力、水作用力、地震、爆破等)对边坡的作用,选择适当的参数进行稳定性计算,确定边坡的稳定性。以下主要介绍常用的岩质边坡稳定性分析的极限平衡法和工程地质类比法。

3.3.1 极限平衡法

极限平衡法是根据力学平衡原理对边坡稳定性进行分析计算的方法。这种方法用于分析岩质边坡稳定性时,做以下假设:

① 将滑体视为刚性体,不考虑其本身的变形。
② 除楔形破坏外,其余的破坏多简化为平面问题,选取有代表性的断面进行计算。
③ 边坡岩体的破坏遵从摩尔-库仑定律。

④当边坡的稳定系数 $F_S = 1$ 时,滑体处于临界状态。

1)平面型破坏的岩质边坡稳定性分析

滑动面为平面的岩质边坡的平面型破坏形式有简单平面型、阶梯型和双滑块型等几种。

(1)简单平面型破坏

简单平面型破坏包括无张裂隙破坏与坡顶或坡面有张裂隙破坏两种。

①无张裂隙破坏(图3-20)

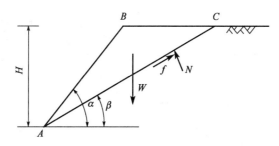

图 3-20 无张裂隙简单平面型破坏

设滑体沿结构面 AC 滑动,滑体 ABC 受到重力 W、结构面反力 N、摩阻力 f 和黏聚力 c 的作用。其中,单宽滑体体积 V_{ABC} 为:

$$V_{ABC} = \frac{H^2 \sin(\alpha - \beta)}{2\sin\alpha\sin\beta} \tag{3-16}$$

则单宽滑体重量 W 为:

$$W = \frac{\gamma H^2 \sin(\alpha - \beta)}{2\sin\alpha\sin\beta} \tag{3-17}$$

所以,根据极限平衡原理,边坡的稳定系数 F_S 为:

$$F_S = \frac{2c\sin\alpha}{\gamma H \sin(\alpha - \beta)\sin\beta} + \frac{\tan\varphi}{\tan\beta} \tag{3-18}$$

式中:γ——岩石的天然重度(kN/m³);

φ——结构面的内摩阻角(°);

c——结构面的黏聚力(kPa)。

式中其余符号见图 3-20。

由式(3-18)可得,当 $F_S = 1$ 时,倾角为 α 的边坡临界坡高 H_{cr} 为:

$$H_{cr} = \frac{4c\sin\alpha\cos\varphi}{\gamma[1 - \cos(\alpha - \varphi)]} \tag{3-19}$$

当 $\alpha = 90°$ 时,坡面垂直的边坡临界坡高为:

$$H_{cr} = \frac{4c}{\gamma}\tan\left(45° + \frac{\varphi}{2}\right) \tag{3-20}$$

②坡顶(或坡面)有张裂隙破坏(图3-21)

滑体 ABCD 除受到重力 W、结构面反力 N、摩阻力 f 和黏聚力 c 的作用外,还受到滑面和裂隙上的静水压力 U 和 V 的作用。

当张裂隙位于坡顶时,单宽滑体重量:

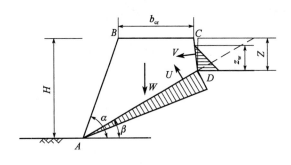

$$W = \frac{1}{2}\gamma H^2\{[1-(Z/H)^2]\cot\beta - \cot\alpha\} \quad (3-21)$$

当张裂隙位于坡面时,

$$W = \frac{1}{2}\gamma H^2[(1-Z/H)^2\cot\beta(\cot\beta\tan\alpha - 1)] \quad (3-22)$$

根据极限平衡原理,得稳定系数 F_s:

$$F_s = \frac{cA + (W\cos\beta - U - V\sin\beta)\tan\varphi}{W\sin\beta + V\cos\beta} \quad (3-23)$$

图 3-21　有张裂隙简单平面型破坏

式中:A——单宽滑体面积,$A = (H-Z)\csc\beta$;

U、V——作用于滑面和裂隙上的静水压力:$U = \frac{1}{2}\gamma_w z_w(H-Z)\csc\beta$,$V = \frac{1}{2}\gamma_w z_w^2$;

γ_w——水的重度;

式中其余符号见图 3-21。

临界张裂隙位置 b_{cr} 和临界张裂隙深度 Z_{cr} 分别按下式计算:

$$b_{cr} = H(\sqrt{\cot\beta\cot\alpha} - \cot\alpha) \quad (3-24)$$

$$Z_{cr} = H(1 - \sqrt{\cot\beta\cot\alpha}) \quad (3-25)$$

平均临界坡角 α_{cr} 可用经验公式计算:

$$\alpha_{cr} = \beta + \frac{9420(c/\gamma H)^{4/3}}{\beta - \varphi[1 - 0.1(D/H)^2]} \quad (3-26)$$

式中:D——坡顶面后部最大年地下水位高度。

平均临界坡高近似值用下式计算:

$$H_{cr} = \frac{956c}{\gamma(\alpha - \beta)\{\beta - \varphi[1 - 0.1(D/H)^2]\}} \quad (3-27)$$

当考虑地震力时,稳定系数 F_s:

$$F_s = \frac{cA + (W\cos\beta - U - V\sin\beta)\tan\varphi}{W\sin\beta + V\cos\beta + EW\cos\beta} \quad (3-28)$$

式中:E——水平地震系数。

(2)阶梯型破坏

边坡由两组节理组合,当两组节理走向基本平行于坡面,而主节理倾向坡面、倾角等于或小于坡角但大于其摩擦角时,常发生阶梯型破坏(图 3-22)。滑面由主节理(受剪破坏)、横节理(受拉破坏)等组成,破坏时节理面受力情况见图 3-23。

当作剖面 AB 破裂迹线时,应使 AB 线上、下两部分阶梯的面积大致相等。AB 与水平线的夹角为 β 角,破裂面为 β 平面。

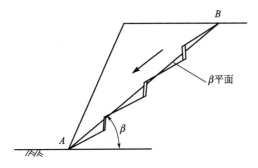

图 3-22 阶梯型滑动

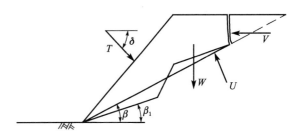

图 3-23 在有外荷载和地下水作用下的阶梯型破坏

在不考虑岩体作用的情况下,根据边坡的具体条件,按简单平面型破坏的稳定系数计算公式计算其稳定系数。

在有外荷载和地下水作用下(图 3-21),边坡的稳定系数为:

$$F_S = \frac{[W\cos\beta_1 - U\cos(\beta - \beta_1) - (EW + V)\sin\beta_1 + T\sin(\delta + \beta_1)]\tan\varphi_{j1} + L_{mj}c_{j1}}{W\sin\beta_1 + U\sin(\beta - \beta_1) + (EW + V)\cos\beta_1 - T\cos(\delta + \beta_1)} \quad (3-29)$$

式中:W——滑体重量(kN);

[ ]——括号中的量值为平均值;

β_1——主节理倾角(°);

β——破坏角(°);

U——作用在滑面上的上浮托力(kPa);

V——张裂隙中的水压力(kPa);

E——水平地震系数(地震力图中未标示);

T——外荷载大小(kN);

δ——外荷载倾角(°);

φ_{j1}——主节理的平均摩擦角(°);

L_{mj}——沿阶梯迹线主节理的总长度(m);

c_{j1}——主节理的黏聚力(kPa)。

(3)双滑块型破坏

由三组节理构成的双滑块形态可能很多,图 3-24 是双滑块极易滑动的典型剖面。其产生的条件是:$\beta_1 > \varphi_1, \beta_2 > \varphi_2; \beta_3 > \beta_2, \beta_1 < 90°$;节理 2 必须暴露于坡脚或坡面。

根据图 3-24b)中,双滑块系统在 x、y 方向力的平衡条件,可以求得:

$$\left. \begin{array}{l} R_1 = [-F_{Ax}\sin\theta_3 + (W_A + F_{Ay})\cos\theta_3]/\sin(\theta_3 - \theta_1) \\ R_3 = [F_{Ax}\sin\theta_1 - (W_A + F_{Ay})\cos\theta_1]/\sin(\theta_3 - \theta_1) \\ R_2 = (R_3\cos\theta_3 - F_{px})/\cos\theta_2 \end{array} \right\} \quad (3-30)$$

式中:R_i——平面 i 上的摩擦力与正压力的合力;

F_{ij}——除去作用在平面 i 上的 j 方向的摩擦力以外全部力之和;

θ_i——平面 i 的摩擦方向,从正的 x 方向顺时针量测。

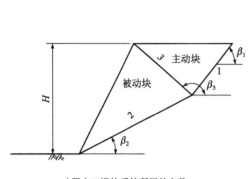 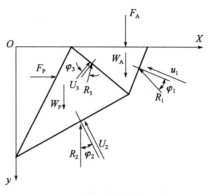

a) 限定双滑块系统所用的参数　　　b) 双滑块系统的作用力系

图 3-24　双滑块型破坏

处于极限平衡状态时,被动块的重量为:

$$（极限的 W_p） = R_3\sin\theta_3 - F_{py} - R_2\sin\theta_2 \tag{3-31}$$

极限重量比:

$$（极限的 W_P/W_A） = （极限的 W_P）/W_A \tag{3-32}$$

当仅考虑块体重量与摩擦力作用时,极限重量比可按式(3-33)求得:

$$（极限的 W_P/W_A） = \frac{-\sin(\varphi_1 - \beta_1) \times \sin(\varphi_3 + \beta_3 + \varphi_2 - \beta_2)}{\sin(\varphi_2 - \beta_2) \times \sin(\varphi_3 + \beta_3 + \varphi_1 - \beta_1)} \tag{3-33}$$

应用被动块与主动块的实际重量比 W_P/W_A,可得出双滑块系统的稳定系数 S_F:

$$S_F = (W_P/W_A) - （极限的 W_P/W_A） \tag{3-34}$$

当 $S_F = 0$ 时,双滑块系统处于极限平衡;$S_F < 0$ 时,处于不稳定状态。

被动块的稳定系数 F_S 为:

$$F_S = \frac{W_A\cos\beta_2 S_F\tan\varphi_2 + c_2 + R_2\sin\varphi_2}{W_A\sin\beta_2 S_F + c_2 + R_2\sin\varphi_2} \tag{3-35}$$

式中:β_2——平面2的倾角(°);
　　　φ_2——平面2的摩擦角(°);
　　　c_2——平面2的总黏聚力(kPa);
　　　R_2——平面2的反作用力(kN)。

2)楔形破坏的石质边坡稳定性分析

如图 3-25 所示,形成楔形破坏的两组结构面的倾向相反;组合交线的倾向与坡面的倾向基本一致,交线的倾角小于坡角且大于其摩擦角。这种石质边坡的稳定系数的计算步骤如下:

(1)A、B 两个平面交线方位的确定(图 3-25)

①交线的倾向 ψ_{ab}

$$\psi_{ab} = \arctan\left(\frac{\tan\beta_a\cos\psi_a - \tan\beta_b\cos\psi_b}{\tan\beta_b\sin\psi_b - \tan\beta_a\sin\psi_a}\right) \tag{3-36}$$

式中:$\psi_a、\beta_a$——A 面的倾向和倾角;
　　　$\psi_b、\beta_b$——B 面的倾向和倾角。

②交线的倾角 β_{ab}

$$\beta_{ab} = \arctan[\tan\beta_b \cos(\psi_b - \psi_a)] \tag{3-37}$$

③交线之间的夹角 θ_{ab}

$$\theta_{ab} = \arccos[\cos\beta_a \cos\beta_b \cos(\psi_a - \psi_b) + \sin\beta_a \sin\beta_b] \tag{3-38}$$

(2) 平面面积和楔形体体积及重量的计算

以 A 代表平面面积和 V 代表楔形体体积，并按图 3-26 的交线编号进行计算。

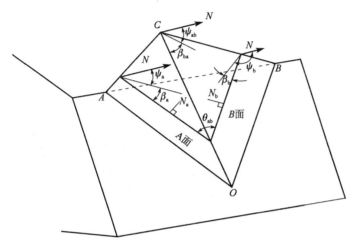

图 3-25 楔形体的组合交线的倾向、倾角图示　　图 3-26 楔形体交线的编号

图中各平面面积为：

$$A_{ACO} = \frac{1}{2} AC \times CO \times \sin\theta_{35}$$

$$A_{TCW} = \frac{1}{2} TC \times CW \times \sin\theta_{35}$$

$$A_{ATWO} = \frac{1}{2}(AC \times CO - TC \times CW)\sin\theta_{35}$$

$$A_{BVWO} = \frac{1}{2}(BC \times CO - VC \times CW)\sin\theta_{45}$$

$$A_{TWV} = \frac{1}{2} TV \times TW \times \sin\theta_{79}$$

楔形体体积：

$$V_{ACBO} = \frac{1}{6} AC \times CO \times BC \times K$$

$$V_{TCVW} = \frac{1}{6} TC \times CW \times VC \times K$$

由正弦定律可得 CO、CW、BC、VC、TV、TW 的长度：

$$CO = AC \times \frac{\sin\theta_{13}}{\sin\theta_{15}}$$

$$CW = TC \times \frac{\sin\theta_{37}}{\sin\theta_{57}}$$

$$BC = AC \times \frac{\sin\theta_{13} \times \sin\theta_{25}}{\sin\theta_{15} \times \sin\theta_{24}}$$

$$VC = TC \times \frac{\sin\theta_{37} \times \sin\theta_{58}}{\sin\theta_{57} \times \sin\theta_{48}}$$

$$TV = TC \times \frac{\sin\theta_{34}}{\sin\theta_{49}}$$

$$TW = TC \times \frac{\sin\theta_{35}}{\sin\theta_{57}}$$

从而可以求得：

$$A_{ATWO} = \frac{1}{2}\left(AC^2 \times \frac{\sin\theta_{13}}{\sin\theta_{15}} - TC^2 \times \frac{\sin\theta_{37}}{\sin\theta_{57}}\right)\sin\theta_{35}$$

$$A_{BVWO} = \frac{1}{2}\left(AC^2 \times \frac{\sin^2\theta_{13} \times \sin\theta_{25}}{\sin^2\theta_{15} \times \sin\theta_{24}} - TC^2 \times \frac{\sin^2\theta_{37} \times \sin\theta_{58}}{\sin^2\theta_{57} \times \sin\theta_{48}}\right)\sin\theta_{45}$$

$$A_{TVW} = \frac{1}{2}CT^2 \times \frac{\sin\theta_{34} \times \sin\theta_{35} \times \sin\theta_{79}}{\sin\theta_{49} \times \sin\theta_{57}}$$

$$W = \gamma \times V_{ABOTVW} = \frac{1}{6}\gamma \times K\left(AC^3 \times \frac{\sin^2\theta_{13} \times \sin\theta_{25}}{\sin^2\theta_{15} \times \sin\theta_{24}} - TC^3 \times \frac{\sin^2\theta_{37} \times \sin\theta_{58}}{\sin^2\theta_{57} \times \sin\theta_{48}}\right)$$

式中：

$$K = (1 - \cos^2\theta_{34} - \cos^2\theta_{35} - \cos^2\theta_{45} + 2\cos\theta_{34} \times \cos\theta_{35} \times \cos\theta_{45})^{1/2} \quad (3\text{-}39)$$

(3) 静水压力计算

静水压力的分布有多种形式，图3-27的分布可视作大雨条件下所发生的最大值，按此水压力 P 值算出的稳定系数偏于安全。则：

$$P = \gamma_w \times \frac{TC}{2} \times \frac{\sin\theta_{35}}{\sin\theta_{57}}\left(\sin\beta_7 + \frac{\sin\theta_{79}}{\sin\theta_{57}} \times \sin\beta_8\right) \quad (3\text{-}40)$$

$$\left.\begin{array}{l} V = \dfrac{1}{3}P \times A_{TVW} \\ U_A = \dfrac{1}{3}P \times A_{ATWO} \\ U_B = \dfrac{1}{3}P \times A_{BVWO} \end{array}\right\}$$

(4) 楔形体的受力分析

如图3-28所示，作用于楔形体上的力包括：

①楔形体的质量 W，倾角 $90°$，倾向未定。

②平面 A 上的有效法向反力 N_{ae}，倾角为 $\beta_a - 90°$，倾向 ψ_a。

③平面 B 上的有效法向反力 N_{be}，倾角为 $\beta_b - 90°$，倾向 ψ_b。

④平面 A 上的静水压力 U_A。

⑤平面 B 上的静水压力 U_B。

⑥张裂面上的静水压力 V，倾角为 $\beta_t - 90°$，倾向 ψ_t。

⑦潜在滑动线方向的下滑力 S，倾角为 β_s，倾向 ψ_s。

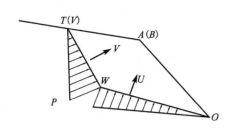

图 3-27 静水压力

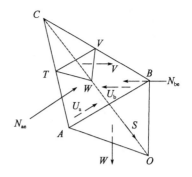

图 3-28 作用于楔形体上的力

由下式

$$\cos\theta_{na \times nb} = \cos\beta_{na} \times \cos\beta_{nb} \times \cos(\psi_a - \psi_b) + \sin\beta_{na} \times \sin\beta_{nb} = m_{na \times nb} \quad (3-41)$$

可得到重力和静水压力的有关系数。

重力系数：

$$m_{W \times na} = -\cos\beta_a$$
$$m_{W \times nb} = -\cos\beta_b$$
$$m_{W \times 5} = \sin\beta_5$$

静水压力系数：

$$m_{v \times na} = \sin\beta_a \times \sin\beta_t \times \cos(\psi_a - \psi_t) + \cos\beta_a \times \cos\beta_t$$

在法向反力方向对力进行解析，得：

$$\left.\begin{array}{l} N_{ae} = qW + r_V - u_A \\ N_{be} = xW + y_V - u_B \end{array}\right\} \quad (3-42)$$

式中：

$$q = (m_{na \times nb} \times m_{W \times nb} - m_{W \times na})/(1 - m_{na \times nb}^2)$$
$$r = (m_{na \times nb} \times m_{v \times nb} - m_{v \times na})/(1 - m_{na \times nb}^2)$$
$$x = (m_{na \times nb} \times m_{W \times na} - m_{W \times nb})/(1 - m_{na \times nb}^2)$$
$$y = (m_{na \times nb} \times m_{v \times na} - m_{v \times nb})/(1 - m_{na \times nb}^2)$$

沿交线 5(OC) 方向的下滑力为：

$$S = m_{W \times 5} \times W + m_{v \times 5} \times V \quad (3-43)$$

(5) 计算边坡的稳定系数 F_S

根据极限平衡原理可得楔形滑动的稳定系数：

$$F_S = \frac{c_A \times A_{ATWO} + c_B \times A_{BVWO} + N_{ae} \times \tan\varphi_A + N_{be} \times \tan\varphi_B}{S} \quad (3-44)$$

3) 倾倒破坏的岩质边坡稳定性分析

根据斜坡变形破坏的地质力学模式及破坏形成过程，弯曲-拉裂的倾倒破坏可进一步其细分为弯曲式倾倒、岩块式倾倒和岩块弯曲复合式倾倒，以及因坡脚被侵蚀，开挖而引起的次生倾倒破坏等类型，如图 3-29 所示。

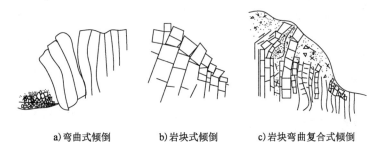

a) 弯曲式倾倒　　b) 岩块式倾倒　　c) 岩块弯曲复合式倾倒

图 3-29　倾倒破坏的主要类型

如图 3-30 所示，在忽略黏聚力影响的情况下，当 $\alpha < \varphi$ 及 $b/h < \tan\alpha$ 时，岩块将发生倾倒；当 $\alpha > \varphi$ 及 $b/h < \tan\alpha$ 时，岩块将既会滑动又会倾倒。

不同破坏机理引起的岩质边坡倾倒破坏后留下的底面形状不同，其稳定性分析方法也不同。对于岩块倾倒的底面形状为阶梯状底面时可采用极限平衡分析方法。

设如图 3-31 所示的岩块系统，边坡角为 θ，岩层倾角为 $90° - \alpha$，阶梯状底面总倾角为 β，图中的常量 a_1、a_2 与 b 为：

$$a_1 = \Delta x \times \tan(\theta - \alpha)$$
$$a_2 = \Delta x \times \tan\alpha$$
$$b = \Delta x \times \tan(\beta - \alpha)$$

式中：Δx——各个岩块的宽度。

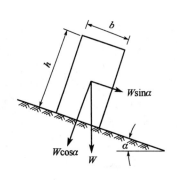

图 3-30　岩块发生倾倒的条件

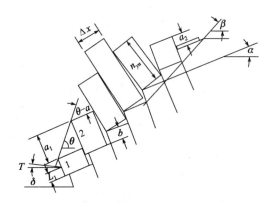

图 3-31　阶梯状底面上岩块倾倒的分析模型

位于坡顶线以下的第 n 块岩块的高度为：

$$Y_n = n(a_1 - b)$$

位于坡顶线以上的第 n 块岩块的高度为：

$$Y_n = Y_{n-1} - a_2 - b$$

图 3-32 表示一典型岩块，其底面上的作用力有 R_n 与 S_n，侧面上的作用力有 P_n、Q_n、P_{n-1} 与 Q_{n-1}。当发生转动时，$K_n = 0$。不同位置的岩块的作用力 P_n、P_{n-1} 的位置表达式 M_n、L_n 如下：

岩块位于坡顶线以下

$$M_n = Y_n, L_n = Y_n - a_1$$

岩块位于坡顶线处

$$M_n = Y_n - a_2, L_n = Y_n - a_1$$

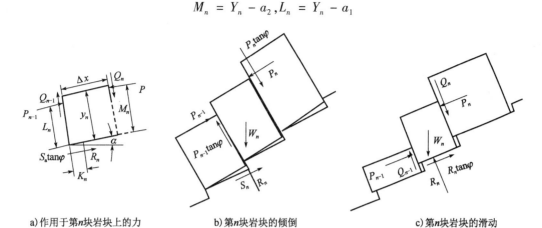

图 3-32 第 n 块岩块倾倒与滑动的极限平衡条件

岩块位于坡顶线以上

$$M_n = Y_n - a_2, L_n = Y_n$$

对于不规则的岩块系统,Y_n、L_n 与 M_n 可以用图解法确定。

岩块侧面上的摩擦力为:

$$Q_n = P_n \tan\varphi$$
$$Q_{n-1} = P_{n-1} \tan\varphi$$

按垂直和平行于岩块底面力的平衡条件,有:

$$\left.\begin{array}{l} R_n = W_n \cos a + (P_n - P_{n-1}) \times \tan\varphi \\ S_n = W_n \sin a + (P_n - P_{n-1}) \end{array}\right\} \quad (3\text{-}45)$$

据力矩平衡条件(图3-32b),阻止倾倒的力 P_{n-1}, t 值为:

$$P_{n-1}, t = \frac{P_n(M_n - \Delta x \times \tan\varphi) + (W_n/2)(Y_n \sin a - \Delta x \cos a)}{L_n} \quad (3\text{-}46)$$

且

$$R_n > 0, |S_n| < R_n \tan\varphi$$

据滑动方向的平衡条件(图3-32c),阻止滑动的力 P_{n-1}, s 值为:

$$P_{n-1}, s = P_n - \frac{W_n(\tan\varphi \cos a - \sin a)}{1 - \tan^2\varphi} \quad (3\text{-}47)$$

根据上述平衡条件,可求得边坡加固所需的锚固力。

3.3.2 工程地质类比法

工程地质类比法是在大量收集边坡及所在地区地质资料的基础上,综合考虑影响边坡稳定性的各种因素,对边坡的稳定状况和发展趋势作出评估和预测;是定性分析岩质边坡稳定性的方法之一。

这种方法是将已有的天然边坡或人工边坡的应用经验(包括稳定的或破坏的),用于新开挖边坡的稳定性分析,如坡角或计算参数的取值、边坡的处理措施等。具有经验性和地区性的特点。因此,应用这种方法对边坡稳定性作评估和预测时,必须全面分析已有边坡与新开挖边坡两者之间的地貌、地层岩性、结构、水文地质、自然环境、变形主导因素及发育阶段等方面的相似性和差异性,同时还应考虑工程的规模、类型及其对边坡的特殊要求等,经综合对比分析,才能确定新开挖边坡的边坡结构及处治措施或对边坡的稳定性作出评估等。根据经验,存在下列条件时对边坡稳定性不利。

(1)边坡及其邻近地段已有滑坡、崩塌、陷穴等不良地质现象存在。

(2)岩质边坡中有页岩、泥岩、片石等易风化、软化岩层或软硬交互的不利岩层组合。

(3)软弱结构面与坡面倾向一致或交角小于45°,且结构面倾角小于坡角,或基岩面倾向坡外且倾角较大。

(4)地层渗透性差异大,地下水在弱透水层或基岩面上积聚流动;断层及裂隙中有承压水出露。

(5)坡上有渗水,水流冲刷坡脚或因河水位急剧升降引起岸坡内动水力的强烈作用。

(6)边坡处于强震区或邻近地段采用大爆破施工。

上述不利的地质水文条件可供边坡稳定性评估和影响因素分析参考。

用工程地质类比法选取的边坡设计参数经验值(如坡角、计算参数等)仅能用于地质条件简单的中、小型边坡。表3-6所示为岩质边坡容许坡度值可供选取边坡比时参考。

岩质边坡容许坡度值 表3-6

岩土类别	岩土性质	容许坡度值(高宽比)		
		坡高在8m以内	坡高在8~15m之间	坡高在15~30m之间
硬质岩石	微风化	1:0.10~1:0.20	1:0.20~1:0.35	1:0.35~1:0.5
	中等风化	1:0.20~1:0.35	1:0.35~1:0.50	1:0.50~1:0.75
	强风化	1:0.35~1:0.50	1:0.50~1:0.75	1:0.75~1:1.00
软质岩石	微风化	1:0.35~1:0.50	1:0.50~1:0.75	1:0.75~1:1.00
	中等风化	1:0.50~1:0.75	1:0.75~1:1.00	1:1.00~1:1.50
	强风化	1:0.75~1:1.00	1:1.00~1:1.25	

注:1.使用本表时,应考虑地区性的水文、气象等条件,结合具体情况予以校正。
    2.本表不适用于岩层层面或主要节理面有顺坡向滑动可能的边坡。

3.3.3 赤平极射投影法

1)赤平极射投影法的原理

赤平极射投影法是岩体边坡稳定性分析常用的方法之一,具有直观简便、快捷的优点,在岩体工程地质力学研究和实践中得到广泛应用。赤平极射投影法最早应用于天文学,用于表示星体在太空中的位置,以及它们间的角度距离。20世纪80年代,赤平极射投影法开始应用于工程地质学,主要用于边坡岩体稳定性分析评价。

赤平极射投影法的基本原理就是把面和线放在一个投影球的中心,通过球心的面和线延伸后与球面相交,分别形成弧线和点。把球面上弧线和点与投影球的顶点(上半球或下半球的极点)相连,投影到赤道平面上,即为极射赤平投影。主要用来表示线和面的方向、相互间的角距关系及其运动轨迹,把物体三维空间的几何要素(线、面)反映在投影平面上。

赤平投影以圆球体作为投影工具,其进行投影的各个组成部分称为投影要素,包括投影球、赤平面、大圆、极射点。通过球心的平面与球面相交而成的圆统称为大圆;通过球心的面在赤平面上的投影称为赤平大圆或基圆;未通过球心的面在赤平面上的投影称为小圆;通过球心的直线与球面的交点称为极点,极射点是铅直线与球面上下的交点,如图3-33所示。结构面 ACBD 与投影球相交得到结构面的球面投影,通过一个球极 N 向结构面球面投影的圆周各点发出射线,该射线和赤道平面的交点轨迹 CBD 构成结构面的大圆赤平投影。同理,可将结构面的法线通过赤平投影得到结构面的极点赤平投影。构造线的极点投影法与结构面的极点投影法相同。构造地质学常采用上极点下半球投影。在赤平投影法中,直立大圆的赤平投影为基圆的一条直径(CD),水平大圆的赤平投影就是基圆(WCED),倾斜大圆的赤平投影是以基圆直径为弦的大圆弧(图中 SBN 投影成 CB'D)。

2) 吴氏网的结构及成图原理

目前广泛使用的极射赤平投影有等角距投影网和等面积投影网。等角距投影网是由吴尔福发明的,简称吴氏网。等面积投影网由施密特发明的,简称施氏网。应用吴氏网求解面、线间的角距关系时,作图方便且较为精确,因此在工程中较为常用。

吴氏网由基圆、南北经向大圆(NGS)、东西纬向小圆弧(ACB)组成。标准的吴氏网基圆直径为20cm,经纬线间的角距为2°。

(1) 基圆由指北方向(N)为0°,顺时针方向刻出360°,这些刻度起着量度方位角的作用。

(2) 经向大圆弧由一系列通过球心,走向南北,分别向西向东倾斜,倾角由0°~90°(角距间隔2°)的许多赤平投影大圆弧组成。这些大圆弧与东西直径线 EW 的交点到端点(E 点和 W 点)的距离分别代表各平面的倾角,如图3-34中 GW 表示的大圆弧 NGS 所代表的平面向西倾斜,倾角为30°。

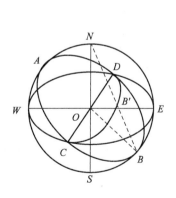

图3-33 赤平极射投影示意图

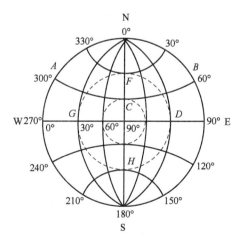

图3-34 吴氏网

纬向线是由一系列走向东西的直立平面的赤平投影小圆弧所组成。这些小圆弧距离基圆的圆心 O 越远,其所代表的球面小圆的半径角距就越小,反之离圆心 O 越近,则半径角距就越大。相邻纬向小圆弧间的角距也是2°,它分割南北直径线的距离,与经向大圆弧分割东西经线的距离相等,$ED = SH = WG = NF$,角距都为90°。

3）赤平极射投影图绘制方法

例1 一平面产状126°∠30°，绘制其赤平极射投影图。

（1）绘制一直径为20cm的基圆，同时绘出铅直和水平两条直径，并标出E、N、W、N，如图3-35所示。

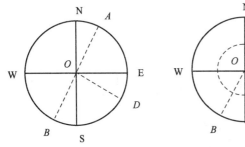
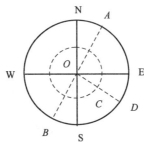
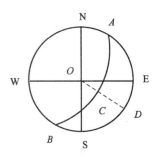

a) 在赤平大圆上画出平面走向线AB和OD　　b) 以赤平大圆的圆心O为圆心，R'为半径画圆，交OD于C　　c) 画过ACB三点的大圆弧

图3-35　平面的赤平投影图解步骤

（2）平面倾向是126°，则其走向为36°。将南北径线绕基圆的圆心O顺时针旋转36°到达AB位置，与基圆交于A、B两点，则AB就是平面的走向线。

（3）以基圆的圆心O为基点，将射线ON顺时针旋转126°到达OD位置，与基圆交于D，则OD为该平面的倾向线。

（4）根据倾向平面的倾角α=30°、基圆半径R，按以下公式计算线段OC的长度。

$$OC = R \times \tan\left(45° - \frac{1}{2}\alpha\right)$$

（5）以基圆的圆心O为圆心，OC为半径画圆，交OD于C点。

（6）采用三点法，即过A、B、C三点画圆，并切掉基圆外的部分，所得大圆弧ACB即为该平面的产品投影。

例2 一直线产状330°∠40°，绘制其赤平极射投影图。

（1）如图3-36所示。将ON绕圆心O顺时针旋转330°后到达OA的位置，与基圆交于点A，则OA即为该直线的倾伏向。

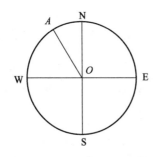
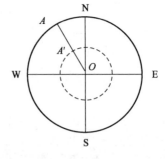

a) 在事先画好的大圆上画直线OA　　b) 以赤平大圆的圆心O为圆心，OA'为半径画圆，交OA于A'点

图3-36　直线的赤平投影图解步骤

(2)用公式 $OA' = R \times \tan\left(45° - \frac{1}{2}\alpha\right)$ 计算 OA' 值。以基圆的圆心 O 为圆心，OA' 为半径画圆，交 OA 于 A' 点，则点 A' 即为该直线的赤平投影。

例3 已知边坡 DD 被两组结构面 AA 和 BB 切割，绘出边坡的岩体结构。

(1)如图 3-37 所示，根据已知的边坡面和两组结构面产状要素绘出三条投影曲线 AA、BB 和 DD，并得出三个面的组合交线。

(2)AA 与 DD 面的组合交线 ON。

(3)BB 与 DD 面的组合交线 OK。

(4)AA 与 BB 面的组合交线 OM。

(5)OM 为不稳定体的滑移方向，与边坡倾向一致。

4)赤平极射投影法判定边坡的稳定性

赤平极射投影图用于岩质边坡的稳定性分析，可以快速、直观地分辨出控制边坡的主要和次要结构面，确定出边坡结构的稳定类型，判定不稳定块体的形状、规模及滑动方向。判定边坡稳定性的原则如下：

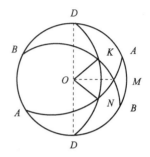

图 3-37　边坡岩体结构的赤平投影图解步骤

(1)当结构面或结构面交线的倾向与坡面倾向相反时，边坡稳定。

(2)当结构面或结构面交线的倾向与坡面倾向基本一致但其倾角大于坡角时，边坡结构基本稳定。

(3)当结构面或结构面交线的倾向与坡面倾向之间的夹角小于45°且倾角小于坡角时，边坡结构不稳定。

一组、两组、三组结构面组成的边坡的稳定性赤平极射投影，如图 3-38～图 3-40 所示。

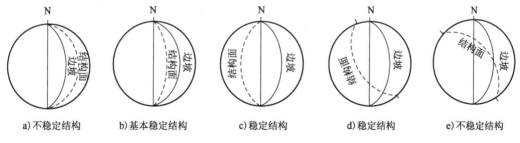

图 3-38　一组结构面组成的边坡(上半球投影)

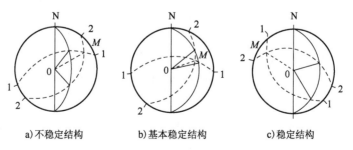

图 3-39　两组结构面组成的边坡(上半球投影)

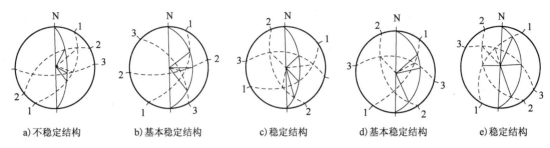

  a) 不稳定结构　　b) 基本稳定结构　　c) 稳定结构　　d) 基本稳定结构　　e) 稳定结构

图 3-40　三组结构面组成的边坡(上半球投影)

3.3.4　岩质边坡稳定性分析的其他方法

1) 有限元法

应用有限元法分析边坡,不但能对其稳定性作出定量评价,而且在分析中还能考虑到构成边坡物质的不连续性和非均质性,因此具有一定的优点。

目前,在分析中应用较广的是二维线性有限元分析,采用位移法求解。其基本步骤如下:

(1) 将边坡体离散化为有限个单元,通常采用三角形单元和四边形单元。在应力集中、应力梯度大的部位单元划分应细密些,在潜在滑裂面和结构面上皆应有节点。

(2) 边坡剖分单元的范围在水平方向(x 轴)为自坡脚起 $4H \sim 6H$(坡高),垂直方向(y 轴)为 H。

(3) 选一直角坐标系,对每一单元及节点均编号。节点编号顺序多按先内部点、后边界点,单元依地质条件(如 E 等)分区编号。确定出各节点的坐标值。

(4) 根据节点的坐标值算出各单元面积及相邻节点的坐标差值。再由这些数值以及边坡的力学性质(如 E 及 μ)算出单元刚度矩阵中各元素的数值。

(5) 将节点力用节点位移表示。

(6) 将各单元所受荷载(包括面力、体积力、集中荷载),按静力等效原则移至节点上,建立与未知节点位移的相应平衡方程。

(7) 将节点力代入平衡方程,得出一组以节点位移为未知量的线性方程。

(8) 解上述方程,求出节点位移。

(9) 算出应力矩阵内各元素数值,并求各单元的应力分量。由材料力学公式算出各单元主应力大小及方向。

根据计算结果可进行以下分析:

(1) 边坡的位移分布。应用计算结果可绘出边坡的位移场,从图上可看出剖面节点的位移值,节点位移最大的部位应为重点研究对象。

(2) 边坡的主应力分布。在每一单元重心处绘出主应力大小及方向,根据主应力大小及分布可确定边坡的稳定区和破坏区,图上指向坡面的张应力极值区应为易发生破坏区。

(3) 坡体的应力场。根据各单元的最大主应力、最小主应力及剪应力的值分别作出等应力线图,图上可得出应力集中区及应力集中系数。

(4) 计算边坡的稳定系数。根据各单元的最大主应力、最小主应力及已知的 c、φ 值计算各单元的稳定系数:

$$F_S = \frac{\sqrt{(c+\sigma_1\tan\varphi)(c+\sigma_2\tan\varphi)}}{1/2(\sigma_1-\sigma_2)} \tag{3-48}$$

按上述各单元 F_S 值在边坡剖面作出等值线图。

应用有限元计算时,节点划分和坐标等参数的输入工作量大,而且易出错。但随着计算技术的不断发展,目前已有用于岩土工程结构计算的各种商业有限元计算软件,可以根据计算分析的需要,对各种本构模型和边界条件的边坡进行分析计算。在确定了边界条件后,自动划分单元,使计算的输入数据量大大减少,同时可自动输出位移、应力等直线图及相应的应力和位移值等计算成果,供分析采用,节约了计算时间加快了计算速度。目前,有限元分析已成为边坡稳定性分析计算的重要方法之一。

2) 概率分析法

边坡稳定性的概率分析法是将边坡稳定问题视为一随机过程,把影响稳定性的各种因素(如岩石构造、抗剪强度及边坡尺寸、地下水位等)均视为随机变量,通过调查、试验及分析求得各变量的函数分布,并确定出边坡稳定状态的概率值。由于影响边坡稳定性的各种因素具有可变性,有些因素在分析计算中难以定量,因此概率法在边坡的稳定性分析中逐渐得到应用。

用概率分析法分析边坡稳定性时,边坡破坏概率有以下三种方式表达。

①安全储备小于零的概率。边坡的抗滑力(强度) R 和下滑力(应力) S 之差为边坡的安全储备(或称安全余量) SM,即:

$$SM = R - S \tag{3-49}$$

假定 R 和 S 服从正态分布,则 SM 亦服从正态分布。由图 3-41 可以看出,尽管 $\mu_R > \mu_S$,边坡仍有可能发生破坏,如图中阴影区所示。

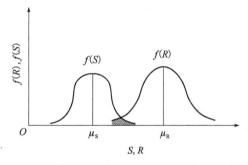

图 3-41 潜在滑面的抗滑力与下滑力概率密度函数

安全储备的正态分布表达式:

$$f(SM) = \frac{1}{\sigma_{SM}\sqrt{2\pi}}\exp\left[-\frac{1}{2}\left(\frac{SM-\mu_{SM}}{\sigma_{SM}}\right)^2\right] \tag{3-50}$$

式中:μ_{SM}——安全储备平均值;

σ_{SM}——安全储备标准差。

σ_{SM} 从下式求得:

$$\sigma_{SM} = \sqrt{\sigma_R^2 + \sigma_S^2} \tag{3-51}$$

当 SM ≤ 0 时破坏发生,破坏概率 P_f 为:

$$P_f = \frac{1}{2} - \psi\left(\frac{\mu_{SM}}{\sigma_{SM}}\right) \tag{3-52}$$

式中:$\psi(\cdot)$——正态偏差的累计概率函数。

因此,边坡的稳定概率 P_S 为

$$P_S = 1 - P_f \tag{3-53}$$

②边坡稳定系数 F_S 小于1的概率。根据边坡岩土的 c、φ 值(假定其服从正态分布),求出

稳定系数分布函数(亦服从于正态分布),则边坡滑动的概率 P_E 可定义为:

$$P_E = \int_{-\infty}^{1} f(F_S) dF_s \tag{3-54}$$

或根据 $c、\varphi$ 值的变化计算稳定系数 n 次,统计出 $F_S < 1$ 为 m 次,则滑动概率 P_E 为:

$$P_E \approx m/n \tag{3-55}$$

③边坡角 α 大于临界坡角 α_{cr} 的概率。

$$P_E = P[\alpha > \alpha_{cr}] \tag{3-56}$$

(1)平面型滑动的破坏概率

①简单平面型的破坏概率 P_f 应由稳定系数小于 1 的滑动概率 P_E 与潜在滑移体出现的概率 P_0 组成,两者相互独立,故为两者的联合概率。即:

$$P_f = P_E \times P_0 \tag{3-57}$$

P_0 是长度大于或等于 L_j(结构面从坡脚延伸至坡顶的长度)的结构面在一定期限(按年计)内在坡面上出现的概率。结构面长度服从负指数分布,则 P_0 为:

$$P_0 = P_L = e^{-L/M} \tag{3-58}$$

式中:P_L——长度大于或等于 L 的结构面出现的概率;

M——野外测得的结构面平均长度值。

②对于单一结构面,其稳定概率为 $(1 - P_f)$,对于一组 n 个结构面,则稳定概率 P_S 为:

$$P_S = (1 - P_f)^n \tag{3-59}$$

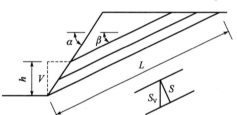

图 3-42 边坡高度增加 h 时,可能被截切倾角为 β 的结构面数目

如图 3-42 所示,n 值的计算方法为:

$$n = V/S_V$$
$$V = h - h\tan\beta/\tan\alpha$$
$$S_V = S/\cos\beta$$
$$n = h/S \times \cos\beta(1 - \tan\beta/\tan\alpha) \tag{3-60}$$

(2)圆弧滑动的破坏概率

对于复杂条件下圆弧滑动,常采用有限元法求得滑弧上的总抗剪阻力 R 和总剪切力 S,用 $P_f = P[R < S]$ 求得破坏概率。

作为近似分析,对于 $(\mu_{acr} - 2\sigma_{acr}) < a_{cr} < (\mu_{acr} + 2\sigma_{acr})$,$P_f$ 可用下式求得:

$$P_f = 0.45\sin\left\{\left[\mu_{acr}\left(\frac{\sigma_{acr}}{45} - 1\right) + a_{cr}\right]\frac{45}{\sigma_{arc}} - \mu_{arc}\right\} + 0.5 \tag{3-61}$$

式中:a_{cr}——临界坡角;

μ_{acr}——临界坡角平均值;

σ_{acr}——临界坡角标准差。

临界坡角近似值为:

$$a_{cr} = \frac{455c}{\gamma H + q} + \varphi\left(1.2 - 0.3\frac{D}{H}\right) - 7 \tag{3-62}$$

式中:γ——岩体重度;

H——边坡高度；
q——作用在坡顶面上的荷载(如弃石)；
D——边坡后某一距离、不受开挖引起水位降落影响的最高年水位高度；
c——视黏聚力；
φ——视残余摩擦角。

对于简单土坡,破坏概率可由式(3-52)~式(3-54)求得。

(3)楔形滑动的破坏概率

①如图3-42所示,输入A、B两组结构面的产状分布,通过蒙特卡洛法随机抽样,模拟200~1000个楔形体,并计算出P_E。

②计算楔形体的临界状态的出现概率P_0。因为是两组结构面的组合,则$P_0 = P_{LA} \times P_{LB}$。$P_{LA}$和$P_{LB}$分别根据其长度与间距按式(3-60)计算。

③计算式(3-61)中的n值。将图3-42中的β改为A、B两个结构面组合交线的倾角β_{AB},以坡面在交线方向的倾伏角c代替坡面倾角α,则：

$$n_A = h/S_A \times \cos\beta_{AB}(1 - \tan\beta_{AB}/\tan c) \tag{3-63}$$

式中：n_A——A组结构面交于高度h的垂线上数目,按同样方法可求得n_B。潜在楔形体的数目为$n = n_A \times n_B$。

④将上述计算结果代入式(3-61)即可求得稳定概率P_S值。

3.4 岩质边坡防护与加固

边坡加固是对不稳定边坡采取适当的加固技术措施以提高其稳定性,防止因边坡坍塌破坏影响道路的运营,甚至造成生命财产损失。

在选择加固方案之前,应通过现场调查测试和理论分析计算确定边坡的破坏模式、不稳定程度及范围,最终确定安全可靠、经济合理的加固技术方案。

岩质路基边坡的常用加固和防护方法有锚固、支挡结构、护面、排水等。其中,锚固有锚杆、预应力锚索,支挡有抗滑桩、抗滑挡墙、预应力锚索桩等。应用时为达到预期的效果,一般根据引起边坡滑移破坏的原因,采取综合处治方法,即锚固或支挡与护面、排水相结合进行综合处治。

3.4.1 锚杆加固

岩体强度受结构面控制,结构面的抗滑能力与结构面上的正应力大小密切相关。锚固是通过锚杆(或预应力锚索)来增加结构面的正应力,充分发挥边坡岩体自身强度,从而使可能失稳的岩体保持长期稳定。由于岩质边坡的岩性和边坡破坏特点,锚杆(或预应力锚索)是岩质边坡常用的加固方法(图3-43)。

锚杆是岩土体加固的杆件体系结构,根据是否施加预应力,分为普通锚杆和预应力锚杆两种。锚杆加固通过锚杆杆体的纵向拉力作用,限制岩土体脱离原体,克服岩体抗拉强度低的不足,使得岩土体自身的承载能力大大加强,增加岩土体边坡的稳定性。

图3-43　锚杆加固岩质路基边坡

锚杆作为深入地层的受拉构件,它一端与工程构筑物连接,另一端深入地层中,整根锚杆分为自由段和锚固段,自由段是指将锚头的拉力传至锚固体的长度区域范围,其功能是传递锚头的力;锚固段是埋设于稳定岩体上,用水泥浆体将锚杆钢筋与岩土层黏结的区域,其功能是将自由段传递来的拉力传至稳定岩体上,限制滑体滑动。

锚杆加固支护岩质边坡具有以下优点:①支护简单,节省材料;②可以根据岩石情况确定锚杆数量及排列方式,特别是对于坡面凹凸不平的岩质边坡和危岩治理,锚杆加固具有更好的适应性;③可以配合钢带和金属网,以扩大维护面积。因此,锚杆是边坡、岩土深基坑等地表工程及隧道、采场等地下洞室施工中常用的一种加固支护方式。

采用锚杆进行岩质边坡加固时,首先应根据边坡岩性、构造及软弱带的强度等条件确定出最可能破坏面的位置、形状,据此来考虑锚杆布置的方向和深度,以充分发挥锚固系统的作用。图3-44所示为几种边坡破坏模式的锚固系统设置方案。锚杆的加固设计计算如下。

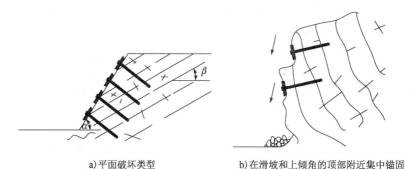

a)平面破坏类型　　　　b)在滑坡和上倾角的顶部附近集中锚固

图3-44　边坡的破坏模式与锚固系统示例

1)锚固力计算

锚固力是锚杆设计的重要参数。如图3-45所示,对于简单平面型破坏的石质边坡,若采用预应力锚杆加固,当滑体处于极限平衡时,施加在预应力锚杆上的作用力为T:

$$W\sin\beta + V\cos\beta - T\cos(\delta+\beta) = cA + (W\cos\beta - U - V\sin\beta)\tan\varphi + T\sin(\delta+\beta)\tan\varphi$$

则锚固力:

$$T = \frac{W\sin\beta + V\cos\beta - cA - (W\cos\beta - U - V\sin\beta)\tan\varphi}{\cos(\delta+\beta) + \sin(\delta+\beta)\tan\varphi} \tag{3-64}$$

边坡的安全系数为：

$$F_S = \frac{cA + (W\cos\beta - U - V\sin\beta)\tan\varphi + T\sin(\delta+\beta)\tan\varphi}{W\sin\beta + V\cos\beta - T\cos(\delta+\beta)} \tag{3-65}$$

式中：δ——锚杆的倾角(°)；

U、V、A——作用于滑面和裂隙上的静水压力和单宽滑体面积，同式(3-23)。

对于非预应力锚杆，只有滑体产生位移（或膨胀）时锚杆的锚固才能充分起作用。但即使这样也不能假定 c、U、V、T 都同时完全发挥。为此，有学者提出了针对每一个参数分别确定安全系数的方法。这时，式(3-64)变为：

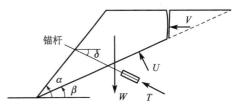

图3-45　简单平面型破坏锚杆加固分析

$$T = \frac{W \times F_W\sin\beta + V \times F_U \times \cos\beta - F_c \times cA - W \times F_W \times \cos\beta + (U - V \times \sin\beta)F_U \times \dfrac{\tan\varphi}{F_\varphi}}{\cos(\delta+\beta) + \sin(\delta+\beta)\dfrac{\tan\varphi}{F_\varphi}}$$

$$\tag{3-66}$$

对式中的安全系数取值，有人建议：自重 W 的安全系数 F_W 取 1，F_c 和 F_φ 一般取 1.5，F_U 可取高达 2。

当 T 值已定时，锚杆的最优方向可从式(3-65)求得。将该式对 δ 求导后，并当

$$\tan(\delta+\beta) = \tan\varphi \tag{3-67}$$

可求得 F_S 的最大值。δ 通常为水平向下，取值为 10°～45° 之间，为了便于灌浆，一般不宜小于 10°。

2）单根锚杆的抗拔力 R_t

单根锚杆的抗拔力根据以下两方面因素确定：

(1) 钢筋与砂浆的黏结力、钢筋的抗拉强度

在较完整的硬质岩石中，若灌注锚杆孔的水泥砂浆强度不低于30MPa，锚杆的抗拔力 R_t 为：

$$\left. \begin{aligned} R_t &\leq \pi d_1 \times f_{cs} \times L_e \\ R_t &\leq \pi d_1 \times f_{st} \times L_e \end{aligned} \right\} \tag{3-68}$$

式中：d_1——锚杆钢筋直径(cm)；

f_{cs}——水泥砂浆与钢筋的设计黏结强度(MPa)；

f_{st}——锚杆钢筋的设计抗拉强度(MPa)；

L_e——锚杆锚入稳定岩体的有效锚固长度(m)。

(2)有效锚固段砂浆与岩石间的黏结力

试验表明,在软质岩或破碎的岩石中,锚杆孔壁附近的破坏有两种情况:一是岩石强度低于砂浆与孔壁岩面的黏结强度,发生接触面外围岩石剪切破坏;二是砂浆与孔壁岩石之间黏结不良,沿接触面发生剪切破坏。此外,如果砂浆强度低,也能出现接触面内砂浆剪切破坏。应用时,将锚杆的抗拔力表达为:

$$R_t \leq \pi d_2 \times L_e \times f_{cr} \tag{3-69}$$

式中:d_2——锚杆孔直径;
f_{cr}——砂浆与孔壁岩石间的设计黏结强度。

考虑到影响 R_t 值因素的复杂性,锚杆的设计抗拔力宜通过现场试验确定。国外有关锚杆标准均明确规定,原则上应根据现场拉拔试验来确定锚杆设计抗拔力。试验锚杆的根数一般为 2~3 根。

当以现场锚杆拉拔试验的屈服拉力用作设计依据时,采用的安全系数不小于 1.5;若以极限拉力作为依据,临时性锚杆安全系数取 1.5~2.0;对永久性锚杆,考虑到长期效应,安全系数取 2.5~3.0。

3)锚杆有效锚固段长度与设计拉力

(1)根据式(3-68)、式(3-69)可求得锚杆的有效锚固长度 L_e,取二者中的大值。在边坡加固工程中,实际采用的 L_e 值一般不宜小于 4m。

(2)单根锚杆使用的设计拉力应根据施工技术条件和工程需要而定。锚杆孔径通常为 $\phi 110 \sim \phi 130$ mm,使用的设计拉力倾向于在 600kN 以内。

4)锚杆数量及布置

边坡加固所需锚杆的数量,必须能同时满足抵抗滑体滑动对锚杆系统产生的总拉力和总剪切力。按下列公式计算锚杆截面积和锚杆长度:

$$F_{S1} T \leq n A_s f_{st} \tag{3-70}$$

$$L_e \geq F_{S2} \frac{d_1}{4} \times \frac{f_{st}}{f_{cs}} \tag{3-71}$$

$$L_e \geq F_{S2} \frac{d_1^2}{4 d_2} \times \frac{f_{st}}{f_{cr}} \tag{3-72}$$

式中: T——锚杆承受的滑动岩体拉力(kN);
F_{S1}、F_{S2}——安全系数,可分别取 2.0 和 1.2;
n、A_s——锚杆根数与截面面积(cm^2);
其余符号意义同前。

锚杆的布置主要决定于边坡的破坏模式,可以采取整个边坡上均匀布置或均匀布置与坡脚高应力区集中布置相结合的布置方式,通常以均匀布置较好。锚杆间距一般不小于 1.5~2.0m,间距过小会发生相互间的干扰,出现所谓"群锚效应"问题。锚杆的倾角根据岩层倾向确定,一般倾角在 10°~45°之间,倾向一般向下,不小于 10°。如工程需要设置更近间距的锚杆,可采用不同倾斜角或不同锚固长度的方法布设。

3.4.2 支挡、护面、排水

1) 支挡

除了采用锚杆加固外,还可以根据边坡的破坏形式,推力大小及地形地质条件,采取修建支墩(柱)、扶壁、挡土墙、抗滑桩、预应力锚索或预应力锚索桩(见本书第4章)等支挡结构物对石质路基边坡进行加固。

2) 护面

护面的主要作用是防止边坡因坡面岩石风化、剥蚀而降低其稳定性。当岩石边坡整体稳定,但坡体为易于风化破损的岩石时,可以采用护面进行处治。边坡岩石的风化破碎程度、边坡高度不同,采取的护面方法也不同,公路工程中常用的护面方法有以下几种。

(1) 喷射混凝土。清除表层已风化、松动的岩石,喷射加有速凝剂的混凝土(水泥与砂石重量比 1∶4~1∶4.5)或砂浆(1∶3.5)。其抗压强度可达 15~20MPa,抗拉强度 1.4MPa,弹性模量超过 2×10^4 MPa。由于向岩面高速冲击喷射,故喷浆与岩面之间能很好结合。

喷射混凝土面层对整个坡体的稳定性仅起微小的作用,因此它常与锚杆(索)联合使用。即对岩体采用锚杆或锚索加固,表面用喷射混凝土防护。对坡体内严重破碎岩层,有时需先做灌浆处理,然后再进行锚固。

面层也可铺钢丝网或混凝土中掺短钢纤维来进行补强。这种配筋混凝土的抗拉强度约为 14MPa。

当有地下水时,封闭的面层可能会使地下水压升高,对坡体稳定不利。可采取以下措施:喷射混凝土时设置短排水管,必要时可先打排水孔(向上倾 5°~10°)并设置排水管,然后再喷射混凝土。

(2) 护墙。清除坡面风化层后,沿坡面浆砌混凝土砌块、条石、片石或大卵石的护面墙,墙厚 0.3~0.6m。有地下水处应设置排水孔,无地下水时墙体与岩面间的缝隙用砂浆灌填。护面墙多用于低岩坡,当边坡高度较大时,可设台阶分级砌筑。

(3) 沥青或三合土护面。清除风化层后沿岩面抹一层沥青或三合土。这种护面大约 5~10 年即需重抹,主要用于坡面较缓,高度不大的边坡表面防护。

3) 排水

通过设置地下或地表排水设施,排除影响边坡稳定的地表水及地下水。

3.5 岩质边坡崩塌落石的稳定性分析

在比较陡峻的斜坡上,岩体或土体在自重的作用下脱离母岩,从高处突然崩落下来形成崩塌破坏。崩塌不仅发生在陡峻的斜坡上,也可发生在河流、湖泊和海边陡峻的岸坡上。斜坡上一些零星崩落的较大岩块称为落石,落石病害多见于覆盖层很薄、植被甚少,岩体全部裸露,断裂和风化都较为严重的陡山坡或未进行防护而风化破碎严重的石质路堑边坡。崩塌和落石的发生突然,运动速度快,大的崩塌和落石会破坏公路路面、路基结构物,砸坏铁路轨道、列车和接触网,击中行人和行车,严重威胁行车和行人的安全,影响公路和铁路的安全运营与养护。因此,防治路基边坡的崩塌落石,对于公路、铁路的正常运营,确保行车和行人的生命财产安全具有重要意义。

3.5.1 岩质边坡崩塌落石的稳定性分析

1）崩塌落石形成的条件及影响因素

（1）地形。陡峻的坡面是产生崩塌和落石的基本条件。其山坡坡度一般都大于45°,而以55°~75°者居多。

（2）岩性。节理发达的块状或层状岩石（如石灰岩、花岗岩、砂岩页岩等），以及厚层硬岩覆盖在软弱岩层之上的陡壁都容易发生崩塌或落石。

（3）构造。当各种构造面（如断层面、节理面等）或软弱夹层倾向临空面且倾角较陡时,常会构成崩塌落石的依附面。

（4）降水。在暴雨或久雨之后,水分沿裂隙渗入岩层,降低了岩石裂隙的黏聚力和摩阻力,增加了岩体的重量,加速了岩体的崩塌或坠落。

（5）地震。地震使土石松动,对于松散破碎的岩质边坡,易产生较大规模的崩塌或落石。

（6）人为因素。在山坡上增加荷载,开挖切割山坡下部,大爆破施工振动等。

2）崩塌落石的稳定性分析

按最初失稳条件,边坡崩塌落石可分为三类。

（1）倾倒型

如图3-46a）所示,发生倾倒的岩石陡倾裂隙发育,翻转角很小,又为节理切割,在水、冻胀、植物根的压力及风化作用下,岩石中的裂隙逐年扩大,周边软岩、碎块先行脱落,一旦偏心距形成,落石即发生。图3-46b）表示危石（把尚未脱离母岩的落石称为危石）突出坡面之外,倾覆弯矩较大,若A点受冲刷、软化或者掉块,将使支点A向里移动,稳定力臂b减小,使危石的安全系数减小；此外,侧压力P增加,裂隙充水或反压重量减小等都会降低危石的安全系数,使其脱离母岩而坠落。

危石的安全系数可用下式表示：

$$F_m = \frac{M}{M_0} = \frac{W_1 a + W_2 b}{Nl + Ph} \tag{3-73}$$

式中：W_1、W_2——岩块的重量；

a、b——岩块重心到支点的力臂；

N——母岩对岩块的反力；

P——作用于岩块的侧压力；

l——N的分布长度；

h——侧压力p的分布长度。

（2）滑动型

如图3-46c）、d）所示,当破坏面的抗剪强度$S < W\sin\beta + P$时,这种岩块虽难于倾倒却易于滑动。如危石后壁已经断裂或充水增加了裂隙水压力或受震动、冻胀等因素作用时,岩块将均可能失稳,滑动下落。若临空面的倾角$\beta \geq 50°$,即使破坏面粗糙无泥质物,甚至还有锯齿状的起伏,但由于倾角太大,也可能会发生失稳下落。

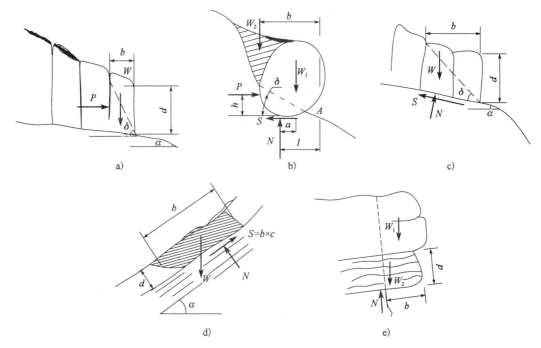

图 3-46 危石的稳定性

图 3-46d)表示浅埋在坡面上的危石,又称为贴坡式危石。设此危石体积平均尺寸为 $a \times b \times d$,且 $\dfrac{b}{d}$ 远远小于 1,其下风化节理多已切割或为填充泥质物软弱面,雨后易于软化,要使这块危石稳定,则必须:

$$W\sin\alpha < W\cos\alpha \times \tan\varphi + c \times b$$

或

$$\tan\alpha < \tan\varphi - \frac{c}{\gamma \times a \times d \times \cos\alpha} \tag{3-74}$$

图 3-47 贴坡式危石

式中：α ——临空结构面的倾角；
φ、c ——接触面摩擦角和黏聚力(kPa)；
γ ——石块的单位体力(kN/m³)；
a,b ——石块的平均宽度和厚度。

从上式可知，在下列任一情况下，单个的落石或岩体的崩塌都可能发生：

①破裂面的倾角 α 角大于上式计算的临空结构面倾角。
②土石空隙饱水，φ、c 值降低。
③山坡的松散层或危石的厚度 大于 $c/\gamma \times a \times \cos\alpha(\tan\alpha - \tan\varphi)$。
④$c = 0$，$\alpha > \varphi$。

(3)拉裂型

如图 3-46e)所示，若危石为软硬相间的地质结构(如砂岩、页岩互层)，在长期风化作用下，软岩风化较快而先脱落，使位于上方而风化较慢的危石悬空重叠在上方(图 3-48)。在这种情况下，危石的稳定与否取决于裂隙面的抗剪强度。设下块危石的宽度为 a、高度为 d、悬臂长 b，则拉应力为：

$$\sigma = \frac{\frac{1}{2}\gamma adb^2}{\frac{1}{6}ad^2} = 3\gamma \times \frac{b^2}{d} \tag{3-75}$$

$$F_S = \frac{R_t}{\sigma} \tag{3-76}$$

式中：R_t ——岩石的抗拉强度。

图 3-48 拉裂型破坏危岩

一般情况下，完整的岩石具有较大的抗拉强度，悬臂较小时尚不致使其坠落。但是当产生最大弯矩附近的岩石中有裂隙面或有裂纹时，岩石的抗拉强度将大大降低，将导致在这个面上发生破坏。

式(3-75)表示上一块岩石能自己稳定，对下一块无影响的情况。如必须考虑上一块岩石的影响，计算时可适当加大 d 值后再验算。

3.5.2 落石的速度计算

落石的速度直接影响到落石对道路及行车的破坏程度,以及落石的防治措施选择。影响落石速度的主要因素有山坡坡度和落石的高度、石块的大小和形状、坡面的起伏度和植被情况,以及覆盖层的厚薄和特征等。

石块沿坡面运动的基本形式,以滚动和跳动两种形式为主,另外还有滑动和飞越等。一般缓于 30°的山坡都有植被和覆盖土,石块要有初速度才会滚动。罗依尼什维里对落石进行了大量的试验研究,提出以下方法,用以计算不同条件下落石的速度。

1) 简单山坡

简单山坡是指 $\alpha > 45°$,相邻坡度差 $\Delta\alpha < 5°$,坡段长 $l_i < 10\mathrm{m}$,基岩外露的山坡。其坡面有台阶或为折线形断面,坡度较为均匀,坡面倾角可按一个平均坡角计算。这种简单坡面上的落石速度可用下式计算:

$$V_j = \sqrt{2g_n H(1 - k\cot\alpha)} = \varepsilon\sqrt{H} \tag{3-77}$$

式中:V_j——落石计算速度;

H——从落石起点至计算点的垂直高度;

α——山坡与水平面的夹角;

g_n——重力加速度($9.81\mathrm{m/s}^2$);

k——阻力特性系数,与山坡的 α 角、植被、落石频率等因素有关的系数;

ε——落石速度系数,$\varepsilon = \sqrt{2g_n(1 - k\times\cot\alpha)}$,不同坡角的落石速度系数见表 3-7。

落石速度系数 ε 值　　表 3-7

坡角 α	ε	坡角 α	ε	坡角 α	ε	坡角 α	ε	坡角 α	ε	坡角 α	ε
30	1.02	40	2.17	50	2.66	60	2.99	70	3.23	80	3.59
31	1.24	41	2.23	51	2.70	61	3.01	71	3.25	81	3.63
32	1.42	42	2.30	52	2.75	62	3.04	72	3.28	82	3.70
33	1.55	43	2.35	53	2.79	63	3.06	73	3.32	83	3.76
34	1.65	44	2.39	54	2.81	64	3.09	74	3.37	84	3.82
35	1.77	45	2.45	55	2.84	65	3.10	75	3.40	85	3.90
36	1.86	46	2.50	56	2.88	66	3.12	76	3.42	86	3.99
37	1.95	47	2.54	57	2.92	67	3.14	77	3.46	87	4.04
38	2.04	48	2.59	58	2.94	68	3.17	78	3.50	88	4.16
39	2.13	49	5.63	59	2.97	69	3.19	79	3.54	90	4.43

注:1. 本表概率 $p = 2\%$。
　　2. 植被折减系数 $50\% \sim 80\%$。

式(3-76)适用于 $\alpha > 45°$ 基岩外露的山坡。当 $\alpha < 45°$,大部分长有灌木和杂草,但树木稀疏时按 $0.70 \sim 0.80$ 折减;山坡草树茂密时按 $0.60 \sim 0.70$ 折减。

2) 折线型陡山坡

当山坡倾角 $\alpha_i = 30° \sim 50°$、$\Delta\alpha > 5°$、$l_i > 10$ 时,坡面倾角不宜取平均坡角计算,这时落石的速度可用下式计算:

$$V_j = \sum \varepsilon_i (\sqrt{H_i} - \sqrt{H_{i-1}}) \tag{3-78}$$

式中:ε_i、H_i——第 i 段的速度系数和从落石终点算起的高度。

3) 极陡山坡

坡面倾角 $\alpha > 60°$、$H_i > 10\mathrm{m}$ 的山坡(图3-49的第3坡段)。设第三坡段 $\alpha_3 > 60°$,一般情况下,落石将飞越过坡面坠落于坡脚,其切向速度为:

$$V_t = (1 - \lambda)V_j \cos(\alpha_3 - \alpha_2) \tag{3-79}$$

式中:V_j——落石速度,$V_j = \varepsilon_3 \sqrt{h_3}$;

λ——冲击处的瞬间摩擦系数,见表3-8。

对于极陡山坡,如果落石以初速 V_0 从路堑坡顶滚跃而下,这时落石点处的速度为:

$$V = (1 - \lambda)\sqrt{V_0^2 + 2g_n h} \tag{3-80}$$

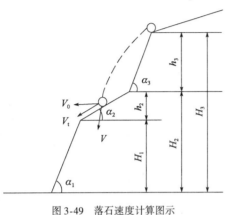

图3-49 落石速度计算图示

瞬间摩擦系数 λ   表3-8

山坡覆盖层性质	岩石裸露,光滑、草皮坡面	含粗岩屑密实的残坡积土层	疏松的岩堆土层	疏松的坡积层,草木茂盛
λ	0.1	0.3	0.4	0.5

3.5.3 落石的运动轨迹

确定落石的运动轨迹可以为防治落石的支挡结构物的位置选择提供依据。最危险的落石运动轨迹是在路堑顶附近弹跳后落入路面,这时落石飞跃的高度和距离都是最大,由此可确定拦石遮挡结构受到的冲击力,从而确定遮挡结构物的必要高度和强度。

图3-50表示在坡面上滚动中的落石遇到岩石露头等障碍后弹跳而起,在空中运动后又落到坡面回弹,然后再有一个飞越的运动轨迹,从图中可知:

$$x = V_0 \cos(90 - \beta)t \tag{3-81a}$$

$$y = V\sin(90 - \beta)t + \frac{1}{2}g_0 t^2 \tag{3-81b}$$

将 $t = x/V_0 \sin\beta$ 代入式(3-81b),得:

$$y = \frac{g_n x^2}{2(V_0 \sin\beta)^2} + x \times \cot\beta \tag{3-82}$$

式中:V_0——石块在 O 点跃起时的初速度(m/s),$V_0 \approx (1 - \gamma)V_j$;

g_n——9.81m/s^2;

x、y——坐标;

β——跃起角,用下式计算(取值见表3-9):

$$\beta = \frac{200 + 2\alpha\left(1 - \frac{\alpha}{45}\right)}{\sqrt[3]{V_0}} \quad (3\text{-}83)$$

式中：α——山坡角（°）；

V_0——跃起速度（m/s）。

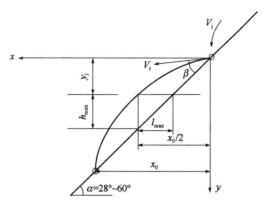

图 3-50 落石跃起轨迹

跃 起 角 β 表 3-9

V_0 (m/s)	山坡角 α(°)					
	30	35	40	45	52	60
10	102~07	100~03	96~58	92~50	85~19	74~15
15	89~12	87~24	84~42	81~06	74~32	64~53
20	81~03	79~57	79~25	73~41	57~43	58~57

石块对斜面水平向和竖向的最大偏离距离 l_{max} 和 h_{max} 分别为：

$$l_{max} = \frac{V_0^2(\tan\alpha - \cot\beta)^2}{2g_n\tan\alpha(1 + \cot^2\beta)} \quad (3\text{-}84)$$

$$h_{max} = l_{max} \times \tan\alpha \quad (3\text{-}85)$$

从跃起点至落石点的水平距离为：

$$x_0 = 0.204 V_0^2 \sin^2\beta(\tan\alpha - \cot\beta) \quad (3\text{-}86)$$

以上为石块腾越计算的主要公式，据此可确定山坡拦截遮挡结构物的高度和适当位置。如在山上设拦石墙，则其高度为 $h_{max} + a$，落石坑的底宽为 $\frac{1}{2}l_{max} + a$（a 值为 0.5~1m）。

3.5.4 冲击力计算

防治崩塌落石的拦石墙、拦石网、落石坑、桩障和棚洞等拦截支挡建筑物要受到落石的冲击力作用（图 3-51）。这种力不仅很大，而且变化复杂，其瞬时值难于测定。特别是碰撞作用时间和变形，对力的计算影响很大，有关的研究资料很少。罗依尼什维里认为：冲击的延续时间与弹性波往返通过缓冲层的时间有关。对于 1.5m 厚的中密砂黏土缓冲层，其值约在 0.07s。

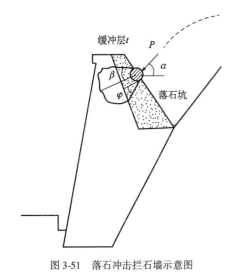

图 3-51 落石冲击拦石墙示意图

当采用拦石墙措施拦截危岩时,一般落石以较高速度击入拦石墙后缓冲土层之内,再传力到墙背;或先打坏土层上的片石护坡反弹入落石坑内。为了使拦截建筑不被打坏,应满足冲击力要求,落石的冲击力 P 按下式计算:

$$P = 2\gamma \times Z \times \left[2\tan^4\left(45° + \frac{\varphi}{2}\right) - 1\right] \times A \tag{3-87}$$

式中:γ——缓冲填土单位体积力(kN/m^3);

A——假定缓冲石块为球形时的截面面积(m^2);

φ——缓冲填土的内摩擦角;

Z——陷入深度(m),可采用铁路工程设计手册建议的公式计算:

$$Z = V\sqrt{\frac{Q}{2\gamma A}} \times \sqrt{\frac{1}{2\tan^4\left(45° + \frac{\varphi}{2}\right) - 1}} \tag{3-88}$$

式中:V——石块冲击速度(m/s);

Q——石块质量(t)。

为减小落石冲击力,在拦截建筑后需要设置缓冲层,并要求缓冲层有一定的厚度 t,其值可用下式计算:

$$t = F_s \times Z \tag{3-89}$$

式中:F_s——安全系数,一般可用 1.5~2.0;

Z——陷入深度(m)。

常用的 Q 等于 $1m^3$ 石块质量。这时 $Q = \rho$、$r = \sqrt[3]{3Q/4\pi\rho} = 0.62m$、$A = 1.21m^2$,横向分布宽度为 $B = 2(r + t \times \tan\varphi) \times 90\%$,拦石墙每米所受的冲击力为 $q = P/B$,冲击角可由轨迹线图解求得。

3.6 危岩防治

崩塌落石和危岩是山区公路、铁路路基边坡常见的不良工程地质现象,对崩塌落石和危岩的防治是山区公路路基设计、养护的重要内容。目前,防治崩塌落石和危岩的工程措施主要有:柔性防护系统、设置拦截建筑物、设置遮挡建筑物、支补建筑物、锚固及综合防治措施。各种防治工程措施的使用条件不同,各有特点,为使采取的防治措施有效经济,应针对具体路段的工程地质条件、坡面起伏、植被、倾角、边坡高度等实际情况,采取相应的防治措施,才能取得预期的效果。

3.6.1 柔性防护系统

柔性防护系统(Safety Netting System,SNS)是一种以钢丝绳网为主要构件,用于拦截坡面崩塌、落石的柔性拦截遮挡结构，它主要采取主动覆盖和被动拦截两大基本形式来实现对崩塌落石、坡面风化剥落、泥石流、岸坡冲刷等地质灾害和爆破飞石的防治。这种柔性拦截结构具有对地形地貌的适应性强、部件生产和安装标准化、结构轻型化等应用特性，能基本适应各种不同的崩塌落石防治工程。因而，近年来在国内铁路、公路、水电站、矿山和市政等工程建设领域的边坡防护工程中得到了较广泛应用，并取得了良好效果。

1）崩塌落石SNS柔性防护系统的分类及组成

基于边坡崩塌落石的防护要求，SNS防护系统可分为主动防护和被动防护系统两大类。

主动防护系统由锚杆和钢丝绳网组成，是通过锚杆和支撑绳固定方式将以钢丝绳网为主的各类柔性网覆盖或包裹在需防治的斜坡或危石上，以限制坡面岩土体的风化剥落或破坏以及危岩崩塌，或将其控制在一定范围内运动，如图3-52、图3-53所示。

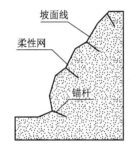
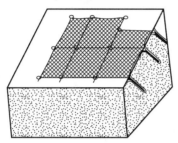

图3-52　SNS主动防护系统

图3-53　主动防护系统的应用

被动防护系统是将以钢丝绳网为主的栅栏式柔性系统设置于斜坡上的一定位置处，用于拦截斜坡上落石等，以避免其破坏保护对象，因此有时也称拦石网，整个系统主要由钢丝绳网、固定系统、减压环和钢柱四部分组成，系统的柔性主要来自钢柱，如图3-54所示。

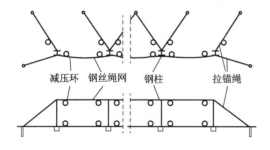
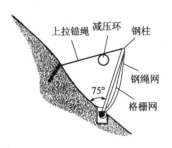

图3-54　SNS被动防护系统

2）SNS防护系统的选型与布置

（1）主动防护系统的选型与布置

主动防护系统选型和布置可遵循以下原则：当危石块径较大（一般超过30cm）或落石块径小于30cm但数量较多时，应采用带钢丝绳网的主动防护系统；若坡面还存在小粒径危石或有抑制水土流失要求时，还应增加一层格栅网；而对危石缝隙较小或目的在于控制水土流失的坡面，则宜采用格栅网系统。当对坡面有加固要求，需要抑制崩塌落石的发生时，应采用具有加固作用的主动防护系统，同时根据现场条件和防护及环境要求，考虑绿化措施；而在允许崩塌落石发生但需限制其运动范围时，可采用不具加固作用的被动防护系统，如图3-55所示。

图 3-55　被动防护系统的应用

主动防护系统的柔性网与危石或坡面间依靠锚杆来实现力的传递,因此,锚固设计极为重要。一般条件下,锚杆间距不应大于4.5m,带钢丝绳网系统上沿锚杆的设计抗拔力不得小于80kN,其余锚杆设计抗拔力不得小于50kN,而对于不带钢丝绳网的系统,上沿锚杆和其余锚杆的设计抗拔力分别不得小于40kN和25kN。

系统布置时,对于危石分片集中分布的坡面,可分片布置,而对危石分散随机分布的坡面宜将系统连续布置。对于局部的特大危石或危石堆,在系统连续布置的基础上,可采用铺设双层钢丝绳网并相应地加强锚固的措施予以局部加强。

(2)被动防护系统的选型与布置

被动防护系统设计选型的主要依据是:落石弹跳高度和落石动能。这些参数可通过理论模拟计算、现场试验或经验确定,并由此确定系统的防护能级和高度。由于崩塌落石的复杂性和随机性,落石运动参数不可能是精确的。为使设计选型安全可靠,发挥其作用,设计时必须提高防护水平,同时又不过大增加投资。一般情况下,在计算弹跳高度基础上增加1m作为安全储备较为合理,而在防护能级选择上,能确保95%的落石动能在有效拦截范围内即可。因为一方面系统本身的安全储备能保证部分超能级落石被安全拦截;另一方面,对于个别超大尺寸的危石,还可采用诸如主动防护方式予以预先加固来避免其发生崩落。当现有系统的有效高度和防护能级在仅设置一道的情况下不能满足防护要求时,应考虑在不同水平分级防护。

落石冲击拦石网时,系统将发生明显的向前横向位移,若前方有需保护的建筑物或常有人员、设备通行时,将可能造成危害。因此,需将该位移控制在不危及保护对象范围内。最有效的措施是将系统的布置位置后移,当仍不能满足要求时,可通过减小钢柱间距(一般为4~12m)来实现。在不受此条件限制时,钢柱的标准间距为10m。

系统在坡面上的布置位置要综合考虑前述落石的运动参数计算结果和施工条件确定,原则上应布置在落石的弹跳高度和动能都较小的水平上,但同时应考虑便于材料的搬运和作业人员的施工安装,必要时,可在同一水平附近分段设置,但每段间应沿走向有一定长度的重叠(一般不应小于5m),以免落石从两段间的空隙斜向穿过。系统的走向布置范围一般应超过落石可能到达的位置至少10m。

3) SNS 柔性防护系统类型选择及考虑的因素

根据 SNS 系统的结构特点和功能,主动和被动两种结构形式均能达到防治崩塌落石的目的,应用时可根据现场地形地貌和地质条件、崩塌落石特征、施工条件和施工难度及对周边建筑结构物的影响等因素,选择主动或被动系统。具体选择时,应考虑以下影响因素。

(1) 地形

①低矮边坡。对于高度小于 20m 的低矮边坡,采用被动防护能实现有效的设防,但从经济和防护的安全度考虑,通常宜选用主动防护方式。主动防护作为一种覆盖体系,对危岩落石具有封闭作用,不存在采用被动防护系统时落石飞越系统的风险。

②高边坡。一般情况下,高边坡首先宜考虑采用被动防护系统,包括从上向下分级设置几道防护系统。这是因为,高边坡的坡面危石分布区域通常较大,采用主动防护系统全坡面覆盖面积太大,经济上不可取。但是,对于边坡陡峻且坡脚需防护区域较宽的情况,由于受被动防护系统的有效最大高度(通常为 7m)的限制,落石飞越防护网的可能性较大,这时应根据地形和坡面危石分布特征,可考虑采用主动防护与被动防护系统相结合的组合防护形式。

③坡脚地形特征及需防护区域。当需防护区域与坡脚之间有较宽的平缓地带时,该平缓地带是落石的良好缓冲平台,此时宜在平缓地带的外侧或需防护区域的内侧设置被动防护系统。

(2) 崩塌落石特征

崩塌落石特征包括坡面危石的分布、尺寸、堆积特征以及发生落石时的运动轨迹。对于危石分布多且分散的坡面,若采用主动防护系统,则必须全域覆盖,工程费用高,经济上不合理,此时宜在危石分布区域下方设置被动防护系统予以拦截。对于危石分布集中的边坡,宜采用主动防护系统进行局部覆盖;当坡面既有集中堆积的危石也有较多的分散分布时,宜对集中分布的危石进行主动覆盖,同时设置被动防护系统拦截分散分布的危石。

(3) 边坡稳定条件

SNS 系统通常主要用作崩塌落石的防护,原边坡整体稳定。但主动防护系统对于坡面风化剥落、浅层崩塌等边坡失稳也有一定的控制和防护作用。因此,当对坡面有加固要求时,可采用主动防护系统。

(4) 施工安装

SNS 系统是以锚杆类基础施工和金属构件的积木式安装为主的轻型结构系统,其材料的运输和安装施工都较方便。但主动防护系统的锚杆工作量和材料耗用量大,被动防护系统的钢柱搬运和安装较困难。因此,在坡面锚固条件较差时,宜采用被动防护系统,而对于不便钢柱安装但坡面锚固条件较好的陡边坡,则宜采用主动防护系统。

(5) 安全可靠性

除考虑前述因素外,防护系统类型的选择,还应考虑防护系统的可靠性。由于崩塌落石的复杂性和随机性,对坡面危石的尺寸及其崩落运动轨迹和运动参数估计或计算的不确定性,都将使据此设计的被动防护系统承担较大的风险。对落石的动能估计不足,将使拦石网遭受严重破坏甚至整体崩溃;对落石运动轨迹或越跳高度的估计不足,落石可能从拦石网侧边通过或飞越拦石网,使拦石网完全不能发挥拦截作用。因此,当坡面条件和落石特征复杂,计算参数的可靠性较差,且从经济上又不允许过大地提高防护等级和安全储备时,宜考虑采用主动防护系统。

3.6.2 崩塌落石和危岩的其他防治方法

1) 设拦截建筑物

对可能崩塌或落石的数量不大,且基岩破坏程度不严重的坡面,可以采取全部清除的方法;若基岩破坏严重,可能崩塌或落石的来源丰富时,可以采用设落石平台、落石槽、拦石堤、拦石墙等拦截建筑物措施。拦石墙和拦石槽位置和结构尺寸应通过落石运动轨迹和冲击力计算确定(图 3-56、图 3-57)。

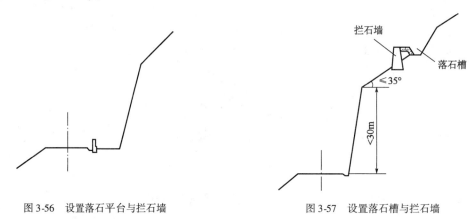

图 3-56　设置落石平台与拦石墙　　　　图 3-57　设置落石槽与拦石墙

2) 设置遮挡建筑物

在中小型崩塌地段或崩塌频繁的地段,因地形或地质条件限制,采用设拦截建筑物有困难时,可以采用如框架棚洞、钢筋混凝土悬臂式棚洞等遮挡建筑物进行防治(图 3-58、图 3-59)。

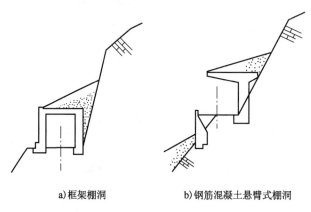

a) 框架棚洞　　　　b) 钢筋混凝土悬臂式棚洞

图 3-58　棚洞结构遮挡

3) 支补建筑物

当公路上方的危石、危岩规模较小,不便于设拦截建筑物或遮挡建筑物,也不便于清除时,可根据地形和岩层条件,采取嵌补、支顶、支护、支撑等支补建筑措施,即用人工浆砌片石、混凝土或混凝土结构填补和支撑悬空的危岩,保持危岩、危石稳定的防治措施(图 3-60、图 3-61)。

图 3-59 应用棚洞遮挡落石

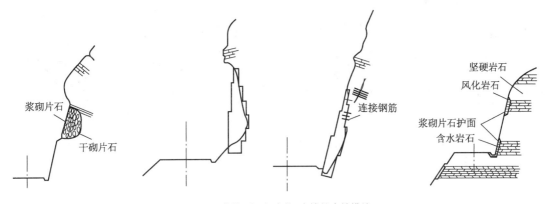

图 3-60 嵌补、支顶、支护、支撑的支补措施

a)支撑　　　　　　　　　　　　　　b)支补

图 3-61 混凝土柱支撑、浆砌片石支补处治危岩

4）锚固

对于局部不稳定的危岩,可以采用锚固的方法进行加固处治,即在危岩体上打入锚杆或预应力锚索,通过锚杆或锚索把危岩体固定在坡面上(图 3-62),这种处治方法的特点是位置灵活,针对性强,适应各种坡面的危岩。锚杆或锚索的数量可以根据危岩体的尺寸通过计算确定。当危岩分布面积较大时,可以采用锚固框架或锚固梁结构进行危岩处治。

5）综合防治措施

上述各种崩塌落石的防治工程措施的使用条件不同,各有特点。对于围岩分布复杂的边坡,为使防治措施有效经济,可针对具体边坡的工程地质条件、坡面起伏、植被、倾角、边坡高度和稳定性、危岩分布及其危害等实际情况,综合运用上述防治方法,采取相应的防治措施进行综合防治,如锚固与支撑(或支补)相结合(图3-63),主动防护网与支撑、锚固相结合、清除与锚固、防护网相结合等,以取得预期的效果。

图3-62　锚固处治危岩

图3-63　综合防治

第 4 章 滑坡地段路基

斜坡岩土体在重力作用下,沿特定的面或组合面产生剪切破坏的斜坡移动,叫作滑坡。如图 4-1 所示。西南地区的云、贵、川、藏是我国滑坡分布的主要地区,不仅规模大、类型多,而且分布广泛,发生频繁,危害严重。其他地区的山区、丘陵区,包括黄土高原,也都有不同类型的滑坡分布。

图 4-1　滑坡地质灾害

滑坡是山区公路的主要病害之一。滑坡常使交通中断,影响公路的正常运输。大规模的滑坡,可堵塞河道、摧毁公路、破坏厂矿、掩埋村庄,对山区建设和交通设施危害极大。

滑坡不但危害公路交通安全,而且治理费用高,因此,在山区公路的路线勘察设计中应重视滑坡的调查工作,判定滑坡规模和稳定程度,以便确定路线通过的可能性。路线通过大、中型滑坡,不易防止其滑动或治理难度大费用太高时,一般宜绕避;对于比较容易处理的中、小型滑坡,则须查清产生滑坡的原因,分清主次,采取适当的处理措施。

滑坡的治理方法与滑坡产生原因、滑坡规模、滑坡地段的地形地质条件等因素有关。常用的方法有抗滑挡墙、抗滑桩、预应力锚索桩、预应力锚索(锚杆)、减载和反压等,这些处治措施常与地面排水及地下排水措施相结合进行综合治理,以取得预期的效果。

4.1　滑坡的形态要素与分类

4.1.1　滑坡的形态要素

发育完整的滑坡具有明显的形态和边界,它是判断滑坡存在和滑动范围的重要依据,图 4-2 所示为一发育完整的滑坡,其形态要素如下。

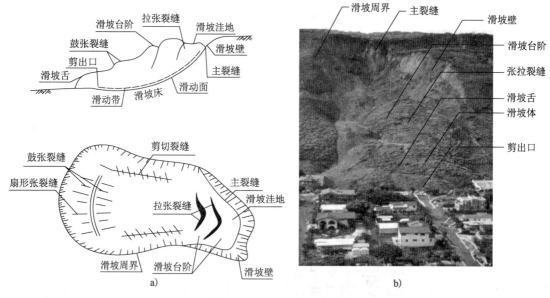

图 4-2 滑坡的形态要素

(1)滑坡体:沿滑动面向下滑动的土体或岩体称为滑坡体,简称滑体。

(2)滑动面、滑动带和滑坡床:滑坡体所沿着滑动的面称为滑动面,简称滑面。多数滑面由黏性土和软岩夹层所构成,滑面光滑,有滑动擦痕。滑面上下被滑体揉皱的、厚数厘米至数米的地带,称为滑动带,简称滑带。滑面以下稳定的土体或岩体称为滑坡床,简称滑床。

(3)滑坡周界:滑坡体与周围稳定斜坡在平面上的分界线,称为滑坡周界。滑坡周界圈出了滑坡范围。

(4)滑坡壁:滑坡滑动后,在滑坡体后部山坡未动部分沿滑坡周界所形成的陡壁,称为滑坡壁。滑坡壁实际上是滑动面上部的露头。

滑坡壁一般高数厘米至数十米,也有高数百米的,陡度多为60°~80°。滑坡壁常呈现弧形延伸,在平面上呈"圈椅状"。

(5)剪出口:滑动面下端与原地面交会处,称为剪出口。剪出口是滑坡体从坡面剪出的地方,也是滑动面的终端。

(6)滑坡台阶:有些滑坡,由于各段土体运动速度的差异,在滑坡体上形成阶梯状的错台,称为滑坡台阶。滑坡台阶前缘的陡壁,称为滑坡台坎。有几个滑动面的滑坡,或经过多次滑动的滑坡,往往形成几个滑坡台阶。

(7)滑坡舌:在滑体的前部,形如舌状伸出的部分称为滑坡舌,简称滑舌。

(8)滑坡洼地:滑坡滑动时,滑体与滑坡壁之间拉开成沟槽,相邻土楔形成反坡地形,这种四周高、中间低的封闭洼地叫滑坡洼地。洼地中有时积水成槽或形成湿地。

(9)滑坡裂缝:按受力状态,滑坡裂缝可分为四类。

①拉张裂缝:分布在滑体上部,与滑坡壁的方向大致吻合,多呈弧形,因受滑坡体向下滑动的拉力而产生。与滑坡壁或滑坡周界重合的最外面的一条,称为主裂缝。

②剪切裂缝：分布在滑坡体中部的两侧，在滑坡体下滑时，滑体与滑床在分界处形成剪力区，区内形成的裂缝即为剪切裂缝。在剪切裂缝的两侧，常伴生有羽毛状的裂缝。

③鼓胀裂缝：分布在滑坡体的下部。如滑坡上部较下部滑动得快，或滑体受阻，则会隆起，并产生张开裂缝，裂缝方向与滑动方向相垂直。

④扇形张裂缝：分布在滑坡体的中下部。当滑体向下滑动时，滑体的前部向两侧扩散，形成张开裂缝，裂缝方向在滑坡体中部与滑动方向平行，在滑坡体的舌部成放射状。

4.1.2 滑坡的发育

一般的块体滑坡大体上可以分出主滑、抗滑和牵引三个段及相应的滑动带（图 4-3）。其发生的力学机理是：一定地质条件下的斜坡，由于外界因素的影响，主滑段首先不能保持平衡而失稳，产生蠕动；牵引段因前方失去支承力而产生张拉的主动破坏；破坏后的牵引段连同主滑段一起推挤抗滑段，而使抗滑段在被动土压力作用下产生破坏；待抗滑段形成新的滑面并贯通时，滑坡即开始整体滑动。随着作用因素的变化，滑坡可由等速缓慢移动而进入加速剧滑阶段，经较大距离的滑移后，滑坡又趋于稳定，滑带开始压密固结，滑带土强度逐渐恢复。

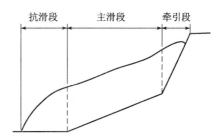

图 4-3 块体滑坡受力分段示意图

基于发生滑坡的力学机理，滑坡的发生和发展变化过程通常可划分为三个阶段。

(1) 蠕滑阶段。边坡产生局部破坏面（包括新产生的或沿原有结构面的局部破坏面），后缘出现断续的拉张裂缝并有不大的错距，两侧也出现断续的剪切裂缝，坡脚可能有挤压、渗水现象，但尚未形成贯通的滑动面。

(2) 滑动阶段。当滑动面已贯通并有了出口，后部及两侧主裂缝也连通，两侧羽状裂缝已错开，后缘下陷滑坡壁出露，前缘隆起，坡面出现台阶，这时滑坡已处于滑动阶段，滑动速度可明显觉察到。此外，如果滑面上长有树木，则树木将会歪斜，形成"醉林"。

在高陡的连坡地带，当滑面很陡且呈脆性破坏时，滑坡能出现剧滑阶段。滑坡的滑动速度很快，后缘裂缝急剧张开、下错，两侧及前缘产生坍塌，滑体能向前滑移较大的距离，滑动时可发出岩石挤压破碎的响声，甚至产生气浪。

(3) 稳定阶段。经滑动之后，滑体的重心降低，能量消耗于克服滑移阻力和滑体变形，滑带的物质因重新固结而强度有所恢复。这样，滑体的抗滑力增加，滑动速度逐渐减小，滑体在自重压力作用下压密，地面裂缝闭合消失，滑坡趋于稳定。经过一段时间之后，滑坡台阶及滑坡壁变得平缓，壁上生长草木，原来歪斜的树梢又重新长直，成为弯曲的"马刀树"。

滑坡稳定之后，如引起滑动的因素消失或减弱，滑坡就能长期稳定；否则，滑坡又能复活，开始新一轮的滑动。

4.1.3 滑坡的分类

滑坡的分类方法很多，常用的分类见表 4-1。

滑坡分类表   表 4-1

分类依据	分类		描述
岩性	覆盖层滑坡	黏性土滑坡	主要指发生于平原或浅丘地区的黏土层中的滑坡。个体滑坡较小,但常成群出现
		黄土滑坡	黄土塬边缘或峡谷高陡谷坡滑坡规模较大,滑速快,具有崩塌性,破坏力强
		碎石土滑坡	坡积、洪积、残积、泥石流、古滑坡体及人工堆积等所形成的土石层中的滑坡。多沿基岩面滑动,规模较大,滑速慢,地下水较多
		液化滑坡	饱和砂层分布的边坡,地震时因砂层液化而发生滑坡
	岩层滑坡		发生于各类岩层中的滑坡。易发生于页岩、泥岩、泥灰岩、凝灰岩和片石、千枚岩、板岩等软质岩石中。滑坡多沿层面、断层、节理、片理及泥质增值层等结构面发生
	特殊(岩性)滑坡	融冻土滑坡	多年冻土区每年春夏冻土融化,融冻土沿冻结顶面下滑,滑坡底部含水量大。滑走一层后次年又会产生,直至滑成缓坡或土层全滑光为止。季节冻土边坡表层融冻时表层也会下滑,但规模小
		灵敏黏土滑坡	高灵敏度(4~8 或更大)黏土,结构连接被破坏,瞬时丧失强度,产生塑流性滑动。多见于海成黏土和冰碛土中
滑面与结构面关系	均质滑坡(同类土滑坡)		发生于无明显层理的土体或层面、节理不起控制作用的软质岩体及破碎岩体中的滑坡,滑面常呈圆弧形
	顺层滑坡		滑坡沿岩层面或软弱结构面发生,滑面常呈平坦阶梯状或折线形
	切层滑坡		滑面切过岩层面,滑面形状受结构面的控制
受力状态	牵引式滑坡		沿滑动方向有多级滑坡,前部临空自行下滑,后部失去支撑相继下滑。前级大,向后逐次变小
	推移式滑坡		沿滑动方向有多级滑坡,后级滑体大先滑,推动前级滑动
滑体厚度	浅层滑坡		滑体厚度小于 5m
	中层滑坡		滑体厚度 5~20m
	深层滑坡		滑体厚度 20~50m
	超深层滑坡		滑体厚度大于 50m
滑体规模	小型滑坡		滑体体积小于 3 万 m³
	中型滑坡		滑体体积 3 万~50 万 m³
	大型滑坡		滑体体积 50 万~300 万 m³
	超大型滑坡		滑体体积大于 300 万 m³
滑面形态	平面滑坡		滑面呈平面状,滑体沿基本上平行于坡面的单一结构面滑动
	楔形滑坡		滑面呈楔形,滑体沿两组斜交于坡面的结构面交线滑动
	圆弧形滑坡		滑面近似呈圆柱状,滑体沿坡体最小阻力面滑动
	折线形滑坡		滑面呈折线形,滑体沿同倾向多结构面或覆盖层沿下伏基岩面滑动

4.2 产生滑坡的地形地质条件与因素

4.2.1 地层岩性

大量滑坡调查研究表明,我国最容易产生滑坡的地层有以下各种岩土类型。

(1)黏性土类:包括第四系冲积、湖积和残积的黏土、上第三系~第四系下更新统杂色黏土和具有膨胀性的裂隙黏土。主要分布在中南、西南、陕南及晋中。

(2)黄土类:包括各种成因的第四系更新统、全新统黄土,以黄河流域中游为主。

(3)堆积土类:包括第四系坡积、崩积为主的松散堆积物,广布于各地河谷岸坡和山麓斜坡。

(4)砂页岩类:包括中生界、古生界的有关地层,其页岩夹层是造成滑坡的最不利地层。

(5)含煤砂页岩类:包括煤线、煤层组成的一套砂页岩地区,其煤层强度低,易于风化是造成滑动的主要原因。

(6)变质岩类:包括板岩、千枚岩、片岩及片麻岩等。

(7)软岩夹层类:各类硬质岩层中,夹有薄层(1~10cm)或极薄层(0.5~1.0cm)的黏土岩夹层。

斜坡内易滑地层的存在,是滑坡产生的内在条件,当易滑地层因自然作用或人工活动而暴露于临空,且受水软化时,上覆地层就很可能产生滑动。

4.2.2 地质构造

活动性强的大构造及不同构造单元的交接带易于产生滑坡:诸如在槽向斜、槽背斜、断褶带、块断带等活动性强的大构造单元,山坡多不稳定,滑坡分布密集;不同构造单元的交接带,滑坡分布也有集中表现。

大断层带附近滑坡常集中分布:大断层带附近岩层往往破碎,有利于地下水活动及滑坡产生,其滑坡类型则多属破碎的岩石滑坡或堆积层滑坡;若公路路线路平行于断层走向,常有滑坡连续分布的特点;几条断层交错,则常有大型滑坡或滑坡群分布;断层上盘,滑坡产生概率更大。

褶皱轴部滑坡分布较为集中:褶皱轴部,尤其是倒转褶皱的轴部,由于岩层十分破碎,破碎岩石与堆积土集中分布,因而易于产生滑坡。

各种软弱结构面上陡下缓的组合是产生滑坡的重要条件:各种不同成因的结构面,包括不同风化程度的岩体接触面,当其垂直临空面方向形成上陡(>60°)下缓(<40°)的空间组合,且因各种原因切割使该软弱结构面暴露时,即将产生滑坡。大多数层面滑坡、构造面滑坡和接触面滑坡,都有这种结构面上陡下缓的组合规律。

4.2.3 地形与特殊地貌

滑坡是现代地貌发展过程的一种表现形式,因此滑坡的分布与地貌发展过程及地形形态有直接的关系。

1) 滑坡分布与地貌单元的关系

(1) 长期上升剧烈的分水岭地区,由于岩体坚硬、节理发育,但地下水不大,故滑坡较少,但崩塌较多。

(2) 中等至深切割(相对高度大于500m)的峡谷区,岸坡陡立,有崩塌,但滑坡较少。

(3) 宽谷地段,构造运动相对平静和岩性软弱,多由平缓斜坡或河流阶地组成,河流阶地,滑坡一般少见;谷坡上部为冲蚀,下部为坡积的坡型,坡度20°~30°,一般亦不易产生滑坡;重力堆积坡,为产生古滑坡的堆积地貌,在自然或人为因素作用下时常复活,是最不稳定的山坡。

(4) 峡谷陡坡地段的局部缓坡区,是重力堆积地貌或水流-重力堆积地貌,是过去的古岩堆、古错落、古滑坡或洪积扇组成,当开挖时常出现古老滑坡的复活,古错落转为滑坡,或出现新滑坡活动。

(5) 山间盆地边缘区起伏平缓的丘陵地貌,是岩石滑坡和黏性土滑坡集中分布的地貌单元。在坚硬岩层分布区,顺层条件下,可连续产生许多岩体顺层滑坡;在易风化成黏性土的岩层(如泥灰岩)分布区,以及第三系、第四系湖盆边缘的低丘地区,则常有残积成因的黏性土滑坡连片分布。

(6) 凸形山坡或凸出山嘴,当岩层倾向临空面时,可产生层面岩体滑坡;有断层通过时,则可产生构造面破碎岩石滑坡。

(7) 单面山缓坡区常产生沿层面的顺层滑坡和堆积层滑坡。单面山是由于沿岩层走向的构造线以及岩性差异而形成陡崖与洼槽相间的特殊地貌,当山体是软硬相间的岩层组成时,常会产生大量顺层滑坡;若系由软层组成的洼槽,则洼槽下往往为崩积、坡积或洪积形成的堆积物所占据,在地下水作用下,极易产生堆积层滑坡。

(8) 线状延伸的断层陡崖或其下的崩积、坡积地貌常分布有堆积层滑坡,在断层裂隙水或其他地表、地下水作用下,常产生堆积物沿下伏基岩面的滑动。

2) 现代地貌发展过程与滑坡产生的关系

现代地貌发展过程是指目前正在进行着的地貌作用。在构造剧烈上升区,地貌作用以剥蚀为主,山坡稳定性差,崩塌、滑坡、泥石流等斜坡作用活跃;在构造下沉区,地貌作用以夷平和堆积为主,地形渐趋平缓,山坡较稳定。但对于滑坡来说,最重要的滑床的存在,因而地质历史上必须有一个相对稳定的时期,只有上升速度中等,或者是间歇性上升区才有古老滑坡的分布。

3) 滑坡出口与滑坡作用的关系

滑坡出口是滑动体前缘下限的高程。判断现代滑坡的出口高程,应当考虑与不同地质历史时期所发生滑坡的出口高程的关系,即现坡体软弱结构面的出口高程是否与历史上所发生滑坡的出口高程相接近? 将来是否会接近? 这是判断山坡曾否滑动,现在和将来能否滑动的主要方法之一。当互层地层中的软岩以及软弱结构面的出口高程接近现代河水位高程,且受主流冲刷时,一般来讲,滑动是不可避免的;反之,如软弱结构面的出口与洪水、枯水位高程并不接近,山坡则较稳定。但由于地质现象的复杂性,不同软弱结构面,乃至同一软弱结构面的产状及其出口,在不大范围内亦多有变化,判定时应加以注意。

4.2.4 不良水文地质条件

1）坡体水文地质结构

(1) 堆积在山区缓坡、凹形山坡或河谷坡上的大量第四系松散土层，由于结构不均一，常有多层不连续的启水层和隔水层相间的水文地质结构。同时，堆积层与其下伏基岩顶面的透水性存在明显的差异，大量地下水沿基岩顶面活动，并降低该带土的强度，这是各种土质滑坡，尤其是堆积层滑坡广泛分布的主要水文地质条件。斜坡堆积层中，主要地下水类型为上层滞水或多层带状水造成坡体中的多层滑动面；滞积于基岩顶面的地下水，则会造成全部松散土沿基岩顶面的滑动。

(2) 具有地下水补给构造（如断层破碎带）或蓄水构造（如向斜轴部）的山坡，由于坡体内部大量汇集地下水，往往产生滑坡，尤其是断层的存在，常使地下水和地表水以及不同含水带（层）之间发生水力联系，以致坡体内地下水十分丰富和复杂，常直接导致山坡滑动。

(3) 大型堆积层滑动，必须有足够的地下水活动，而埋藏于堆积层以下的基岩古沟槽则具备这种条件。

(4) 地表水或基岩裂隙水渗入风化破碎岩层内，并在下伏隔水岩层顶面聚集，是产生顺层滑坡和构造面破碎岩体滑坡的条件之一。由于斜坡上部岩层风化破碎或裂隙发育，透水性强，下部岩层较完整或为相对隔水的软岩，这种水文地质结构，使斜坡具有季节性充水的条件，这种季节性裂隙水是大部分沿层面滑动的岩体滑坡产生条件之一。

(5) 黄土地层内的砂或砂砾石夹层，是黄土地层内的主要含水层，具有相当水量，且常在下伏黏性土层（或岩层）层面上活动，造成该含水层以上各土体下滑，是黄土滑坡的主要水文地质结构。

2）原有水文地质条件的改变

(1) 山坡前缘或坡脚开挖或受河流冲刷，改变了地下水运动条件，增大水力坡度，形成新的地下水通道，这是造成新滑坡和使老滑坡复活的重要因素。

(2) 江水或水库水位涨落是江、湖、水库岸边滑坡产生的重要原因，由于水位上涨时，岸边土体被浸泡软化，水位下降时产生动水压力，都将促使产生岸边滑坡，且常发生在水位骤降时期。

(3) 山坡上部的积水、灌溉水是许多滑坡产生的重要原因。有些山坡并未具备形成滑坡的水文地质条件，但是由于水渠、水管的漏水及其他用水的灌入，大气降水滞留于坡体上部等原因，改变了山坡的水文地质条件，导致其产生滑动。这种现象在黏性土和黄土地区更为普遍。

4.2.5 地震作用

由于地震引起的滑坡，按力源分，属动力滑坡性质。地震滑坡具有以下特征。

(1) 分布范围广：一般在地震烈度7度区内就可能造成滑坡，5级左右的地震造成的滑坡就已较多，8级以上地震，在距震中280km远的地方也能造成滑坡。

(2)数量多、密度高:一次大地震可能造成几千个滑坡,在有些极震区内每平方公里的滑坡面积可达 0.45~0.90km²。

(3)规模大、震害重:如 1933 年 8 月 26 日四川叠溪 7.5 级地震,造成规模很大的叠溪滑坡,南北长 2.5km、东西宽 1.8km,滑坡后壁高达 100m,滑动土石方达 1.5 亿 m³,并形成长 850m、宽 170m、高 160m 坚固的大海子拦河(岷江)大坝,至今深 98m,水容量超过 7300 万 m³。滑坡造成的次生灾害夺去 2500 人的生命。

(4)滑动速度快、滑动距离远:大地震时发生的滑坡滑速极快,犹如瀑布飞泻,有的滑坡体,可越过河谷,土体涌至对面山腰。一般说来,其滑动距离 1~3km,最大滑距可达 5km。

(5)滑床坡度小:地震造成的滑坡,其滑床坡度一般为 10°左右,有的滑坡前缘坡度仅 3°左右。

根据地震产生的滑坡特点,在高地震区的工程项目,尤其是重大工程项目,应当充分估计地震滑坡的危害性,慎重考虑这些不利因素。

4.2.6 人为因素

由于人为的工程活动造成的滑坡相当多,这些人为活动引起的滑坡主要原因如下。

(1)不适当地开挖坡脚:在坡脚下修筑房屋、构筑物、铁路、公路和取土烧砖等,进行开挖削方,而没有考虑坡体上方的整体稳定性,从而引起滑坡或老滑坡复活。

(2)不适当地在坡体上方堆载,如在滑坡体上填筑路堤、堆放弃土等,增加滑坡体的重量而引发推动式滑坡。

(3)矿山不合理开采,引起崩塌性滑坡。在矿山的采空区,由于斜坡边缘地下采空塌陷,引起向临空面方向崩塌和滑移。

(4)大爆破引起大滑坡:如攀枝花地区石灰石矿滑坡,1981 年 6 月根据采矿要求,在该区域内进行了放置 120t 炸药的大爆破,且在爆破前坡体前缘已经开采成 61°坡角、60m 高的临空面,大爆破 4h 后,就发生了沿梁山煤组地层的巨型顺层滑坡,导致几个开采面被掩埋、道路堵塞的严重后果。

(5)由于灌溉渠道漏水、坡体灌水等引起滑坡:如陕西宝鸡峡冯家山灌区,由于在塬边进行灌溉,地下水位上升,导致塬边坡脚出水,产生滑坡。

根据产生滑坡的各种地形地质水文条件和人为因素,在公路踏勘选线时,应重视滑坡的调查,必要时应进行地质钻探,确定滑坡的稳定性,并视滑坡的规模、大小和可能产生的危害,采取绕避或加固措施,以免在公路施工或运营中造成不必要的生命财产和经济损失。

4.3 滑坡工程地质勘察

4.3.1 滑坡工程地质调查

滑坡工程地质调查的目的是查明滑坡范围、形成原因、性质,初步判断滑坡的规模、稳定程度、对道路和其他工程结构的危害,指导道路选线和进一步的地质勘探。

滑坡工程地质调查的内容如下：

(1)搜集当地滑坡史、易滑地层分布、水文气象、工程地质图和地质构造图等资料,调查当地整治滑坡的经验教训资料。调查的范围应包括滑坡区及其邻近稳定地段,一般包括滑坡后壁外一定距离,滑坡体两侧自然沟谷和滑坡舌前缘一定距离或江、河、湖水边。

(2)调查滑坡山体地质构造,微地貌形态及其演变过程,查明滑坡的发生与地层结构、岩性、断裂构造(岩体滑坡尤为重要)、地貌及其演变、水文地质条件、地震和人为活动因素的影响等,找出引起滑坡或滑坡复活的主导因素。

(3)调查滑坡形态要素,确定滑坡周界、滑坡壁、滑坡平台、滑坡舌、滑坡裂缝、滑坡鼓丘等要素,分析裂缝的位置、方向、深度、宽度、产生时间、切割关系和力学属性,是拉张、剪切或鼓胀裂缝等。

(4)查明滑动带部位、滑痕指向、倾角,滑带的组成和岩土状态;分析滑坡的主滑方向、滑坡的主滑段、抗滑段及其变化。

(5)调查分析滑动面的层数、深度和埋藏条件及其向上、下发展的可能性。一般情况下,滑坡体上裂缝纵横,往往是滑动面埋藏不深的反映;裂缝单一或见边界裂缝,则滑动面埋深可能较大;如果基础埋深不大的挡土墙开裂,则滑动面往往不会很深;如果斜坡已有明显位移,而挡土墙等依然完好,则滑动面埋深较深;滑坡壁上平缓擦痕的倾角,与该处滑动面倾角接近一致;滑坡体的差速裂缝两壁也会出现缓倾角擦痕,同样是下部滑动面倾角的反映。

对岩质滑坡,应注意调查缓倾角的层理层、层间错动面、不整合面、假整合面、断层面、节理面和片理面等,若这些结构面的倾向和坡向一致,且其倾角小于斜坡前缘临空面倾角,则很可能发展成为滑动面。

对土体滑坡,则首先应注意调查分析土层与岩层的接触面,其次应注意土体内部岩性差异界面。

(6)调查滑带水和地下水的情况,泉水出露地点及流量,地表水体、湿地分布及变迁情况。

(7)调查滑坡带内外建筑物、树木等的变形、位移及其破坏的时间和过程。应注意测绘调查滑动体上或邻近的建、构筑物(包括支挡和排水构筑物)的裂缝,但应注意区分滑坡引起裂缝与施工裂缝、不均匀沉降裂缝、自重与非自重裂缝(包括黄土湿陷裂缝、膨胀土裂缝、温度裂缝和冻胀裂缝)的差异,避免误判。

(8)对岩体滑坡应注意调查测绘缓倾角的层理层、层间错动面、不整合面、假整合面、断层面、节理面和片理面等,若这些结构面的倾向和坡向一致,且其倾角小于斜坡前缘临空面倾角,则很可能发展成为滑动面。对土体滑坡,则首先应注意土层与岩层的接触面,其次应注意土体内部岩性差异界面。

(9)围绕判断是首次滑动的新生滑坡或再次滑动的古老滑坡进行调查。表4-2是古老滑坡的识别标志。

古老滑坡的识别标志　　　　　　　　　表 4-2

标志类别	亚类	内容	等级
形态	宏观形态	1. 圈椅状地形	B
		2. 双沟同源	B
		3. 坡体后缘出现洼地	C
		4. 大平台地形(与外围不一致、非河流阶地、非构造平台或风化差异平台)	C
		5. 不正常河流弯道	C
	微观形态	6. 反倾向台面地形	C
		7. 小台阶与平台相间	C
		8. 马刀树	C
		9. 坡体前方、侧边出现擦痕面、镜面(非构造成因)	A
		10. 浅部表层滑坍广泛	C
地层	老地层变动	11. 明显的产状变动(排除了别的原因)	B
		12. 架空、松弛、破碎	C
		13. 大段孤立岩体掩覆在新地层之上	A
		14. 大段变形岩体位于土状堆积物之中	B
	新地层变动	15. 变形、变位岩体被新地层掩覆	C
		16. 山体后部洼地内出现局部湖相地层	B
		17. 变形、变位岩体上掩覆湖相地层	C
		18. 上游方出现湖相地层	C
变形等		19. 古墓、古建筑变形	C
		20. 构成坡体的岩土结构零乱、强度低	B
		21. 开挖后易滑坍	C
		22. 斜坡前部地下水呈线状出露	C
		23. 古树等被掩埋	C
历史记载访问材料		24. 发生过滑坡的记载和口述	A
		25. 发生过变形的记载和口述	C

注：属 A 级标志，可单独判别为属古、老滑坡；两个 B 级标志或一个 B 级、两个 C 级，或四个 C 级标志可判别为古老滑坡。迹象愈多，则判别的可靠性愈高。

4.3.2 滑坡工程地质勘探

1) 滑坡工程地质勘探的目的

(1) 查明滑坡现状，包括滑坡的范围、地层结构、主滑方向、平面上的分块分条、纵剖面上的分级；滑动带的部位、倾角、可能的形状；滑带岩土体特性等形态要素。

(2) 查明引起滑坡的主要原因。在分析滑坡现状和历史的基础上，找出引起滑坡的主导因素，判断是新生滑坡还是古老滑坡的复活。

(3)获得合理的计算参数。通过室内或现场试验及与经验比较分析,获得滑坡计算的合理抗剪强度参数。

(4)根据调查、勘探和分析计算结果,评价滑坡的稳定性。

(5)提出整治滑坡的工程措施或方案:包括支挡、排水、减重等;对中型或中型以上规模的滑坡及滑坡群,宜加以避让。

(6)提出是否要进行监测及监测方案。

2)滑坡工程地质钻探

钻探是滑坡地质勘探的主要方法,钻探工作的主要任务是查明滑坡体的地层结构、滑动面的位置、展布形状、层数和滑带岩土性质,查明地下水情况,采取岩土试样进行试验等。方法如下:

(1)在测绘、调查基础上,沿滑动主轴方向布设勘探线(图4-5)。根据滑坡规模和分块、分条情况,在主轴线两侧亦应布设勘探线或勘探点,各勘探线上勘探点的间距一般不宜大于40m。在预计设置排水和支挡构筑物的地段,应有一定数量的勘探点。

(2)为直接观察地层结构和滑动面,或为原位大型剪切试验,宜布设一定数量的探井或探槽。为准确查明滑动面的位置,对于土体滑坡,可布设适量静力触探点;对于岩体滑坡,可采用合适的物探手段。

(3)一般性勘探点的深度,应穿过最下一层滑动面;少量控制性勘探点的深度,应超过滑坡体前缘最低剪出口高程以下的稳定地层内一定深度。一般孔深以钻到滑床下1~3m为宜,若滑床为软质岩则须适当加深。

(4)在滑坡体内、滑动面(带)和稳定地层内,均应采取足够数量的岩土试样进行岩土试验。

(5)为查明地下水的类型、各层地下水位、含水层厚度、地下水流向、流速、流量及其承压性质,应布设专门性钻孔,或利用其他方法进行上述水文地质测试,必要时应设置地下水长期观测孔。

(6)滑坡勘探以干钻为主,宜采用管式钻头、全取芯钻进,钻进过程中力求有较高的采芯率(80%~95%),并保持岩芯的天然含水率与原状结构。应细致地观察、描述和注意钻进难易的记录,包括:岩芯的岩性(矿物成分、颜色、结构构造)、含水状态、破碎程度、力学程度及沿深度的变化情况等,以及导管变形、钻进速度变化等异常现象。并结合以下迹象初步判断可能是滑动面(带)位置:

①通过小间距取样(0.5m或更小),测定和绘制含水率随深度的变化曲线,含水率最大处,可能是滑动面(带)。

②所采取岩芯经自然风干,岩芯自然脱开处可能是滑动面;破碎地层与完整地层的界面也可能是滑动面位置;大型、超大型滑坡可能出现地层重复现象,结合测绘调查分析判断是否属滑动面(带)。

③孔壁坍塌、卡钻、漏水、涌水,甚至套管变形,民用水井井圈错位等都可能是滑动面位置,但应结合其他情况进行综合分析判断。

(7)滑坡工程地质勘探应提交的成果。

①1:500或1:1000比例尺的滑坡工程地质平面图(图4-5),比例尺大小可根据滑坡规模

及用途确定,用于整治设计的测绘比例尺一般为1∶200或1∶500。

②1∶200或1∶500比例尺的滑坡地质断面图(图4-6)。

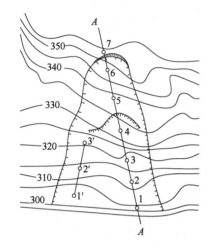

图4-5 滑坡工程地质钻探平面布置图

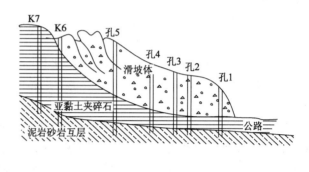

图4-6 滑坡主滑断面(A—A剖面)

③滑坡地质、岩土的土工试验及滑坡稳定性评价报告。

3)滑坡工程地质试验

(1)水文地质试验

滑坡水文地质试验,主要是为处理滑坡地下水提供资料。试验方法因工作量、滑坡水文地质条件的复杂程度和排水工程类型的不同而异。一般结合工程地质钻孔进行试验,必要时做专门水文地质钻探,包括测定地下水的流速、流向、涌水量,地下水的腐蚀性,各含水层的水力联系、渗透系数,确定抽水影响半径等。

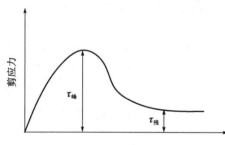

图4-7 土的剪切应力-变形曲线

(2)滑带土物理力学试验

滑带土除做天然含水率、天然密度、液限、塑限试验外,还必须做剪切试验,测定抗剪强度,以决定内摩擦角 φ 值和黏聚力 c 值。

土体在受剪过程中,抗剪强度随剪切变形而增加,当达到某一峰值时,土体开始破坏。破坏后的抗剪强度将随着剪切变形的增加而逐渐降低,最后趋近于一稳定值,这一稳定的强度值称为残余强度,如图4-7所示。

滑坡经滑动后,滑带土、石的原始结构和性质遭到强烈破坏,其强度即降低至残余强度。因此,对已经产生滑动的滑坡做稳定性检算时,滑带土的抗剪强度不能采用常规试验的极限强度,而应根据滑坡滑动的实际情况采用相应的残余强度值。

4)滑坡勘探的其他方法

(1)挖探

挖探包括挖探、挖槽、平洞、深井等,如图4-4所示,多用以确定滑坡床的后壁及前缘的产状和滑坡的周界(当周界不明显时),特别适用于浅层滑坡。挖探的特点是揭露面大、易于观察和采取原状土样等。在勘探设备缺乏的情况下,若结合工程施工采用挖探,则可减少时间,节省费用。深井、平洞等大型挖探工程,费工费时,工作条件困难,一般很少使用。

(2) 物探

在滑坡勘探中,目前使用较多的是电探(如面波法、高密度电阻法)和地震勘探,主要用以查明:

① 覆盖土层的厚度,下伏基岩表面的形状。

② 滑坡体内含水层和湿带的分布情况与范围,配合钻孔测定地下水的流速、流向。

③ 滑坡地区的地质构造及其分布规律。

钻探多用于滑波主体部分的勘探,物探和挖探多起配合作用,物探资料可以指导钻孔位置的布置,利用钻探资料又可核对和修正物探成果,二者相辅而行。

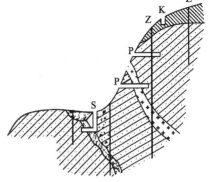

图 4-4 滑坡挖探方法示意图
Z-钻孔;P-平洞;S-竖井;K-探井

4.3.3 确定滑动面的方法

滑动面的确定,在整治滑坡中具有特殊的重要性,它直接影响到滑坡稳定性的判断、推力计算和治理的效果。

确定滑动面的方法有直接观察法、工程地质对比法和几何图法三种。其中,常用的是直接观察法和工程地质对比法。

1) 直接观察法

主要观察滑动面的各种滑动特征。

(1) 滑带土、石由于受到挤压作用,所以扰动比较严重,常含有夹杂物质,力学强度也低。当滑带为黏性土时,在滑动剪切作用下,产生光滑面,且被挤压成鳞片状,有擦痕,黄土或黏性土中的滑动面不甚明显。

(2) 滑动面(带)通常是沿着基岩顶面,下伏剥蚀面,含水层的顶、底面,软质岩层及其夹层等地质分界面。

(3) 构成滑动面(带)的物质多为云母、滑石、蒙脱石、高岭土、各种黏性土及各种风化严重的泥质页岩、千枚岩、云母片岩、滑石片岩、绿泥石片岩等。

根据上述特征,可以直接观察到滑面的位置。如滑面已部分暴露或埋藏不深,可用挖探的方法确定滑面位置。

2) 工程地质对比法

将勘测过程中获得的钻探、挖探、位移观测、水质分析、土质试验及调查访问等资料,互相对比,核对补充,经过全面分析后,使得各方面取得的资料统一起来,再同自然界类似的情况和滑坡体本身内在的条件进行对比,据以判断滑动面的位置。其分析对比方法如下:

(1) 地层的分析对比。有些地层及其风化物很容易形成滑动面,如高灵敏的海相黏土,裂隙黏土,第三系、白垩系、侏罗系的砂、页、泥岩,侏罗系、二叠系的煤系地层,古生界的泥质变质岩系等。

(2)地质构造的分析对比。埋藏在斜坡内部,倾向与斜坡一致的软弱岩层及夹层、构造断裂面、基岩顶面、古地貌剥蚀面等都可能成为滑动面。

(3)地貌形态的分析对比。滑坡体表现的微地貌形态与滑坡面的变化密切相关。滑坡体表面地形鼓起的地方,滑面形态则成洼槽形(滑坡在纵向上是分级的);滑坡在纵向的陡坎地段,滑面在相应地段坡度亦陡,反之则缓,滑坡体上出现有较高的陡坎时,滑坡可能被分成上下两级;滑体下部出现隆起地形时,往往是滑面变缓或滑面呈反坡的地段。

(4)滑坡裂缝的分析对比。滑坡裂缝的形状和性质同滑坡各部位受力的情况有关。滑坡两侧雁行状裂缝常是滑面两侧的边界;滑坡下部的鼓胀裂缝地段,滑面坡度也相应变缓或呈反坡;拉张裂缝地段滑动面一般变陡;滑坡体在纵向上分级的滑坡,在其分级衔接处往往出现在弧形拉张裂缝;滑坡区内出现两组呈人字形状的裂缝时,滑坡则被分成两个独立部分。

(5)钻孔岩心与钻进现象的分析对比。滑坡在滑动后,其内部的地层结构、构造发生了变化,如:地层的重复、缺失,裂缝的增多、变宽,岩层压碎,节理和层理产状的变陡、变缓,岩石矿物成分和颜色有变化等。由于滑带土、石软弱破碎,故在钻进过程中常发生钻孔涌水、漏水、掉块、卡钻、孔壁坍塌、钻进速度增快或减慢、套管变形等现象。

(6)滑坡水文地质条件的分析对比。滑坡区内地下泉水的出露,多是滑面被切割或暴露的部位;滑舌下部泉水出露的位置,往往是滑面的下缘(滑舌被阻、地下水位抬高者例外);两级滑坡衔接处,常有泉水、湿地和喜水植物出现;滑坡往往沿含水层的顶、底面滑动;黄土滑坡的滑面有的就在含水层中;滑坡体内存在几个含水层,其滑面亦有几个。

上述特征可作为寻找和判断滑面位置、形状和数目的参考。但由于产生滑坡的地质条件复杂,在应用时,应认真进行综合分析,在经过全面分析对比后,把所得各点滑面的坐标和高程标志在滑坡工程地质平面图上,然后连接起来,即是完整的滑动面,若设计需要的计算断面较多,可作出滑动面等高线图。

4.4 滑坡稳定性验算

4.4.1 滑坡稳定性验算方法

滑坡稳定性分析计算目的在于判定滑坡的稳定程度,为滑坡治理决策提供依据。稳定性分析计算的方法有极限平衡法、有限单元法和概率法,其中最常用的方法是极限平衡法。这些方法的计算原理在第2章中已有阐述,本节不作过多重复。

1)圆弧形滑动面滑坡的稳定性验算方法

对于土质比较均匀的黏性土滑坡,其滑动面往往成圆弧形或近似于圆弧形,因此,可以按第2章的圆弧法进行稳定性验算,其 c、φ 值可以取同一数值,为使计算的各块土体重量 W_i 更为准确,可按圆弧半径的1/10进行分条,用下式计算。安全系数:

$$F_s = \frac{\sum M_r}{\sum M_s} = \frac{R(\sum cl_i + \sum N_i \tan\varphi + \sum T'_i)}{R \sum T} = \frac{\sum cl_i + \sum N_i \tan\varphi + \sum T'_i}{\sum T_S} \geq [F_S] \quad (4-1)$$

2)单一平面滑动面滑坡的稳定性验算

对于顺层岩体滑坡和滑体厚度大致等厚,滑床为单一倾斜面的土体滑坡,以及填筑在单坡坡面上的路堤(沿坡面滑动),其滑面抗剪强度基本相同时,可以按直线法进行稳定性验算,安全系数为:

$$F_S = \frac{R}{T} = \frac{W\cos\omega\tan\varphi + cl}{W\sin\omega} \geq [F_S] \quad (4-2)$$

3)折线形滑动面滑坡的稳定性验算

当岩体沿同倾向多结构面或堆积土层沿下伏基岩面发生滑动时,滑面常呈折线形,此类滑坡的稳定性验算可采用不平衡推力传递法(传递系数法)计算。稳定性验算式为:

$$E_i = F_S W_i \sin\alpha_i - [c'_i l_i + (W_i \cos\alpha_i - u_i l_i)\tan\varphi'_i] + E_{i-1}\psi_i \quad (4-3)$$

计算得出的最后一块土体的剩余下滑力 $E_n < 0$ 时,该滑坡稳定,否则不稳定。

4.4.2 滑坡推力计算

当需要在滑坡体前缘适当位置设置支挡结构物(挡土墙、抗滑桩等)时,必须计算出施加于支挡结构物上的荷载,即滑坡推力,以确定支挡结构尺寸。滑坡推力在数值上等于不平衡推力传递法计算所得的该滑坡剩余下滑力。按滑体岩土性质不同,压力分布有三角形、梯形、矩形三种,作用点可以根据压力分布形状的形心确定。矩形分布为第 n 块段滑体厚度的 1/2 处,三角形分布为第 n 块段滑体厚度的 1/3 处。计算方法如下:

(1)当滑坡体具有多层滑动面(带)时,应取推力最大的滑动面(带)确定滑坡推力。

(2)选择平行于滑动方向的具有代表性的断面计算,一般不少于 2 个断面,且其中应有一个是滑坡的主轴断面。根据不同断面的推力,设计相应的抗滑结构。

(3)将滑动面形状简化为折线形,用不平衡推力传递法计算推力。按图 4-8 和式(4-4)计算作用于支挡结构上的滑坡推力:

$$E_n = F_S W_n \sin\alpha_n - (W_n \cos\alpha_n \tan\varphi_n + c_n l_n) + E_{n-1}\psi_{n-1} \quad (4-4)$$

式中:E_n——第 n 块土体剩余下滑力,施加于支挡结构物上的滑坡推力(kN/m);

E_{n-1}——第 $n-1$ 块传递给第 n 块土体的剩余下滑力(kN/m);

F_S——滑坡推力安全系数,根据滑坡现状、研究程度、对工程的影响程度和工程安全等级因素确定;

ψ_{n-1}——传递系数,$\psi_{n-1} = F_S\cos(\alpha_{n-1} - \alpha_n) - \sin(\alpha_{n-1} - \alpha_n)\tan\varphi_n$。

岩土物理力学计算参数可以根据经验,采用室内试验、原位测试和反算相结合的方法合理确定。

4.4.3 滑带土抗剪强度参数的确定方法

滑带土的抗剪强度是滑坡稳定性定量评价和计算滑坡推力的重要参数。有时 φ 角相差 1°~2°,滑坡推力就可能成倍增加,因而合理确定抗剪强度参数对于滑坡支挡治理措施的安全可靠和经济性具有重要意义,可根据滑坡不同发育阶段及不同的滑带部位的强度特征,对实验测定、反算和经验数据进行对比分析后,综合选取。

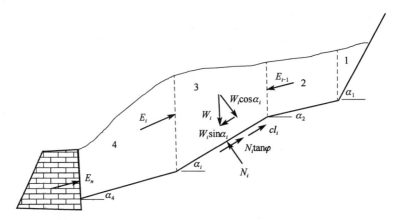

图 4-8 滑坡推力计算示意图

1）试验测定法

试验测定法是采用现场大型直剪、室内滑面重合剪、多次直剪、往复直剪、环剪仪大位移剪和三轴切面剪等方法测试和确定土体抗剪强度的方法。

(1)现场大型剪切试验：它是在滑坡体上挖试坑或深井（槽），在实际的滑动带上沿滑动方向进行剪切试验，其原理同室内直剪试验。目前通常用 $1000 cm^2$ 的圆形或 $50cm \times 50cm$ 的方形试样，试样高度为 20cm，由于对滑带的扰动少，比较符合滑坡的实际状态。这种方法一般只能在滑坡的前、后缘或边缘，滑面（带）埋藏较浅处进行。

(2)滑面重合剪。在现场取包含有滑动面的试样，试样尺寸不小于 $10cm \times 10cm \times 10cm$，试样上注标记，标明滑动方向及上、下关系，制样时控制滑动面在环刀中部。试验方法同一般快剪。若土样含水率太大，剪切时土易从盒间挤出，此法不适用。

(3)重塑土多次直剪。此法的特点是考虑到原状土取土困难，而采用滑带土风干后，过 2mm 筛进行试样制备，并要求土样的密度、含水率与滑带土一致，然后进行多次直剪求其残余强度。此法的缺点是第一次剪切后，要卸去垂直荷载，用钢丝切一人工滑面，然后沿剪切方向推断再进行多次重合剪切，这与滑坡实际受力状态不符，致使试验值较实际值低。为了克服人为拉断试件的缺点，还有采取往复式多次剪切以达残余强度的办法，这与滑坡的实际过程还是不同。

(4)环剪试验。此法的主要优点是克服了直剪试验中剪切面缩小的缺点，它可使剪切过程中剪切面保持不变，相应的正应力也是恒定的，适合于进行大变形的残余抗剪强度试验。试样取自滑带土进行重塑制备，试验所得残余强度较高。

(5)三轴切面剪。它是把黏土试样切成一倾角为 $\theta = 45° + \varphi/2$ 的斜面，或在已有的滑动面上做试验。这样，抗剪强度达到残余值时的剪切位移可以缩短，但由于位移距小，颗粒、团粒定向排列不够充分，所得残余强度偏高。

由于滑坡的主滑、牵引和抗滑段的滑带土受力状态不同，试验方法应有所区别，主滑段一般为纯剪切破坏，而牵引段属张裂性主动破坏，抗滑段则为挤压性被动破坏，试验设计中需加以充分考虑以使抗剪强度测试结果尽量接近实际。

2）反算法

(1)综合反算法：即假定滑坡处于极限平衡状态，将滑动力（或力矩）与抗滑力（或力矩）

均代入计算中,然后反求滑动带(面)上土的综合抗剪强度。属于黏性土者,求综合黏聚力 c 值 ($\varphi = 0$);属非黏性土者,则求综合内摩擦角 φ 值($c = 0$)。但大多数土体是同时具有 c 和 φ 值,可根据经验和滑动体的厚度事先假定一 c 值,反求 φ 值。

(2)联立方程求解法:为了能同时反求主滑段的 c 值和 φ 值,可以在地质条件类似、运动状态和过程类似及滑坡发育阶段类似的断面联立求解。对于同一滑坡,可选择距主滑断面大致相等距离的两个断面建立极限平衡方程组联立求解;亦可用同一性质的滑坡群中的两个滑坡断面联立方程组求解。

建立极限平衡方程时常用不平衡推力传递法的计算公式:

$$E_i = E_{i-1}\psi_{(i-1,i)} + F_\text{S}W_i\sin\alpha_i - W_i\cos\alpha_i\tan\varphi_i - c_il_i \tag{4-5}$$

由于处于极限平衡状态,此时滑坡稳定系数 $F_\text{S} = 1$,最后一块滑体剩余下滑力 $E_n = 0$,根据上述原则建立联立方程组为:

$$\left.\begin{aligned}
\text{第一断面} \quad & E_{n-1}^1\psi_{(n-1,n)}^1 + W_n^1\sin\alpha_n^1 - W_n^1\cos\alpha_n^1\tan\varphi - cl_n^1 = 0 \\
\text{第二断面} \quad & E_{n-1}^2\psi_{(n-1,n)}^2 + W_n^2\sin\alpha_n^2 - W_n^2\cos\alpha_n^2\tan\varphi - cl_n^2 = 0
\end{aligned}\right\} \tag{4-6}$$

式中:E_i、E_{i-1} 或 E_n、E_{n-1} ——第 i 块、$i-1$ 块或最终块、最终前一块滑体的剩余下滑力;

$\psi_{(i-1,i)}$ ——传递系数,$\psi_{(i-1,i)} = F_\text{S}\cos(\alpha_{i-1} - \alpha_i) - \sin(\alpha_{i-1} - \alpha_i)\tan\varphi$;

W_i、W_n ——第 i 块、最终块段所受的重力;

α_i、α_n ——第 i 块、最终块滑动面倾角;

l_i、l_n ——第 i 块、最终块滑动面长度;

φ、c ——所反算滑坡滑带土的内摩擦角和黏聚力。

对恢复极限平衡断面反求 c、φ 值应注意的问题:

(1)均质土圆弧形旋转式滑坡,在极限平衡时,顶部常先有张开的裂缝而后滑动,此段滑面长度不应计入。

(2)牵引段和抗滑段的抗剪强度指标可根据室内和现场原位试验结果,代入联立方程组,即只反求主滑面的指标。

(3)对平移块体滑坡,若后部为张开裂缝,又无充填物,则反算时可不考虑此段。

(4)对于首次滑动的滑坡,极限平衡断面是滑坡刚要开始滑动时的状态,此时整个滑带土的强度远未达残余强度,因此反算求出的指高程于残余强度,当用此指标评价计算滑动过或多次滑动过的滑坡稳定性时,应予折减。

对不恢复滑动前斜坡断面时的反算:

(1)对于单一平面形岩体顺层滑坡,由于地面形状变化很小,可不必恢复原地面形态,而用现有滑坡断面进行反算。

(2)对于古老滑坡,难于恢复原地面时,可根据滑坡复活时所处的发育阶段及其相应的稳定状态,用现有断面进行反算。如滑坡处于蠕动挤压阶段,取稳定系数为 1.01～1.10;正在等速滑动时,稳定系数为 0.97～1.00;加速滑动时,稳定系数取 0.95～0.98,所得指标反映当前状态。

(3)当有构筑物(如挡土墙)或地物被滑动破坏时,在方程中应包括构筑物和地物可能提供的最大抗力,即 $E_n \neq 0$。此外还应根据具体情况考虑是否计入静水、动水压力或地震作用。

3)经验数据法

(1)我国铁路沿线的黏性土滑带,经多次直剪试验得出残余强度 φ_r 与塑性指数 I_p 及液性指数 I_L 的经验关系:

$$\lg\varphi_r = 2.4278 - 1.2279\lg I_p - 0.1173\lg I_L \tag{4-7}$$

相关系数为 0.86。

(2)我国宝成线上大型堆积层滑坡,其黑灰色炭质页岩风化的黏性土滑带的 $c=20\text{kPa}$、$\varphi=7°\sim12°$;紫红色泥岩风化土黏性土滑带的 $c=10\text{kPa}$,$\varphi=5°\sim7°$;黄土质粉质黏土滑带的 $c=20\text{kPa}$、$\varphi=13°\sim16°$。

(3)陕西南部裂隙黏土质滑带 $c=6\sim8\text{kPa}$、$\varphi=8°$。

在弄清了滑坡的地质条件、类型、机理、滑带土的成因、结构、状态、变化规律、影响强度的因素以及滑坡的运动状态之后,可根据上述三种方法提供的数据,进行综合分析后选择抗剪强度。并在选择时考虑以下因素:

(1)要考虑滑坡的类型、机理、产生条件和原因。如根据地下水在滑坡形成中的作用大小,滑坡产生的季节及滑动时滑带的含水状态,选择相应含水状态下的参数。

(2)要考虑滑坡的性质。是新滑坡还是老滑坡?牵引式滑坡还是推动式滑坡?滑距的大小?是久已稳定的还是现已复活的?对新滑坡,根据其所处发育阶段,分段选择不同的参数。对老滑坡,尚未复活者,应选较残余强度稍高的参数;已复活者,对主滑段和抗滑段可选相应于该段的残余强度。

(3)要考虑滑坡的发育阶段,在滑坡大滑动之后才选用残余强度,在此之前应选大于残余强度之值。

(4)要考虑工程使用年限内可能出现的最不利情况,以及工程修建后对最不利情况的某些控制因素,以决定选用较低或较高的参数,如做了排水工程疏干滑带水后,其抗剪强度参数可以适当提高。

(5)对于一般滑坡来说,由于滑动,滑带土结构已遭破坏,除了新生的处在蠕动挤压阶段的滑坡抗滑段外,原状土的峰值强度已不存在,故强度的上限为扰动(重塑)土的峰值强度,下限为残余强度,多数介于两者之间。

4.5 滑坡防治

4.5.1 防治原则

在选择防治措施前,要详细调查地形、地质和水文条件;认真研究和确定滑坡的类型及其发展的阶段;分析形成滑坡的主、次要因素及彼此的联系,结合公路的重要程度、施工条件及其他各种情况综合考虑,遵循以下原则,采取相应防治措施。

(1) 对于性质复杂的大型滑坡,可以绕避时应尽量绕避。当绕避有困难或在经济上显著不合理时,应视滑坡规模、公路与滑坡的相互影响关系、防治费用等条件,设计几种具体方案比选,确定安全可靠,经济合理的防治措施。

(2) 对于可能突然发生急剧变形的滑坡,应采取迅速有效的处治措施;对于滑动缓慢的大型滑坡,宜全面规划,分期整治,并连续观察每期处治的效果,以采取相应的治理措施;对于施工及运营中产生的大型滑坡,应对绕避方案、治理方案、局部改移路线并与防治措施结合方案等进行比较论证,在进行全面综合比较后确定采取的对策。其中,对于古滑坡,应采取预防措施避免其复活或产生新的滑坡。

(3) 对于性质简单的中小型滑坡,一般情况下可进行整治,路线无须绕避。可通过调整路线平、纵面位置,以求整治方案简单、工程量小、施工方便、经济合理。

(4) 路线通过滑坡的位置,一般从滑坡上缘或下缘通过比从滑坡中部通过好。从滑坡下缘通过时,路基宜设成路堤形式以增加抗滑力;从滑坡上缘通过时,路基宜设成路堑形式,以减轻滑体重量;对于窄长而陡峭的滑坡,可采用旱桥通过。

(5) 滑坡整治之前,一般应先做好临时排水系统,以减缓滑坡的发展,然后针对引起滑坡滑动的主要因素,采取相应的技术措施。

(6) 滑坡整治工程宜在旱季施工,并注意施工方法,避免施工扰动引起滑坡的发展。

4.5.2 滑坡的防治措施

一般的滑坡处治根据产生滑坡的原因不同而不同。主要有排水、支挡、减重和护坡等措施及综合治理。特殊情况下,也有采用疏干、电渗排水、爆破灌浆、化学加固或焙烧等方法来改善滑带岩土的性质,以增加滑坡稳定性。

1) 排水

滑坡的发生和发展都与水的作用有关,如滑坡因水而引起,则应以治水为主,辅以适当的支挡措施,所以排水措施对于处治各种类型的滑坡都很重要。但应针对具体情况,采取不同排水原则和方法。

对滑坡范围外的地表水,应采取拦截和旁引的原则,根据地形修筑一条或多条截水沟。截水沟应设在滑坡可能发展的边界约 5m 以外。沟一般用浆砌片石做成,壁厚 20~30cm,沟底及沟壁应用水泥砂浆或三合土抹面,防止渗漏。有条件时,也可利用天然沟来布置排水系统。

对于滑坡外丰富的地下水,常采用截水盲沟拦截,其位置多修筑在滑坡可能发展的范围以外约 5m 的稳定地段中,走向与地下水的流向相正交,布置成折线或环状,如图 4-9 所示。为了便于施工,沟底宽度不应小于 1.0m。沟的背水面设置黏土或浆砌片石隔水层,厚度一般为 0.3~0.5m,以防止地下水透过盲沟后再渗入滑坡体内,迎水面应设置厚约 0.3m 的粗砂反滤层。沟底用浆砌块石筑成凹槽形,厚度不小于 0.3m,一般应埋入最深含水层以下的不透水层或基岩内,沟底的纵向坡度不小于 4%~5%。沟内用碎石、卵石或粗砂等作为填料以利排水。为了维修和疏通的需要,在直线段每隔 30~50m 和沟的转折点、变坡点处设置检查井(图 4-9)。

对于滑体内的地下水,应以疏干和引出为原则,一般采用支撑盲沟(同时起支撑滑体的作用)。根据地下水的流向和分布,确定沟的位置,一般设置在地下水露头和由于土中水而形成坍塌的地方,并沿滑坡的滑动方向布置成IYI、YYY和III形等。支沟可伸到滑坡范围以外,以拦截地下水,其间距视土质情况采用6~15m,支撑盲沟的沟深一般从几米到十几米,宽度视抗滑要求和施工方便而定,沟底一般设置在滑动面以下0.5m的稳定地层中,沟底纵向坡度2%~4%,以利排水。支撑盲沟的具体结构及设计尺寸可参考有关手册。

对滑坡范围内的地表水,应采取防渗和汇集并引出滑坡范围以外的原则。对天然坡面要整平夯实(包括裂缝处理,必要时用黏土水泥砂浆封口),防止积水下渗。排水沟的布置要充分利用天然沟谷布置成树枝状排水系统,主沟应与滑坡的滑动方向大体一致,如图4-10所示。排水沟每隔20~30m一条,用厚约20~30cm浆砌片石砌筑。

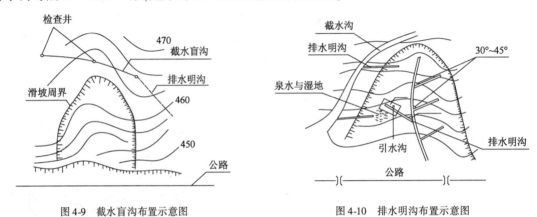

图4-9 截水盲沟布置示意图　　　　　图4-10 排水明沟布置示意图

对于前缘位于河岸边的边坡,常因受流水冲刷而发生滑坡,一般可在上游修筑丁坝,迫使水流偏向对岸,并在边坡前缘用抛石、铺设石笼等措施,避免坡脚进一步受河水的冲刷。当滑坡位于河流弯曲地段,而河道又有改道可能时,则可设法改道。当山沟河谷因河水冲刷而发生滑坡时,常在下游地段修筑堤坝,防止冲刷,并利用淤积物质稳定坡脚。

2)支挡

如滑坡由切割坡脚而引起,则以支挡为主,根据滑坡推力的大小,可选用抗滑挡墙、抗滑桩等支挡结构,并与排水、减重等措施结合使用。对小型滑坡,一般通过地表排水、坡面整平、裂缝夯填等简单措施进行整治。对中型滑坡,则需采用支挡、减重、排除地下水等措施。对大型滑坡,则往往要综合整治,主要有支挡结合支撑盲沟、减重结合支挡等措施。治理滑坡的常用支挡结构如下。

(1)抗滑挡墙。是目前整治滑坡中应用最广而又较为有效的措施之一,其优点是破坏山体平衡少,收效快;但应用时必须弄清滑坡的性质(牵引式还是推移式滑坡)、滑面的层数和位置、滑坡推力等情况,以免失效。

抗滑挡墙一般多用重力式。墙背所受的土压力就是滑坡推力,一般都大于库仑土压力理论计算的主动土压力值(对中、小型滑坡,如算得的滑坡推力不大,还应与主动土压力相比较,取其中较大值进行设计),作用点约在滑体厚度的1/2处,其作用方向与墙后较长一段滑面的方向平行。重力式抗滑挡墙的体型具有矮胖、胸坡平缓(常用1:0.3~1:0.5)等特点。为了增加墙的抗滑能力,对土质地基,基础底面常做成1:0.1~1:0.15的逆坡;对岩石地基,则常把基础做成1~2个台阶。挡墙的埋置深度应在滑面以下,并深入完整的岩层面以下不小于0.5m,稳定土层面以下不小于2m。在确定墙高时,还应进行保证滑体不致从墙顶滑出的验算。墙身应设置泄水孔以排除地下水。墙的施工宜在旱季进行。在一般情况下,不允许在滑坡下部全段开挖地基(特别在雨季),应从滑坡两边向中间分段跳槽开挖,以免引起滑坡滑动,或使墙的已完成部分被推倒。

(2)抗滑锚杆或锚索。是用锚杆(或锚索)将滑体锚固在稳定层上从而达到防止滑坡下滑的处治结构(图4-11)。如对锚杆(索)施加预应力,即预应力锚杆、预应力锚索,可以提高抗滑面上的正应力,则效果更显著,一般用于岩质滑坡。

(3)锚杆挡墙。由锚杆与挡墙组合而成的一种滑坡防治结构(图4-12)。锚杆挡墙的墙面一般用预制的钢筋混凝土肋柱和挡板组装成,也有用就地灌注钢筋混凝土墙面形成整体。锚杆(索)的固定端锚定在坡体深处或用锚定板方法固定在回填土内部的稳定层中,而另一端则与墙面连接。

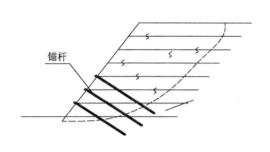

图4-11 抗滑锚杆

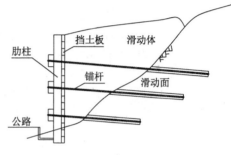

图4-12 锚杆挡墙

锚杆挡墙具有下列特点:
①结构轻,与重力式相比,可节省大量材料。
②可机械化施工,提高劳动生产率。
③由于它依靠锚杆的拉力以维持墙身的平衡,在高边坡的情况下,可采用自上而下逐级施工的方法,以克服不良地基开挖的困难,并有利于安全施工。

(4)抗滑桩。抗滑桩用于整治滑坡已取得比较成功的经验,是山区公路、铁路较常用的滑坡整治结构。在处治浅层或中层滑坡时,若采用抗滑挡墙的工程量大、不经济或施工开挖易于引起滑坡下滑时,宜采用抗滑桩。抗滑桩的横断面形式有矩形、方形或圆形三种,一般需设置钢筋。桩在滑面以下的锚固深度视作用在桩上的滑坡推力、桩周岩土性质、桩前的被动土压力等而定;可用于岩质或土质滑坡。

3)减重和反压

减重是通过人工挖除滑坡部分土体,减轻滑体重量,从而减小滑体下滑力的措施。此种方法技术简单,施工容易,不需要其他建筑材料,工作量虽大,但仍是整治滑坡的常用方法之一。减重的目的在于减少滑体上部主滑部分的重量,减小滑体的下滑力,但有一定的应用条件:对滑坡床上陡下缓,滑坡后壁及两侧岩(土)体比较稳定时,才能有效;否则,不但不能达到预期的效果,反而可能扩大滑坡范围,引起更大滑动。如对牵引式滑坡,或滑带土具有卸荷膨胀性的滑坡,就不宜采用。所以,在采取减重措施之前,必须掌握滑面形状、滑体各段的受力情况,确定主滑部分、抗滑部分、牵引部分以及其间的可能变化,然后确定刷方减重的位置。减重以后应注意坡面防护,加强坡面排水。

反压是指当滑体前缘有弃土条件时,把不是很陡的边坡稍加削平,把它堆在坡前成为御土堆,以增加其稳定性的工程措施。

4.6 抗 滑 桩

抗滑桩是把钢筋混凝土单桩或钢筋混凝土外壳内填片石或圬工的单桩按一定间距成排状设置,深埋入岩层或稳定的土层中,借桩周岩(土)体对桩的嵌制作用来稳定滑动土体,抵抗滑坡推力,稳定滑体的支挡结构(图4-13)。抗滑桩具有节省材料、工作面大、施工互不干扰,施工进度快,不需刷方以及不会引起其他危害等优点,是较常用的滑坡整治方法之一。

图 4-13 抗滑桩治理滑坡

4.6.1 抗滑桩的布置

抗滑桩的布置设计包括桩的平面布置与桩的埋入深度两项内容,是抗滑桩处治滑坡设计首先需要解决的问题。桩的平面布置与桩的埋入深度合理与否,直接关系到抗滑桩效用的成败。桩的平面布置与桩的埋入深度确定原则如下:

1)抗滑桩的平面布置及其间距

抗滑桩的平面位置和间距,一般应根据滑坡的地层性、推力大小、滑动面坡度、滑坡厚度、施工条件、桩截面大小以及锚固深度等因素综合考虑决定。

(1)滑体的上部,滑动面陡,拉张裂缝多,不宜设桩;中部滑动面往往较深且下滑力大,亦不宜设桩;下部滑动面较缓,下滑力较小或系抗滑地段,经常是较好的设桩位置。实践表明,对地质条件简单的中小型滑坡,宜在滑体前缘设一排抗滑桩,布置方向应与滑体滑动方向垂直或接近垂直。对于轴向很长的多级滑动或推力很大的滑坡,宜设两排或三排抗滑桩分级处治,也可采用在上部设抗滑桩,下部设挡土墙联合防治。当滑坡推力特大时,抗滑桩在平面上可按品字形或梅花形交错布设,必要时,还可考虑采用其他形式的抗滑桩。

(2)抗滑桩的间距受许多因素的影响,目前尚无较成熟的计算方法。合适的桩距应使桩间滑体具有足够的稳定性,在下滑力作用下不致从桩间挤出。可按桩间土体与两侧被桩所阻止的土体的摩擦力大小及桩所承受的滑坡推力来估算。有条件时可通过模拟试验,取得土体能形成土拱效应的桩间距值,并结合实践经验确定桩的间距。一般情况下,当滑体完整、密实或滑坡推力较小时,桩距可取大些;反之,应取小些。此外,滑坡主轴附近与两侧的桩距可以不等,两侧边部桩距宜大。目前一般采用的桩距为 6~10m。

2)桩的锚固深度

桩埋入滑面以下稳定地层内的深度称为锚固深度(或嵌固深度)。桩的锚固深度与地层的强度、桩所承受的滑坡推力、桩的相对刚度以及桩前滑面以上滑体对桩的反力等有关。

一般经验是:在软质岩石中取桩长的 1/3,硬质岩石中取桩长的 1/4,在土质滑坡床中则取桩长的 1/2。当土层沿下伏基岩面滑动时,也可取桩径的 3~5 倍以保证桩间土体的稳定。

锚固深度不足,易引起桩的失败;锚固过深则会增加工程量和施工的难度。有时为减小锚固深度,可适当缩小桩的间距以减小每根桩所承受的滑坡推力,也可通过调整桩的截面,增大桩的相对刚度。

设计时,由桩的锚固深度传递到滑面以下地层的侧向压应力不得大于该地层的容许侧向抗压强度,桩基底的最大压应力不得大于地基的容许承载力。

4.6.2 抗滑桩的设计荷载

1)作用于抗滑桩上的力系

作用于抗滑桩的外力包括:滑坡推力、受荷段地层(滑体)抗力、锚固段地层抗力、桩侧摩阻力和黏着力及桩底应力等,如图 4-14 所示。

为简化计算,忽略桩与地层间的摩阻力、黏聚力和桩的自重。抗滑桩的设计荷载为滑坡推力。

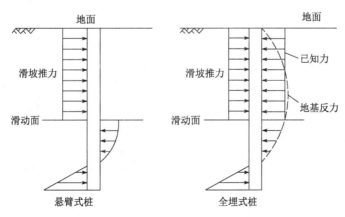

图 4-14 抗滑桩受力示意图

2)抗滑桩的设计荷载

设计荷载是滑坡推力,为分布力,并因滑体土质不同分布也不同,如图 4-15 所示。

(1)矩形分布:对于液性指数较小、刚度较大和较密实的滑体,顶层和底层的滑动速度大致一致,推力可简化为矩形分布。

(2)三角形分布:对于液性指数较大、刚度较小和密实不均匀的塑性滑体,靠近滑面的速度较大而表层速度较小,推力可简化为三角形分布。

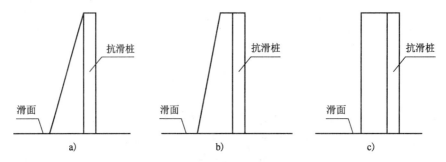

图 4-15 抗滑桩的设计荷载分布

(3)对于介于上述两者的情况,可以假定滑坡推力分布为梯形。

4.6.3 抗滑桩的计算假设

1)滑面以下地基抗力计算的基本假定

(1)锚固段桩周岩层的变形破坏的三个阶段

抗滑桩在承受滑坡推力时,把部分或全部的力传递给锚固段。锚固段周围岩土体将产生变形,根据受力大小和岩土体性能,变形可分为以下三个阶段。

弹性阶段:应力和应变成正比。当岩土在弹性阶段时,可按弹性抗力计算,视地层为弹性介质,受荷地层的弹性抗力等于该地层的地基系数乘以与变形方向一致的岩土压缩变形值。

塑性阶段:当侧应力增加不多而变形骤然增加。当岩土变形在塑性阶段,受荷地层的抗力等于该地层的地基系数乘以相应的与变形方向一致的岩土在弹性极限时的压缩变形值。或用该地层的侧向容许承载力代替抗力值。

破坏阶段:应力不再增加而变形不断增大。

(2)桩侧岩(土)的弹性抗力系数

桩侧岩(土)的弹性抗力系数,简称地基系数,是弹性阶段,地基承受的侧压力与桩在该处产生的侧向位移的比值,亦即是弹性变形限度内,单位面积的土体产生单位压缩变形时所需要的侧向压力。

计算侧向受荷桩时,地基系数目前有两种不同的假定。

①假定侧向地基系数是常数,不随深度而变化。相应的弹性地基梁计算方法称为 K 法,以 K 表示,水平和垂直方向地基系数分别用 K_H 和 K_V 表示(岩层较完整或为硬黏土)。

②假定地基系数随深度按直线比例变化。水平方向地基系数为:$C_H = A_H + m_H \times y_n$;竖直方向的地基系数为:$C_V = A_V + m_V \times y_n$,式中 m_H、m_V 分别表示水平及竖向变化的比例系数,相

应于这一假定的计算方法称为 m 法(硬塑、半干硬的砂黏土、密实土、或风化破碎岩层)。

水平及竖向地基系数的比例系数通过试验确定。当无试验资料时,可参照表4-3确定。较完整岩层的地基系数 K 值可参照表4-4及表4-5确定。

非岩石地基 m_H 和 m_V 值 表4-3

序号	土的名称	m_H 和 m_V (kN/m^4)	序号	土的名称	m_H 和 m_V (kN/m^4)
1	流塑黏性土($I_L \geq 1$),淤泥	3000~5000	4	半坚硬的黏性土、粗砂	20000~30000
2	软塑黏性土($1 > I_L \geq 0.5$),粉砂	5000~10000	5	砾砂、角砾砂、砾石土、碎石土、卵石土	30000~80000
3	硬塑黏性土($0.5 > I_L \geq 0$),细砂、中砂	10000~20000	6	块石土、漂石土	80000~120000

注:由于表中 m_H 和 m_V 采用同一值,而当平均深度约为10m时,m_H 值接近垂直荷载作用下的垂直方向地基系数 C_V 值,故 C_V 不得小于 $10m_V$。

较完整岩层的基地系数 K_V 值 表4-4

序号	饱和极限抗压强度 R(kPa)	K_V (kN/m^3)	序号	饱和极限抗压强度 R(kPa)	K_V (kN/m^3)	序号	饱和极限抗压强度 R(kPa)	K_V (kN/m^3)
1	1.0×10^4	$(1.0~2.0) \times 10^5$	4	3.0×10^4	4.0×10^5	7	6.0×10^4	12.0×10^5
2	1.5×10^4	2.5×10^5	5	4.0×10^4	6.0×10^5	8	8.0×10^4	$(15.0~25.0) \times 10^5$
3	2.0×10^4	3.0×10^5	6	5.0×10^4	8.0×10^5	9	8.0×10^4	$(25.0~28.0) \times 10^5$

注:1. 在 $R = 10~20$MPa 的半岩质岩层或位于构造破碎影响带的岩质岩层,根据实际情况可采用 $k_H = A + m_H y$。
2. 一般侧向 K_H 为竖向 k_V 的 0.6~0.8 倍,当岩层为厚层或整体时 $K_H = K_V$。

围岩分类及物理力学指标 表4-5

围岩类别	主要工程地质条件		重度 (kN/m^3)	弹性抗力系数 K (kN/m^3)
	主要工程地质特征	结构特征和完整状态		
Ⅵ	硬质岩(饱和极限抗压强度 $R_b > 60000$kPa),受地质构造影响轻微,节理不发育,无软弱面(或夹层);层状岩层为厚层,层结合良好	被切割呈巨块状整体结构	26~28	(18~28) $\times 10^5$

续上表

围岩类别	主要工程地质条件 主要工程地质特征	主要工程地质条件 结构特征和完整状态	重度 (kN/m³)	弹性抗力系数 K (kN/m³)
V	硬质岩(R_b = 30000 ~ 60000kPa),受地质构造影响较重,节理发育,有少量软弱面(或夹层)和贯通微张节理,但其产状及组合关系不致产生滑动,层状岩层为中、厚层,层间结合一般,很少有分离现象;或为硬质岩偶夹软质岩	被切割呈巨块状整体结构	25 ~ 27	(12 ~ 18) ×10⁵
V	软质岩(R_b ≈ 30000kPa),受地质构造影响轻微,节理不发育,层状岩层为厚层,层间结合良好	被切割呈巨块状整体结构	25 ~ 27	(12 ~ 18) ×10⁵
IV	硬质岩(R_b = 30000 ~ 60000kPa),受地质构造影响严重,节理发育,有层状软弱面或夹层,但其产状及组合关系不致产生滑动;层状岩层为薄、中层,层间结合差,多有分离现象;或为软硬岩石互层	被切割呈块(石)、碎(石)状镶嵌结构	23 ~ 25	(5 ~ 12) ×10⁵
IV	软质岩(R_b = 5000 ~ 30000kPa),受地质构造影响较重,节理较发育,层状岩层为薄、中或厚层,层间结合一般	被切割呈现大块状砌体结构	23 ~ 25	(5 ~ 12) ×10⁵
III	硬质岩(R_b = 5000 ~ 60000kPa),受地质构造影响很严重,节理很发育,层状软弱或夹层基本被破坏	被切割呈碎石状压碎结构	19 ~ 22 (老黄土用 17 ~ 18)	(2 ~ 5) ×10⁵ (不包括黄土)
III	软质岩(R_b = 5000 ~ 30000kPa),受地质构造影响严重,节理发育	被切割呈块(石)、碎(石)状镶嵌结构	19 ~ 22 (老黄土用 17 ~ 18)	(2 ~ 5) ×10⁵ (不包括黄土)
III	土:(1)工具压密或成岩作用的黏性土及砂类土;(2)老黄土;(3)一般泥质胶结的碎、卵石土;(4)大块石土	(1)、(2)呈大块状压密结构;(3)呈巨块整体结构;(4)呈堆石状松散结构	19 ~ 22 (老黄土用 17 ~ 18)	(2 ~ 5) ×10⁵ (不包括黄土)
II	石质围岩位于挤压强烈的断裂带内,裂隙杂乱,呈石夹土或土夹石状	围岩呈角砾碎石状松散结构	17 ~ 20 (新黄土用15)	(1 ~ 2) ×10⁵ (不包括黄土)
II	一般第四系可塑的黏性土及稍湿至潮湿的碎、卵、砾石土及新黄土	黏性土呈松软结构,非黏性土呈松散结构	17 ~ 20 (新黄土用15)	(1 ~ 2) ×10⁵ (不包括黄土)
I	石质围岩位于挤压强烈的断裂带内,呈角砾、砂、泥松软体	围岩呈泥沙角砾状松软结构	15 ~ 16	<1×10⁵
I	软塑状黏性土及潮湿的粉细砂等	黏性土呈蠕动的松软结构,砂性土呈潮湿的松散结构	15 ~ 16	<1×10⁵

2)桩底约束条件

桩底支承可以简化为自由端、固定端和铰支端三种,如图 4-16 所示。

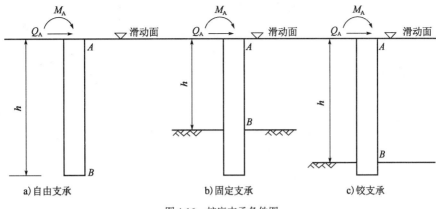

图 4-16 桩底支承条件图

(1) 自由端

当围岩为同种岩层或虽然是不同的岩层,但岩层刚度相差不大时,桩底可视作自由端,即:桩底弯矩 $M=0$,剪力 $Q=0$,有水平变位 x 及角变位 φ。

(2) 固定端

同种围岩当桩轴的 K_H 值急剧增大为 y 的多次方时,可相对地按固定端计算,即桩底的水平变位、角变位为零,弯矩和剪力不为零;不同种岩层刚度比大于 10 倍以上者,可按固定端计算,此时下层岩层必须坚硬、完整,而桩底嵌入该层之内须有一定深度,侧应力一定要小于侧向容许压应力,且较上层的相对位移量及角变量为小。

(3) 铰支端

只有在桩底附近围岩的侧向 K_H 值巨大,而桩底基岩的 K_V 值相对为小等条件下才有出现铰支的可能。此时,桩底桩底水平变位为零,剪力不为零,角变位不为零,弯矩为零。

3) 弹性桩和刚性桩的划分

抗滑桩受到滑坡推力后,将产生一定的变形,即桩的相对位置发生了改变。根据桩与桩周岩(土)的性质和桩的几何性质,桩的变形可有两种情况:一种是桩的位置虽发生了偏离,但桩的轴线仍保持原有的线形,其原因是桩周的岩(土)变形;另一种是桩的位置和桩轴线形同时发生改变,即桩轴线和桩周岩(土)同时发生变形。产生第一种变形特征的桩,由于桩在变形过程中保持着原来的形状,犹如刚体一样,仅产生了转动,因此,称它为刚性桩;而后者称为弹性桩。试验研究表明,当侧向受荷桩埋入稳定地层内的计算深度(即桩的埋置深度 h_2 与桩的变形系数的乘积)为某一临界值时,可视桩的刚度为无穷大,在侧向荷载作用下,桩的极限承载力仅取决于桩周岩(土)的弹性抗力大小。计算深度为此临界值时,不管按刚性桩或按弹性桩计算,其水平承载力及传递到地层的压力图形均比较接近。因此,目前将这个临界值作为判别刚性桩或弹性桩的标准。

由于弹性桩和刚性桩的变形不同,其桩身的内力计算方法也不同,因此,在进行内力计算之前应先根据桩的截面刚度和埋深、地基条件确定属弹性桩还是刚性桩,判别刚性桩或弹性桩的标准如下:

(1) 按 K 法计算

当 $\beta h_2 \leq 1.0$ 时,抗滑桩属刚性桩。

当 $\beta h_2 > 1.0$ 时,抗滑桩属弹性桩。

其中，h_2 为桩的埋置深度，β 为桩的变形系数，以 m^{-1} 计，可按下式计算：

$$\beta = \left(\frac{K_H B_P}{4EI}\right)^{\frac{1}{4}} \tag{4-8}$$

式中：K_H——侧向地基系数，不随深度而变（kN/m^3）；

B_P——桩的正面计算宽度（m）；

E——桩的弹性模量（kPa）；

I——桩的截面惯性矩（m^4）。

(2) 按 m 法计算

当 $ah_2 \leq 2.5$ 时，抗滑桩属刚性桩。

当 $ah_2 > 2.5$ 时，抗滑桩属弹性桩。

其中，a 为桩的变形系数，以 m^{-1} 计，可按下式计算：

$$a = \left(\frac{m_H B_P}{EI}\right)^{\frac{1}{5}} \tag{4-9}$$

式中：m_H——水平方向地基系数，随深度而变化的比例系数（kN/m^4）。

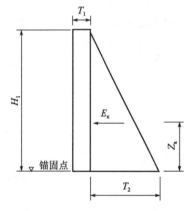

图 4-17 梯形分布压力计算图

4.6.4 桩身内力计算

桩身的内力和变位计算分为滑动面以上和以下两部分分别计算。滑动面以上的桩身内力根据滑坡推力和桩前滑坡体的抗力计算；滑动面以下的桩身变位和内力根据桩身在滑面处的弯矩、剪力和地基的弹性抗力计算。

1) 滑面以上的桩身内力和变位计算

滑面以上桩所承受的外力为滑坡推力与桩前反力之差 E_x，其分布形式一般有三角形、梯形和矩形三种，内力计算按固定端悬臂梁考虑。

以梯形分布为例（图 4-17），给出弯矩和剪力的计算方法和计算公式。

(1) 弯矩和剪力计算

锚固段顶点（滑面处）桩身的弯矩 M_0 和剪力 Q_0 为：

$$\begin{aligned} M_0 &= E_x Z_x \\ Q_0 &= E_x \end{aligned} \tag{4-10}$$

式中：Z_x——桩上的外力作用点至锚固点的距离（m）。

(2) 滑面以上桩段各点水平位移和转角计算

水平位移用下式计算：

$$x_y = x_0 - \varphi_0(H_1 - y) + \frac{T_1}{EI}\left(\frac{H_1^4}{8} - \frac{H_1^3}{6} + \frac{y^4}{24}\right) + \frac{T_2}{EIH_1}\left(\frac{H_1^5}{30} - \frac{H_1^4 y}{24} + \frac{y^5}{120}\right) \tag{4-11}$$

转角用下式计算：

$$\varphi_y = \varphi_0 - \frac{T_1}{6EI}(H_1^3 - y^3) - \frac{T_2}{24EIH_1}(H_1^4 - y^4) \tag{4-12}$$

式中：φ_0——由下部锚固段计算确定。

2）滑面以下桩身内力和变位计算

(1) 弹性桩的计算

弹性桩系指埋于滑床部分的桩身受力后桩轴和桩周岩（土）均发生变形。将滑面以上抗滑桩受荷段上所有作用力均当作外荷载，此时，可将桩简化成如图4-18a)所示的计算图式，根据桩周地层的性质确定弹性抗力系数，建立桩的挠曲微分方程式，通过数学求解可得滑面以下桩身任一截面的变位和内力计算的一般表达式。最后根据桩底边界条件计算出滑面处的位移和转角φ_0，进而计算桩身任一深度处的变位和内力。

滑面以下的桩身内力和变位按弹性地基梁计算，其内力和变位如图4-18b)所示。

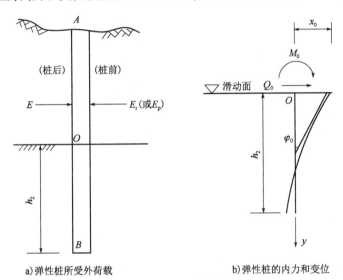

图4-18 弹性桩的计算图式

在进行滑动面以下桩身内力、位移和侧向压应力计算时，首先应引入桩的变形系数。

按K法计算时：

$$\beta = \sqrt[4]{\frac{KB_p}{4EJ}}$$

其锚固段长度为：βh。

按m法计算时：

$$\alpha = \left(\frac{m_H B_p}{EI}\right)^{\frac{1}{5}}$$

其锚固换算长度为：αh。

式中：β、α——桩的变形系数（m^{-1}）；

K——地基系数（kN/m^3）；

m_H——地基系数随深度增加的比例系数（kN/m^4）；

E——桩的钢筋混凝土弹性模量（kPa），$E = 0.8Ec$，Ec为混凝土的弹性模量；

B_p——桩的计算宽度（m）；

J——桩的截面惯性矩（m^4）。

① m 法

列出弹性地基梁受水平荷载挠曲后的挠曲微分方程,求解微分方程,得出桩的应力和位移。

如图 4-18b) 所示,桩顶受水平荷载的挠曲微分方程为:

$$EJ\frac{d^4x}{dy^4} + myB_p x = 0 \tag{4-13}$$

式中: $myB_p x$ ——地基作用于桩上的水平抗力(kN/m)。

这是一个四阶线性变系数齐次微分方程,用幂级数展开后进行近似求解,换算整理后得:

$$\left.\begin{aligned} x_y &= x_A A_1 + \frac{\varphi_A}{a} B_1 + \frac{M_A}{a^2 EJ} C_1 + \frac{Q_A}{a^3 EJ} D_1 \\ \varphi_y &= a\left(x_A A_2 + \frac{\varphi_A}{a} B_2 + \frac{M_A}{a^2 EJ} C_2 + \frac{Q_A}{a^3 EJ} D_2\right) \\ M_y &= a^2 EJ\left(x_A A_3 + \frac{\varphi_A}{a} B_3 + \frac{M_A}{a^2 EJ} C_3 + \frac{Q_A}{a^3 EJ} D_3\right) \\ Q_y &= a^3 EJ\left(x_A A_4 + \frac{\varphi_A}{a} B_4 + \frac{M_A}{a^2 EJ} C_4 + \frac{Q_A}{a^3 EJ} D_4\right) \\ \sigma_y &= myx \end{aligned}\right\} \tag{4-14}$$

式中: x_y、φ_y、M_y、Q_y ——锚固段桩身任一截面的位移(m)、转角(rad)、弯矩(kN·m)、剪力(kN);

x_A、φ_A、M_A、Q_A ——滑动面处桩的位移(m)、转角(rad)、弯矩(kN·m)、剪力(kN);

E ——混凝土的弹性模量(kN/m²);

J ——桩的截面惯性矩(m⁴);

A_i、B_i、C_i、D_i ——随桩的换算深度 ay 而变化的 m 法的影响函数,计算如下:

$$A_1 = 1 + \sum_{k=1}^{\infty}(-1)^k \frac{(5k-4)!!}{(5k)!}(\alpha y)^{5k} (k=1,2,3,4,\cdots)$$

$$= 1 - \frac{(\alpha y)^5}{5!} + \frac{1\times 6}{10!}(\alpha y)^{10} - \frac{1\times 6\times 11}{15!}(\alpha y)^{15} + \frac{1\times 6\times 11\times 16}{20!}(\alpha y)^{20} + \cdots$$

$$B_1 = \alpha y + \sum_{k=1}^{\infty}(-1)^k \frac{(5k-3)!!}{(5k+1)!}(\alpha y)^{5k+1}$$

$$= \alpha y - \frac{2}{6!}(\alpha y)^6 + \frac{2\times 7}{11!}(\alpha y)^{11} - \frac{2\times 7\times 12}{16!}(\alpha y)^{16} + \cdots - \frac{4}{8!}(\alpha y)^3 + \frac{4\times 9}{13!}(\alpha y)^{13} -$$

$$\frac{4\times 9\times 14}{18!}(\alpha y)^{18} + \cdots$$

$$C_1 = \frac{(\alpha y)^2}{2!} + \sum_{k=1}^{\infty}(-1)^k \frac{(5k-2)!!}{(5k+2)!}(\alpha y)^{5k+2}$$

$$= \frac{(\alpha y)^2}{2!} + \frac{3}{7!}(\alpha y) - \frac{3\times 8}{12!}(\alpha y)^{12} - \frac{3\times 8\times 13}{20!}(\alpha y)^{17} + \cdots$$

$$D_1 = \frac{(\alpha y)^3}{3!} + \sum_{k=1}^{\infty}(-1)^k \frac{(5k-1)!!}{(5k+3)!}(\alpha y)^{5k+3}$$

$$= \frac{(\alpha y)^3}{3!} - \frac{4}{8!}(\alpha y)^3 + \frac{4\times 9}{13!}(\alpha y)^{13} - \frac{4\times 9\times 14}{18!}(\alpha y)^{18} + \cdots$$

A_2、B_2、$\cdots$、A_4、B_4、C_4、D_4 系数由 A_1、B_1、C_1、D_1 计算而得:

$$A_2 = -\frac{(\alpha y)^4}{4!} + \frac{6}{9!}(\alpha y)^9 - \frac{6\times 11}{14!}(\alpha y)^{14} + \frac{6\times 11\times 16}{19!}(\alpha y)^{19} - \cdots$$

$$A_3 = -\frac{(\alpha y)^3}{3!} + \frac{6}{8!}(\alpha y)^8 - \frac{6\times 11}{13!}(\alpha y)^{13} + \frac{6\times 11\times 16}{18!}(\alpha y)^{18} - \cdots$$

$$A_4 = -\frac{(\alpha y)^2}{2!} + \frac{6}{7!}(\alpha y)^7 - \frac{6\times 11}{12!}(\alpha y)^{12} + \frac{6\times 11\times 16}{17!}(\alpha y)^{17} - \cdots$$

$$B_2 = 1 - \frac{2}{5!}(\alpha y)^5 + \frac{2\times 7}{10!}(\alpha y)^{10} - \frac{2\times 7\times 12}{15!}(\alpha y)^{15} + \cdots$$

$$B_3 = -\frac{2}{4!}(\alpha y)^4 + \frac{2\times 7}{9!}(\alpha y)^9 - \frac{2\times 7\times 12}{14!}(\alpha y)^{14} + \cdots$$

$$B_4 = -\frac{2}{3!}(\alpha y)^3 + \frac{2\times 7}{8!}(\alpha y)^8 - \frac{2\times 7\times 12}{13!}(\alpha y)^{13} + \cdots$$

$$C_2 = (\alpha y) - \frac{3}{6!}(\alpha y)^6 + \frac{3\times 8}{11!}(\alpha y)^{11} - \frac{3\times 8\times 13}{16!}(\alpha y)^{16} + \cdots$$

$$C_3 = 1 - \frac{3}{5!}(\alpha y)^5 + \frac{3\times 8}{10!}(\alpha y)^{10} - \frac{3\times 8\times 13}{15!}(\alpha y)^{15} + \cdots$$

$$C_3 = -\frac{3}{4!}(\alpha y)^4 + \frac{3\times 8}{9!}(\alpha y)^9 - \frac{3\times 8\times 13}{14!}(\alpha y)^{14} + \cdots$$

$$D_2 = \frac{1}{2!}(\alpha y)^2 - \frac{4}{7!}(\alpha y)^7 + \frac{4\times 9}{12!}(\alpha y)^{12} - \frac{4\times 9\times 14}{17!}(\alpha y)^{17} + \cdots$$

$$D_3 = (\alpha y) - \frac{4}{6!}(\alpha y)^6 + \frac{4\times 9}{11!}(\alpha y)^{11} - \frac{4\times 9\times 14}{16!}(\alpha y)^{16} + \cdots$$

$$D_4 = 1 - \frac{4}{5!}(\alpha y)^5 + \frac{4\times 9}{10!}(\alpha y)^{10} - \frac{4\times 9\times 14}{15!}(\alpha y)^{15} + \cdots$$

若已知计算截面坐标 y，即可求得式(4-14)中的上述各参数。

式(4-14)为 m 法的一般表达式，计算时必须先求得滑动面处的 x_A 和 φ_A，才能求桩身任一截面的位移、转角、弯矩、剪力和地基土对该截面的侧向应力。为此，需要根据下述三种边界条件确定：

A. 桩底为固定端：$x_B = 0$、$\varphi_B = 0$、$M_B \neq 0$、$Q_B \neq 0$。将 $x_B = 0$、$\varphi_B = 0$ 代入式(4-14)的第1、2式，联立解得：

$$\left.\begin{aligned} x_A &= \frac{M_A}{a^2 EJ}\frac{B_1 C_2 - C_1 B_2}{A_1 B_2 - B_1 A_2} + \frac{Q_A}{a^3 EJ}\frac{B_1 D_2 - D_1 B_2}{A_1 B_2 - B_1 A_2} \\ \varphi_A &= \frac{M_A}{aEJ}\frac{C_1 A_2 - A_1 C_2}{A_1 B_2 - B_1 A_2} + \frac{Q_A}{a^2 EJ}\frac{D_1 A_2 - A_1 D_2}{A_1 B_2 - B_1 A_2} \end{aligned}\right\} \quad (4\text{-}15)$$

B. 桩底为铰支端：$x_B = 0$、$M_B = 0$、$\varphi_B \neq 0$、$Q_B \neq 0$。不考虑桩底弯矩的影响，将 $x_B = 0$、$M_B = 0$ 代入式(4-39)的第1、3式，联立解得：

$$\left.\begin{aligned} x_A &= \frac{M_A}{a^2 EJ}\frac{C_1 B_3 - B_1 C_3}{B_1 A_3 - A_1 B_3} + \frac{Q_A}{a^3 EJ}\frac{D_1 B_3 - B_1 D_3}{B_1 A_3 - A_1 B_3} \\ \varphi_A &= \frac{M_A}{aEJ}\frac{A_1 C_3 - C_1 A_3}{B_1 A_3 - A_1 B_3} + \frac{Q_A}{a^2 EJ}\frac{A_1 D_3 - D_1 A_3}{B_1 A_3 - A_1 B_3} \end{aligned}\right\} \quad (4\text{-}16)$$

C. 桩底为自由端：$M_B = 0$、$Q_B = 0$、$\varphi_B \neq 0$、$x_B \neq 0$。将 $M_B = 0$、$Q_B = 0$ 代入式(4-14)

的第3、4式，联立解得：

$$\left.\begin{aligned} x_A &= \frac{M_A}{a^2EJ}\frac{B_3C_4-C_3B_4}{A_3B_4-B_3A_4} + \frac{Q_A}{a^2EJ}\frac{B_3D_4-B_4D_3}{A_3B_4-B_3A_4} \\ \phi_A &= \frac{M_A}{aEJ}\frac{C_3A_4-A_3A_4}{A_3B_4-B_3A_4} + \frac{Q_A}{a^2EJ}\frac{D_3A_4-A_3D_4}{A_3B_4-A_4B_3} \end{aligned}\right\} \quad (4\text{-}17)$$

将上述各种边界条件下相应的 x_A、φ_A 和系数 A_1、B_1、C_1、D_1、A_2、B_2、C_2、D_2、A_3、B_3、C_3、D_3、A_4、B_4、C_4、D_4 代入式(4-14)，即可得滑动面以下桩身任一截面 y 的变位和内力。

②K 法

桩顶受水平荷载的挠曲微分方程为：

$$EJ\frac{d^4x}{dy^4} + K\beta^4 x = 0 \quad (4\text{-}18)$$

引入变形系数 $\beta = \sqrt[4]{\dfrac{KB_P}{4EJ}}$，即 $KB_P = 4EJ\beta^4$，则式(4-18)可写成：

$$\frac{d^4x}{dy^4} + 4B_P x = 0 \quad (4\text{-}19)$$

通过数学求解，得到滑动面以下桩身任一截面的变位和内力的计算公式：

$$\left.\begin{aligned} x_y &= x_A\varphi_1 + \frac{\varphi_A}{\beta}\varphi_2 + \frac{M_A}{\beta^2 EJ}\varphi_3 + \frac{Q_A}{\beta^3 EJ}\varphi_4 \\ \varphi_y &= \beta\left(-4X_A\varphi_4 + \frac{\varphi_A}{\beta}\varphi_1 + \frac{M_A}{\beta^2 EJ}\varphi_2 + \frac{Q_A}{\beta^2 EJ}\varphi_B\right) \\ \frac{M_y}{\beta^2 EJ} &= -4x_A\varphi_3 - \frac{\varphi_A}{\beta}4\varphi_4 + \frac{M_A}{\beta^2 EJ}\varphi_1 + \frac{Q_A}{\beta^3 EJ}\varphi_2 \\ \frac{Q_y}{\beta^3 EJ} &= -4x_A\varphi_2 - \frac{\varphi_A}{\beta}4\varphi_3 - \frac{M_A}{\beta^2 EJ}4\varphi_4 + \frac{Q_A}{\beta^3 EJ}\varphi_1 \\ \sigma_y &= Kx_y \end{aligned}\right\} \quad (4\text{-}20)$$

式中：φ_1、φ_2、φ_3、φ_4 —— K 法的影响函数，按下式计算：

$$\varphi_1 = \cos\beta y \times \cosh\beta y$$

$$\varphi_2 = \frac{1}{2}(\sin\beta y \times \cosh\beta y + \cos\beta y \times \sinh\beta y)$$

$$\varphi_3 = \frac{1}{2}\sin\beta y \times \sinh\beta y$$

$$\varphi_4 = \frac{1}{4}(\sin\beta y \times \cosh\beta y - \cos\beta y \times \sinh\beta y)$$

式(4-20)为 K 法的一般表达式，计算时要先求滑面处的 x_A 和 φ_A，才能求桩身任一截面的变位、内力和地基土对该截面的侧向应力。为此，需要根据下述三种边界条件确定：

A. 桩底为固定端：$x_B = 0$、$\varphi_3 = 0$ 将式(4-20)的第1、2式联立解得：

$$\left.\begin{aligned} x_A &= \frac{M_A}{\beta^2 EJ}\frac{\varphi_2^2\varphi_1\varphi_3}{4\varphi_4\varphi_2 + \varphi_3^2} + \frac{Q_A}{\beta^3 EJ}\frac{\varphi_2\varphi_3 - \varphi_3\varphi_4}{4\varphi_4\varphi_1 + \varphi_1^2} \\ \varphi_A &= -\frac{M_A}{\beta EJ}\frac{\varphi_1\varphi_2 + 4\varphi_3\varphi_4}{4\varphi_4\phi_2 + \varphi_1^2} - \frac{Q_A}{\beta^2 EJ}\frac{\varphi_1\varphi_3 - 4\varphi_4^2}{4\varphi_4\varphi_2 + \varphi_1^2} \end{aligned}\right\} \quad (4\text{-}21)$$

B. 桩底为铰支端：$x_B = 0$、$M_B = 0$、$\varphi_B = 0$、$Q_B \neq 0$。不考虑桩底弯矩的影响，将 $x_B = 0$、$M_B = 0$ 代入式(4-20)的第1、3式，联立解得：

$$\left. \begin{array}{l} x_A = \dfrac{M_A}{\beta^2 EJ} \dfrac{4\varphi_3\varphi_4 + \varphi_1\varphi_2}{4\varphi_1\varphi_3 - 4\varphi_1\varphi_4} + \dfrac{Q_A}{\beta^3 EJ} \dfrac{4\varphi_4^2 + \varphi_2^2}{4\varphi_2\varphi_3 - 4\varphi_1\varphi_4} \\ \varphi_A = -\dfrac{M_A}{\beta EJ} \dfrac{\varphi_1^2 + 4\varphi_2^2}{4\varphi_2\varphi_3 - 4\varphi_1\varphi_4} - \dfrac{Q_A}{\beta^2 EJ} \dfrac{4\varphi_3\varphi_4 + \varphi_1\varphi_2}{4\varphi_2\varphi_3 - 4\varphi_1\varphi_4} \end{array} \right\} \quad (4\text{-}22)$$

C. 桩底为自由端：$M_B = 0$、$Q_B = 0$、$\varphi_B \neq 0$、$x_B \neq 0$。将 $M_B = 0$、$Q_B = 0$ 代入式(4-20)的第3、4式，联立解得：

$$\left. \begin{array}{l} x_A = \dfrac{M_A}{\beta^2 EJ} \dfrac{4\varphi_4^2 + \varphi_1\varphi_3}{4\varphi_3^2 - 4\varphi_2\varphi_4} + \dfrac{Q_A}{\beta^3 EJ} \dfrac{\varphi_2\varphi_3 - \varphi_1\varphi_4}{4\varphi_3^2 - 4\varphi_3\varphi_4} \\ \varphi_A = -\dfrac{M_A}{\beta^2 EJ} \dfrac{4\varphi_3\varphi_4 + \varphi_1\varphi_2}{4\varphi_3^2 - 4\varphi_2\varphi_4} - \dfrac{Q_A}{\beta^3 EJ} \dfrac{\varphi_2^2 - \varphi_1\varphi_3}{4\varphi_3^2 - 4\varphi_2\varphi_4} \end{array} \right\} \quad (4\text{-}23)$$

将上述各种边界条件下相应的 x_A 和 φ_A 代入式(4-20)，即可得滑动面以下桩身任一截面的变位和内力。

③当滑面处抗力不为零时的处理方法

由于滑面以上有滑体的存在，相当于在弹性体的表面有附加荷载的作用。对于地基系数为常数的地层来说，此附加荷重使滑面处的地基系数不为零，而是某一数值 A，则滑面以下某一深度处岩土抗力的表达式为 $P_y = A + my$，即滑面以下的地基系数为梯形变化。此时，为了利用 m 法推出的公式和影响系数，可做如下处理，如图4-19所示。

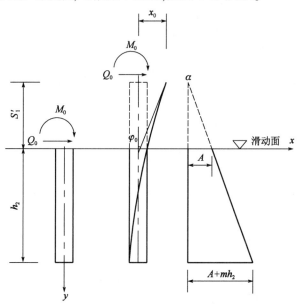

图4-19 滑面处抗力不为零时的处理

A. 将地基系数的变化图形向上延伸至虚点 a，延伸的高度 $S_1' = \dfrac{A}{m}$。

B. 自虚点 a 向下计算可使用弹性桩 m 法初参数解的计算系数表计算，见参考文献[14]，

但必须重新确定 a 点的初参数 M_a、Q_A、x_a、φ_a。

C. a 点处的初参数可由滑面处条件和桩底处的边界条件确定。即在 M_a 与 Q_a 作用下,必须满足下列条件：

当 $y = 0$ 时(滑面处)
$$M = M_0, \quad Q = Q_0$$

当 $y = h_i$ 时(桩底处)
$$M_{h2} = 0, \quad Q_{h2} = 0 \text{(桩底为自由端)}$$
$$x_{h2} = 0, \quad \varphi_{h2} = 0 \text{(桩底为固定端)}$$

桩底为自由端时可建立下列方程：

$$\left. \begin{aligned} a^2 EJ \left(x_a A_3^0 + \frac{\varphi_a}{a} B_4^0 + \frac{M_a}{a^2 EJ} C_3^0 + \frac{Q_a}{a^3 EJ} D_3^0 \right) &= M_0 \\ a^3 EJ \left(x_a A_4^0 + \frac{\varphi_a}{a} B_4^0 + \frac{M_a}{a^2 EJ} C_4^0 + \frac{Q_a}{a^3 EJ} D_4^0 \right) &= Q_0 \\ x_a A_3^{h_2} + \frac{\varphi_a}{a} + B_3^{h_2} + \frac{M_a}{a^2 EJ} C_3^{h_2} + \frac{Q_a}{a^3 EJ} D_3^{h_2} &= 0 \\ x_a A_4^{h_2} + \frac{\varphi_a}{a} \cdot B_4^{h_2} + \frac{M_a}{a^2 EJ} C_4^{h_2} + \frac{Q_a}{a^3 EJ} D_4^{h_2} &= 0 \end{aligned} \right\} \quad (4\text{-}24)$$

桩底为固定端时可建立下列方程：

$$\left. \begin{aligned} x_a A_1^{h_2} + \frac{\varphi_a}{a} B_1^{h_2} + \frac{M_a}{a^2 EJ} C_1^{h_2} + \frac{Q_a}{a^3 EJ} D_1^{h_2} &= 0 \\ x_a A_2^{h_2} + \frac{\varphi_a}{a} B_2^{h_2} + \frac{M_a}{a^2 EJ} C_2^{h_2} + \frac{Q_a}{a^3 EJ} D_2^{h_2} &= 0 \end{aligned} \right\} \quad (4\text{-}25)$$

式中：A_3^0 ——在滑面处的系数 A_3 值；

$A_3^{h_2}$ ——在桩底处的系数 A_B 值,余类推。

通过对式(4-24)的第1、2式及式(4-25)联解,即可求得 M_a、Q_a、x_a 及 φ_a 之值。并通过直接查用有关公式和 m 法或 K 法的计算系数表,计算滑面以下桩身任一点的内力和变位。

(2)刚性桩的计算

目前刚性桩计算的常用方法是：把滑面以上抗滑桩受荷段上所有的力均当作外荷载看待,桩前的滑体抗力按其大小从外荷载中予以折减,将滑坡推力和桩前滑面以上的抗力折算成在滑面上作用的弯矩和剪力并作为外荷载。而抗滑桩的锚固段,则把桩周岩土视为弹性体计算侧向应力和土的抗力,从而计算桩的内力。

①单一地层

以桩身置于均质岩土层中,滑面以下为同一 m 值,桩底自由,滑面处的弹性抗力系数 A_1 及 A_2,且各为某一数值的情况为例,说明刚性桩的计算方法,如图4-20所示。其中,H 为滑坡推力与桩前土体的剩余抗滑力(抗滑力与下滑力之差)或被动土压力之差；h_0 为 H 作用点距滑面的垂直距离。

当 $0 \leq y \leq y_0$ 时：

变位

$$\Delta x = (y_0 - y)\tan\Delta\varphi = (y_0 - y)\Delta\varphi$$

桩侧应力

$$\sigma_y = (A_1 + m_y)(y_0 - y)\Delta\varphi$$

剪力

$$Q_y = H - \int_0^y (A_1 + m_y)(y_0 - y)\Delta\varphi B_P dy$$
$$= H - \frac{1}{2}B_P A_1 \Delta\varphi y(2y_0 - y) - \frac{1}{6} \times B_P m\Delta\varphi y^2(3y_0 - 2y)$$

弯矩

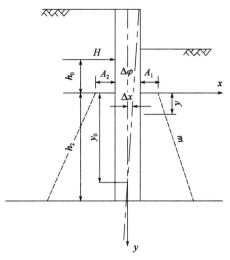

图 4-20 置于单一地层中的刚性桩

$$M_y = Hh_0 + \int_0^y H dy$$
$$= Hh_0 + \int_0^y \left[H - \frac{1}{2}B_P A_1 \Delta\varphi y(2y_0 - y) - \frac{1}{6}B_P m\Delta\varphi y^2(3y_0 - 2y) \right] dy$$
$$= H(h_0 + y) - \frac{1}{6}B_P A_1 \Delta\varphi y^2(3y_0 - y) - \frac{1}{12}B_P m\Delta\varphi y^3(2y_0 - y) \tag{4-26}$$

当 $y_0 \leq y \leq h_2$ 时：

变位

$$\Delta x = (y_0 - y)\tan\Delta\varphi = (y_0 - y)\Delta\varphi$$

桩侧应力

$$\sigma_y = (A_2 + my)(y_0 - y)\Delta\varphi$$

剪力

$$Q_y = H - \int_0^{y_0} (y_0 - y)(ym + A_1) B_P \Delta\varphi dy - \int_{y_0}^y (y_0 - y)(ym + A_2) B_P \Delta\varphi dy$$
$$= H - \frac{1}{6}B_P m\Delta\varphi y^2(3y_0 - 2y) - \frac{1}{2}B_P A_1 \Delta\varphi y_0^2 + \frac{1}{2}B_B A_2 \Delta\varphi (y - y_0)^2$$

弯矩

$$M_y = H(h_0 + y_0) - \frac{1}{3}B_P A_1 \Delta\varphi y_0^3 - \frac{1}{12}B_P m\Delta\varphi y_0^4 + \int_{y_0}^y H dy -$$
$$\int_{y_0}^y \frac{1}{6}B_P m\Delta\varphi y^2(3y_0 - 2y) dy - \int_{y_0}^y \frac{1}{2}B_P A_1 \Delta\varphi y_0^2 dy - \int_{y_0}^y \frac{1}{2}B_P A_2 \Delta\varphi (y - y_0)^2 dy$$
$$= H(h_0 + y) - \frac{1}{6}B_P A_1 \Delta\varphi y_0^2(3y - y_0) + \frac{1}{6}B_P A_2 \Delta\varphi (y - y_0)^3 + \frac{1}{12}B_P m\Delta\varphi y^3(y - 2y_0)$$

$$\tag{4-27}$$

其静力平衡方程为：

$$\sum H = 0$$

$$H - \int_0^{y_0}(y_0 - y)(ym + A_1)B_P\Delta\varphi dy - \int_{y_0}^{h}(y_0 - y)(ym + A_2)B_P\Delta\varphi dy = 0$$

$$H - \frac{1}{2}B_P A_1 \Delta\varphi y_0^2 + \frac{1}{2}B_P A_2 \Delta\varphi (h_2 - y_0)^2 - \frac{1}{6}B_P m \Delta\varphi h^2(3y_0 - 2h_2) = 0 \quad (4-28)$$

$$\sum M = 0$$

$$H(h_0 + h_2) - \int_0^{y_0}(y_0 - y)(ym + A_1)(h_2 - y)B_P\Delta\varphi dy - \int_{y_0}^{h_2}(y_0 - y)(ym + A_2)(h_2 - y)B_P\Delta\varphi dy = 0$$

$$H(h_0 + h_2) - \frac{1}{6}B_P A_1 \Delta\varphi y_0^2(3h_2 - y_0) + \frac{1}{6}B_P A_2 \Delta\varphi (h_2 - y_0)^3 - \frac{1}{12}B_P m \Delta\varphi h^3(2y_0 - h_2) = 0$$
$$(4-29)$$

由式(4-28)、式(4-29)联解即可得到求 y_0 的方程:

$$(A_1 - A_2)y_0^3 + 3h_0(A_1 - A_2)y_0^2 + [h_2^2 m(3h_0 + 2h_2) + 3h_2 A_2(2h_0 + h_2)]y_0 -$$
$$0.5h_2^3 m(4h_0 + 3h_2) - h_2^2 A_2(3h_0 + 2h_2) = 0$$

令

$$A = (A_1 - A_2)$$
$$B = 3h_0(A_1 - A_2)$$
$$C = h_2^2 m(3h_0 - 2h_2) + 3h_2 A_2(2h_0 + h_2)$$
$$D = h_2^3 m(2h_0 + 1.5h_2) + h_2^2 A_2(3h_0 + 2h_2)$$

则方程可写成:

$$Ay_0^3 + By_0^2 + cy_0 - D = 0 \quad (4-30)$$

由式(4-28)可求得:

$$\Delta\varphi = \frac{6H}{B_P[3y_0^2(A_1 - A_2) + 3h_2 y_0(mh_2 + 2A_2) - h_2^2(2mh_2 + 3A_2)]} \quad (4-31)$$

用试算法解方程式(4-17)可求得 y_0,然后代入式(4-18),即可求得 $\Delta\varphi$ 值。

以上公式适用于以下四种情况:

A. 当 $A_1 = A_2$,桩两侧同深度处的弹性抗力系数不等,必须用试算法求出 y_0,再计算 $\Delta\varphi$ 和内力。

B. 当 $A_1 = A_2 = A$ 时,桩两侧同深度处的弹性抗力系数相等, y_0 和 $\Delta\varphi$ 可以直接求得,它们分别为:

$$y_0 = \left[\frac{2A(2h_2 + 3h_0) + mh_2(3h_2 + 4h_0)}{3A(h_2 + 2h_0) + mh_2(2h_2 + 3h_0)}\right]\frac{h_2}{2}$$

$$\Delta\varphi = \frac{6H}{B_P[3A(2h_2 y_0 - h_2^2) + mh_2^2(3y_0 - 2h_2)]}$$

C. 当 $A_1 = 0$ 时,桩两侧同深度处的弹性抗力系数不等,且桩前滑面处的弹性抗力系数为零,这时 y_0 也须用试算法求得。

D. 当 $m = 0$ 时,桩侧弹性抗力为常数(即 K 法),此时将 $A_1 = A_2 = K$、$m = 0$ 代入式(4-30)和式(4-31),便可直接求得 y_0 和 $\Delta\varphi$,它们分别为:

$$y_0 = \frac{h_2(3h_0 + 2h_2)}{3(2h_0 + h_2)}$$

$$\Delta\varphi = \frac{2H}{B_P K h_2 (2y_0 - h_2)}$$

根据上述数学推导,可得出单一地层各种情况下的刚性桩计算公式,可参考《公路设计手册·路基》。

②两种地层

桩身置于两种不同的地层,桩底按自由端计算,桩在变位时,其旋转中心视地质情况而异。

A. 上层为土层、下层为基岩。

滑面处的弹性抗力系数 A_1 和 A_2,两者各为某一数值。

a. 当旋转中心在土层中时(图 4-21)。

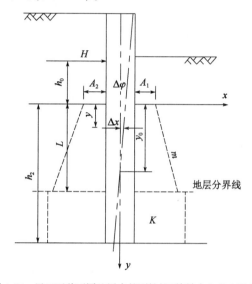

图 4-21 置于两种不同地层中的刚性桩(旋转中心在土层中)

当 $0 \leq y \leq y_0$ 时:

变位
$$\Delta x = (y_0 - y)\Delta\varphi$$

桩侧应力
$$\sigma_y = (y_0 - y)(ym + A_1)\Delta\varphi$$

剪力
$$Q_y = H - \frac{1}{2}B_P A_1 \Delta\varphi y(2y_0 - y) - \frac{1}{6}B_P m \Delta\varphi \times y^2 \times (3y_0 - 2y)$$

弯矩
$$M_y = H(h_0 + y) - \frac{1}{6}B_P A_1 \Delta\varphi y^2 (3y_0 - y) - \frac{1}{12} \times B_P m \Delta\varphi y^3 (2y_0 - y) \quad (4\text{-}32)$$

当 $y_0 \leq y \leq L$ 时:

变位
$$\Delta x = (y_0 - y)\Delta\varphi$$

桩侧应力

剪力

$$\sigma_y = (y_0 - y)(ym + A_2)\Delta\varphi$$

$$Q_y = H - \frac{1}{6}B_P m\Delta\varphi y^2(3y_0 - 2y) - \frac{1}{2}B_P A_1 \times \Delta\varphi y_0^2 + \frac{1}{2}B_P A_2\Delta\varphi(y - y_0)^2$$

弯矩

$$M_y = H(h_0 + y) - \frac{1}{6}B_P A_1\Delta\varphi y_0^2 \times (3y - y_0) + \frac{1}{6}B_P A_2\Delta\varphi \times (y - y_0)^3 +$$

$$\frac{1}{12}B_P m\Delta\varphi y^3 \times (y - 2y_0) \tag{4-33}$$

当 $L \leq y \leq h_2$ 时：

变位

$$\Delta x = (y_0 - y)\Delta\varphi$$

桩侧应力

$$\sigma_y = (y_0 - y)K\Delta\varphi$$

剪力

$$Q_y = H - \frac{1}{6}B_P m\Delta\varphi L^2(3y_0 - 2L) - \frac{1}{2}B_P A_1\Delta\varphi y_0^2 + \frac{1}{2}B_P A_2\Delta\varphi(L - y_0)^2 -$$

$$B_P K y_0\Delta\varphi(y - L) - \frac{1}{2}B_P K\Delta\varphi(L^2 - y^2)$$

弯矩

$$M_y = H(h_0 + y) - \frac{1}{12}B_P\Delta\varphi[2y_0^2(3y - y_0)(A_1 - A_2) + 2L^2(my - A_2)(3y_0 - 2L) +$$

$$L^3 m(3L - 4y_0) + 6Ly(K - A_2)(L - 2y_0) + 6y_0 K(L^2 + y^2) - 2K(y^3 + 2L^3)] \tag{4-34}$$

其静力平衡方程为：

$$\sum H = 0$$

$$H - \int_0^y (y_0 - y)(ym + A_1)B_P\Delta\varphi dy - \int_{y_0}^L (y_0 - y)(ym + A_2)B_P\Delta\varphi dy - \int_L^{h_2} (y_0 - y)KB_P\Delta\varphi dy = 0$$

$$\tag{4-35}$$

$$\sum M = 0$$

$$H(h_0 + h_2) - \int_0^{y_0}(y_0 - y)(ym + A_1)(h_2 - y)B_P\Delta\varphi dy - \int_{y_0}^L (y_0 - y)(ym + A_2)(h_2 - y)$$

$$B_P\Delta\varphi dy - \int_L^{h_2}(y_0 - y)KB_P(h_2 - y)\Delta\varphi dy = 0 \tag{4-36}$$

由式(4-35)、式(4-36)联解即可得到求 y_0 的方程式如下：

$$y_0^3(A_1 - A_2) + 3h_0 y_0^2(A_1 - A_2) + y_0[L^2 m(2L + 3h_0) + 3LA_2(L + 2h_0) + 3K(h_2^2 - L^2) +$$

$$6h_0 K(h_2 - L)] - 0.5L^3 m(3L + 4h_0) + L^2 A_2(2L + 3h_0) + K[2(h_2^3 - L^3) + 3h_0(h_0^2 - L^2)] = 0$$

令

$$A = A_1 - A_2$$

$$B = 3h_0(A_1 - A_2)$$

$$C = 3K(h_2^2 - L^2) + 6h_0 K_1(h_2 - L) + 3LA_2(L + 2h_0) + L^2 m(2l + 3h_0)$$
$$D = L^3 m(1.5L + 2h_0) + L^2 A_2(2L + 3h_0) + K[2(h_2^3 - L^3) + 3h_0(h_2^2 - L^2)]$$

则方程为：

$$Ay_0^3 - By_0^2 + cy_0 - D = 0 \tag{4-37}$$

由式(4-35)可得：

$$\Delta\varphi = \frac{6H}{B_P[L^2 m(3y_0 - 2L) + 3y_0^2(A_1 - A_2) + 3LA_2(2y_0 - L) + 6y_0 K(h_2 - L) - 3K(h_2^2 - L^2)]} \tag{4-38}$$

用试算法解方程式(4-37)可求得 y_0，然后代入式(4-38)可求得 $\Delta\varphi$。

b. 当旋转中心在岩层中时(图4-22)。

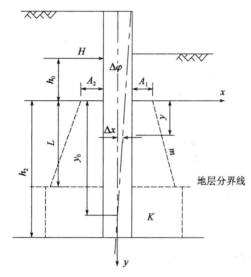

图4-22 置于两种不同地层中的刚性桩(旋转中心在岩层中)

当 $0 \leqslant y \leqslant L$ 时：

变位

$$\Delta x = (y_0 - y)\Delta\varphi$$

桩侧应力

$$\sigma_y = (y_0 - y)(ym + A_1)\Delta\varphi$$

剪力

$$Q_y = H - \frac{1}{2} B_P A_1 \Delta\varphi y(2y_0 - y) - \frac{1}{6} B_P m \Delta\varphi y^2 (3y_0 - 2y)$$

弯矩

$$M_y = H(h_0 + y) - \frac{1}{6} B_P A_1 \Delta\varphi y^2 (3y_0 - y) - \frac{1}{12} B_P m \Delta\varphi y^3 (2y_0 - y) \tag{4-39}$$

当 $L \leqslant y \leqslant h_2$ 时：

变位

$$\Delta x = (y_0 - y)\Delta\varphi$$

桩侧应力
$$\sigma_y = (y_0 - y)K\Delta\varphi$$

剪力
$$Q_y = H - \frac{1}{2}B_P A_1 \Delta\varphi L(2y_0 - L) - \frac{1}{6}B_P m \Delta\varphi L^2(3y_0 - 2L) - B_P \Delta\varphi y_0 K(y - L) + \frac{1}{2}B_P \Delta\varphi K(y^2 - L^2)$$

弯矩
$$M_y = H(h_0 + y) - \frac{1}{12}B_P \Delta\varphi \{L^2 m[2y_0(3y - 2L) - L(4y - 3L)] + 2LA_1[3y_0(2y - L) - L(3y - 2L)] + 6y_0 K(y - L)^2 - 2K(y^3 - 3yL^2 + 2L^3)\} \quad (4\text{-}40)$$

其静力平衡方程为：

$\sum H = 0$
$$H - B_P \Delta\varphi \int_0^L (y_0 - y)(ym + A_1)dy - B_P \Delta\varphi \int_L^h (y_0 - y)k dy = 0 \quad (4\text{-}41)$$

$\sum M = 0$
$$H(h_0 + h_2) - B_P \Delta\varphi \int_0^L (y_0 - y)(ym + A_1)(h_2 - y)dy - B_P \Delta\varphi \int_L^h (y_0 - y)K(h_2 - y)dy = 0 \quad (4\text{-}42)$$

由式(4-41)、式(4-42)联解即可得到 y_0：

$$y_0 = \frac{mL^3(1.5L + 2h_0) + L^2 A_1(2L + 3h_0) + 2K(h_2^3 - L^3) + 3Kh_0(h_2^2 - L^2)}{mL^2(3h_0 + 2L) + 3LA_1(2h_0 + L) + 6Kh_0(h_2 - L) + 3K(h_2^2 - L^2)} \quad (4\text{-}43)$$

由式(4-41)可得：

$$\Delta\varphi = \frac{6H}{B_P[mL^2(3h_0 - 2L) + 3h_2 K(2y_0 - h_2)] + 3L(A_1 - K)(2y_0 - L)} \quad (4\text{-}44)$$

B. 上、下两层均为岩层。

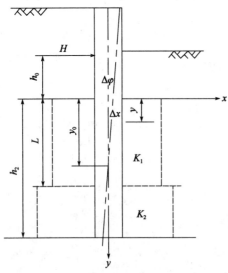

图4-23 置于两种基岩中的刚性桩

当滑面处的弹性抗力系数为 $A_1 = A_2 = K_1$ 的某一定值，滑面以下为两种不同的岩层时，旋转点 y_0 可能发生在上层，也可能发生在下层。但这两种情况的计算公式是一样的，因同一深度的桩前桩后的 K 值一致。计算图式如图4-23所示。

当 $0 \leq y \leq L$ 时：

变位
$$\Delta x = (y_0 - y)\Delta\varphi$$

桩侧应力
$$\sigma_y = (y_0 - y)K_1 \Delta\varphi$$

剪力
$$Q_y = H - \frac{1}{2}B_P K_1 \Delta\varphi y(2y_0 - y)$$

弯矩

$$M_y = H(h_0 + y) - \frac{1}{6}B_P K_1 \Delta\varphi y^2 (3y_0 - L) \tag{4-45}$$

当 $L \leq y \leq h_2$ 时：

变位

$$\Delta x = (y_0 - y)\Delta\varphi$$

桩侧应力

$$\sigma_y = (y_0 - y)K_2 \Delta\varphi$$

剪力

$$Q_y = H - \frac{1}{2}B_P \Delta\varphi [L(2y_0 - L)(K_1 - K_2) + y(2y_0 - y)K_2]$$

弯矩

$$M_y = H(h_0 + y) + \frac{1}{6}B_P \Delta\varphi K_1 L[L(3y_0 - 2L) - 3y \times (2y_0 - L)] - \frac{1}{6}B_P \Delta\varphi K_2 (y - L)^2 (3y_0 - y - 2L) \tag{4-46}$$

其静力平衡方程为：

$$\sum H = 0$$

$$H - B_P \Delta\varphi \int_0^L (y_0 - y)K_1 \mathrm{d}y - B_P \Delta\varphi \int_L^{h_2} (y_0 - y)K_2 \mathrm{d}y = 0 \tag{4-47}$$

$$\sum M = 0$$

$$H(h_0 + h_2) - B_P \Delta\varphi \int_0^L (y_0 - y)(h_2 - y)K_1 \mathrm{d}y - B_P \Delta\varphi \int_L^{h_2} (y_0 - y)(h_2 - y)K_2 \mathrm{d}y = 0 \tag{4-48}$$

由式(4-47)、式(4-48)联解即可得到 y_0：

$$y_0 = \frac{2(L^3 K_1 - L^3 K_2 + h_2^3 K_2) + 3h_0(L^2 K_1 - L^2 K_2 + h_2^2 K_2)}{3(L^3 K_1 - L^2 K_2 + h_2^2 K_2) + 6h_0(LK_1 - LK_2 + h_2 K_2)}$$

由式(4-47)可得：

$$\Delta\varphi = \frac{2H}{B_P [2y_0 (LK_1 - LK_2 + h_2 K_2) - L^2 (K_1 - K_2) - h_2^2 K_2]} \tag{4-49}$$

4.6.5 抗滑桩的地基强度校核

抗滑桩埋入滑面以下稳定地层内的深度称为锚固深度(或嵌固深度)。桩的锚固深度与地层的强度、桩所承受的滑坡推力、桩的相对刚度以及桩前滑面以上滑体对桩的反力等有关。原则上由桩的锚固深度传递到滑面以下地层的侧向最大压应力不得大于该地层的容许侧向压应力：

$$\sigma_{\max} \leq [\sigma_H] \tag{4-50}$$

地基横向容许承载力 $[\sigma_H]$ 可按以下方法计算：

(1)对于较完整的岩质岩层及半岩质岩层地基,桩的最大横向压应力 $\sigma_{\max}$ 应不大于地基的横向容许承载力。矩形截面桩的地基横向容许承载力可按下式计算:

$$[\sigma_H] = K_{RH}\eta R \tag{4-51}$$

式中:K_{RH}——在水平方向的换算系数,根据岩层构造,可以取 0.5~1.0;

η——折减系数,根据岩层裂缝、风化、软化程度,采用 0.3~0.45;

R——岩石的单轴抗压极限强度(kPa)。

桩周围岩的侧向容许抗压强度也可以通过现场试验取得。按岩石的完整程度、层理或片理产状、层间胶凝物质及胶结程度、节理裂隙的密度、各种结构面的产状及贯通情况,采用垂直容许抗压强度的 0.5~1.0 倍。当围岩为密实土或砂层时,其值取 0.5 倍,较完整的半岩质岩层取 0.6~0.75 倍;块状或厚层裂隙少的岩层,取 0.75~1.0 倍。

(2)对于一般土层或风化成土、砂砾状的岩层地基,抗滑桩在侧向荷载作用下发生转动变位时,桩前的土体产生被动土压力,桩后的土体产生主动土压力,桩身对地基土的侧向压应力一般不应大于被动土压力与主动土压力之差。

$$\sigma_{\max} \leq \sigma_b - \sigma_a \tag{4-52}$$

式中:σ_b、σ_a——桩前的土体产生被动土压力和桩后土体的主动土压力。

(3)围岩在不同部位的极限抗压强度应尽可能取样做实验测试,其垂直容许值常用极限值的 1/10~1/4,对软弱或破碎岩层一般采用较大系数,对坚硬岩层则取较小值。

(4)若桩身作用于地基地层的侧向压力大于围岩的容许强度,则需要调整桩的埋深或截面尺寸和间距,重新设计计算。对于围岩强度随深度而逐渐增大的情况,可以允许滑面以下 1.5m 深度范围内产生塑性变形现象,在塑性变形范围内围岩抗力采用侧向容许值,因此对于土层、风化成土、砂砾状的岩层地基,可以只验算滑面以下 $1/3h_2$ 和 h_2(滑面以下桩长)处的横向压应力是否小于容许应力。

(5)抗滑桩的锚固深度计算除满足地基强度校核外,对于需要控制变位的桩,桩的最大变位不应超过容许值。根据实践经验,对于土层或软质岩层,常用的锚固深度约为 1/3~1/2 桩长比较合适;但对于完整、较坚硬的岩层可以采用 1/4 桩长。锚固深度不足,易引起桩效用的失败;锚固深度过大则会增加工程量和施工的难度。有时可通过适当缩小桩间距,减小每根桩所承受的滑坡推力来减小锚固深度;也可通过调整桩的截面,增大桩的相对刚度,从而达到减小锚固深度的目的。

4.6.6 矩形抗滑桩的配筋计算

1)纵向受拉钢筋的计算

矩形抗滑桩纵向受拉钢筋配置数量应根据弯矩图分段确定,其截面积按以下公式计算:

$$A_S = \frac{K_1 M}{\gamma_S f_y h_0} \tag{4-53}$$

或

$$A_S = \frac{K_1 \xi f_{cm} b h_0}{f_y} \tag{4-54}$$

且要求满足条件 $\xi \leq \xi_b$。

当采用直径 $d \leqslant 25$ 的Ⅱ级螺纹钢时,相对界限受压区高度系数 $\xi_h = 0.544$。
当采用直径 $d = 28 \sim 40$ 的Ⅱ级螺纹钢时,相对界限受压区高度系数 $\xi_h = 0.566$。
计算系数 ξ、α_S、γ_S 由以下三式确定:

$$\xi = 1 - \sqrt{1 - 2\alpha_S}$$

$$\alpha_S = \frac{K_1 M}{f_{cm} b h_0^2}$$

$$\gamma_S = \frac{1 + \sqrt{1 - 2\alpha_S}}{2}$$

式中:A_S——纵向受拉钢筋截面面积(mm^2);
  M——抗滑桩设计弯矩($N \cdot mm$);
  f_y——受拉钢筋抗拉强度设计值(N/mm^2);
  f_{cm}——混凝土弯曲抗压强度设计值(N/mm^2);
  h_0——抗滑桩截面有效高度(mm);
  b——抗滑桩截面宽度(mm);
  K_1——抗滑桩受弯强度设计安全系数,取 1.2。

2)矩形抗滑桩箍筋的配置计算

矩形抗滑桩应进行斜截面抗剪强度验算,以确定箍筋的配置,可按以下公式计算:

$$V_{cs} = 0.07 f_c b h_0 + 1.5 f_{yv} \frac{A_{sv}}{s} h_0 \tag{4-55}$$

且要求满足条件

$$0.25 f_c b h_0 \geqslant K_2 V$$

式中:V——抗滑桩设计剪力(N);
  V_{cs}——抗滑桩斜截面上混凝土和箍筋受剪承载力(N);
  f_c——混凝土轴心抗压设计强度值(N/mm^2);
  f_{yv}——箍筋抗拉设计强度 (N/mm^2),取值不大于 $310N/mm^2$;
  h_0——抗滑桩截面有效高度(mm);
  b——抗滑桩截面宽度(mm);
  A_{sv}——配置在同一截面内箍筋的全部截面面积(mm);
  s——抗滑桩箍筋间距(mm);
  K_2——抗滑桩斜截面受剪强度设计安全系数,取 1.3。

3)矩形抗滑桩配筋设计的其他要求

桩身混凝土可采用普通混凝土,强度宜采用 C20、C25 或 C30。其配筋设计应满足以下要求:

(1)矩形抗滑桩纵向受拉钢筋应采用Ⅱ级以上的带肋钢筋。纵向受拉钢筋直径应大于 16mm。净距应在 120~250mm 之间,配筋困难时可适当减少,但不得小于 60mm。如用束筋时,每束不宜多于 3 根。如配置单排钢筋有困难时,可设置两排或三排,排距宜控制在 120~200mm 之内。钢筋笼的混凝土保护层应大于 50mm。

(2)桩的两侧及受压边应适当配置纵向构造钢筋,其间距宜为 400~500mm,直径不宜小于 12mm。桩的受压边两侧,应配置架立钢筋,其直径不宜小于 16mm。

(3)纵向受拉钢筋的截断点应在按计算不需要该钢筋的截面以外,其伸出长度应不小于表 4-6 规定的数值。

纵向受力钢筋的最小搭接长度(mm)　　　　表 4-6

钢筋类型		混凝土强度		
		C20	C25	C30
Ⅰ级钢筋		30d	25d	20d
月牙纹	Ⅱ级钢筋	40d	35d	30d
	Ⅲ级钢筋	45d	40d	35d

注:1.表中 d 为钢筋直径。
　　2.月牙纹钢筋直径 $d>25\text{mm}$ 时,其伸出长度应按表中数值增加 5d 采用。

(4)矩形抗滑桩的箍筋宜采用封闭式。肢数不宜多于 4 肢,其直径在 10~16mm 之间,间距应小于 500mm。桩内不宜配置弯起钢筋,可采用调整箍筋的直径、间距和桩身截面尺寸等措施,以满足斜截面的抗剪强度。

(5)钢筋应采用焊接、螺纹或冷挤压连接。接头类型以对焊、帮条焊和搭接焊为主。当受条件限制,必须在孔内制作时,纵向受力钢筋应以对焊或螺纹连接为主。

4.6.7　抗滑桩的设计步骤

1)抗滑桩的设计要求

(1)保证整个滑坡体具有足够的稳定性,抗滑稳定安全系数满足设计要求值,保证滑体不越过桩顶,不从桩间挤出。

(2)桩身有足够强度和稳定性,桩的断面尺寸和配筋合理,能满足桩的内应力和桩身变形要求。

(3)桩周的地基抗力和滑体的变形在容许范围内。

(4)桩的间距、尺寸、埋深较适当,方便施工,工程量较省。

抗滑桩的设计任务就是根据以上要求,确定抗滑桩的桩位、间距、尺寸、埋深、配筋、材料和施工质量要求等。

2)抗滑桩设计步骤

(1)弄清楚滑坡的原因、性质、范围、厚度,分析滑坡的稳定状态、发展趋势。

(2)根据滑坡地质断面及滑动面岩(土)的抗剪强度指标,计算滑坡推力。

(3)根据地形、地质及施工条件等确定桩的位置及范围。

(4)根据滑坡推力大小、地形及地层性质,拟订桩长、嵌固深度、截面尺寸及桩间距。

(5)确定桩的计算宽度,根据滑体的地层性质,选定地基系数。

(6)根据选定的地基系数及桩的截面形式、尺寸,计算桩的变形系数(α 或 β)及计算深度(αh 或 βh),判断是按刚性桩还是按弹性桩设计。

(7)根据桩底的边界条件,采用相应的公式计算桩身各截面的变位,内力及侧壁应力等,计算和确定桩的最大剪力、弯矩及其部位。

(8)校核地基强度。若桩身作用于地基的弹性应力超过地层容许值或小于其容许值过多时,则应调整桩的埋深或桩的截面尺寸,或桩的间距,重新计算直到符合要求为止。

(9)根据计算结果,绘制桩身的剪力图和弯矩图。

(10)桩的配筋计算。对于钢筋混凝土桩,还需进行配筋设计。

4.6.8 抗滑桩施工

抗滑桩要严格按设计图施工。并应将开挖过程视为对滑坡进行再勘察过程对待,通过抗滑桩孔的开挖,进一步认识滑坡的地质条件。抗滑桩施工包括:施工准备、桩孔开挖、地下水处理、护壁、钢筋笼制作与安装、混凝土灌注、混凝土养护等七个程序。

1)施工准备

(1)按工程要求进行备料,选用材料的型号、规格符合设计要求,有产品合格证和质检单。

(2)钢筋应专门建库房堆放,避免污染和锈蚀。

(3)使用普通硅酸盐水泥、砂石料的杂质和有机质的含量应符合水泥及混凝土结构工程施工和验收规范的有关规定。

2)桩孔开挖

桩孔开挖有人工开挖和机械开挖两种,一般方桩用人工开挖,圆形桩用机械开挖,用机械开挖时应考虑施工场地能否满足机械要求。

桩孔以人工开挖时,按下列原则进行:

(1)开挖前应平整孔口,做好施工区的地表截、排水及防渗工作。雨季施工时,孔口应加筑适当高度的围堰。

(2)采用间隔方式开挖,每次间隔1~2孔。按由浅至深、由两侧向中间的顺序开挖施工。

(3)松散层段原则上以人工开挖为主,孔口做锁口处理,桩身做护壁处理。基岩或坚硬孤石段可采用少药量、多炮眼的松动爆破方式开挖,但每次剥离厚度不宜大于30cm。开挖基本成型后再人工刻凿孔壁至设计尺寸。

(4)根据岩土体的自稳性、日生产进度和模板高度,经过计算确定每一次最大开挖深度。一般情况下,自稳性较好的可塑~硬塑状黏性土、稍密以上的碎块石土或基岩,最大开挖深度为1.0~1.2m;软弱的黏性土或松散的、易垮塌的碎石层为0.5~0.6m;垮塌严重段宜先注浆后开挖。

(5)每开挖一段应及时进行岩性编录,仔细核对滑面(带)情况,综合分析研究,如实际位置与设计有较大出入时,应将发现的异常及时向建设单位和设计人员报告,及时变更设计。实挖桩底高程应会同设计、勘察等单位现场确定。

(6)弃渣可用卷扬机吊出。吊斗的活门应有双套防开保险装置。吊出后应立即运走,不得堆放在滑坡体上,防止诱发次生灾害。

(7)桩孔开挖过程中应及时排除孔内积水。当滑体的富水性较差时,可采用坑内直接排水;当富水性好,水量很大时,宜采用桩孔外管泵降排水。

3)护壁

桩孔开挖过程中应及时进行钢筋混凝土护壁,宜采用C20混凝土。护壁的单次高度根据一次最大开挖深度确定,一般每开挖1.0~1.5m,护壁一节。护壁厚度应满足设计要求,一般为10~20mm,应与围岩接触良好。护壁后的桩孔应保持垂直、光滑。

4）钢筋笼的制作与安装

钢筋笼的制作与安装可根据场地的实际情况按下列要求进行：

(1) 钢筋笼尽量在孔外预制成型，在孔内吊放竖筋并安装。孔内制作钢筋笼必须考虑焊接时的通风排烟。

(2) 竖筋的接头采用双面搭接焊、对焊或冷挤压，接头点错开。

(3) 竖筋的搭接处不得放在土石分界和滑动面（带）处。

(4) 井孔内渗水量过大时，应采取强行排水、降低地下水位措施。

5）混凝土灌注

当灌注桩孔径经检查合格，所准备的材料满足单桩连续灌注要求后即可进行桩芯混凝土灌注。混凝土灌注可以根据孔底积水情况采用干法灌注或水下灌注法进行，当孔底积水厚度小于100mm时，可采用干法灌注；若孔底积水深度大于100mm，但有条件排干时，应尽可能采取增大抽水能力或增加抽水设备等措施进行处理。若孔内积水难以排干，应采用水下灌注方法进行混凝土施工，保证桩身混凝土质量。

当采用干法灌注时，应满足以下要求：

(1) 混凝土应通过串筒或导管注入桩孔，串筒或导管的下口与混凝土面的距离为1~3m。

(2) 桩身混凝土灌注应连续进行，一般不留施工缝。当必须留置施工缝时，应按现行国家标准《混凝土结构工程施工质量验收规范》（GB 50204）的有关规定进行处理。

(3) 桩身混凝土每连续灌注0.5~0.7m时，应插入振动器振捣密实一次。

(4) 桩身混凝土灌注过程中，应取样做混凝土试块。每班、每100m³或每搅100盘取样应不少于一组。

当采用水下灌注法施工时，应满足以下要求：

(1) 水下混凝土必须具有良好的和易性，其配合比按计算和试验综合确定。水灰比宜为0.5~0.6，坍落度宜为160~200mm，砂率宜为40%~50%，水泥用量不宜少于350kg/m³。

(2) 灌注导管应位于桩孔中央，底部设置性能良好的隔水栓。导管直径宜为250~350mm。导管使用前应进行试验，检查水密、承压和接头抗拉、隔水等性能。进行水密试验的水压不应小于孔内水深的1.5倍压力。

(3) 为使隔水栓能顺利排出，导管底部至孔底的距离宜为250~500mm。导管初次埋置深度在0.8m以上，以使其有足够的超压力使管内混凝土顺利下落并将管外混凝土顶升。

(4) 灌注开始后，应连续地进行，每根桩的灌注时间不应超过表4-7的规定。

单根抗滑桩的水下混凝土灌注时间   表4-7

灌注量（m³）	<50	100	150	200	250	≥300
灌注时间（h）	≤5	≤8	≤12	≤16	≤20	≤24

(5) 灌注过程中，应经常探测井内混凝土面位置，力求导管下口埋深在2~3m，不得小于1m。

(6) 若桩壁渗水并有可能影响桩身混凝土质量时，灌注前宜采取下列措施予以处理：使用堵漏技术堵住渗水口；使用胶管、积水箱（桶），并配以小流量水泵排水。若渗水面积大，应采取其他有效措施堵住渗水。

6) 养护

养护期应在 7 天以上。对出露地表的抗滑桩应及时派专人用麻袋、草帘加以覆盖并浇清水进行养护。

抗滑桩属于隐蔽工程，施工过程中，应做好各种施工和检验记录。对于发生的故障及其处理情况，应记录备案。

4.7 预应力锚索

预应力锚索是对锚索施加张拉力使斜坡岩土体稳定或改善其内部应力状况的支挡结构。它通过钻孔及注浆体将钢绞线固定于深部稳定地层中，在被加固体表面对钢绞线张拉产生预应力，从而达到使被加固体稳定和限制其变形的目的；是治理滑坡的常用重要方法之一。预应力锚索的类型较多，本节主要介绍普通拉力型预应力锚索的设计与施工。

4.7.1 预应力锚索加固的特点

与其他圬工类支挡结构比较，预应力锚索加固边坡具有以下特点。

（1）具有一定的柔性：锚索是一种细长受拉杆状构件，柔度较大，具有柔性可调的特点，用于加固岩土体时能与岩土体共同作用，充分发挥两者的能力。

（2）加固深度大：预应力锚索的长度，可根据工程需要确定，其加固深度可达数十米，可以用于加固滑体厚度较大的滑坡。

（3）主动加固：在岩土体及被加固建筑物产生变形之前就对加固体施加了预应力，预应力锚索结构就发挥了作用，能够主动控制岩土体变形，调整岩土体应力状态，有利于岩土体的变形控制和稳定。因此，它不同于挡土墙、抗滑桩等在岩土体变形后才起作用的被动受力支挡结构。

（4）随机补强、应用范围广：预应力锚索既可对有缺陷或存在病害的既有建筑物、支挡结构进行补强加固，又可作为新建工程的支挡结构，所占平面空间的面积较小，布置灵活，因此，具有较广的应用范围。

（5）施工方便快捷：预应力锚索施工采用机械化作业，具有施工场地小、工艺灵巧、施工进度快、工期短、安全等特点。

（6）良好的经济性：预应力锚索既可单独使用，充分利用岩土体自身强度，从而节省大量工程材料，同时也可与其他结构物组合使用（如预应力锚索抗滑桩、预应力锚索框架梁等），改善其受力状态，节省大量的圬工，节约工程造价。

4.7.2 预应力锚索的类型及应用范围

随着锚固技术的发展，预应力锚索加固技术在铁路、公路、水电、矿山、建筑、国防等行业的边坡、基坑、地下工程、坝基、码头、海岸、船坞等的加固、支护和抗倾等领域得到较广泛的应用。同时，锚索与其他结构物组合使用，形成如锚索桩、锚索墙、锚索桩板墙、锚索地梁及格子梁等新型的预应力支挡结构，使其应用更加广泛、效果更好。预应力锚索结构及其组合结构类型形式多样,应用范围各有不同。

1) 预应力锚索的类型

岩土工程中使用的锚索类型较多,按锚固施工方法分为注浆型锚固、胀壳式锚固、扩孔型锚固及综合型锚固等;按锚固段结构受力状态分为拉力型、压力型及荷载分散型(拉力分散型、压力分散型、拉压力分散型、剪力型等)。目前,广泛应用的有普通拉力型预应力锚索及压力分散型预应力锚索两种。

普通拉力型锚索一般由几根等长的有黏结钢绞线组成,主要依靠锚固段水泥砂浆提供足够的握裹力和抗拔力平衡滑体的推力,因此对锚固段长度控制较严格。这类型锚索在张拉时,邻近张拉段处的锚固段的界面呈现最大的黏结摩阻力,在锚固段底部岩土体产生拉应力,且应力集中,使锚固段产生较大的拉力,浆体容易拉裂,影响抗拔力,同时自由段容易受到腐蚀,必须进行防腐处理。这类型锚索具有结构简单、施工方便、造价低的特点,但其锚固段受力机制不太合理。

压力分散型锚索是一种单孔复合型锚固结构,是在同一个钻孔中安装几个单元锚索,每个单元锚索有自己的杆体和锚固长度,而且承受的荷载也是通过各自的张拉千斤顶施加;锚固段由各单元锚索的固定长度组成,预应力筋采用无黏结钢绞线,锚索的各单元锚索的锚固段长度很短,承受的荷载小,锚固长度上的轴力和黏结力分布较均匀,不会产生逐步"脱粘"的现象,在荷载作用下灌浆体受压,不易开裂,能够全面提高杆体的防腐能力和耐久性,改善锚固端的受力性能。所以,与普通拉力型锚索相比,压力分散型锚索有较好的耐久性和锚固端受力性能,可以最大限度地利用孔壁地层强度,锚索承载力可随整个锚固段长度增加而提高。这类锚索可用于孔壁摩阻力较低软弱岩土中。

2) 预应力锚索的应用

预应力锚索主要应用在以下方面:

(1) 滑坡整治:预应力锚索可直接用于滑坡整治,也可与其他支挡结构组合在一起使用,如预应力锚索桩、预应力锚索墙。

(2) 边坡加固:可用于顺层边坡、不稳定边坡加固,斜坡挡土及侧向挡土结构(图4-24)。

图4-24 预应力锚索墙加固路堑边坡

(3) 深基础工程:用于深基坑支护、地下室支护等。

(4) 结构抗倾:竖向预应力锚索用于挡土墙上,可增强挡土墙的抗滑动及抗倾覆能力;还可用于高塔、高架桥、坝体等以防建筑物倾倒。

(5)地下工程:用于隧道、巷道、地下洞室等地下工程围岩加固,防止围岩坍塌、控制围岩变形。

(6)桥基加固:可用于悬索桥锚固、吊桥桥墩锚固、防止桥墩基础滑动。

(7)破坏的支挡结构加固。

4.7.3 普通拉力型预应力锚索的构造

普通拉力型预应力锚索主要由锚固段、自由段和紧固头三部分构成,紧固头由外锚结构物(垫墩等)、钢垫板和锚具组成。在预应力锚索设计时,还应包括对中支架和注浆管等施工附件设计。普通拉力型预应力锚索结构如图4-25所示。

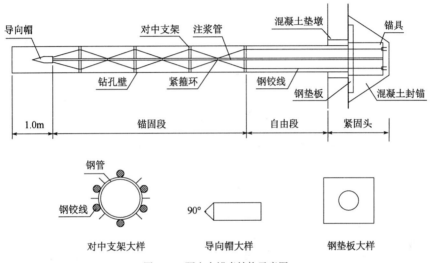

图4-25 预应力锚索结构示意图

1)锚固段

锚固段是锚索伸入滑动面(潜在滑动面或破裂面)以下稳定岩土体内的段落,是锚索结构的固定处,通过锚固体与周围地层的抗剪强度承受锚索所传递的拉力。锚固段通过灌浆形成锚索居中、四周为砂浆裹护的同心状结构。通过砂浆,锚索与孔壁结成整体,使孔周稳固岩土体成为承受预应力的载体。

锚固段的锚体主要承受拉力,在拉力作用下,将导致水泥浆体受拉开裂,当裂缝扩展并贯通裂缝时,锚孔周围的侵蚀物质可通过裂缝侵入腐蚀钢绞线,影响锚索的耐久性。因此,通常在锚索制作时,锚固段每隔1m将钢绞交线用紧箍环和扩张环(隔离架)固定(图4-25),灌注水泥砂浆后形成枣核状,呈现拉伸与压缩作用,从而改善锚固体内砂浆的受力性状,防止开裂。

对永久性锚索,为了防止开裂,通常在锚索外水泥砂浆体中设置隔离波纹套管,使水泥砂浆体中裂缝不致贯通而形成防护效果。隔离波纹套管可使管内、外水泥砂浆体紧密结合,受力时不致沿管滑动或破坏,同时波纹管具有一定的拉伸变形。

2)自由段

自由段是锚索的传力部分,锚索穿过被加固岩土体的段落,其下端为锚固段,上端为紧固头。自由段中的每根钢绞线均被塑料套管所套护,为无黏结钢绞线,灌浆只使护套与孔壁连接,而钢绞线可在套管自由伸缩,可将施加于张拉段的预应力传递到锚固段,并将锚固段的反力传递回紧固头。

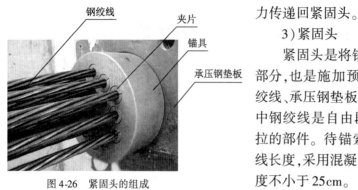

图 4-26　紧固头的组成

3) 紧固头

紧固头是将锚索固定于外锚结构物上的锁定部分,也是施加预应力的张拉部件。紧固头由钢绞线、承压钢垫板、锚具及夹片组成(图 4-26),其中钢绞线是自由段的延伸部分,为承力、传力、张拉的部件。待锚索最终锁定后,切除多余的钢绞线长度,采用混凝土封闭锚头(即封锚),混凝土厚度不小于 25cm。

4) 对中支架

一般情况下,为确保水泥浆或水泥砂浆保护层厚度,防止钢绞线锈蚀,以及避免钢绞线打缠使砂浆握裹效果降低,预应力锚索必须设置对中支架(架线环),以确保水泥砂浆体保护层厚度和使锚索居中定位。对中支架可用钢板或硬塑料加工。每 1.5~3.0m 间隔设置一个对中支架。

5) 注浆管

用高压胶管或塑料软管加工,直径宜为 25mm。注浆完毕后,须拔出注浆管。

4.7.4　预应力锚索的材料及性能要求

1) 钢绞线

制作锚索的材料主要有钢绞线和高强钢丝两种,一般采用高强度低松弛钢绞线制作,钢绞线必须符合有关规范规定要求。表 4-8、表 4-9 是制作锚索采用的钢绞线的尺寸及力学性能要求。对有机械损伤、严重锈蚀、电烧伤等造成强度降低的锚索材料,应禁止采用。

钢绞线的尺寸、允许偏差与力学性能 表 4-8

公称直径(mm)	强度级别(MPa)	整根钢绞线破断荷载(kN)	屈服荷载(kN)	伸长率(%)	1000h 松弛值(不大于,%)				直径允许偏差(mm)	公称截面面积(mm^2)	每100m的质量(kg)
					Ⅰ级松弛		Ⅱ级松弛				
					70%破断负荷	80%破断负荷	70%破断负荷	80%破断负荷			
9.00	1670	83.89	71.30	3.5	8.00	12.00	2.50	4.50	+0.40 -0.20	50.34	392.19
9.00	1700	88.79	75.46	3.5	8.00	12.00	2.50	4.50		50.34	392.19
12.00	1570	140.24	119.17	3.5	8.00	12.00	2.50	4.50	+0.45 -0.20	89.45	697.08
12.00	1670	149.06	126.71	3.5	8.00	12.00	2.50	4.50		89.45	697.08
15.00	1470	205.8	174.93	3.5	8.00	12.00	2.50	4.50	+0.50 -0.20	139.98	1091.1
15.00	1570	219.52	186.59	3.5	8.00	12.00	2.50	4.50		139.98	1091.1
15.20	1860	259	220	3.5	8.00	12.00	2.50	4.50	+0.40 -0.20	139	1101

高强度低松弛预应力钢绞线规格 表 4-9

名　称	公称直径 (mm)	强度级别 (MPa)	公称截面面积 (mm²)	单位质量 (kg/m)	极限张拉荷载 P_u (kN)	屈服张拉荷载 P_y (kN)	伸长率 (%)	1000h 松弛率 (%)		设计荷载作用时(kN)			
								初始负荷	使用状态	预应力施加过程中	预应力传递时 0.7Pa	
								$0.7P_u$	$0.8P_u$	$0.6P_u$	$0.65P_u$	$0.9P_y$	$0.7P_u$
由7根钢丝构成 φ12.7mm	12.7	1860	98.7	0.774	184	156	3.5	<2.5	<4.5	110.4	119.6	140.4	128.8
由7根钢丝构成 φ15.2mm	15.2	1860	139	1.01	259	220	3.5	<2.5	<4.5	155.4	168.4	198	181.3

2) 锚具

锚具(图 4-26)是锚索的重要部件,锚具的形式和规格应根据锚索体材料的类型、锚固力大小、锚索受力条件和锚固要求选取。锚具应满足分级张拉、补偿张拉等张拉工艺要求,并具有能放松预应力筋的性能。目前国内用于钢绞线锚固的锚具主要有 OVM、JM、XM(斜锚)、QM(群锚)等系列产品。表 4-10 所示为 OVM 系列锚具规格尺寸及配套千斤顶、表 4-11 所示为设计中常用的钢垫板尺寸。

OVM 系列锚具规格及配套千斤顶 表 4-10

锚具规格	钢绞线根数	锚固能力(kN)			配套千斤顶
		理论破断力	张拉时	超张拉时	
15-1	1	259	181.3	207.2	YDC240Q
15-3	3	777	543.9	621.6	YCW100B
15-4	4	1036	725.2	828.8	YCW100B
15-5	5	1295	906.5	1036	YCW100B
15-6	6	1554	1087.8	1243.2	YCW150B
15-8	8	2072	1450.4	1657.6	YCW250B
15-10	10	2590	1813	2072	YCW250B
15-12	12	3108	2175.6	2486.4	YCW250B
15-16	16	4144	2900.8	3315.2	YCW350A
15-19	19	4921	3444.7	3936.8	YCW400B
15-27	27	6993	4895.1	5594.4	YCW650A
15-31	31	8029	5620.3	6423.2	YCW650A
15-37	37	9583	6708.1	7666.4	YCW650A
15-43	43	11137	7795.9	8909.6	YCW900A

锚具规格与钢垫板尺寸　　　　　　　　　表4-11

锚具规格	钢垫板尺寸(mm)		
	边长(≥)	厚度(≥)	中孔直径
15-4	200	25	65
15-6	220	30	80
15-8	250	35	92
15-10	280	40	105
15-12	300	45	118
15-16	330	50	150

3) 注浆材料

工程中常用水泥质注浆材料,主要为纯水泥浆或水泥砂浆,水灰比宜为0.4~0.45,根据需要掺入部分外加剂,一般注浆体抗压强度不小于30MPa。水泥应根据工程具体情况和设计要求选用,一般采用硅酸盐水泥或普通硅酸盐水泥。在腐蚀性地层中宜选用抗硫酸盐水泥。细集料一般为细砂,外加剂主要有早强剂、缓凝剂、膨胀剂、抗泌剂及减水剂等,对永久性锚索,外加剂中不得含腐蚀性有害元素。

4.7.5　预应力锚索的防腐

1) 引起锚索腐蚀因素

由于锚索所处的特定岩土介质环境和高拉应力特点,未经防腐或防腐不当的锚索(杆)将会发生腐蚀,甚至导致破坏。根据腐蚀机理,锚索钢绞线(或钢筋)腐蚀一般分为应力腐蚀、氢脆、化学腐蚀和电化学腐蚀。地层对锚索的腐蚀从锚索体表面开始,首先腐蚀金属表面的纯化层,继而腐蚀锚索体,腐蚀锚索体的速度取决于注浆体的质量、渗透性、注浆体是否开裂、裂缝宽度、锚索的工作环境和锚索的应力状态。处于高应力状态工作的锚索、腐蚀性地层中的锚索都会加速腐蚀。引起锚索腐蚀破坏的因素有以下几方面:

(1) 锚固段灌浆不足导致的腐蚀。当灌浆施工缺少压力检查和施工不当使锚固段灌浆不足时,钢绞线在含硫酸盐和氯化物的地下水侵蚀作用下将导致钢绞线腐蚀。

(2) 自由段腐蚀。导致自由段腐蚀的原因有:

①地层运动造成拉筋超应力,使其产生裂纹。

②在有氯化物的情况下,水泥浆包裹不足或无水泥浆。

③由于耐久性差导致沥青包裹层破坏。

④保护材料选择不当,如化学材料中含有硝酸根离子和吸湿玛蹄脂。

⑤所有拉筋在无保护情况下存放了很长时间。

这些因素使钢绞线不同程度地暴露于腐蚀性水、气中,使钢绞线产生腐蚀而强度逐渐降低,最终可能导致钢绞线断裂,预应力失效。

(3) 锚头腐蚀:主要是缺乏防腐措施或工作期间保护剂充填不完全或坍落,使锚头受到空气中氧气及其他腐蚀性物质的腐蚀而导致锚固力下降。

2)预应力锚索的防腐方法

目前,锚索防腐方法主要有水泥质注浆体防护、物理隔离防护和改善锚固体结构形式三种。对于锚固力较低的锚索,当处于非侵蚀性和低渗水的地层中时,可仅使用水泥质注浆体进行防护。锚固力较高的永久性锚索,即使在低渗水性的地层中,原则上要进行物理隔离防护。

(1)锚固段防腐

①水泥质注浆体防护:水泥质注浆体防护是利用钢材在 pH 值为 9~13 的碱性环境中可以防止锈蚀,而水泥质注浆体能够对锚索提供碱性环境,从而达到对锚索保护的目的。

②物理隔离防护:为防止水泥质注浆体开裂后,水气进入裂缝接触锚索钢材,在锚索材料上直接覆盖波纹管等隔离材料,从而阻止外部腐蚀性物质与锚索体接触。

③改善锚固体结构形式:将拉力型锚索的形状设计成棱形,使锚固段注浆体处于既受拉又受压的复杂受力状态,改善锚固体的纯拉状态,避免纯拉伸开裂,也可选用压力型或压力分散型锚索,使浆体处于受压状态,改善注浆体的裹护效果。

(2)自由段防腐

对于自由段钢绞线一般采用三层防护体系防腐,即防腐剂涂层,塑料套管及水泥砂浆体。为防止浆体压碎后防护失效,必要时还可将锚固段的波纹套管延长至自由段,并于套管内外灌浆。

自由段塑料套管宜选用聚氯乙烯或聚丙烯塑料管,套管内用油脂充填。钢绞线防腐剂涂层应具备以下特性:对钢绞线有牢固的黏结性,且无有害反应;能与钢绞线同步变形,在高应力状态下不脱壳、不裂;具有较好的化学稳定性,在强碱条件下不降低其耐久性。

(3)锚头防腐

锚头防腐主要是对垫板上下两部分进行处理。垫板下部由于注浆体收缩而易形成空洞,防腐措施主要是孔口补注浆后对垫板下部注入油脂,要求油脂充满空间。

对需要补偿张拉的锚索,垫板上部的锚头采用可拆除式的防护帽进行防护,防护帽与垫板应有可靠的连接和密封,内部油脂充填。当锚索不需要补偿张拉时,可使用混凝土进行封头处理,混凝土覆盖层厚度不小于 25cm。

4.7.6 预应力锚索设计与计算

1)预应力锚索的设计步骤

(1)计算作用于锚索结构上的荷载,据此布置锚索,计算锚索承受的总拉力。
(2)计算每一根锚索承受的拉力,即锚索的设计荷载。
(3)锚索的锚固设计。包括以下内容:
①根据地层情况合理选择锚索锚固类型及结构尺寸。
②确定锚索的锚固力及压应力。
③确定锚索体材料及截面面积。
④根据锚固体与锚孔壁的抗剪强度、钢绞线束与水泥砂浆的黏结强度及钢绞线强度确定锚固体的承载能力。
⑤确定锚索锚固段长度、自由段长度及张拉段长度。
⑥确定锚固体孔径(直径)。

⑦确定锚索的结构形式及防腐措施。
⑧确定锚头的锚固形式及防护措施。
(4)外锚结构物设计。
(5)试验与监测设计。
2)锚索设计荷载

作用在预应力锚索结构上的荷载主要为滑坡或边坡失稳的下滑力、侧向土压力以及加固作用力。荷载种类有:土压、水压、上覆荷载、滑坡荷载、地震荷载及其他荷载等。进行预应力锚索设计时,一般情况可只计算主力,在浸水和地震等特殊情况下,尚应计算附加力和特殊力。

当预应力锚索用于处治滑坡时,滑坡推力可采用不平衡推力传递法计算,由于滑坡推力计算时已考虑 1.05~1.25 的安全系数,因此预应力锚索用于整治滑坡时,剩余下滑力可作为设计荷载。

当预应力锚索作为承受侧向土压力的支挡结构或用于边坡加固时,其设计荷载应按重力式挡墙有关规定计算。但根据大量测试结果,预应力锚索作为承受侧向土压力的支挡结构或用于边坡加固时,锚索结构承受的侧向压力一般介于主动土压力和静止土压力之间,故结构物承受的侧向土压力可按主动土压力的 1.05~1.4 倍计算。

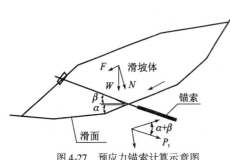

图 4-27 预应力锚索计算示意图

在进行锚索结构设计时,还应考虑锚索施加预应力时超张拉对结构的影响。

3)设计锚固力计算

为避免预应力锚索在荷载作用下被拔出而失效,预应力锚索必须具有足够的锚固力。预应力锚索用于滑坡加固时,一般可通过边坡稳定性分析,采用求锚索附加力(抗滑力)的方法来确定锚固力(图 4-27),计算公式如下:

$$P_t = E/[\sin(\alpha \pm \beta)\tan\varphi + \cos(\alpha \pm \beta)] \quad (4\text{-}56)$$

式中:E——滑坡的剩余下滑力(kN),按不平衡推力传递法计算,安全系数采用 1.05~1.25,或根据行业规范要求确定;

P_t——设计锚固力(kN);

φ——滑动面内摩擦角(°);

α——与锚索相交的滑动面倾角(°);

β——锚索与水平面的夹角(锚固角),以下倾为宜,不宜大于45°,一般为15°~30°,也可参照下式计算:

$$\beta = \frac{45°}{A+1} + \frac{2A+1}{2(A+1)}\varphi - a \quad (4\text{-}57)$$

A——锚索的锚固段长度与自由段长度之比;

φ——设锚索段滑动面的内摩擦角(°)。

式(4-56)中锚索下倾时取"+",上仰时取"-"。一般以下倾为宜,以便于灌浆。

式(4-56)不仅考虑了锚索沿滑动面产生的抗滑力,还考虑了锚索在滑动面上产生的法向阻力。对土质边坡及加固厚度较大的岩质边坡,应对锚索在滑动面上产生的法向阻力进行折

减修正,修正公式如下:

$$P_t = E/[\lambda \sin(\alpha+\beta)\tan\varphi + \cos(\alpha+\beta)] \tag{4-58}$$

式中:λ——折减系数,与边坡岩性及加固厚度有关,在 0~1 之间选取。

设计锚固力 P_t 应小于钢材容许锚固力 P_a,即 $P_t \leq P_a$,以确保锚索在荷载作用下不被拉断。锚固钢材容许荷载要求见表 4-12。

锚固钢材容许荷载　　　　　　　　　　　　　　表 4-12

项　目	永久性锚固	临时性锚固
设计荷载作用时	$P_a \leq 0.6P_u$ 或 $0.75P_y$	$P_a \leq 0.65P_u$ 或 $0.8P_y$
张拉预应力时	$P_{at} \leq 0.7P_u$ 或 $0.85P_y$	$P_{at} \leq 0.7P_u$ 或 $0.85P_y$
预应力锁定中	$P_{at} \leq 0.8P_u$ 或 $0.9P_y$	$P_{at} \leq 0.8P_u$ 或 $0.9P_y$

注:P_u 为极限张拉荷载(kN);P_y 为屈服荷载(kN)。

根据每孔锚索设计锚固力 P_t 和所选用的钢绞线强度,可计算每孔锚索钢绞线的根数 n。

$$n = \frac{F_{s1}P_t}{P_u} \tag{4-59}$$

式中:F_{s1}——安全系数,取 1.7~2.0,高腐蚀地层中和永久性工程取大值;

P_u——锚固钢材极限张拉荷载。

对于永久性锚固结构,设计中应考虑预应力钢材的松弛损失及被锚固岩(土)体蠕变的影响,决定锚索的补充张拉力。

4) 锚固体结构计算

锚固体计算主要是确定锚索锚固段长度、孔径、锚固类型。锚固体的承载能力由三部分强度控制,即锚固体与锚孔壁的抗剪强度、钢绞线束与水泥砂浆的黏结强度以及钢绞线强度,设计时取其中的小值。

(1) 安全系数

在进行锚固设计时,由于存在许多不确定因素,如地质条件、锚固材料、施工方法等均会对锚固体的承载能力产生较大的影响。因此,锚固设计时需要一定的安全储备。在确定安全系数时,一般将锚索划分为永久性锚固与临时性锚固两类,并分别考虑其重要性。表 4-13 所示为不同情况下锚固结构设计的安全系数。

锚固设计安全系数　　　　　　　　　　　　　　表 4-13

类　型	钢绞线 F_{s1}		注浆体与锚孔壁界面 F_{s2}		注浆体与钢绞线 F_{s2}	
	普通地层	高腐蚀地层	普通地层	高腐蚀地层	普通地层	高腐蚀地层
临时性锚固	1.5	1.7	1.5	2.0	1.5	2.0
永久性锚固	1.7	2.0	2.5	3.0	2.5	3.0

注:F_{s2} 为锚固体抗拔安全系数。锚索孔为仰孔时,因注浆难度较大不易灌注饱满密实,安全系数 F_{s2} 应适当提高。

(2) 锚固段长度计算

为使锚索具有足够的抗拔强度,满足设计锚固力要求,锚索必须具有足够的锚固长度。

① 按水泥砂浆与锚索张拉钢材黏结强度确定锚固段长度 l_{sa}

$$l_{sa} = \frac{F_{s2}P_t}{\pi d_s \tau_u} \tag{4-60}$$

当锚索锚固段为枣核状时：

$$l_{sa} = \frac{F_{s2}P_t}{n\pi d \tau_u} \tag{4-61}$$

② 按锚固体与孔壁的抗剪强度确定锚固段长度 l_a

$$l_a = \frac{F_{s2}P_t}{\pi d_h \tau} \tag{4-62}$$

式中：d_s——张拉钢材外表直径（束筋外表直径）(m)；

d——单根张拉钢材直径(m)；

d_h——锚固体（即钻孔）直径(m)；

τ_u——锚索张拉钢材与水泥砂浆的极限黏结应力，按砂浆标准抗压强度的10%取值(kPa)；

τ——锚孔壁与砂浆间的极限剪应力(kPa)，与孔壁岩性有关，见表4-14。

锚孔壁与砂浆的极限剪应力　　　　表4-14

岩土种类	岩土状态	孔壁摩擦阻力(MPa)	岩土种类	岩土状态	孔壁摩擦阻力(MPa)
岩石	硬岩 软岩 泥岩	1.2~2.5 1.0~1.5 0.6~1.2	粉土	中密	0.1~0.15
黏性土	软塑 硬塑 坚硬	0.03~0.04 0.05~0.06 0.06~0.07	砂土	松散 稍密 中密 密实	0.09~0.14 0.16~0.20 0.22~0.25 0.27~0.40

锚索的锚固段长度取 l_{sa}、l_a 中的大值。

对普通注浆拉力型锚索，要求锚固段必须位于良好的地基之中。因这类锚索的锚固段破坏通常是从靠近自由段处开始，使灌浆材料与地基间的黏结力逐渐被剪切而破坏。当锚固段长度超过8~10m后，即使增加锚固段长度，锚固力的增量很小，对提高锚固效果不明显，因此对这类型锚索的锚固段并非越长越好。但若锚固段太短，实际施工期间锚固地基的局部强度降低，锚固力不足，将使锚固结构可能发生被拔出的破坏。因此，设计中锚固段长度一般取4~10m，当锚固段计算长度超过10m时，通常采用加大孔径或减小锚头间距或增加锚索孔数等来调整，以满足设计锚固力和锚固段长度要求。

4.7.7 锚索的布置

1) 锚索间距的确定

锚索的平面、立面布置根据工程需要来确定。锚索间距应以所设计的锚固力能对地基或边坡岩土体提供最大的张拉力为标准。预应力锚索是以群锚机制对边坡岩体施加应力增加其稳定性，因此锚索的间距不宜过大。但锚索间距太小时，受群锚效应的影响，将使单根锚索承载力降低，故间距又不能太小，根据工程设计应用经验，锚索间距宜采用3~6m，最小不应小于1.5m，间距小于1.2m时，应考虑锚孔孔周围岩土松弛区的影响。

2)锚固角

预应力锚索与水平面的夹角称为锚固角。应用式(4-57)计算锚固角时,从施工工艺考虑,锚索的设置方向应以水平线下倾为宜,并把单位长度锚索提供抗滑增量最大时的锚索下倾角为最优锚固角。

另一种计算最优锚固角 β 的方法是从锚索受力最佳来考虑,按以下经验公式计算:

$$\beta = \alpha \pm \left(45° + \frac{\varphi}{2}\right) \tag{4-63}$$

因为接近水平方向布置的锚索,注浆后注浆体的沉淀和泌水现象,会影响锚索的承载能力,故设计锚固角应避开 $-10° \sim +10°$。从施工工艺考虑,一般多采用下倾 $15° \sim 30°$。

3)锚索长度

锚索总长度包括锚固段长度、自由段长度及张拉段长度。锚索自由段长度受稳定地层界面控制,在设计中应考虑自由段伸入滑动面或潜在滑动面的长度不小于1m。一般规定,自由段长度不小于 $3 \sim 5m$,这是由于自由段短的锚索,在相同的锚固荷载下的伸长也短,随着锚固段岩土体的蠕变变形,其锚固力减少的比例也大,应力松弛更加明显,另外也可以避免在锚索使用过程中因锚头松动而引起预应力的显著衰减。

张拉段长度应根据张拉机具决定,锚索外露部分长度一般为 $1.5m$ 左右。

4.7.8 锚索的预应力与超张拉

1)锚索的初始预应力

锚索的预应力通过初始张拉锁定来实现。对于永久性锚索施加的拉力锁定值应不小于设计锚固力。所施加的张拉力应满足表4-12的规定,即施加设计张拉力时,锚索中的各股钢丝或钢绞线的平均应力,不应大于钢材极限抗拉强度的60%;当施加超张拉力时,各股钢丝或钢绞线的平均应力,不宜大于钢材极限抗拉强度的70%。

对锚索施加的预应力大小应根据锚索使用目的、被加固岩土体地基性质与状态而定。

(1)对以施加主动预应力来阻止下滑为目的锚索设计,可按设计锚固力施加预应力。如锚索加固滑坡、加固松动岩体。

(2)对于允许变形的锚索复合支挡结构,设计时应考虑锚索与结构物的变形协调,使两者能充分发挥作用,一般对锚索施加的初始预应力为设计锚固力的 $30\% \sim 80\%$。如预应力锚索桩,通常施加的初始预应力为设计锚固力的 $50\% \sim 80\%$。

(3)当锚索结构用于加固松散岩土体时,张拉作用会引起被加固岩土体产生较大的蠕变和塑性变形,初始预应力值应通过张拉试验确定。一般对锚索施加的初始预应力为设计锚固力的 $50\% \sim 80\%$。为减少被加固岩土体的蠕变量,可对地基加 $0.9P_y$ 以内且为设计锚固力 $1.2 \sim 1.3$ 倍的张拉力,通过一定周期的几次反复张拉,以减少蠕变量。

(4)永久性锚索施工的拉力锁定值应不小于设计锚固力。

2)预应力损失与超张拉

预应力损失主要由钢绞线松弛、地层压缩蠕变及锚具的楔滑三部分组成。研究表明,预应力损失主要发生在张拉至锁定的瞬间,锁定后预应力损失为所施工加预应力的 $10\% \sim 20\%$,其中钢绞线松弛约占4.5%,锚具的楔滑约占1%,地层压缩蠕变约占 $4\% \sim 10\%$。为减少预应力损失，设计中应选用高强度低松弛的钢绞线和高质量的锚具，另外还可以对锚索进行补偿张拉或超张拉，即通过二次张拉或超张拉（施加的预应力锁定值大于设计荷载）方法减小由于地层蠕变钢绞线松弛引起的预应力损失。一般情况下，锚索自由段为土层时超张拉值宜为 15% ~25%，为岩层时宜为 10% ~15%。

4.7.9 锚头的锚固形式

预应力锚索的紧固头一般固定在承力结构物即外锚结构上。外锚结构一般为钢筋混凝土结构，其结构形式多种多样，可根据被加固边坡岩土情况来确定，常用的有垫墩（垫块、垫板）、地梁、格子梁、柱、桩、墙等。

1）钢筋混凝土垫礅

锚索的锁定头设置在钢筋混凝土垫礅（垫块、垫板）上与锚索结合加固边坡，此种结构形式称为锚索礅或锚索板。该结构可用于滑坡、边坡及既有建筑物加固。

垫礅大小根据被加固边坡地基承载力确定：

$$A = \frac{KP_t}{[\sigma]} \tag{4-64}$$

式中：A——垫礅的面积（m）；

P_t——设计锚固力（kN）；

K——锚索超张拉系数；

$[\sigma]$——地基容许承载力。

垫礅的内力可按中心有支点单向受弯构件计算，但垫礅应双向布筋。此外，尚应验算垫礅与钢垫板连接处混凝土局部承压与冲切强度。

图 4-28　预应力锚索框架加固变形的加筋土挡墙

2）地梁、格子梁

锚索的锁定头设置在钢筋混凝土条形梁、格子梁上与锚索结合加固边坡、加固失稳破坏的支挡结构（图 4-28），称为锚索地梁或锚索格子梁。这种结构利用施加于锚索上的预应力，通过锚索地梁或锚索格子梁传入稳定地层内，起到加固边坡的作用，具有受力均匀，整受力效果较好的特点，特别适合于加固地基承载力较低或较松散的边坡。

当地梁上设置两孔锚索时可简化为简支梁进行内力计算；当地梁上设置三孔或三孔以上锚索时可简化为连续梁进行内力计算。即将锚拉点的锚索预应力简化为集中荷载，按弹性地基梁进行计算。一般情况下，可近似地将梁底地基反力按均布考虑。

对于格子梁，可将锚拉点锚索预应力简化为在纵横梁节点处施加一个集中荷载，按节点处挠度相等的条件，将锚索预应力分配到各自梁上，然后按一般的条形弹性地基梁进行计算。

这种方法由于考虑了节点处变形协调及重叠地梁面积的应力修正，计算较为烦琐。在实际应用中，一般采用纵横梁使用相同的截面尺寸，节点荷载可近似按纵横梁间距分配到两个方向的梁上。

4.7.10 预应力锚索的施工

预应力锚索施工包括造孔、锚索加工及安装、内锚固段灌浆、锚索张拉与锚固力锁定以及锚索张拉段及外锚墩防腐处理等工序。各工序的施工及要求如下。

1) 造孔

(1) 预应力锚索孔径与钢绞线根数、砂浆保护层厚度和滑坡体结构有关。造孔施工采用锚杆工程钻机。按照锚索设计要求,将钻机固定,调整方位角及倾角,校核钻孔位置,然后将所有紧固件拧紧,就绪后即可开钻作业。

钻孔结束后,拨出钻杆和钻具。用一根含标尺的聚乙烯管复核孔深,并以高风压吹孔,或高压水洗孔。待孔内粉尘吹洗净,且孔深达到要求时,拨出聚乙烯管,并将孔口盖住备用。

(2) 造孔精度要求:成孔后,用孔斜仪量测,孔斜不超过 1/100;钻孔位置误差应小于 100mm;钻孔倾角、水平角与设计锚固轴线的倾角、水平角误差在 ±1°;孔深必须保证张拉段穿过滑带 2m。

2) 锚索加工与安装

(1) 钢绞线设计荷载:对于Ⅰ级滑坡防治工程,钢绞线设计荷载可按破坏荷载的 65% 进行折减;对于Ⅱ、Ⅲ级滑坡防治工程,钢绞线设计荷载可按 65%~80% 进行折减。

(2) 钢绞线的截断:钢绞线的加工长度严格按照锚索参数表确定,包括内锚段(L_1)、张拉段(L_2)和外锚段(L_3)三部分。为便于千斤顶张拉,外锚段(L_3)长度宜大于 1.2m。钢绞线用无齿锯(砂轮锯)截断。亦可用气割,但必须避免烧伤钢绞线。

(3) 锚索组装:在脚手架上进行。对于长度过大的锚索,可在有棚架的场地上组装,然后搬运并吊装入孔。在平整场地上架设高约 0.5m、宽 1.5m 的工作台架,将截好的钢绞线平顺放在架上,逐根检查,凡有损伤的钢绞线均应剔除。

(4) 锚索组装验收:组装好的锚索必须有专人进行验收检查,并登记。检查长度、对中架安装、钢绞线有无重叠。合格后进行编号,做好标记,待入孔安装。

(5) 锚索入孔:在入孔前,必须校对锚索编号与孔号是否一致。确认孔深和锚索长度无误后,用导向探头探孔,无阻时,可进行锚索入孔。

3) 内锚固段灌浆

(1) 灌浆材料要求:灌浆材料采用水泥砂浆。水灰比 0.4~0.5,灰砂比 3:1。为加速进度,在浆液中可掺加 0.3‰~0.5‰ 的早强剂(占水泥重量),且要求 7 天抗压强度 $R_7 \geq 25 \sim 30 \text{MPa}$。

(2) 注浆:当锚索倾角小于 11°,或要求拉拔力较高时,可采用压力注浆方式,但须在内锚固段设置止浆环。

为了保证注浆均匀,注浆速度不宜太快。用毫安表作为一期注浆指示仪,但应保证两探头之间相隔 80mm 以上,裸露部分不能与钢绞线接触。用含标尺的聚乙烯管复校内锚固段的灌浆长度,达不到要求时,须补浆。

所用砂浆应用搅拌机拌匀,使其达到规定指标,搅拌直至灌浆结束方可停止。在砂浆未完全固化前,不得拉拔和移动锚索。注浆完毕后,将一期灌浆管拨出。

4) 锚索张拉与锚固力锁定

锚索在内锚固段灌浆 7 天后进行张拉,并按以下程序进行:

(1) 张拉作业前,须对张拉设备进行标定。标定时,千斤顶、油管、压力表和高压泵连接好。在压力机上用千斤顶主动出力的方法反复三次,取平均值,绘出千斤顶出力(kN)与压力表指示压强曲线,作为锚索张拉的依据。标定时,千斤顶的最大出力应高于锚索超张拉时的值。

(2) 先对锚索进行单根预张拉两次,以提高锚索各钢绞线的受力均匀度。对于3000kN级锚索,单根张拉为30kN;2000kN级锚索,单根张拉为20kN;1000kN级锚索,单根张拉为10kN。

(3) 隔时分级施加荷载,直至压力表无返回现象,方可进行锁定作业。若预应力损失过大,须进行整体张拉与重新锁定。

(4) 锁定锚固力的大小可用两种方法确定:用测力传感器直接测定或通过张拉锁定时预应力钢绞线变形量计算得出,用下式计算:

$$P_x = P - (P_0 - P_1)\Delta L \tag{4-65}$$

式中:P_x——锁定后可获得的预应力(kN);

P——锚固所需张拉力(kN);

P_0——最大张拉荷载(kN);

P_1——初始张拉荷载(kN);

ΔL——P_1加载至P_0时的锚索回缩量(mm),夹片回缩量为6mm。

5) 锚索张拉段及外锚墩防腐处理

滑坡体中的锚索,特别是位于水位之下时,防腐处理极为重要。在锚索编束时,应对钢绞线张拉段预先进行防腐处理,防腐处理按前述要求进行。张拉锁定后,进行二次灌浆。当砂浆达外锚墩时,可停止注浆。封孔口,从锚具量起,留100mm的钢绞线,将多余段截除,外覆厚度不小于100mm的水泥砂浆保护层。

6) 外锚墩打筑

外锚墩结构如图4-29所示。采用C25以上现浇钢筋混凝土结构,宜为梯形断面。尺寸可参考表4-15。

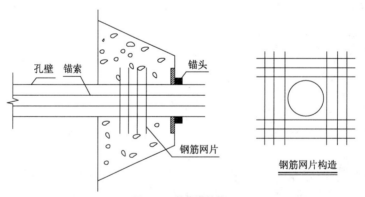

图4-29 外锚墩结构

外锚墩尺寸　　　　表4-15

项目	底面积(m²)	顶面积(m²)	高(m)	备注
1000	0.8×0.8	0.4×0.4	0.4	加二层钢筋网 φ8@50
2000	1.0×1.0	0.5×0.5	0.5	加三层钢筋网 φ8@50
3000	1.2×1.2	0.6×0.6	0.6	加四层钢筋网 φ8@50

4.8 预应力锚索抗滑桩

抗滑桩在治理滑坡方面具有独特的优势,但是抗滑桩是大悬臂受力主要靠滑面以下桩身所受的地基反力来平衡滑坡推力,对于推力较大的大型滑坡,需要的桩截面大,材料消耗多,工程造价昂贵。在这种情况下,抗滑桩就显得不够经济合理。为克服抗滑桩在大推力条件下的不足,20世纪80年代后期出现和发展了一种新型抗滑结构——预应力锚索抗滑桩。预应力锚索抗滑桩由抗滑桩、预应力锚索和锚具组成(图4-30)。位于滑面以下稳定岩层中的锚索为锚固段,其余为张拉段。对锚索施加预应力后,通过锚具将锚固段与抗滑桩相连接,另一端穿过滑坡体后锚固于稳定的基岩内,使抗滑桩和锚索组成一个联合受力体系,用锚索的拉力和桩体共同平衡滑坡推力,改变了一般抗滑桩大悬臂受力和单一靠嵌固段地基抗力平衡滑坡推力的抗滑机理,使抗滑结构体系受力更加经济合理,悬臂抗滑桩的受力和变形大大改善,桩内弯矩减小,从而使桩的截面尺寸变小、埋置深度变浅,节约材料和投资。预应力锚索抗滑桩最初应用于滑坡治理和深基坑工程,其后在高填方支挡(锚拉式桩板墙、锚索桩板墙)及路堑高边坡加固工程中得到较广泛应用(图4-31)。

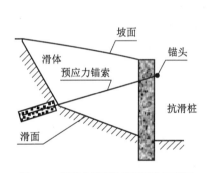

图4-30 预应力锚索抗滑桩结构示意图

图4-31 预应力锚索抗滑桩的应用

4.8.1 预应力锚索抗滑桩的计算

预应力锚索抗滑桩的受力计算,滑动面以上根据滑坡体推力和桩前抗力及锚索的预应力进行计算,滑动面以下的部分根据滑动面处的弯矩和剪力,按地基的弹性抗力进行计算。整体结构设计按极限状态法计算。

预应力锚索抗滑桩的受力特点类似于上端铰支、下端弹性固定或简支的梁式结构,滑坡推力在其上的分布近似矩形,由于桩顶位移需要进行控制在一定范围内(如2～4cm),因此,预应力锚索抗滑桩的计算可以采用变位协调法。根据桩顶与锚索变形协调条件,确定锚索设计拉力,并把它视作集中力作用于桩上,采用相应公式求出桩身内力,然后即可进行配筋计算。

1)计算假定

(1)假定每根锚索桩承受相邻两桩"中—中"滑坡推力或岩土侧向压力,作用于桩上的力主要有滑坡推力或岩土侧向压力、锚索拉力及锚固段桩周岩土作用力,不计桩体自重、桩底反力及桩与周围岩土间的摩阻力。

(2)将桩、锚固段桩周岩土及锚索系统视为一个整体,桩简化为受横向变形约束的弹性地基梁,锚拉点桩的位移与锚索伸长相等。

2)锚索受力计算

如图 4-32 所示,假定桩上设置 n 排锚索,则桩为 n 次超静定结构。桩锚固端顶端 O 点处桩的弯矩 M_0 及剪力 Q_0 计算如下:

$$M_0 = M - \sum_{j=1}^{n} R_j L_j \tag{4-66}$$

$$Q_0 = Q - \sum_{j=1}^{n} R_j \tag{4-67}$$

式中:M、Q——滑坡推力或岩土压力作用于桩 O 点的弯矩、剪力;

R_j——第 j 排锚索拉力;

L_j——第 j 排锚索锚拉点距 O 点的距离。

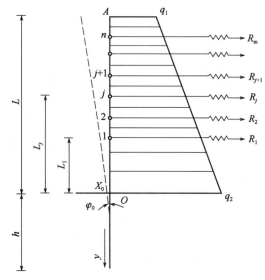

图 4-32 锚索桩结构计算图示

由位移变形协调原理,每根锚索伸长量 Δ_i 与该锚索所在点桩的位移 f_i 相等,建立位移平衡方程。

$$\Delta_i = f_i \tag{4-68}$$

$$f_i = X_0 + \varphi_0 L_i + \Delta_{iq} - \sum_{j=1}^{n} \Delta_{ij} \tag{4-69}$$

$$\Delta_i = \delta_i (R_i - R_0) \tag{4-70}$$

式中:X_0、φ_0——桩锚固段顶端 O 点处桩的位移、转角;

Δ_{iq}、Δ_{ij}——滑坡推力(或岩土压力)、其他层锚索拉力 R_j 作用于 i 点桩的位移;

R_i——第 i 根锚索的初始应力;

δ_i——第 i 根锚索的柔度系数,即单位力作用下锚索的弹性伸长量。

$$\delta_i = \frac{l_i}{N E_g A_s} \tag{4-71}$$

式中:l_i、A_s——锚索自由段长度及每束锚索截面积;

E_g——锚索的弹性模量；

N——每孔锚索的束数。

当滑坡推力（或岩土压力）为梯形分布时，在其作用下，i 点桩的位移为：

$$\Delta_{iq} = \frac{L^4}{120EI}[5q_1(3 - 4\xi_i + \xi_i^4) + q_0(4 - 5\xi_i + \xi_i^5)] \tag{4-72}$$

$$\xi_i = 1 - \frac{L_i}{L}$$

$$q_0 = q_2 - q_1$$

$$\Delta_{ij} = R_j \delta_{ij} \tag{4-73}$$

δ_{ij} 为第 j 根锚索拉力 R_j 作用于桩上 i 点的位移系数，可由结构力学中有关计算公式确定。

当 $j \geq i$，则

$$\delta_{ij} = \frac{L_j^3}{6EI}(2 - 3\gamma + \gamma^3), \gamma = 1 - \frac{L_j}{L_i}$$

当 $j < i$，则

$$\delta_{ij} = \frac{L_j^2 L_i}{6EI}(3 - \gamma), \gamma = \frac{L_j}{L_i}$$

由地基系数法（简化为多层 K 法），可计算确定 X_0、φ_0。

$$X_0 = \frac{Q_0}{\beta^3 EI}\varphi_1 + \frac{M_0}{\beta^2 EI}\varphi_2 \tag{4-74}$$

$$\varphi_0 = \frac{Q_0}{\beta^3 EI}\varphi_2 + \frac{M_0}{\beta^2 EI}\varphi_3 \tag{4-75}$$

式中：φ_1、φ_2、φ_3——桩的无量纲系数；

E、I——桩的弹性模量、截面惯性矩；

β^3——桩的变形系数。

$$X_0 + \varphi_0 L = \left(\frac{\varphi_1}{\beta^3 EI} + \frac{\varphi_2}{\beta^2 EI}L_i\right)Q_0 + \left(\frac{\varphi_2}{\beta^3 EI} + \frac{\varphi_3}{\beta^2 EI}L_i\right)M_0 \tag{4-76}$$

令

$$A_i = \frac{\varphi_1}{\beta^3 EI} + \frac{\varphi_2}{\beta^2 EI}L_i \tag{4-77}$$

$$B_i = \frac{\varphi_2}{\beta^3 EI} + \frac{\varphi_3}{\beta^2 EI}L_i \tag{4-78}$$

则

$$X_0 + \varphi_0 L = A_i Q_0 + B_i M_0 \tag{4-79}$$

将上述相关公式带入式(4-68)中，得：

$$A_t \left(Q - \sum_{j=1}^{n} R_j\right) + B_t \left(M - \sum_{j=1}^{n} R_j L_j\right) + \Delta_{tq} - \sum_{j=1}^{n} R_j \delta_{ij} = \delta_t (R_i - R_{i0})$$

整理得：

$$\sum_{j=1}^{n}(A_i + B_j L_j + \delta_{ij})R_j + \delta_i R_i = A_i Q + B_i M + \Delta_{iq} + \delta_i R_{i0}$$

令
$$\xi_{ij} = A_i + B_i L_j + \delta_{ij} \tag{4-80}$$
$$C_i = A_i Q + B_i M + \Delta_{iq} + \delta_i R_{i0} \tag{4-81}$$
则
$$\sum_{j=1}^{n} \xi_{ij} R_j + \delta_i R_i = C_i \tag{4-82}$$

解线性方程组式(4-82),可确定各排锚索拉力 R_j:
$$R_j = \frac{D_K}{D} \tag{4-83}$$

式中:

$$D = \begin{vmatrix} \xi_{11} + \delta_1 & \xi_{12} & \cdots & \xi_{1j} & \cdots & \xi_{in} \\ \xi_{21} & \xi_{22} + \delta_2 & \cdots & \xi_{2j} & \cdots & \xi_{2n} \\ \vdots & \vdots & & \vdots & & \vdots \\ \xi_{n1} & \xi_{n2} & \cdots & \cdots & \xi_{nn} + \delta_n \end{vmatrix}$$

$$D_K = \begin{vmatrix} \xi_{11} + \delta_1 & \xi_{12} & \cdots & \xi_{1(j-1)} & C_1 & \xi_{1(j+1)} & \cdots & \xi_{in} \\ \xi_{21} & \xi_{22} + \delta_2 & \cdots & \xi_{2(j-1)} & C_2 & \xi_{2(j+1)} & \cdots & \xi_{2n} \\ \vdots & \vdots & & \vdots & \vdots & \vdots & & \vdots \\ \xi_{n1} & \xi_{n2} & \cdots & \xi_{n(j-1)} & C_n & \xi_{n(j+1)} & \cdots & \xi_{nn} + \delta_n \end{vmatrix}$$

3)桩身应力计算

(1)非锚固段 OA 桩身应力

令
$$L_0 = 0 、 L_{n+1} = L 、 R_{n+1} = 0$$

当

$y = L - L_i$ 时,取 $K = n + 1 - i$,其中 $i = 1, 2, \cdots, n$。

$$\left. \begin{aligned} \overline{Q}_y &= Q(y) - \sum_{j=1}^{K} R_{n+2-j} \\ Q_y^+ &= Q(y) - \sum_{j=1}^{K} R_{n+1-j} \\ M_y &= M(y) - \sum_{j=1}^{K} R_{n+1-j} [y - (L - L_{n+1-j})] \end{aligned} \right\} \tag{4-84}$$

当 $L - L_{i-1} \geqslant L - L_i$ 时,取 $K = n + 2 - i$,其中 $i = 1, 2, \cdots, n+1$。

$$\left. \begin{aligned} Q_y &= Q(y) - \sum_{j=1}^{K} R_{n+2-j} \\ M_y &= M(y) - \sum_{j=1}^{K} R_{n+2-j} [y - (L - L_{n+2-j})] \end{aligned} \right\} \tag{4-85}$$

式中:$Q_y 、 M_y$——桩身剪应力、弯矩;

K——从桩顶往下数锚索的承点个数。

(2)锚固段桩身内力计算

见4.6节抗滑桩锚固段内力计算。

4.8.2 预应力锚索抗滑桩施工

预应力锚索桩施工可以分为桩体施工和预应力锚索施工,总体上分别遵循前述的抗滑桩和预应力锚索的施工方法,但由于桩和锚索是一个联合的结构体系,施工工艺与单独的桩和预应力锚索施工工艺有些差别,一般的基本施工程序和工艺如下。

1)施工准备

(1)平整施工场地。根据桩位的布置、桩数及地形地貌情况进行场地平整,修建临时施工便道。

(2)桩位放样。清刷桩位堑顶边坡浮土及松动的石头,预防施工滑落土石。做好场地周围地表水的截排和防渗工作,根据地形选择好每个桩的出渣道路。

(3)设置滑坡变形观测点。

2)桩身施工

(1)井口开挖及锁口护壁。根据放样桩位进行井口开挖,当下挖到1m时,立即施工锁口护壁,锁口护壁比普通护壁厚30cm,用来防止下节井壁开挖时井口沉陷。为防止雨水倒灌,锁口护壁顶高程比施工场地高程高50cm。在锁口护壁上预埋两根$\phi 22$钢筋并随开挖深度设置上下井扶梯。

(2)护壁的浇筑。在开挖达到一定深度(一般为1~2m)后,即进行钢筋混凝土护壁浇筑。

(3)掘进。掘进采用风镐配合人工开挖,局部石质坚硬地段,采用风枪钻浅眼松动爆破,尽量减少对井壁的振动。开挖顺序为先中间后四边(即井壁),并做好地质描述和岩层的变化情况记录。当开挖井壁出现较大的渗水时,必须立即进行支护,以防塌孔。

(4)出渣。出渣采用人工装渣、吊斗配合卷扬机提升,人工小斗车运输。

(5)护壁。首先绑扎护壁钢筋,为方便下节护壁的连接,纵向钢筋埋入土中约15cm,箍筋连接牢固,使其形成整体受力。在锚索设计位置应尽量避开钢筋,减小锚索钻孔难度。钢筋绑扎完成后,立即架模浇筑护壁混凝土,上下两节护壁间预留马口,待拆模后用干硬混凝土堵塞抹平。

(6)通风和排水。在桩开挖到一定深度时,必须用输流式通风机对井内进行通风,保证井下施工人员安全;当有少量渗水时,在装渣时一起随渣由吊斗排出,当出水量大时,应用水泵排水。

(7)成孔检测。当桩孔开挖到设计高程以后,检测人员应对照设计图纸对桩孔平面位置、桩底高程、桩径尺寸、垂直度等进行检测。孔底应尽量整平,确保钢筋笼安放准确稳定。

(8)钢筋笼制作及安装。可以采用预制吊装或孔内绑扎两种方法。预制吊装施工时,起重机吊装入孔时,下降速度要均匀,不得碰撞孔壁,就位后的钢筋笼轴线与桩轴线重合,钢筋笼入孔到位后,在孔口采取措施对钢筋笼进行固定,避免钢筋笼的倾斜和浇筑混凝土过程中浮起或位移。采用孔内绑扎时,主筋在孔外对焊好,箍筋也在孔外弯制成型,所有钢筋用滑轮吊装放入孔内进行安装绑扎。

钢筋笼安装固定后,为方便桩上预应力锚索施工,应根据锚索设计位置、角度等,准确预埋锚索施工管道,并采取措施防止桩身浇筑混凝土过程堵塞管道。

(9)浇筑桩身混凝土。混凝土浇筑应连续进行,不得中途停工,以免发生断桩。

3)预应力锚索施工

当桩身混凝土达到设计强度的85%后,才可以进行预应力锚索施工。

(1)钻孔:找出抗滑桩上锚索预留位置,去掉桩前部的土及此处护壁;找出锚索预留孔,钻机就位,准备钻孔。钻孔角度、方向偏差不得大于±1°,孔深应比设计锚索设计长度适当加长。

(2)锚索制作:施工前应进行锚索钢绞线质量检测,剔除有磨损、锈蚀、松散的钢绞线。对合格的,按计算长度截断,量出内锚段和自由段的长度,对自由段进行防腐处理。按设计进行锚索编号,制作安装锚索对中支架、紧固环、注浆管、导向帽等构件。

(3)锚索安装:锚索安装前用高压风清洗孔内粉尘,待粉尘清洗干净后,用人工缓慢地将锚索放入孔内。

(4)注浆:锚索就位后进行注浆,注浆的标号、外加剂、配合比等按照设计要求通过试验确定。注浆直至孔口返浆,且24h后再进行补偿注浆。

(5)外锚墩浇筑:浇筑的外锚墩必须保证垫墩顶面与钻孔直线垂直,混凝土固结后将钢垫板套在墩上预留的角螺栓上固定。

(6)张拉:对锚索的张拉分两次进行,第一次张拉分五级,前四级为设计的25%、50%、75%、100%,分别稳定5min,最后一级为设计应力的110%,稳定时间30min。锁定48h后进行第二次补偿张拉。

(7)封锚:在进行第二次(自由段)灌浆后,把多余的锚索切除,用M30砂浆封闭锚头,防止锚索的腐蚀。

第5章 软土路基

软土一般是指主要由细粒土组成的孔隙比大($e>1.0$)、天然含水率高($\omega \geqslant \omega_L$)、压缩性高($a_{1-2}>0.5\mathrm{MPa}^{-1}$)、强度低($c_u<30\mathrm{kPa}$)和具有灵敏结构性的土层。包括淤泥、淤泥质黏性土、淤泥质粉土等。通常把经生物化学作用形成的、含较多有机物(大于5%)的软弱黏性土,称为淤泥类土。其中,孔隙比大于1.5的称为淤泥,孔隙比小于1.5的称为淤泥质土。表5-1所示为区分软土与一般黏性土的物理力学性质指标。

划分软土的物理力学性质指标　　　　表5-1

土 别	指　标				
	天然含水率ω(%)	孔隙比e	压缩系数$a_{0.1\sim0.2}$(MPa)	饱和度S_r(%)	内摩擦角φ(快剪)
黏质土、有机质土	>35	>1.0	>0.5	>95	<5°
粉质土	>30	>0.90	>0.3	>93	<8°

以饱水的软弱黏性土沉积为主的地区,称为软土地区;以泥炭沉积为主的地区,称为泥沼地区。

软土在我国沿海、沿湖、沿河地带有广泛分布;泥沼在我国兴安岭、长白山、三江平原及青藏高原等地区亦有广泛分布。

软土的成分、结构和性质与地质成因有关,也与其形成以后所经历的物理、化学过程有关,不同成因的软土,具有不同的性质。软土和泥沼沉积物,都具有天然含水率大、孔隙比大、压缩性高和强度低的特点。在其上修建公路时,容易产生路堤失稳或沉降过大,引起路面破坏等问题。

5.1 软土的成因类型及特性

5.1.1 软土成因的类型

按地质成因,我国的软土有:滨海环境沉积、海陆过渡环境沉积(三角洲沉积)、河流环境沉积、湖泊环境沉积和沼泽环境沉积。

1)滨海环境沉积软土

滨海(或海岸)环境的水动力状况比较复杂,受波浪和潮汐作用,主要是沉积砂土,包括粗、中、细、粉砂。粗砂向海岸方向搬运沉积,而细粒物质向海方向搬运,形成不对称的波痕,并在海滩边缘形成一系列平行海岸的连续的砂脊或砂丘,交错层理是其沉积特征。由于波浪作用,砂粒分选磨圆性好,有时也有生物贝壳及其碎片局部富集。

在平原海岸,沉积有泥质和粉砂质沉积土。在潮湿气候条件下,海滩有盐沼出现,形成泥质沼泽带,生长喜盐性植物,在泥质沉积物中可留下它们的细根。有时形成一系列砂脊和泥质沼泽带相间出现的滨海沼泽平原。

当沿海岸地区存在障壁性地形(如障壁岛、障壁砂坝、生物礁等),在近岸地区形成一个浅水水体,由平行于岸线分布的狭长砂坝或障壁岛(坝)将其与广海隔开或部分隔开,形成潟湖。潟湖存在一潮汐水道,海水通过水道注入或排出潟湖,在流速较高的水道中,以砂质沉积为主,并发育有水流波痕。在流速较低的水道中,以粉土质到泥质沉积为主。潟湖底为粉土质和泥质沉积,显示水平纹层,交错层不发育。潟湖底如有 H_2S 污染,沉积物由于含分散状黄铁矿和有机质而呈黑色,在潟湖边缘有大量植物生长,可形成泥炭沉积。

2)三角洲沉积软土

三角洲沉积属于海陆过渡环境的沉积。它是河流流入海洋时,在河口附近的陆上和浅水环境中形成的碎屑沉积物。三角洲的规模主要取决于河流的大小,如长江三角洲的面积约为 $51800km^2$。三角洲的形成发育是河流作用与海水作用长期相互作用结果。

三角洲沉积是多种沉积环境的沉积体系,包括:三角洲平原、三角洲前缘和前三角洲。

三角洲平原是三角洲的陆上沉积部分。其中,分支流河道沉积以砂质沉积为主,向上逐渐变细,一般底部为中、细砂,向上变为粉砂、粉性土。平面上呈长形砂体,横剖面上呈透镜状。河道两侧洪水漫出的沉积以粉砂、粉质黏土为主。在三角洲平原上沼泽沉积分布最广,这种沼泽常为弱还原或还原环境,沉积暗色有机质土,夹薄层洪水粉砂,呈交错层理。

三角洲前缘是三角洲的水下部分,呈环带状分布于三角洲平原向海洋一侧边缘。由于受河流、波浪和潮汐的反复作用,形成分选较好、质较纯的砂质沉积,包括粉土及黏性土,以及零星贝壳。

前三角洲位于三角洲前缘的外方,是分布最广,沉积最厚的地区。完全在海面以下或海水波浪所不能及的地方沉积,主要由暗灰色黏土、粉质黏土组成,含少量河流带来的极细砂,富含有机质,呈水平层理和块状层理。

三角洲沉积体系在平面上由陆地向海方向,由三角洲平原→三角洲前缘→前三角洲,沉积物由粗变细,植屑和陆上生物遗体减少,海相生物增多,由多种类型的交错层理变为较单一的水平层理,有机质含量度增高,颜色变暗。

三角洲沉积在垂直方向,自下而上的沉积次序与平面上由陆向海依次出现的沉积次序一致,即由粗变细。

3)河流环境沉积软土

河流搬运作用形成的沉积即冲积物。除河床沉积为粗粒沉积外,河漫滩冲积物是在洪水泛滥期所沉积的细颗粒沉积物,其典型的粒度成分为:砂粒5%~10%;粉粒20%~40%;黏粒35%~60%,有机质含量1%~10%,呈特殊的洪水层理。河漫滩沉积为透镜体或层状粉质黏土、黏质粉土呈薄层有规律的交替。河漫滩边缘含腐殖质夹层,河漫滩沉积中还有面积不大的牛轭湖沉积,大多为粉质黏土和黏质粉土,下部含有各种植物物质和软体动物介壳。

4)湖泊环境沉积软土和沼泽环境沉积软土

湖泊环境沉积与沼泽环境沉积有许多共同特点,但也有区别。

湖泊是陆地上封闭的大型水体,湖泊的水动力条件和沉积作用与潮汐作用弱的海洋相似,湖泊中也有波浪作用和湖流作用,由湖岸到湖心,沉积物一般由粗到细依次变化,在可流入湖处形成与河流入海处一样的三角洲沉积。

湖泊与海洋的不同处在于湖泊的水介质多为淡水或微咸水。其次是水体的大小、深度和水动力强度与海洋有差别。一般湖泊比海洋小、深度浅、水动力强度弱。

通常湖泊边缘处的沉积物是较粗的粒料。湖泊沉积物中含有相当多的黏土和多种成分的淤泥(硅酸盐、碳酸盐、腐殖质等)。由于沉积物向湖中的搬运有季节周期性,因而形成季节韵律带状层理。淤泥结构松软,呈暗灰、灰绿或暗黑色,有时有泥炭透镜体。

沼泽沉积为黏土、泥炭、腐殖土,有时成互层。通常含很多有机质,并且分选性很差。

5.1.2 我国不同成因类型软黏土的主要特性

我国软土,按其成因不同可分为四大类,按其沉积环境的不同又可分为九种类型,见表5-2。

软土的类型及特征   表5-2

类型		厚度(m)	特 征	分布概况
滨海沉积	滨海相	60~200	面积广,厚度大,常夹有砂层,极疏松,透水性较强,易于压缩固结	沿海地区
	三角洲相	5~60	分选性差,结构不稳定,粉砂薄层多,有交错层理,不规则尖灭层及透镜体	
	潟湖相	2~60	颗粒极细,孔隙比大,强度低,常夹有薄层泥炭	
	溺谷相		颗粒极细,孔隙比大,结构疏松,含水率高,分布范围较窄	
湖泊沉积	湖相	5~25	粉土颗粒占主要成分,层理均匀清晰,泥炭层多是透镜体状,但分布不多,表层多有小于5m的硬壳	洞庭湖、太湖、鄱阳湖、洪泽湖周边、古云梦泽边缘地带
河滩沉积	河床相	<20	成层情况不均匀,以淤泥及软黏土为主,含砂与泥炭夹层	长江中下游、珠江下游及河口、淮河平原、松辽平原
	河漫滩相			
	牛轭湖相			
谷地沉积	谷地相	<10	呈片状、带状分布,靠山浅,谷中心深,谷底有较大的横向坡,颗粒由山前到谷中心逐渐变细	西南、南方山区或丘陵区

5.1.3 影响软土工程性质的因素

软土的工程性质包括:塑性、强度及应力-应变性能,土的压缩性、灵敏度、渗透性等。软土的工程性质取决于一系列的因素,这些因素可分为两大类:成因因素和沉积后的环境因素。

成因因素:指一定成因类型的软土是在一定沉积环境下沉积而成,具有一定的成分(粒度成分和矿物成分)、结构(微观结构和宏观结构)和构造。它决定了软土工程性质的物质基础及可能变化的范围值。

沉积后的环境因素：指软土沉积形成后，在较短的地质历史中，其环境的温度、压力、物理化学条件等的变化。它决定了现今软土工程性质的实际变化量值。

要更好地理解和预测软土的工程性质，除了解软土的成因，研究土的成分、结构和构造外，还必须充分了解沉积后的环境因素对软土工程性质的影响。影响软土工程性质的沉积后因素有以下几方面。

1）重力压密

土层沉积后，在其自重下发生重力压密，引起孔隙水的排出和孔隙比的减小。沉积物的固结取决于上覆自重压力。

当沉积物沉积速率很快时，厚度迅速增加，沉积土层中会产生超孔隙水压力，使土层中的有效应力低于正常固结有效应力，土的抗剪强度也低于正常固结状态下土的抗剪强度。

2）长期荷载下的次压缩

在一恒定压力（如自重压力）下固结的黏性土，当超孔隙水压力已消散，主固结已完成，在有效应力基本不变的情况下，土的结构发生连续的调整，形成一种更为稳定的结构排列，致使土的体积进一步减小，这种体积的减小称为次压缩。

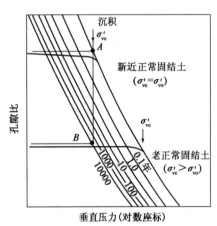

图 5-1 地质历史对正常固结土的影响

图 5-1 所示为孔隙比与垂直压力对数的关系。新近沉积的处于自重平衡状态而未经次压缩的土，称为新近正常固结土，这种土体仅能承担自重，任何附加的荷载都会造成较大的沉降。但当这种土经过数百年、数千年甚至上万年恒定的有效应力作用后，次压缩将引起孔隙比的减小，如图中的垂直轨迹 AB 所示。这种土的压缩曲线的拐点压力为 σ'_{vc}、$\sigma'_{vc} > \sigma'_{vo}$，$\sigma'_{vc}/\sigma'_{vo}$ 比值取决于现存上覆压力 σ'_{vo} 下土承受的次压缩量，当附加荷载低于 σ'_{vo} 下土承受的次压缩量，在附加荷载介于 σ'_{vo} 和 σ'_{vc} 之间时，土的压缩性并不大，附加荷载超出 σ'_{vc} 后，才会发生较大的压缩变形。

3）软土沉积后的物理化学变化

软土沉积后还有物理的和化学的变化过程，它们对土的工程性质也会产生重大影响。这种变化包括：干燥、节理的形成、化学风化、淋滤和胶结等。

(1) 干燥和硬壳的形成。沉积的软土表面暴露在大气中时，靠近表面的土由于蒸发失水干燥，使土的孔隙比减小，形成干硬壳。在干硬壳下面，在化学风化、淋滤作用下形成一个风化带，土的不排水抗剪强度随深度增加而减小，可把不排水抗剪强度达最小值的那个深度作为风化带的底部。干硬壳和风化带一起称为风化壳，或简称硬壳。干硬壳的厚度由气候条件、地下水埋深及季节变化决定，风化带深度由土的渗透性决定。渗透性低的塑性黏土，硬壳厚度 1～3m，渗透性高的低塑性黏性土，硬壳厚度达 6～8m。

(2) 节理。河流泛滥平原软土，表部由于含水率的季节性变化产生周期性的膨胀和收缩，也由于胶凝体的老化脱水收缩，软土中产生网状裂缝，成为有节理软土。

(3) 化学风化。土在小圈和大气圈的直接影响下，土的结构遭物理性的破坏（物理风化），土的矿物成分和胶结物质发生化学变化（化学风化），统称为土的风化。

海上软黏土沉积的孔隙水中最初的离子成分主要是钠、钾、镁、和钙离子。当软黏土沉积上升到水面以上时,由于雨水的渗透,地下水的淋滤,pH值变化,黏土中的矿物发生分解,释放出铁、铝、钙、镁等三价、二价离子。与黏土颗粒双电层发生离子交换,使土粒间的排斥力减小,氢氧化铁和氢氧化铝的胶结作用也使土的抗剪强度增加,使得土的压缩性减小。

由此可以看出,一定成因类型的软土沉积后,所发生的重力压密、次压缩、物理和化学的变化,对软土的性质有显著影响。由于这些因素的复杂性,要用成因和环境因素定量地估算土的工程性质是很困难的,但可以通过以下几方面的变化,分析掌握它们之间的联系。

(1) 土的天然含水率和土的液塑限的关系随深度的变化。
(2) 土的先期固结压力与上覆压力关系随深度的变化。
(3) 土的(C_u/σ'_{vo})比值随深度的变化。
(4) 土的灵敏度随深度的变化。

5.2 软土的工程设计参数

5.2.1 强度参数

软土的强度参数分为总应力强度参数(c、φ)和有效应力强度参数(c'、φ')。按试验条件分为不排水抗剪强度(c_u、φ_u)、固结不排水抗剪强度(c_{cu}、φ_{cu})、排水抗剪强度(c_d、φ_d)。

一般工程设计多采用总应力法,对于必须考虑土的抗剪强度随固结而增长的工程(如堆载场地、油罐的充水预压、路堤填筑),应采用有效应力强度参数。

软土的抗剪强度参数的变异系数是很重要的统计参数。取土扰动、土层的均匀性、试验的方法、指标取值的方法等都会对强度的变异系数产生影响。

Lacasse 等学者根据软土的十字板不排水抗剪强度$(c_u)_{FV}$与土的埋深间的关系,提出软土的不排水抗剪强度c_u与有效土覆压力σ'_{vo}间有如下关系

对正常固结软土:

$$\frac{(c_u)_{FV}}{\sigma'_{vo}} = 0.22 \pm 0.04 \tag{5-1}$$

对超固结软土:

$$\frac{(c_u)_{FV}}{\sigma'_{vo}} = (0.22 \pm 0.04) \times OCR^m \tag{5-2}$$

式中:$(c_u)_{FV}$——经塑性指数I_P修正后的十字板不排水抗剪强度;

OCR——超固结比,即土的先期固结压力P'_C与现存上覆压力σ'_{vo}的比值;

m——经验系数,Lacasse 建议 $m=0.82$、Mayne(1980)建议 $m=0.64$。

$(c_u)_{FV}/\sigma'_{vo}$的比值,可在一地区通过十字板剪切试验资料统计而得。利用$(c_u)_{FV}/\sigma'_{vo}$可以估算软土不排水抗剪强度c_u在固结过程中的增长。

5.2.2 变形参数

1)软土的不排水模量 E_u

软土的不排水模量 E_u 对试样的扰动十分敏感,不同试验方法测定的 E_u 变化也大。一般三轴试验测得的 E_u 偏低、自钻旁压试验测得的 E_u 偏高。

Bowles(1982)提出不排水抗剪强度 c_u 与 E_u 的经验关系,用于估算软土的不排水模量。

正常固结的灵敏黏性土:

$$E_u = (200 \sim 500)c_u \tag{5-3}$$

正常固结的非灵敏黏性土:

$$E_u = (175 \sim 1200)c_u \tag{5-4}$$

重超固结黏性土:

$$E_u = (1000 \sim 2000)c_u \tag{5-5}$$

《静力触探技术规则》(TBJ 37—1993):

$$E_u \approx 11.4 p_s \tag{5-6}$$

2)软土的压缩参数

在室内试验中常用单向压缩试验来测定土的压缩性、先期固结压力和固结特性参数。

常用的压缩试验资料的整理方法主要有两种。一种是绘制孔隙比-压力曲线(e-p 曲线),可确定不同压力变化时的压缩系数 a 及压缩模量 E_s。另一种是绘制 e-$\lg p$ 曲线,可确定先期固结压力 p_c 和压缩指数 C_c、回弹(或再压缩)指数 C_r。

压缩系数 a 随压力而变化,即使是同一土层,各个试样的 e-p 曲线离散性也很大,很难整理出平均压缩曲线和平均压缩系数。采用 e-$\lg p$ 直线段的斜率确定 C_c,虽然与应力水平无关,也便于求平均 C_c,但须进行高压压缩试验,才能绘制出直线段。对于超固结土,还要测定回弹指数 C_r。

此外,土的压缩性参数 C_c 还可通过土的物理指标(液限 w_L、空隙率、含水率 w 等)用经验关系确定。

正常固结黏性土(灵敏度 $S_t < 4$)

$$C_c = 0.009(w_L - 10) \tag{5-7}$$

重塑黏性土

$$C_c = 0.007(w_L - 10) \tag{5-8}$$

有机土、泥炭

$$C_c = 0.0115w \tag{5-9}$$

5.2.3 固结特性参数

软土的固结系数(C_v、C_h)常通过小尺寸试样由室内固结试验 e-$\lg t$ 关系求得。但工程实测发现,室内小试样测定的固结系数(尤其是C_h)大大低于现场大土体实测或原位测试(孔压静力触探)测定固结系数,其原因在于:小试样不能反映土体宏观结构中存在的排水路径;小试样受取土扰动影响(对超固结土尤为严重);微结构使土的渗透性为各向异性(渗透系数$k_h > k_v$);固结系数与应力水平有关,非常数。

软土的固结系数可由孔压静力触探消散试验用半经验方法确定,也可由自钻旁压仪固定在10%应变的孔压消散试验确定,亦可由堆载试验反算求得。

5.2.4 次压缩(或蠕变)参数

目前,对软土的次压缩机理有三种假设:
(1)土粒吸附水的黏滞性产生土粒的蠕变。
(2)土粒重新趋于相对稳定的排列,即土结构逐渐调整过程产生的蠕变。
(3)土团粒内微孔隙压缩产生的蠕变。

软土在恒定的有效应力(即孔隙水压力已基本消散完)作用下,发生持续时间很长的压缩,这种缓慢的压缩称为次压缩,次压缩系数C_a定义为:

$$C_a = \frac{e_{100} - e_t}{\lg(t/t_{100})} \qquad (5\text{-}10)$$

式中:e_{100}——主固结达100%时孔隙比;
　　e_t——时间t时的孔隙比;
　　t_{100}——主固结达100%的时间。

Mesri和Godlewski(1977)认为,对正常固结的土,次压缩系数与压缩指数C_a/C_c的比值近似为0.05 ± 0.02。

需要指出,式(5-10)的次压缩系数C_a是依据单向固结试验的$e\text{-}\lg t$曲线确定的,它并不能反映实际工程中出现的由于侧向塑流引起的缓慢长期沉降。

室内单向固结试验测定的C_a与现场实测的比较资料有限。现场测试的C_a比固结试验的C_a大1.5~4倍,可能与下列因素有关:
①试样受到扰动。
②单向压缩(侧向无应变)不符合现场情况。
③试样厚度相对现场受压缩土层厚度来说很小。
④室内试验时间相对现场情况大大缩短。

5.2.5 影响软土测试强度参数的因素

测定软土抗剪强度的常用试验方法有:直剪试验、三轴试验、无侧限抗压强度试验、十字板剪切试验等。不同试验方法所得的强度参数是不同的,并有其适用性。例如,直剪试验不能严格控制排水条件,对于黏质粉土、粉土、砂质粉土等透水性较大的土,直剪试验难以保证不排水条件。对于软黏土,当骤然施加较大竖向荷载时,试样往往会挤入上下盒间的间隙中,影响试验结果。三轴试验主要优点是可以控制试样的排水条件,并量测试验过程中试样的孔隙水压力,但圆柱试样两端存在端部约束,其应力应变条件并不均匀。无侧限抗压强度对取样扰动十分敏感,只适用于是 $\varphi_u = 0$ 的黏性土。十字板剪切试验是在原位应力条件下进行,假设剪切面(包括竖直圆柱面和两端水平圆面)的半径为十字板板头半径,在圆柱面上各点并不同时达到峰值强度。

影响软土强度参数测试结果的因素有以下几方面。

(1)土的均匀性和各向异性。当土为非均质或成层(或有夹层、互层时),采样要注意土样的代表性。当土为各向异性时,要注意工程中剪切面的方向与试验条件的切面方向的关系。

(2)土的裂隙性。注意区分裂隙强度与裂隙网切割后土块的强度的差异,试样的尺寸效应对强度的影响。

(3)应变条件。如软土在工程中要发生大应变,应注意在大应变条件下,剪切强度可能会出现软化现象,即过峰值强度后,会下降为残余强度。

(4)排水条件。不同排水条件下孔隙水压力消散对土的强度有重要的影响。按排水条件,剪切试验可分为:快剪(不排水剪)、固结快剪(固结不排水剪)和慢剪(排水剪)。并注意剪切速率与排水条件的协调。

(5)应力水平。强度参数在一定应力范围内可认为是常数。在表示应力水平时,强度包络线往往为一曲线,强度参数并非常数,而与应力水平有关。

(6)应力历史。对于正常固结土,剪切试验应循剪力主枝进行;对于超压密土或卸载的情况,剪切试验应按卸荷枝进行;并应注意对于不同的先期固结压力有不同的卸荷枝,它们的强度参数有很大差别。

以上各因素中,排水条件、应力历史、剪切速率是最重要的因素。

不同测试方法得出的软土强度参数不尽相同,同时还受样品选择、制作、测试操作等的影响。因此软土工程设计参数的试验条件要尽可能模拟工程的初始应力条件、应力状态的变化过程、加荷速率和排水条件,根据具体的工程情况,合理选择测试方法,尽量减小软土取样、测试对测试结果的影响,使测试结果更接近实际情况,满足设计要求。

5.3 软土路堤稳定性分析

5.3.1 软土路堤的极限高度

用不控制填土速度的快速施工方法在不做特殊加固处理的天然软土地基上修筑的路堤所能达到的最大高度,称为软土路堤的极限高度(或临界高度)。当路堤的设计高超过此极限高度时,路堤或地基必须采取加固处理措施,以保证路堤的稳定和正常使用。

软土路堤极限高度的大小,取决于软土地基的特性,包括软土的性质和成层情况、硬壳的厚度、性质及填料的性质等,可通过稳定性分析计算确定。在施工条件允许时,也可通过工地现场填筑试验确定,这是确定路堤极限高度较可靠的方法。一般软土地区路堤的极限高度,通常为 3~5m。

考虑到软土的强度特性,计算软土路堤的极限高度时,通常近似地假设软土的内摩擦角 $\varphi = 0$,并按以下方法进行估算。

1) 均质薄层软土地基上的路堤极限高度

软土层较薄时,假设滑动圆弧与软土层底面相切,极限高度可按式(5-11)估算:

$$H_c = N_s \frac{C_k}{\gamma} \tag{5-11}$$

式中:H_c——极限高度(m);

C_k——软土的快剪黏聚力(kPa);

γ——填土的重度(kN/m³);

N_s——稳定因数,与边坡角 β 和深度因数 n_d $\left(n_d = \frac{H+d}{H}\right)$ 有关,其中 H 为填土高度,d 为软土厚度,可由图 5-2 查得。

由于 n_d 与 H 有关,所以需要用试算法。计算时,先假设 H 值,计算 n_d 值,由此查图 5-2 得 N_s,再按式(5-11)算得 H_c。若算得的 H_c 与假定的 H 相等,计算完成,否则需重新假设 H 值,再进行计算,直到二者相等。

2) 均质厚层软土地基上的路堤极限高度

软土层很厚(即 n_d 很大)时,滑动面不通过基底,可按式(5-12)估算极限高度:

$$H_c = 5.52 \frac{C_k}{\gamma} \tag{5-12}$$

式中符号意义同前。

由于填土的重度一般为 17.5～19.5kN/m³,所以可近似取 $H_c = 0.3C_k$。

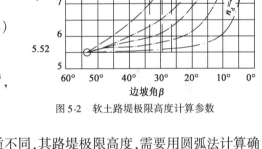

图 5-2 软土路堤极限高度计算参数

3) 非均质软土地基上的路堤极限高度

非均质软土地基,土层比较复杂,各层的性质不同,其路堤极限高度,需要用圆弧法计算确定。地基强度指标采用快剪法测定。在施工条件允许时,可根据工地填筑试验确定其极限高度。

4) 有硬壳层的薄层软土地基上的路堤极限高度

覆盖在软土层上强度稍高的表层土称为硬壳层。当硬壳层厚度大于 1.5m 时,可考虑其应力扩散、提高承载力、减少地基础沉降的效应。此时,路堤极限高度可按式(5-13)估算。

$$H_c = N_s \frac{C_k}{\gamma} + 0.5H \tag{5-13}$$

式中:H——硬壳层厚度(m);

其余符号意义同前。

5.3.2 软土路堤的稳定性分析

软土地基上的路堤稳定性分析目的是通过计算路堤在修筑过程中和完工后的稳定情况,

选择合理的填筑速度和稳定加固措施,从而保证路堤在施工过程中和完工后的稳定。

1)软土路堤稳定性分析的强度参数

分析软土地基路堤稳定性的基本抗剪强度指标是黏聚力 c 和内摩擦角 φ,而不同试验方法所得 c、φ 值不同,因此对不同路堤填筑情况应采用不同试验及合理取值。计算中所采用的黏聚力 c 和内摩擦角 φ 值,对于路堤填土部分,应用快剪试验的数值;对于地基土,在路堤快速填筑而软土来不及固结时,应采用快剪试验的数值;当路堤填筑速度非常缓慢和地基的排水条件良好时,宜采用固结快剪的数值;若填土速度介于两者之间时,地基土得到部分固结,其强度处于快剪和固结快剪的数值之间,验算时应按地基的固结程度来确定其数值。

2)软土路堤稳定性分析计算——固结有效应力条分法

在软土地基上修的路堤,其破坏常常由地基的不稳定引起。现场调查及试验表明,当软土比较均匀而且厚度较大时,其滑裂面是一个近似的圆柱面,而且由于基底松软,最危险圆弧将切入地面以下一定深度。因此,软土地基上路堤的稳定分析,通常采用圆弧滑动面法。即假定路堤填土连同软土地基沿同一圆弧破裂面滑动,计算作用在该圆弧上的总抗滑力矩和总滑动力矩,或者计算作用在该圆弧上各点的总抗滑力和总滑动力,求其安全系数(或稳定系数)。由于地基在受到填土压力后将产生一定程度的固结,使软基强度有一定提高,为考虑地基土受填土荷载产生的固结作用,用总应力强度指标计算路堤边坡稳定性时,可以采用固结有效应力条分法。

固结有效应力条分法考虑了软土地基在路堤填土过程中的固结作用,如图 5-3 所示。

软土上的路堤,其滑动面同时通过路堤和软基,不考虑土条间的作用力,安全系数定义为:

$$F_S = \frac{\sum M_{抗}}{\sum M_{滑}}$$

固结有效应力条分法的 $\sum M_{抗}$ 和 $\sum M_{滑}$ 用以下方法求得。

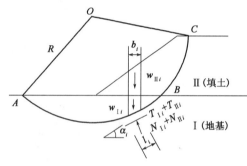

图 5-3 固结有效应力法计算示意图

(1)滑动力矩 $\sum M_{滑}$

滑动力矩由式(5-14)计算:

$$\begin{aligned}\sum M_{滑} &= R\sum(T_{\text{I}}+T_{\text{II}})_i \\ &= R\left[\sum_A^B(w_{\text{I}}+w_{\text{II}})_i \sin a_i + \sum_B^C w_{\text{II}i}\sin a_i\right]\end{aligned} \quad (5-14)$$

式中:w_{I}、w_{II}——土条在软土部分及填土部分的重量;

a_i——土条底面中心切线与水平面交角;

R——滑弧半径。

(2)抗滑力矩 $\sum M_{抗}$

抗滑力矩为地基内 $\overset{\frown}{AB}$ 上剪阻力产生的力矩以及路堤部分 $\overset{\frown}{BC}$ 上剪阻力产生的力矩之和。

①路堤部分 $\overset{\frown}{BC}$ 段的抗滑力矩

软黏土地基上以黏性土填筑的路堤,由于地基与路堤两种土的应力应变性质不同,在滑动面形成之前,堤顶和堤底一般已产生一定深度的裂缝。而以砂砾料等抗剪强度比较高的材料填筑的路堤,在其抗剪强度完全发挥出来之前,地基已先破坏,所以对 6~10m 中等高度的路堤,可考虑利用路堤剪阻力抵消一部分滑动力矩;而对于高度 5~6m 以下的路堤,可以不考虑填土的抗滑力。此外,鉴于中等高度路堤的填筑需要相当长一段时间,填土上部和下部的固结度和饱和度都不会相同,计算时如采用夯实土样经饱和后进行固结不排水试验的平均强度指标也应适当折减。因此,路堤部分的抗滑力矩可按式(5-15a)计算:

$$(M_{抗})_{\widehat{BC}} = \eta_m R \sum_B^C (c_{\mathrm{II}} l_i + \eta w_{\mathrm{II}i} \cos a_i \tan\varphi_{\mathrm{II}}) \tag{5-15a}$$

式中:η_m——路堤部分抗滑力矩折减系数,可采用 0.6~0.8;

η——强度指标折减系数,可采用 0.5;

c_{II}、φ_{II}——路堤土抗剪强度指标,由固结不排水剪力试验测定。

②地基部分$\widehat{AB}$段的抗滑力矩

地基部分的抗滑力矩由式(5-15b)计算:

$$(M_{抗})_{\widehat{AB}} = R \sum_A^B (c_u l_i + w_{\mathrm{I}i} \cos a_i \tan\varphi_u + w_{\mathrm{II}i} \overline{U} \cos a_i \tan\varphi_{cu}) \tag{5-15b}$$

式中:c_u、φ_u——不排水剪力求得的地基土强度指标;

φ_{cu}——固结不排水剪力求得的地基土的内摩擦角;

$\overline{U}$——地基土在验算时刻的平均固结度,可用固结理论求得。

式(5-15b)中括号内第一、第二两项之和为天然地基的抗剪力,第三项为路堤荷载引起地基固结而产生的抗剪力增量。对正常固结饱和软黏土,不排水剪力的 φ_u 应为零,但实际测试结果 φ_u 往往不为零,故有第二项存在。

(3)抗滑稳定安全系数计算

最终抗滑稳定安全系数按式(5-16)计算。

$$F_S = \frac{\sum_A^B (c_u l_i + w_{\mathrm{I}i} \cos a_i \tan\varphi_u + w_{\mathrm{II}i} \overline{U} \cos a_i \tan\varphi_{cu})}{\sum_A^B (w_{\mathrm{I}} + w_{\mathrm{II}})_i \sin a_i + \sum_B^C w_{\mathrm{II}i} \sin a_i} +$$

$$\frac{\eta_m \sum_B^C (c_{\mathrm{II}} l_i + \eta w_{\mathrm{II}i} \cos a_i \tan\varphi_{\mathrm{II}})}{\sum_A^B (w_{\mathrm{I}} + w_{\mathrm{II}})_i \sin a_i + \sum_B^C w_{\mathrm{II}i} \sin a_i} \tag{5-16}$$

从式(5-16)可看出,安全系数 F_S 和路堤填筑重量 w_{II} 和地基固结度 $\overline{U}$ 有关。如不考虑地基的固结,即式中 $\sum w_{\mathrm{II}i} \overline{U} \cos a_i \tan\varphi_{cu}$ 为零,当 F_S 值要求不变时,则可反求 w_{II},此即为第一级不考虑地基固结仅利用其天然强度所能快速填筑的最大荷载。第一级加荷结束,经过一段时间地基固结强度提高,便可将 $\sum w_{\mathrm{II}i} \overline{U} \cos a_i \tan\varphi_{cu}$ 一项计算进去,如再把此时的情况作为开始,重复上述计算过程,又可求出第二级的填土重量,依此类推即可求得路堤的最大填筑高度和施工进度。

(4)滑动圆弧的圆心位置

软土路堤最危险滑动圆弧的圆心位置,可以用前述的方法确定。当软土层的深度接近或小于路堤高时,最危险滑动圆弧的下限常切于软土层的底部;而在软土层较深时,滑弧的深度一般在 1.0~1.5 倍路堤高的深度内。

(5)安全系数

当计算方法、计算参数可靠性高时,一般取 $F_S = 1.2 \sim 1.25$,或根据行业要求确定;可靠性较低时,应适当加大。

5.4 软土地基的沉降计算

软基上填筑的路堤在施工期间或工后都将会由于软土的固结而引起路堤甚至路面的沉降变形,因此,软土地基上填筑的路堤沉降分析计算,对工程质量、工期和施工组织都有重要的意义。软土地基上的填筑路堤的沉降分析计算有以下几个主要目的:

(1)对于以沉降为控制条件需进行预压处理的路堤填筑工程,通过沉降计算,以估算堆载预压期间沉降的发展情况、预压时间、超载大小以及卸载后所剩余的沉降量,以便于调整排水系统和加压系统的设计。

(2)对于以稳定为控制的路堤填筑工程,通过沉降计算,可以估计施工期间因地基沉降而增加的土石方量,估算工后尚未完成的沉降量,以确定预留高度和宽度。

(3)推算沉降量与时间之间的关系,作为加固地基应采取措施的依据和控制铺筑路面后的剩余沉降量要求,为路面铺筑时间提供依据。

5.4.1 地基中的应力分布

在路堤的重力作用下,地基内任一深度 z 处的垂直应力 σ_z 由地基土的自重应力和路堤荷载引起的附加应力两部分组成,即

$$\sigma_z = \gamma z + \sigma_z' \tag{5-17}$$

式中:γ——软土的重度(kN/m^3);

σ_z'——路堤填土荷载在深度 z 处产生的附加应力(kPa)。

路堤填土为梯形分布荷载,在梯形分布荷载中心线下,任一深度 z 处的附加垂直应力 $\sigma_z' = 2kq$,k 为应力系数,用布辛奈斯克公式计算,一般可由图 5-4 查得;q 为填土的最大荷载,等于填土的重度与填土的最大高度之积。

5.4.2 分层总和法计算软土地基固结沉降

图 5-5a)所示为软基土的压缩固结曲线。采用单向压缩分层总和法计算时,先将地基分成若干薄层,通过第 i 层上下部的应力 p 和压缩曲线求得第 i 层的压缩量:

$$\Delta S_i = \frac{e_{1i} - e_{2i}}{1 + e_{1i}} h_i \tag{5-18a}$$

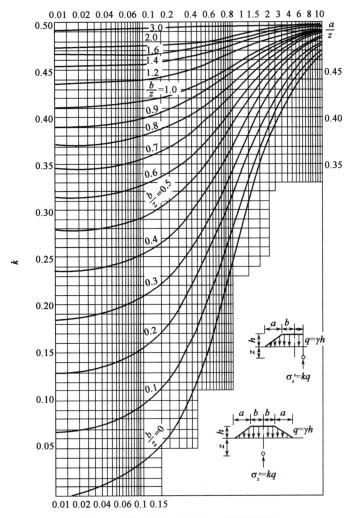

图 5-4 地基中附加垂直应力 σ'_z 计算曲线图

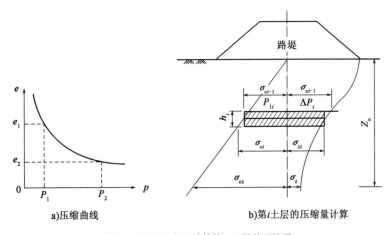

a) 压缩曲线　　　　b) 第 i 土层的压缩量计算

图 5-5 分层总和法计算第 i 土层的压缩量

总压缩量为:

$$S_c = \sum_1^n \Delta S_i \tag{5-18b}$$

式中:e_{1i}——第 i 层中点之土自重应力所对应的孔隙比;

e_{2i}——第 i 层中点之土自重应力和附加应力之和相对应的孔隙比;

h_i——第 i 层厚度。

孔隙比 e_{1i} 和 e_{2i} 分别根据各分层土的平均自重应力 $P_{1i} = \dfrac{\sigma_{ci} + \sigma_{ci-1}}{2}$ 以及平均自重应力与附加应力之和 $P_{2i} = P_{1i} + \Delta P_i$（其中平均附加应力 $\Delta P_i = \dfrac{\sigma_{zi} + \sigma_{zi-1}}{2}$），从该土层的压缩试验 e-p 曲线查得。

计算深度(即压缩层)z_n 的确定方法有两种:

(1)以压缩层底部 1m 的压缩量不超过总压缩量的 2.5% 来控制。

$$\Delta S_n = 0.025 S_C \tag{5-19}$$

式中:ΔS_n——压缩层底部 1m 的压缩量;

S_C——总压缩量。

这种方法的优点是把压缩层的厚度与压缩量联系起来,在理论上比较严谨;不足是工作量大,首先要假定压缩层的厚度,按式(5-18)计算压缩量,看是否满足式(5-19),否则要重新假定,直至满足要求为止。

(2)取附加应力与自重应力之比为 0.1 来确定。此法考虑了原有应力的影响,实质上也间接反映了变形的影响,而且使用简便,因此目前被广泛采用。

5.4.3 考虑应力历史的软土地基固结沉降计算

软土地基在路堤的作用下,软基的沉降由两部分组成,一部分是由于地基固结所产生的沉降,另一部分是地基因侧向变形而产生的沉降,因此,软土地基上路堤的最终沉降量 S_∞ 可用下式计算:

$$S_\infty = S_c + S_d \tag{5-20}$$

式中:S_c——因地基固结而产生的沉降量;

S_d——荷载作用下地基因侧向变形而产生的沉降量,又称瞬时沉降量。

采用 e-$\lg p$ 曲线计算沉降时,室内压缩试验所得的抗剪强度参数和空隙比,除了受到取样扰动影响以外,还由于土样属于再压密状态,所以室内压缩试验曲线不能代表现场土的压缩特性。为了更准确地预估现场地基的沉降量 S_c,应该考虑软土地基受到过的前期固结压力 p_c。所谓前期固结压力 p_c,是指土在现场的地质历史中受过的最大固结压力。试验研究证明,在 e-$\lg p$ 曲线上,对应于曲线过渡到直线的拐弯点的压力值是土层历史上所曾经承受过的最大固结压力,即先期固结压力 p_c,它是了解土层应力历史的指标。把土的前期固结压力 p_c 值与它目前在现场所承受的上覆土层应力 p_0 比较,当 $p_c = p_0$ 时,称为正常固结土;$p_c > p_0$ 为超固结土,超固结土可由以下因素引起:上覆土层被水流冲刷掉或由于地震、滑坡等原因使上覆土层移动、冰川覆盖然后又消失,地下水位变动,持久的渗透力作用,土面暴露并干燥等;$p_c < p_0$ 为欠固结土,欠固结土在目前的上覆压力下还没有充分固结,大部分海底淤积土、新近回填土、地下

水位降低不久的软土区域等常会出现欠固结的土层。

考虑应力历史影响的软土地基固结沉降计算方法是：应用 e-$\lg p$ 曲线求得软土的前期最大固结压力 p_c，用经验法由室内的压缩曲线 e-$\lg p$ 恢复得到软土的现场原始压缩曲线，根据原始压缩曲线和分层总和法求地基沉降 S_c。

1) 不同应力历史软土的前期固结压力和原始压缩曲线

(1) 正常固结土的前期固结压力 p_c 和原始压缩曲线

目前确定 p_c 的主要方法是通过室内压缩试验作 e-$\lg p$ 曲线，再用简便的方法求前期固结压力 p_c。

求正常固结土的前期固结压力 p_c 和原始压缩曲线的方法和步骤如下。

① 求前期固结压力 p_c

前期固结压力 p_c 可采用卡萨格兰德的经验作图法求得，步骤如下：

A. 根据室内压缩试验绘出 e-$\lg p$ 曲线（图 5-6），在曲线上找出曲率半径最小的一点 O。

B. 在 e-$\lg p$ 曲线上，过 O 点作水平线 $O1$ 和切于 O 点的切线 $O2$，然后作水平线 $O1$ 与切线 $O2$ 的夹角 $1O2$ 的平分线 $O3$。

C. 向上延长固结曲线最陡部分的直线，与角平分线 $O3$ 线交于点 M。

D. 交点 M 的横坐标即为前期固结压力 p_c。

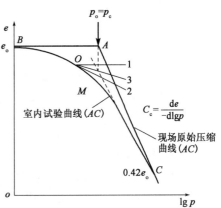

图 5-6 正常固结土的原始压缩曲线

这种方法是由卡萨格兰德于 1936 年提出的，其优点是简便、明确、易行，只要 e-$\lg p$ 曲线有明显的转折，最小曲率半径这一点可用肉眼就可以找到；不足是，其准确性很大程度上取决于土样原状结构的扰动情况。

② 软土的原始压缩曲线

在确定了前期固结压力后，就可以根据室内压缩曲线，采用施启米特曼作图法得出土层的原始压缩曲线，其作图的方法和步骤如下（图 5-6）。

A. 假定土样在取土和存储期间没有使土发生变化，即野外试样土的孔隙比和就是原来土层的初始孔隙比 e_0。

B. 假设 p_c 以前的压缩曲线是一条孔隙比为 e_0 的水平线，因此，在 e-$\lg p$ 图上通过 e_0 作一水平线 AB。

C. 过角平分线与压缩曲线最陡部分直线交点 $p_0 = p_c$ 点作垂线，交于 A 点，过 A 作与室内压缩曲线 $0.42e_0$ 处的点 C 的连线 AC（C 点对应的孔隙比等于 $0.42e_0$），则 AC 即为天然土层原状土样的原始 e-$\lg p$ 曲线，也称为现场压缩曲线。AC 的斜率为 $C_c = -\dfrac{de}{d\lg p}$（称为原始或现场压缩指数），$A$ 点的固结压力为前期固结压力 p_c。

(2) 超固结土的前期固结压力 p_c 和原始压缩曲线

图 5-7 是超固结土的室内压缩曲线 e-$\lg p$ 曲线。

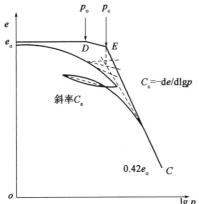

图 5-7 超固结土的原始压缩曲线

①求前期固结压力 p_c

前期固结压力 p_c 用卡萨格兰德经验作图法求得。

②求超固结土的原始压缩曲线

原始压缩曲线用以下方法求得：

A. 根据代表现场自重应力 p_o 及原始孔隙比 e_o 在 e-$\lg p$ 曲线上作出 D 点，如不考虑取土样后引起的膨胀，则现场原始孔隙比按试样初始孔隙比计算。

B. 过 D 点作一平行于回弹曲线的平均斜率的直线 DE，过角平分线与压缩曲线最陡部分直线交点 p_c 点作垂直线，并与平行于回弹曲线的平均斜率直线交于 E 点，E 点位于原始压缩曲线上，其横坐标为 p_c。

C. 作 EC 线，C 点由室内压缩曲线上孔隙比等于 $0.42e_o$ 决定。DEC 即为超固结土的原始 e-$\lg p$ 曲线，斜率 $C_c = -\dfrac{de}{d\lg p}$，$DE$ 为现场再压密曲线，斜率为 C_e 叫回弹指数。

(3) 欠固结土的前期固结压力 p_c 和原始压缩曲线

对于欠固结土，由于自重压力大于前期固结应力，说明这种土在自重应力作用下压缩未达稳定，它的原始压缩曲线可大致按正常固结土的方法确定，如图 5-8 所示。

2) 考虑应力历史影响的软土固结沉降 S_c 计算

(1) 正常固结土的沉降计算

正常固结土的特点是 $p_c = \gamma z$，（p_c 是前期固结压力，z 是土层表面以下某点的深度）。正常固结土的沉降用分层总和法计算，如图 5-9 所示。

路堤下第 i 层土的沉降量可用式(5-21)计算：

$$\Delta S_{ci} = \dfrac{\Delta e_i}{1+e_{oi}} h_i \tag{5-21}$$

式中：Δe_i——第 i 层土孔隙比，其值可由原始压缩曲线上求得。即：

$$\Delta e_i = e_1 - e_2 = C_{ci} \lg \dfrac{p_{2i}}{p_{1i}} = C_{ci} \lg \left(\dfrac{P_{1i} + \Delta p}{p_{1i}} \right) \tag{5-22}$$

式中：e_{oi}、h_i——第 i 分层土的原始孔隙比和层厚；

e_1、e_2——在原始压缩曲线上任意两个点的孔隙比，其相应的应力分别为 $\lg p_{1i}$ 及 $\lg p_{2i}$；

Δp——第 i 层土的附加应力平均值；

C_{ci}——第 i 分层土原始压缩曲线的压缩指数。

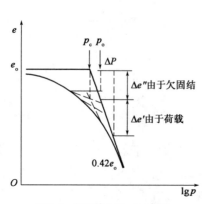

图 5-8 欠固结土的 e-$\lg p$ 曲线

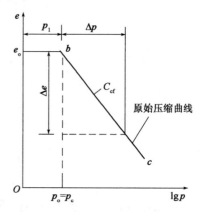

图 5-9 正常固结土的原始压缩曲线

所以 ΔS_{ci} 为：

$$\Delta S_{ci} = \frac{h_i}{1+e_{oi}} C_{ci} \lg\left(\frac{p_{1i}+\Delta p}{p_{1i}}\right) \quad (5\text{-}23\text{a})$$

总的固结沉降量为：

$$S_c = \sum_{i=1}^{n} \Delta S_{ci} \quad (5\text{-}23\text{b})$$

(2) 超固结土的沉降计算

这种土仍用式(5-23b)来计算沉降量，但 Δe_i 值应根据应力增量的大小来确定。如有效应力增量 Δp 大于 $(p_c - p_o)$，则总的孔隙比变化由两部分组成。第一部分是由自重应力 p_o 加载到原始超固结压力 p_c 的孔隙变化 $\Delta e'$，如图 5-10 所示，其值为：

$$\Delta e' = C_{ei} \lg\left[\frac{p_o + (p_c - p_o)}{p_o}\right] = C_{ei} \lg \frac{p_c}{p_o} \quad (5\text{-}24)$$

式中：C_{ei}——回弹指数。

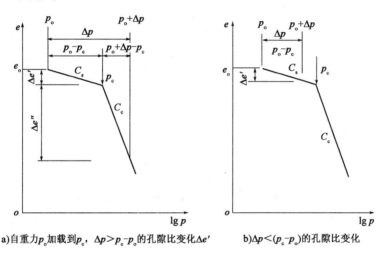

a) 自重力 p_o 加载到 p_c，$\Delta p > p_c - p_o$ 的孔隙比变化 $\Delta e'$ b) $\Delta p < (p_c - p_o)$ 的孔隙比变化

图 5-10 超固结土的原始压缩曲线

第二部分是应力从 p_o 增大到 $p_o + \Delta p$ 的孔隙比变化，其值为：

$$\Delta e'' = C_{ci} \lg\left[\frac{p_c + (p_o + \Delta p - p_c)}{p_c}\right] = C_{ci} \lg\left(\frac{p_o + \Delta p}{p_c}\right) \quad (5\text{-}25)$$

因此，固结沉降量按式(5-23)计算：

$$S'_c = \sum_{i=1}^{n} \Delta S_i = \sum_{i=1}^{n} \frac{h_i}{1+e_{oi}} \left[C_{ei} \lg \frac{p_c}{p_o} + C_{ci} \lg\left(\frac{p_o + \Delta p}{p_c}\right)\right] \quad (5\text{-}26)$$

式(5-26)中方括号内表示由于有效附加应力 Δp 作用而引起的总的孔隙比变化 Δe_i，n 为 $\Delta p > (p_c - p_o)$ 的土层数。

对于那些 $\Delta p < (p_c - p_o)$ 的土层，其沉降量为（图 5-10）：

$$S''_c = \sum_{i=1}^{m} \frac{h_i}{1+e_{oi}} \left[C_{ei} \lg\left(\frac{p_o + \Delta p}{p_o}\right)\right] \quad (5\text{-}27)$$

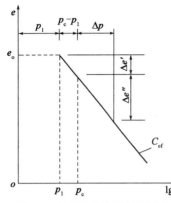

图 5-11 欠固结土的原始压缩曲线

式中：m——$\Delta p < (p_c - p_o)$ 的土层数。

因此，超固结地基土的总的固结沉降量为上述两部分之和，即

$$S_c = S_c' + S_c'' \tag{5-28}$$

(3) 欠固结土的沉降计算

欠固结土的特点是 $p_c < p_o = \gamma z$，这种土的沉降不但包括附加荷载引起的沉降，而且还包括在自重力作用下固结还未稳定而继续在 $p_1 - p_c$ 作用下发生固结的沉降量，即孔隙比的变化 Δe 等于附加有效应力引起的孔隙比变化 $\Delta e'$，以及在自重下进一步压缩的孔隙比变化的 $\Delta e''$ 之和（图 5-11）。

$$\Delta e = \Delta e' + \Delta e''$$
$$= C_{ci} \left[\lg \frac{p_c + (p_o - p_c)}{p_c} + \lg \frac{p_c + (p_o - p_c + \Delta p)}{p_c + (p_o - p_c)} \right]$$
$$= C_{ci} \lg \left(\frac{p_o + \Delta p}{p_c} \right) \tag{5-29}$$

总沉降量为：

$$S_c = \sum_{i=1}^{m} \frac{h_i}{1 + e_{oi}} \left[C_{ci} \lg \left(\frac{p_o + \Delta p}{p_c} \right) \right] \tag{5-30}$$

3) 瞬时沉降 S_d 的计算

在软基上的路堤填筑过程中，由于软黏土地基侧向变形而引起的瞬时沉降在总沉降中占的比例较大，尤其是当荷载比较大，加荷速率较快的情况下。

目前有关软土地基瞬时沉降量计算尚没有成熟的方法，一般多采用弹性理论公式计算。假设在梯形分布的条状荷载作用下，地基处于弹性状态，则弹性变形阶段地基因瞬时荷载作用产生的沉降变形量为：

$$S_d = F \frac{pB}{E} \tag{5-31}$$

式中：F——沉陷系数，可查图 5-12；

p——地基面中心线上的梯形荷载强度；

B——换算荷载宽度，$B = b + \dfrac{d}{2}$，b、d 意义如图 5-12 所示；

E——地基土的弹性模量。

在用式(5-31)计算 S_d 时，瞬时沉降的准确性取决于 E 的取值的正确合理与否，同时由于软基弹性模量和泊松比不易准确测定，而且软基也为非弹性体，故计算结果的精确度受到影响。因此，根据国内外实测沉降资料的分析结果，可用式(5-32)计算最终沉降量：

$$S_\infty = mS_c \tag{5-32}$$

式中：m——考虑地基剪切变形及其他影响因素的综合性经验系数，它与地基土的变形特性、荷载条件、加荷速率等因素有关。对于正常固结或稍超固结土，通常取 $m = 1.1 \sim 1.4$。

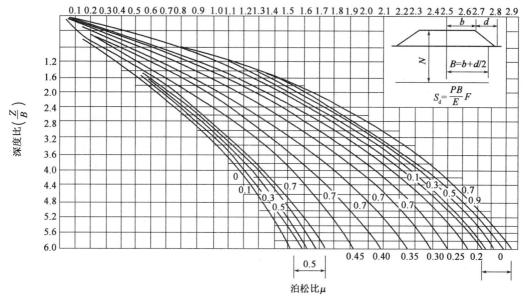

图 5-12 瞬时沉降的 S_d 计算

4) 最终沉降量 S_∞ 的计算

软基沉降量由瞬时沉降量和固结沉降量两部分组成，根据 $S_\infty = S_c + S_d$，可以求得软基在路堤填筑过程中产生的最终沉降量。

5.4.4 软土地基沉降与时间的关系

在外荷载作用下，土中孔隙水排出，土体发生体积变化而压密的时间过程称为固结。软基土在某一荷载作用下经历时间 t 后所产生的变形量 S_t 与土层的最终变形量 S 之比，称为土层的固结度 U_t。路堤荷载作用下，饱和软土地基的沉降及时间取决于软土地基的固结度。不同时间的沉降量 S_t 应为：

$$S_t = U_t S \tag{5-33}$$

式中：S_t——不同时间的沉降量，取决于土中的有效应力；

S——地基的最终沉降量，可由分层总和法计算；

U_t——某一时刻地基的平均固结度，可用百分数或小数表示。

根据土的固结理论和固结度的概念可得不同排水条件下的固结度计算公式。

1) 土层为单面排水时

固结度为：

$$U_t = 1 - \frac{\frac{\pi}{2}\alpha - \alpha + 1}{1 + \alpha} \frac{32}{\pi} e^{-\frac{\pi^2}{4}T_V} \tag{5-34}$$

式中：α——土层排水面的起始孔隙水压力 p_1 与不透水面的起始孔隙水压力 p_2 之比；

T_V——时间因素，$T_V = \dfrac{C_V t}{H^2}$，t 为固结时间，H 为软土层的最大排水距离，当土层为单面排水时，H 即为土层的厚度，双面排水时，H 为土层厚度的一半。

若起始孔隙压力分布图形为矩形(图 5-13a),即 0 型时,固结度表达式为:

$$U_0 = 1 - \frac{8}{\pi} e^{-\frac{\pi^2}{4} T_V} \tag{5-35}$$

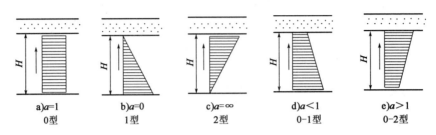

图 5-13 几种不同起始孔隙压力分布图

若起始孔隙压力分布图形为三角形(图 5-13b),即 1 型时,固结度表达式为:

$$U_1 = 1 - \frac{32}{\pi} e^{-\frac{\pi^2}{4} T_V} \tag{5-36}$$

不同 α 值的固结度 U_t 可以按式(5-34)计算,也可以按由 U_0 和 U_1 求得的公式进行计算:

$$U_t = \frac{2\alpha U_0 + (1-\alpha) U_1}{1+\alpha} \tag{5-37}$$

2)土层为双面排水时

固结度为:

$$U_t = 1 - \frac{8}{\pi} e^{-\frac{\pi^2}{4} T_V} \tag{5-38}$$

式(5-38)与单面排水的 U_0 相同,即:双面排水的土层,不论其起始孔隙压力分布图形如何,只要将土层厚度取为 $2H$,则其固结度计算公式与土层单面排水相同。

实际工程中,经常遇到的几种初始条件和边界条件类型的竖向时间因数 T_V,可按式(5-32)计算:

$$T_V = \frac{C_V t}{H^2} \tag{5-39}$$

式中:t——固结时间;

H——软土层的最大排水距离,当土层为单面排水时,H 即为土层的厚度,双面排水时,H 为土层厚度的一半;

C_V——软土层的竖向固结系数,可由室内土工试验测定,$C_V = \frac{(1+e_o) k_V}{\gamma_w a}$;

k_V——软土的竖向渗透系数;

a——软土的压缩系数;

e_o——软土固结前的初始孔隙比;

γ_w——水的重度。

若固结土层为层状,且各层的性质不一致,则上述竖向时间因数 T_V 应取加权平均值计算:

$$T_V = \frac{t}{\sum_1^n m_i h_i \sum_1^n \frac{h_i}{C_{Vi} m_i}} \tag{5-40}$$

式中：m_i——某土层的体积压缩系数，$m_i = \frac{a_i}{1+e_{oi}}$；

C_{Vi}、h_i、a_i、e_{oi}——相应为某土层的竖向固结系数、土层的厚度、压缩系数和初始孔隙比。

根据地基的固结类型以及计算的时间因数 T_V，查图 5-14 曲线，可以求得附加压力为非矩形的单面排水软土的平均固结度或根据固结度求得相应的时间因数 T_V，从而计算达到某固结度所需的时间。

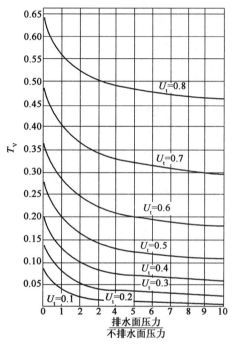

图 5-14　各种边界条件下竖向固结度与时间因数的关系曲线

5.5　排水固结法

排水固结法是对天然地基或先在地基中设置砂井等竖向排水体，然后利用建筑物（路堤）本身的重量逐渐分级加载，或在建造建筑物之前对场地进行加载预压，使土体中的空隙水排除，逐渐固结，地基发生固结沉降，同时地基强度逐渐提高的地基加固处治方法。通过排水固结法对地基进行处理，使地基的沉降量在加载预压期间大部分或基本完成，使建筑物在使用期间不至于产生不利的沉降量和沉降差；同时可以加速地基的强度增长，提高地基的承载力和稳定性。

排水固结法一般由排水系统和加压系统两部分组成。排水系统可以改变地基原有的排水条件增加空隙水排除的途径，缩短排水距离，排水系统一般由水平排水体和竖向排水体构成，水平排水体一般采用砂垫层，常用的竖向排水体有砂井、袋装砂井、塑料排水板等。加压系统的作用是使地基土的固结压力增加，排水速度加快而使地基固结，一般采用的加压系统包括堆载法、真空预压法、降低地下水位法、电渗法等。在排水固结法中,排水系统是一种手段,如果没有加压系统,空隙中的水没有压力差,水不能排除,地基就不能得到加固;如果仅有压力系统增加地基的压力,而不缩短排水距离,也不能在预压期间尽快完成设计要求的沉降量,强度不能及时提高,加载也不能达到预期的效果。因此,在排水固结法处治软基设计时,必须根据软基的实际条件,采取合适的排水系统和加压系统,充分发挥二者的作用,以达到预期的加固效果。

5.5.1 砂井排水固结法

1) 砂井排水固结法

在软土地基中,钻挖一定直径的孔眼,灌以粗砂或中砂,利用上部荷载作用,加速软土的排水固结,这种方法称为砂井排水法。砂井顶部用砂沟或砂垫层连通,构成排水系统,在路堤荷载的作用下加速排水固结,从而提高强度,保证路堤的稳定性。

当软土层较厚、路堤较高时,常采用砂井排水法,加速固结沉降。特别是当天然土层的水平排水性能较垂直向大,或软土层中有薄层粉细砂夹层时,采用砂井的效果更好。

一般软土均适合采用砂井排水法。但次固结占很大比例的土类,如泥炭类土、有机质黏土和高塑性黏土等,则不宜采用。

砂井地基的设计,首先应考虑砂井的直径、间距、布置形式和固结速率之间的关系。通常砂井直径、间距和长度的选择,应满足在预压过程中,在不太长的时间内,地基能达 80% 以上的固结度。

(1) 砂井的布置

① 砂井的直径和间距

砂井的直径和间距,主要取决于软土的固结特性和预压期限的要求(图 5-15)。理论和实践证明,缩小井距要比增大砂井直径效果好得多。工程上常用直径为 20~30cm,视施工机具条件而定。直径过小,不便于施工,也难保证质量。

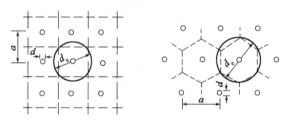

图 5-15 砂井平面布置图

砂井的间距为两相邻砂井中心间的距离,这是影响固结速率最主要的因素之一,井距愈小,固结愈快;反之,则固结愈慢,因此当填土高、地基土的固结系数小和施工期短时,应采用较小的井距,反之,可采用较大的井距。井距一般为井径的 8~10 倍,常用的范围为 2~4m。砂井在平面上可布置成三角(梅花)形或正方形,且三角形排列较紧凑、有效。

砂井的等效排水范围:

正方形排列时

$$d_e = 1.128a$$

三角排列时
$$d_e = 1.050a$$
式中：a——相邻两砂井间的中心距离。

②砂井的深度

砂井的深度，视软土层的情况和路堤高度而定。当软土层较薄，或底层为透水层时，砂井应贯穿整个软土层。当软土层的层厚很大时，不一定要打穿整个受压层。一般可先选定某一砂井深度、砂井的直径和间距，通过沉降和固结度计算，确定最佳组合尺寸。当用以控制路堤的稳定性时，砂井的深度以超过最危险滑动面的深度为好。

(2)砂垫层和砂沟布置

为了把砂井中的水分排到路堤坡脚外，在路堤底部应铺设砂垫层。若缺乏砂砾时，也可采用砂沟式垫层，即横向每排砂井顶部设置砂沟一条，再在纵向以数条砂沟把其连接起来(图5-16)。

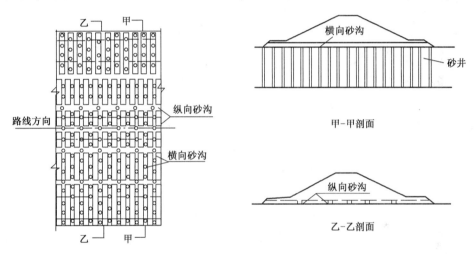

图5-16 砂沟布置图

纵向砂沟采用中间密、两旁疏的形式布置。砂沟的宽度可为砂井直径的两倍，高度为0.4~0.5m。

(3)地基固结度计算

砂井地基的固结度与砂井的布置、固结的时间、地基的固结系数、排水条件等因素有关。

①瞬时加载条件下，砂井地基的平均固结度计算

路堤填土在短时间内迅速完成时，砂井地基的平均固结度 U，由竖向平均固结度 U_v 和辐射向平均固结度 U_r 两部分组成，即

$$U = 1 - (1 - U_v)(1 - U_r)$$

A. 竖向平均固结度 U_v

计算竖向平均固结度时，不考虑砂井的存在，与单向固结计算方法相同。

但在采用砂井处理的实际工程中，竖向固结的作用很小，可忽略不计，且偏于安全。因此，一般即以辐射向平均固结度 U_r 作为砂井地基的平均固结度。

B. 辐射向平均固结度 U_r

辐射向平均固结度 U_r 可按辐射向时间因数 T_r 及井径比 n 的大小，查图5-17得到。

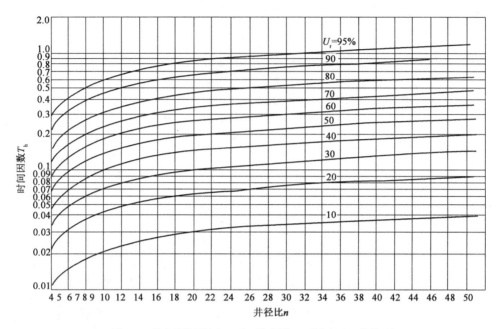

图 5-17 径向平均固结度 U_r 与时间因数 T_h 及井径比 n 的关系

辐射向时间因数 T_r 为：

$$T_r = \frac{C_r t}{d_e^2} \tag{5-41}$$

式中：C_r——辐射向固结系数(cm/s)；

d_e——砂井的有效直径，砂井按三角形排列时，d_e 为井距的 1.05 倍。

砂井按正方形排列时，d_e 为井距的 1.128 倍。

$$\text{井径比 } n = \frac{\text{砂井的有效直径 } d_e}{\text{砂井的直径 } d}$$

当软土层厚度较深，砂井未贯穿整个软土层时，地基的固结度分砂井部分和砂井以下两部分计算。砂井深度范围内的固结度，按上述方法计算，这时的竖向排水距离等于砂井的深度；砂井以下部分的固结度，按上述竖向固结度计算方法计算，但近似地假定砂井的底面为一排水面。

砂井地基的平均固结度可按下式计算：

$$U = AU_{rz} + (1-A)U_z \tag{5-42}$$

式中：U_{rz}——砂井部分土层的平均固结度；

U_z——砂井以下土层的平均固结度；

A——面积比，$A = \dfrac{A_1}{A_1 + A_2}$ 或 $A = \dfrac{H_1}{H_1 + H_2}$；

A_1、A_2——砂井部分和砂井以下部分土层起始孔隙水压力分布曲线所围的面积(取附加应力 σ_z 分布曲线包围的面积)；

H_1、H_2——砂井部分土层厚度和砂井以下压缩层范围土层厚度。

②逐渐加载条件下，砂井地基平均固结度的计算

路堤填土实际上是逐步进行的，因此在用上述公式计算固结度时，应结合填土情况予以

修正。

若填土是等速进行的,则计算固结度时所取的固结时间 t 按填土期的一半计。

若填土是分级等速进行,则可把各级填土荷载分开考虑,假设它们彼此互不影响。每级荷载的固结度由等速加载阶段和该级荷载持续作用阶段两部分组成,并分别占总固结度的 P_i(该级荷载重)/P(总荷载重)倍。而总的平均固结度,即由各级荷载的平均固结度叠加而成。如图5-18所示三级加荷的情况,总固结度为:

$$U_r = U' + U'' + U'''$$
$$= U_{\left(t-\frac{t_1}{2}\right)}\frac{P_1}{P} + U_{\left(t-\frac{t_2+t_3}{2}\right)}\frac{P_2}{P} + U_{\left(t-\frac{t_4+t_5}{2}\right)}\frac{P_3}{P} \quad (5-43)$$

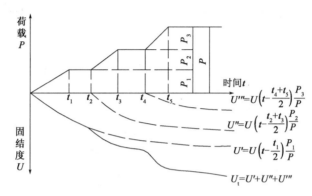

图5-18 砂井地基平均固结度计算图示

按上述方法算得砂井地基所能达到的固结度,据此验算软土地基上路堤的稳定性。若验算所得的最小稳定系数低于要求值时,则应调整砂井的深度及井距;如施工期允许延长,则可放慢填土速度,以增加地基的固结度(即增加其强度)。

采用砂井加固方法时,在进行所有上述计算之前,应首先用圆弧滑动稳定分析法验算固结度为90%时地基的稳定性,当验算所得的稳定系数 F_s 值大于或等于设计要求的稳定系数 F_s 时,可采用砂井加固;否则,应考虑砂井与反压护道综合加固措施或其他加固方法。

2)袋装砂井排水固结法

袋装砂井是事先把砂装入长条形透水性好的编织袋内,然后用专门的机具设备,打入软土地基孔内形成的砂井。在打入砂袋前,用振动打桩机及下端有活瓣钢桩靴的桩管,将砂或砂和角砾混合形成砂井。袋装砂井既具有大直径砂井的作用,又可以保证砂井的连续性,避免缩颈的现象。此外,袋装砂井具有直径小、材料消耗小、工程造价低、施工速度快、设备轻型的特点,更适合在软弱地基上施工(图5-19)。

袋装砂井的适用范围、理论分析计算与普通砂井相同。但当地基水平位移较大时,袋装砂井更具优越性。

袋装砂井直径是根据所承担的排水量和施工工艺要求确定,一般采用7~12cm的直径,井距1~2m,相当于井径比15~30。

袋装砂井的编织袋应具有良好的透水性,袋内砂料不易漏失,袋子材料应有足够的抗拉强度,能承受袋内砂的自重以及弯曲时产生的拉力;要有一定的抗老化性能和耐腐蚀性;要便于加工,价格低廉。一般采用合成纤维、黄麻、塑料等材料编织物,目前我国多采用聚丙烯编织物(图5-20)。

图5-19 袋装砂井加固软基

图5-20 塑料排水板(带)

袋装砂井施工质量控制:

(1)砂井定位要准确,垂直度要好。

(2)袋中的砂宜用风干砂,不宜用潮湿砂,以免袋内砂干燥后,体积减小;造成袋内砂柱缩短与排水垫层不搭接等,影响其固结排水效果及作用的发挥,砂料含泥量一般小于3%。

(3)砂袋的灌砂率允许偏差为+5%,灌砂时要逐段灌满并用力抖落密实。

(4)采用聚丙烯编织袋,施工时应避免太阳光长时间曝晒;砂袋应拉直,不得出现褶皱现象,并应采取相应的保护措施,确保砂袋不被刮破漏砂。

(5)砂袋下孔时应避免发生扭结、颈缩或断裂等现象。

(6)确保袋装砂井与排水垫层之间的连接。

(7)砂袋不能随导管被提出地面,并且要保证砂袋与砂垫层的连接。

(8)施工中经常检查桩尖与管口的密封情况及管口活塞是否完好。

袋装砂井通常不作为基础支撑桩,只用作挤密土层,排除地下水,从而使软土固结和土层密实,以提高土体的承载力。

3)塑料板排水法

塑料板排水法是在纸板排水法基础上发展而来的一种排水固结法。具有单孔过水断面大、排水畅通、质量轻、强度高,耐久性好的特点。

塑料排水板由芯板和滤膜组成。芯板是由聚丙烯和聚乙烯塑料加工而成的两面有间隔沟槽的板条,在外部用透水的滤膜包裹后,土层中孔隙水通过滤膜渗入到沟槽内,并沿着沟槽竖向排入地面的砂垫层内。滤膜一般采用耐腐蚀的涤纶衬布,涤纶布不低于60号,含胶量不小于35%。

塑料板排水法的作用、适用范围和设计方法与砂井排水法相同。设计时,把塑料板换算成相当直径的砂井。设塑料板宽度为b、厚度为δ,换算直径用式(5-44)计算:

$$D = a\frac{2(b+\delta)}{\pi} \tag{5-44}$$

式中:a——换算系数,通过试验求得。

从现场资料得到,施工长度在10m左右、挠度在10%以下的排水板,a为0.6~0.9;对标准型,即 $b=100\text{mm}, \delta=3\sim4\text{mm}$,取 $a=0.75$。换算直径 $D=50\text{mm}$,相当于直径为 50mm 的砂井。井径比可参照袋装砂井,采用 15~30。

塑料板排水法的施工程序主要包括:塑料排水板的插入、铺设排水砂垫层和填筑路堤加载三部分。其中,塑料排水板的插入是影响这种方法效果的关键工序。

塑料排水板的打设顺序包括:塑料板插板机定位;将塑料板通过导管从管靴穿出;将塑料板与桩尖连接,对准桩位插入塑料板;拔管剪断塑料板等。施工过程中应注意以下问题:

(1)塑料板插入过程中,防止淤泥进入板芯,堵塞输水通道,影响排水效果。

(2)塑料板与桩尖连接要牢固,避免提管时脱开,将塑料板带出。

(3)导管与桩尖配合适当,避免错缝,防止淤泥进入,增大塑料板与导管壁的摩擦力,造成塑料板带出。

(4)严格控制间距和深度,凡塑料板带出 2m 的,应作废并重新补打。

(5)塑料板接长时,应采用滤水膜内平搭接的连接方法,为保证输水畅通并有足够的搭接强度,搭接长度不小于 20cm。

塑料板插板机是塑料板排水法的基本施工机械,可与袋装砂井打设机械共用,只是将圆形导管改为矩形导管(图 5-21)。机械的锤击振力大小,可根据每次打设根数、导管断面大小、入土长度及地基的均匀性而定。一般对均匀软土,震动锤击振力可参考表 5-3 选用。

图 5-21 塑料排水板施工

震动锤击振力参考值 表 5-3

长度 (m)	导管直径 (mm)	震动锤击振力(kN)	
		单管	双管
>10		40	80
10~20	130~146	80	120~160
>20		120	160~220

5.5.2 荷载压重法

1)路堤荷载压重法

路堤荷载压重法是以路堤荷载或其他加载方式增加作用于软地基上的总应力,加速固结沉降,同时提高地基强度的软基处理方法。这种方法采用路堤自重加压,为使其达到排水固结的加固效果,常与垂直排水法并用。为了加速排水固结,可以与真空预压法联合使用,即先用真空法排水固结,然后再进行路堤填筑作为荷载进行排水固结加载。

根据压重目的的不同,通常把超过最后设计荷载的压重,叫作超载压重法;把预先加载使地基固结沉降,然后卸除荷载,再修构造物的压重法,叫作预压法。

为保证路堤在填筑过程中不致失稳,一般要用慢速加载法。

在压缩性大、透水性好的泥炭地基上,最适宜采用路堤荷载压重法。在压缩性大、透水性差的软土地基上,单独采用路堤荷载压重法,一般需要相当长的固结沉降时间,故对于施工期长的工程比较适用;而对于施工期短的工程,则应与垂直排水法并用,以加速固结沉降。

堆载预压法的设计原则是,必须保证软土地基在各级荷载下具有足够的稳定性。具体计算步骤如下:

(1)根据地基的天然强度计算第一级容许施加的荷载 p_1:

$$p_1 = 5.52c_u/k \tag{5-45}$$

式中:c_u——软土的天然强度,由无侧限、三轴不排水剪试验或原位十字板剪切试验测定;

k——安全系数,建议采用 1.1~1.5。

(2)计算第一级荷载下地基强度随着时间的增长。

$$c_{u1} = c_u + \Delta c_u \tag{5-46}$$

式中:c_{u1}——提高后的地基强度;

Δc_u——地基强度的增长,$\Delta c_u = \Delta\sigma_c U\tan\varphi_{cu}$。$\Delta\sigma_c$ 为有效的固结压力;U 为地基的固结度;φ_{cu} 为内摩擦角,由固结不排水试验测定或为十字板强度随深度变化的坡角。

(3)根据地基强度随时间的变化,用式(5-47)估算第二级荷载 p_2 大小以及施加的时间:

$$p_2 = 5.52c_{u1}/k \tag{5-47}$$

施加时间由达到强度 c_{u1} 所需的固结度而定。

(4)按上述步骤计算以后各级荷载的大小以及预压的时间。

(5)计算预压荷载下地基的最终沉降量,根据计算沉降量和实测沉降确定预压荷载卸除时间。预压荷载卸除时间必须满足的条件是残余沉降量必须小于路面结构容许沉降量,即:

$$S_{\infty(计算)} + S_{t(实测)} < kS_{(允许)} \tag{5-48}$$

式中:k——沉降安全系数,根据上部结构重要性而定。

(6)当采用超载预压法,可缩短预压时间(图 5-22)。为了消除超载卸除以后,地基软土层的中部或距排水面较远处固结度偏低,而在永久荷载下继续发生主固结沉降的现象,应使超载维持到在这些部位的固结度满足式(5-49)的要求:

$$U \geqslant \frac{p_f}{p_f + p_s} \tag{5-49}$$

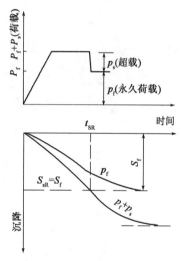

图 5-22 超载预压缩短预压时间

式中:p_f、p_s——永久荷载和超载。

堆载预压过程中的注意事项如下。

①由于软土层地基承载力较低,当采用堆载预压时,为避免因加载过大导致地基发生塑性变形而失稳,需要控制加载速度和分级加载,使其与地基土的强度增长速度相适应。每级预压荷载不应超过前期荷载作用下地基强度增加后的承载力。在计算强度增量时,要考虑加载预压过程中由于土体剪切蠕动引起的强度衰减。

②软土抗剪强度的提高是在分级荷载预压过程中逐步实现的,每级荷载量要与相应的地基抗剪强度对应,因此在填土中应控制加载速率,使地基抗剪强度能与外加荷载相适应,否则会使土体结构发生破坏,强度反而降低。所以,应加强地基的沉降观测,当发现地基有超过加载控制标准的异常表现时,要及时采取措施,如暂停加载或卸载。

③预压过程中需进行过程监控,通过监控数据进一步优化加载方式和加载时间,确定卸载时期。

2)真空预压法

真空预压法又叫真空压重法(图5-23),是先在需要加固的软土地基内设置砂井或塑料排水板等竖向排水通道;在地面铺设排水砂层,其上覆盖不透气的密封膜与大气隔绝,通过埋设于砂垫层中的吸水管道,用真空装置进行抽气,因而在膜的内外产生一个气压差 $-U_s$,这部分气压差即为作用于地基的预压荷载。它与堆载预压不同的是真空负压是一均匀等向应力,不会产生剪应力,因而不会造成地基的失稳破坏。

图5-23 真空预压法

真空预压法效果与路堤荷载压重法、降低水位压重法相同,不会招致地基破坏。缺点是使用范围有限,工程费用一般较大。

这种方法适用于一般软黏土地基。但当黏土层与具有充足水源补给的透水层相间,有大量地下水流入时,或地质条件比较复杂时,不宜采用。

设计与施工时应注意以下问题:

(1)抽真空前土中的有效应力等于土自重压力,抽真空后,土体完全固结时,真空压力完全转化为有效应力。

(2)真空预压的效果和密封膜内真空度大小密切相关。一般要求膜内真空度维持在600mm Hg 左右,相当于80kPa 的真空压力。

(3)沉降计算。由真空预压力引起的沉降,可根据所要求达到的固结度推算加固区所增加的平均有效应力,从试验的应力-应变关系曲线上查出相应的孔隙比进行计算。

(4)密封膜施工。密封膜的施工是真空预压加固的关键。因此,施工时应注意以下几点:

①密封材料可采用密封性聚氯乙烯薄膜或线性聚乙烯等专用薄膜。

②密封膜的热合。密封膜一般采用热合连接,连接长度不小于是2.0cm。

③密封膜的铺设。在确保密封膜本身密封条件下,还要严格做好膜的四周密封性。首先要保证膜四周密封处膜与软土接触要有足够的长度,以及保证有足够长的水流路径;其次是使膜周边密封处要有一定的压力,保证膜上软土紧密接触,使膜边有良好的气密性。压边材料以黏土和亚黏土为宜。

(5)真空设备及施工工艺。要求真空设备具有效率高、能连续运转、重量轻、结构简单、便于维修等特点。

真空泵可采用普通真空泵或射流真空泵。

真空管路应具有满足总排水量需要的过水断面;能承受径向压力;管路间各连接点需严格进行密封处理,保证真空度在管内不受损失,并使排水畅通。

(6)质量控制。

①真空分布管的距离要适当,使真空度分布均匀;真空分布管的排列有两种,即条形和鱼刺形排列,可因地制宜选用。

②滤管滤膜的渗透系数不小于 10^{-2} cm/s,泵及膜内真空度应达到 96kPa 和 73kPa 以上的要求。

③地表总沉降规律,应符合一般堆载预压时的沉降规律。如发现异常,应及时采取措施,以免影响最终加固效果。

5.6 振冲碎石桩法

振冲碎石桩加固地基是在地基中借助振冲器成孔、振密置换填料、制造一群以碎石、砂砾等散体材料组成的桩体,与原地基土一起形成复合地基,以提高地基承载力和减小沉降的地基加固方法,如图 5-24 所示。对于软土层不太厚,桩体穿过软土层,端部达到相对硬层,形成复合地基的软土,桩体起置换作用,提高地基承载力,降低压缩性。对于软土层很厚,桩体不能穿过软土层,端部不能达到相对硬层,部分形成复合地基。

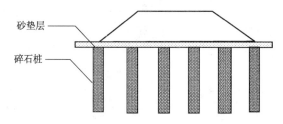

图 5-24 振冲碎石桩加固示意图

由于桩体为散体材料,只有依靠周围土体的围箍作用才能形成桩体,不能单独成桩,因此这种加固方法适用于不排水抗剪强度 >20kPa 的黏性土、粉土、饱和黄土、人工回填土等处理。如果原土强度过低,其约束力不能平衡桩体填料挤入孔壁的力时就不能成桩,这种方法便不适用。

碎石桩加固地基的机理有以下三方面:

(1)振密挤密效应。在施工成桩过程中,桩周土体受到挤密而使桩周土强度增大。

(2)置换效应。地基的原软弱土强度较高的桩体置换而使地基强度增大。

(3)加速排水效应。在制桩过程中桩间土中产生较大的超静孔隙水压力,桩体使地基土的排水渗流路径缩短,加速地基固结,从而使地基承载力随时间提高。

按施工工艺不同可以分为:振动碎石桩法、干振挤密碎石桩法、沉管碎石桩法、沉管夯扩石桩法、袋装碎石桩法和强夯置换碎石桩法几种。

5.6.1 振冲碎石桩的设计

1)处理范围

一般不超出或稍超出基底覆盖的面积,在地震区有抗液化要求,应在基底轮廓线外加 2~3 排保护桩。

2)碎石桩的布置和间距

碎石桩的平面布置一般采用三角形、正方形或长方形三种,常用的有三角形和正方形布置。三角形布置主要用于大面积满堂加固,正方形或矩形主要用于单独基础、条形基础等小面积加固。

桩间距是振冲碎石桩复合地基的一个重要参数,桩间距的确定直接影响地基的挤密效果和经济性。桩距的确定取决于地基土的土性指标、桩的直径、桩的布置方式。桩距可以根据控制地基土孔隙比的方法确定。

(1)正三角形布桩时(图5-25)

$$L = 0.052d\sqrt{\frac{1+e_0}{e_0-e'}} \tag{5-50}$$

(2)正方形布桩时(图5-26)

$$L = 0.866d\sqrt{\frac{1+e_0}{e_0-e'}} \tag{5-51}$$

式中:e_0——土的天然孔隙比;
e'——加固后的土的孔隙比;
L——桩距;
d——桩直径。

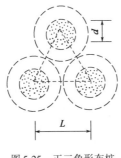
图5-25 正三角形布桩

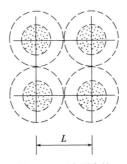
图5-26 正方形布桩

3)桩的数量确定

设加固地基的总面积为A,单桩影响面积为A_{SP},布桩总数为n,则:

$$n = \frac{\text{地基总面积}}{\text{单桩影响面积}} = \frac{A}{A_{SP}} \tag{5-52}$$

(1)正三角形布桩时

$$A_{SP} = L \times L \times \frac{\sqrt{3}}{2} = \frac{\sqrt{3}}{2}L^2$$

$$n = A\bigg/\frac{\sqrt{3}}{2}L^2 = 1.154A/L^2$$

(2)正方形布桩时

$$A_{SP} = L^2$$

$$n = A/L^2$$

设 $A = 1\text{m}^2$ 时,则可得单位面积的桩数为:

正三角形布桩时:
$$n = 1.154/L^2$$

正方形布桩时:
$$n = 1/L^2$$

式中:L——桩距。

4) 面积置换率

面积置换率是桩的截面面积 A_P 与影响面积 A_{SP} 之比,用 m 表示。习惯上把桩的影响面积化为与桩同轴的等效影响圆,其直径为 D_e:

对于正三角形布桩:
$$D_e = 1.05L$$

正方形布桩:
$$D_e = 1.13L$$

长方形布桩:
$$D_e = 1.13\sqrt{L_1 L_2}$$

所以,置换率为:

$$m = \frac{D^2}{D_e^2} \tag{5-53}$$

式中:L、L_1、L_2、D——桩的纵向、横向间距和桩的直径。

5) 桩径

平均直径按每根桩所用的填料量计算,一般为 $0.8 \sim 1.2\text{m}$。

6) 桩长

一般不宜小于 4m,并可根据以下情况确定:

(1) 软土层不太厚,桩体应穿过软土层,按相对硬层端部达到相对硬层埋深确定。

(2) 相对硬层埋深较大时,按上部建筑结构允许的地基变形确定。

(3) 对可液化地基,按要求的抗震处理深度确定桩长。

7) 桩体材料

可以采用碎石、卵石、矿渣等硬质材料,含泥量不大于 5%,不易风化破碎。

8) 碎石桩复合地基的承载力计算

振冲碎石桩复合地基承载力由桩间土和碎石桩的承载力共同组成。由于碎石桩是松散介质,在受到较大的竖向压力时必然会产生状体的竖向压缩和侧向膨胀,使周围土体对桩产生被动土压力,在桩把上部压力传到桩底的过程中,桩和周围土体共同承受了上部的压力。因此碎石桩加固的复合地基由桩和周围土体共同承担上部建筑物(路堤等)的竖向荷载,而不能把碎石桩当作一般的桩基计算。

复合地基的容许承载力计算预估方法较多,以下主要介绍计算碎石桩复合地基容许承载力的三种方法。

(1) 加固砂土地基

碎石桩加固砂土地基属于"振冲挤密",复合地基的容许承载力与其密度和加固后砂土的孔隙比有关。

计算时可以先按要求加固复合地基容许承载力值(参考《工业与民用建筑地基基础设计规范》),确定加固后砂土要求达到孔隙比 e_1,然后计算出砂基单位体积所需的填料量 V。

$$V = \frac{(1+e_p)(e_0-e_1)}{(1+e_0)(1-e_1)} \tag{5-54}$$

式中:V——砂基单位体积所需的填料用量;

　　e_p——桩体的空隙比,由填料级配计算;

　　e_0——加固前砂土的原始孔隙比;

　　e_1——加固后要求达到的砂土的孔隙比。

桩距 L 由下式估算:

$$L = \alpha \sqrt{V_p/V} \tag{5-55}$$

式中:L——桩距;

　　α——系数,正方形布置为1.0、等边三角形布置为1.075;

　　V_p——单位桩长的平均填料用量,一般为 $0.3 \sim 0.5 \text{m}^3$。

(2)加固黏性土地基

采用 Brauns 改进计算式计算,适用于黏性土地基加固,属于"振冲置换"。

对于各种群桩布置,单桩的极限承载力为:

$$f_{pk} = \xi_0 c_u \tag{5-56}$$

或

$$\frac{f_{pk}}{c_u} = \frac{2\tan^2\delta_p}{\sin2\delta}\left(\frac{\tan\delta_p}{\tan\delta}+1\right) = \xi_0$$

加固地基的极限承载力 f_{sp} 用下式计算:

$$f_{sp} = \xi_1 c_u \tag{5-57}$$

ξ_1 用下式计算:

$$\xi_1 = \frac{\lambda+1}{2}\left(\frac{\sigma_s}{c_u} + \frac{\lambda-1}{2\tan\delta_p} + \frac{2\tan\delta_p}{\lambda-1}\right)\tan^2\delta_p$$

对于满堂加固的碎石桩复合地基,其极限承载力为:

$$f_{spmax} = mf_{sp} + (1-m)\sigma_s \tag{5-58}$$

或

$$\frac{f_{spmax}}{c_u} = m\xi_1 + (1-m)\frac{\sigma_s}{c_u}$$

式中:c_u——土的不排水抗剪强度,对容许较小沉降的,用1.5m深度处的 c_u 值;对容许较大沉降的,用整个桩长范围内的平均 c_u 值;对容许中等沉降的,取二者的中值;

　　δ_p——$\delta_p = 45° + \frac{\varphi_p}{2}$;

　　φ_p——碎石的内摩擦角,一般采用 $35° \sim 40°$;

　　δ——桩外土滑移面与水平面的夹角。

$$\tan\delta_p = \frac{1}{2}\tan\delta(\tan^2\delta - 1)$$

λ——$\lambda = \left(\frac{1}{m}\right)^{\frac{1}{2}}$；

σ_s——桩间土接触应力，取$(2\sim3)c_u$。对于容许较小沉降，$\sigma_s = 1.5c_u$；对于容许中等沉降，$\sigma_s = 2.25c_u$；对于容许较大沉降，$\sigma_s = 3c_u$。

碎石桩复合地基的容许承载力为：

$$f_k = f_{spmax}/K \tag{5-59}$$

式中：K——安全系数，取$2\sim3$；

其余符号意义同前。

(3) 用规范推荐公式计算

对于初步设计，复合地基承载力特征值可用下式估算：

$$f_{sp} = mf_{pk} + (1-m)f_{sk} \tag{5-60}$$

式中：f_{sp}——振冲碎石桩复合地基承载力特征值(kPa)；

f_{pk}——桩承载力特征值(kPa)；

f_{sk}——桩间土承载力特征值(kPa)；

m——桩土面积置换率。

复合地基的承载力可以通过现场承压板荷载实验检测确定。

8) 碎石桩复合地基的沉降计算

复合地基的沉降计算方法较多，其中主要有：Priebe法、Goughnour法、沉降模量法等，这些方法各有特点，以下主要介绍Priebe沉降计算法。

Priebe(1976)提出一个复合地基在垂直荷载作用下产生的最终沉降量计算方法。这种方法假设：①地基土为各向同性；②刚性基础；③桩体长度已到达有支承能力的硬土层。在这些假设条件下，Priebe根据半无限弹性体中圆柱孔横向变形理论推导，得出一个沉降折减系数β的表达式：

$$\frac{1}{\beta} = 1 + m\left[\frac{\frac{1}{2} + f(\mu,m)}{\tan^2\left(45° - \frac{\varphi_p}{2}\right)f(\mu,m)} - 1\right]$$

$$f(\mu,m) = \frac{1-\mu'}{1-\mu-2\mu'}\frac{(1-2\mu)(1-m)}{1-2\mu+m} \tag{5-61}$$

式中：μ——地基土的泊松比；

μ'——桩内土(桩体)的泊松比；

其余符号意义同前。

所谓沉降折减系数，是指地基用振冲碎石置换桩加固后的最终沉降量与不加固情况下的最终沉降量之比，即

$$\beta = \frac{S_{sp}}{S_s}$$

由此得复合地基的最终沉降量S_{sp}为：

$$S_{sp} = \beta S_s \tag{5-62}$$

式中：S_{sp}——复合地基的最终沉降量；

S_s——不加固情况下的地基最终沉降量。

Priebe 还推导出了桩土压力比 n，即

$$n = \frac{\frac{1}{2} + f(\mu, m)}{\tan^2\left(45° - \frac{\varphi_p}{2}\right) f(\mu, m)}$$

代入折减系数表达式，得：

$$\beta = \frac{1}{1 + m(n-1)}$$

5.6.2 振冲碎石桩的施工工艺

1）施工机械

碎石桩的施工配套机械有振冲器、吊机（施工专用平车）、水泵，如图 5-27 所示。振冲器功率应考虑填料的粒径确定：30kW，20~80mm；55kW，30~100mm；75kW，40~150mm。

2）施工准备

(1) 三通一平。

(2) 施工场地布置。

(3) 测量地面高程，加固区高程宜为设计桩顶高程以上 1.0m。

(4) 按设计标出桩位。

图 5-27 振冲碎石桩施工

3）桩体制作（图 5-28）

施工顺序：由里向外或从一边推向另一边的顺序进行制桩。

 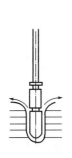 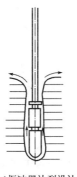  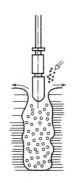 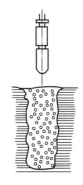

a) 振冲器对准桩位　b) 启动吊车，使振冲器下沉　c) 振冲器达到设计加固深度，并上提、清孔　d) 往孔里倒填料，将振冲器沉到填料中使其振实　e) 分层加料，振实　f) 自下而上制作桩体，直到孔口，完成一根桩

图 5-28 振冲碎石桩体制作施工示意图

(1)振冲器对准桩位,开水开电。

(2)启动起重机,使振冲器以 1~2m/min 的速度下沉。

(3)当振冲器达到设计加固深度以上 30~50cm 时,开始将振冲器上提直至孔口,提升速率 5~6m/min。

(4)重复(2)、(3)工序 1~2 次,如果孔口有泥块,应将泥块挖去,最后将振冲器停留在设计加固深度以上 30~50cm 处。并清孔(1~2min),借助循环水使孔内泥浆变稀。

(5)往孔内填料:成孔后,把振冲器提出孔口,然后往孔里倒填料 0.15~0.5m^3,将振冲器沉到填料中,使其振实。

(6)重复(5),把振冲器提出孔口,再往孔里倒填料,将振冲器沉到填料中使其振实,自下而上地制作桩体,直到孔口,完成一根桩。

(7)关振冲器,关水,移位到下一个桩点。

4)表层处理

桩顶部约 1.0m 的范围内,地基上复压力小,桩体施工密度难以达到要求,必须另行处理,方法是:用振动碾压使之压实,或把它挖出。采用此法时应事先做好高程控制。

5)施工质量控制

主要控制因素有水、电、料。

(1)水:水压、水量,在成孔过程中,水压和水量要尽可能大,接近加固深度时,要降低水压,以免破坏桩以下的土体。加料振密过程中水压和水量均宜小。

(2)电:主要控制加料振密过程中的密实电流。一般为振冲器潜水电机空载电流加 10~15A。

(3)料:加料不宜过猛,要勤加料,每批料不宜加得过多。

6)加固地基质量检测

碎石桩加固地基检测的内容有以下两项。

(1)施工质量的检测。主要是检测砂石桩的质量好坏,常用的方法有单桩荷载试验和桩体动力触探试验。

(2)振冲砂石桩复合地基的承载力检测。主要是检测其承载力是否满足设计要求。常用的方法有单桩复合地基荷载试验、多桩复合地基大型荷载试验,桩间土的荷载试验、标准贯入试验、静力触探等。其中,静载荷试验是为了获取桩基设计所必需的计算参数,对桩型和桩基持力层进行比较和选择,充分发挥地基支承力和桩身结构强度,使二者能够匹配,获取最佳的技术经济效果;动力触探是利用一定的落锤能量,将一定尺寸、一定形状的探头打入土中,根据打入的难易程度判定土层的一种原位测试方法,主要用于:

①评定砂土的孔隙比或相对密实度、粉土及黏性土的状态。

②估算土的强度和变形模量。

③评定场地地基的均匀性及承载力。

④探查土洞、滑动面、软硬土层界面等。

⑤确定桩基持力层和承载力。

⑥检验地基加固与改良的质量效果;标准贯入法试验(SPT)是用质量为 63.5kg 的穿心锤,以 76cm 落距,将一定规格的标准贯入器打入土中 15cm,再打 30cm,后 30cm 的锤击数即为标准

贯入的指标 N。用 N 判断砂土的密实度或黏性土和粉土的稠度、估算土的强度与变形指标。

复合加固地基荷载试验,宜以定性为主,随机性为辅,即在桩体和桩间土的检验基础上,选择具有较好代表性或有疑义的点位进行检验。

5.7 灌 浆 法

灌浆法(Grouting)亦称注浆法,是利用液压、气压或电化学原理,通过注浆管把各种浆液均匀地注入地层中,通过浆液填充、渗透和挤密等方式,挤走土颗粒间或岩石裂隙中的水分和空气,将原来松散的土粒或岩石裂隙胶结成一个整体,从而达到加固地基、提高地基承载力的一种加固法(图5-29)。灌浆加固一般可分为静压灌浆和高压喷射灌浆两种。静压灌浆又可分为填充灌浆、裂缝灌浆、渗透灌浆和挤压灌浆等;高压喷射灌浆又有旋转喷射灌浆和定向喷射灌浆之分。

灌浆法在我国煤炭、冶金、水电、建筑、公路和铁道等行业的地基加固处理中都得到了广泛应用,并取得了良好的效果。主要应用于以下几方面:

(1)提高软土地基承载力,减少地基的沉降和不均匀沉降。

(2)处治路基坍方、滑坡等路基病害。

(3)加固山区公路高填方路基的沉降和由不均匀沉降引起的路基和路面变形破坏。

图5-29 灌浆加固填方路基

(4)防止桥墩边坡护岸的冲刷。

(5)增加地基土的不透水性。防止流砂、钢板桩渗水、坝基漏水和隧道开挖时涌水,以及改善地下工程的开挖条件。

(6)加固古建筑的地基,建筑纠偏。

(7)混凝土路面板脱空处治。

5.7.1 灌浆材料

灌浆法加固地基所用的浆液是由主剂(原材料)、溶剂(水或其他溶剂)及各种外加剂混合而成的液体材料,一般所说的灌浆材料是指浆液中所用的主剂。

灌浆材料常分为粒状浆材和化学浆材两大类。根据材料的主要特点可进一步分为不稳定粒状浆材、稳定粒状浆材、无机化学浆材和有机化学浆材等四类。按组成灌浆浆液材料划分,灌浆材料分为水泥、水泥砂浆、黏土、水泥黏土、硅酸钠或高分子溶液化学类等。

1)粒状浆材的原材料性能要求

粒状浆材主要有纯水泥浆、黏土水泥浆及水泥砂浆三种。这些灌浆原材料的性能要求如下:

(1)水泥。灌浆工程中应用最广的是普通硅酸盐水泥,一般情况下,质量符合国家标准的普通硅酸盐水泥都可以用作灌浆材料,某些特殊条件下也可采用矿渣水泥、火山灰水泥和抗硫酸盐水泥等。

(2)水。水的作用是把固态水泥变成悬浮液,以供灌注;同时使水泥颗粒水解和水化,形成水化物晶体并相互结合成网状结构,使水泥浆逐渐形成具有一定力学强度的结石。

一般来说,凡能饮用的水,都可用来制备水泥浆液,但水中不应含过量的硫酸盐($>0.1\%$)和氯化物($>0.5\%$)。水中不能含有糖、悬浮物质(如海藻)和碱类等有害成分。

(3)砂。在较大的孔隙和裂隙中灌浆时,常在水泥浆中加砂以形成经济的浆液。有时为了防止浆液扩散过远,还可用掺砂的办法提高浆液的固体含量和降低其含水率,从而使浆液获得较高的摩擦剪切强度。

选择砂时,要考虑耐久性、流动性、收缩性和碱性反应。一般由坚硬的大块岩石碾碎而成的砂粒比扁平带棱角的或薄片状材料好,因后者会使浆液的流动性降低。级配均匀的砂比较有利,最大颗粒以不超过2mm为宜。

(4)黏土。黏土具有吸收水分和形成胶凝结构的能力,其作用是提高水泥浆液的稳定性,防止沉淀和析水。

这些浆材容易取得,成本低廉,故在各类灌浆工程中应用最为广泛。为了改善粒状浆材的性质,适应各种自然条件和不同灌浆目的的需要,通常还在浆液中掺入各种外加剂。

2)粒状浆材的主要物理力学性质

作为灌浆加固采用浆材,其物理、化学和力学性质要求如下:

(1)分散度。分散度是影响可灌性的主要因素,一般分散度越高,可灌性就越好。分散度还会影响浆液的一系列物理力学性质。

(2)沉淀析水性。在浆液搅拌过程中,水泥颗粒处于分散和悬浮于水中的状态,但当浆液制成和停止搅拌时,除非浆液极为浓稠,否则水泥颗粒将在重力作用下沉淀,并使水向浆液顶端上升。这种沉淀析水机理,可用司笃克定律来表达:

$$q = \frac{9}{32} \frac{d_m^2}{\eta} \frac{\rho_c - \rho_w}{\rho_w} \frac{W^2}{1+3W} \tag{5-63}$$

式中:q——起始析水速率;

d_m——悬液中水泥颗粒的当量圆球直径;

η——水的运动黏滞系数;

ρ_c——水泥的密度;

ρ_w——水的密度;

W——浆液的水灰比,$W=1$。

沉淀析水性是影响灌浆质量的有害因素。在灌浆过程中,颗粒的沉淀分层将引起机具管路和地层孔隙的堵塞,严重时还可能造成灌浆过程过早结束。在灌浆结束后,颗粒的沉淀分层将使浆液的密度在垂直方向上发生变化,从而使灌浆体的均匀性降低;浆液的析水则使结石率降低,在灌浆体中形成空隙。

黏土由于分散度高和亲水性好,沉淀析水性较小,因此,在水泥悬液中加入适量黏土可以大大提高浆液的稳定性。

(3)凝结性。浆液的凝结过程常被分为两个阶段:初凝阶段,浆液的流动性减少到不可泵送;第二阶段,凝结后的浆液随时间而逐渐硬化。研究证明,水泥浆的初凝时间一般变化在2~4h之间,加入黏土的水泥浆凝结时间更长。

浆液的凝结性受一系列因素的影响,例如浆液的水灰比越大,颗粒的比表面积越小,凝结时间则越长。因此,任何浆液都不能定出标准凝固时间,而必须根据具体情况通过试验来确定。

(4)热学性质。由水化热引起的浆液温度主要取决于水泥类型和细度、水泥含量、灌注温度和绝热条件等因素。例如,当水泥的比表面积由 $250\mathrm{m}^2/\mathrm{kg}$ 增至 $400\mathrm{m}^2/\mathrm{kg}$ 时,水化热的发展速度将提高约 60%。当大体积灌浆工程需要控制浆液温度时,可采取用低热水泥、低水泥含量及降低拌和水温度等措施;当采用黏土水泥浆灌注时,一般不存在水化热问题。

(5)收缩性。浆液及结石的收缩性主要受环境条件的影响。潮湿养护的浆液只要长期维持其潮湿条件,不仅不会收缩,还可能随时间增长而略有膨胀。反之,干燥养护的浆液或潮湿养护后又使其处于干燥环境中,就可能发生收缩。一旦发生收缩,将在灌浆体中形成微细裂隙、使灌浆效果降低,因此在灌浆设计中应采取防收缩措施。

(6)结石的强度。影响结石强度的主要因素有:浆液的起始水灰比、结石的孔隙率、水泥的品种及掺合料等,其中浆液浓度是最重要的因素。以纯水泥浆为例,应用式(5-64)可以得出上述因素与强度之间的定性关系:

$$R = K \frac{C}{C+e+a} \tag{5-64}$$

式中:R——无侧限抗压强度;

K——常数;

C、e、a——浆液结石中的水泥、水和空气的体积。

式(5-64)表明浆液的起始水灰比越大,结石的最终水灰比就越高,相应的抗压强度也越低。

当水泥浆中掺入黏土时,其强度将大大降低。因此,黏土水泥浆一般不宜用作加固灌浆材料。

(7)渗透性。与强度一样,结石的渗透性也与浆液起始水灰比、水泥含量及养护龄期等一系列因素有关。

(8)耐久性。水泥结石在正常条件下是耐久的,但若灌浆体长期受水压力作用,则可能使结石破坏。主要的破坏形式有两种:

①当灌浆体受水冲洗或受压力水渗透时,结石中的氧化钙可能被溶解和带走,晶体构造被破坏,从而使结石强度降低。根据有关研究,当水泥石中的氧化钙被溶出 25% 时,其强度损失 50%,若以此作为灌浆体破坏的标准,可推导出灌浆体的寿命为:

$$T = \frac{0.081Wb}{kJ}\left(\frac{1}{c_1} + \frac{1}{c_2}\right) \tag{5-65}$$

式中:T——灌浆体中的氧化钙被溶出 25% 的时间(年);

W——每立方米灌浆体中的水泥量($\mathrm{N/m}^3$);

b——灌浆体承受水压力的厚度(m);

k——灌浆体的渗透系数(m/年);

J——水力比降;

c_1——水泥中水化铝酸四钙的极限氧化钙浓度,$c_1 = 10.8\mathrm{N/m}^3$;

c_2——水泥中水化铝酸三钙的极限氧化钙浓度,$c_2 = 5.6\text{N/m}^3$。

②硫酸盐侵蚀。含硫酸盐矿物的水与水泥结石中的石灰作用时,将生成石膏。在SO_4^{2-}离子较多的环境水中,石膏将结晶膨胀,导致水泥结石的破坏。此外,SO_4^{2-}还能与水泥石中的铝酸三钙反应生成硫铝酸钙晶体,其体积比原参加反应的固体物质的体积增大很多,也将在结石中产生内应力而使结石结构破裂。

3)化学灌浆材料及性能

化学灌浆(Chemical Grouting)是将一定的化学材料(无机或有机材料)配制成真溶液,用化学灌浆泵等设备将其灌入地层或缝隙内,使其渗透、扩散、胶凝或固化,以增加地层强度、降低地层渗透性、防止地层变形和进行混凝土建筑物裂缝修补、防水堵漏和混凝土缺陷补强的技术。

化学浆材的品种很多,目前最常用的化学灌浆材料可分为两大类:一是防渗止水类,有水玻璃、丙烯酸盐、水溶性聚氨酯、弹性聚氨酯和木质素浆等;二是加固补强类,有环氧树脂、甲基丙烯酸甲酯、非水溶性聚氨酯浆等。近年来应用最多的是水玻璃、聚氨酯和环氧树脂浆材。

以下是几种在地基灌浆中比较常用的化学浆材性能。

(1)水玻璃

水玻璃以含水硅酸钠为主剂,另加入胶凝剂以形成凝胶。硅酸盐(水玻璃)灌浆开始于1887年,是化学灌浆中应用最古老的灌浆材料,它具有价格低廉、渗入性较高和无毒等优点。虽然后来出现了各种化学灌浆材料,但还没有哪种材料的综合性能超过水玻璃。大量实践表明,水玻璃浆材在建筑防渗堵漏补强、地基加固、隧道矿井止水固结等方面均有较好的应用效果,是一种较为理想的化学灌浆材料,因此,至今仍广泛应用于地基、大坝、隧道、桥墩、矿井等土建工程的灌浆加固。

①可灌性好:由于水玻璃为真溶液,浆液的起始黏度低,且保持低黏度的时间可满足灌浆工艺要求,粒径在0.1mm以上的土层均能得到有效的灌注,能满足一般砂土地基的灌浆要求。

②耐久性强:水玻璃浆材凝胶时间可以从瞬时到数十分钟内随意调节,且接近凝胶时的浆液具有迅速形成凝胶的特点,使水玻璃与被加固体能形成强度较高的聚合体。据测定,水玻璃浆材的固砂体强度可以达30kg/cm^2,渗透系数可达$10^{-5} \sim 10^{-6}$s/cm。

③毒副作用小,造价低:有些有机化学浆材具有较强的毒副作用,容易引起水环境污染,而水玻璃浆材无毒,是首选的环保灌浆材料。

(2)水玻璃水泥浆

由水玻璃溶液与水泥浆混合而成,也是一种用途广泛、使用效果良好的灌浆材料。水玻璃与水泥水化产物Ca(OH)$_2$迅速化合,这类浆材的反应机理如下:

$$Na_2O \cdot nSiO_2 + Ca(OH)_2 + mHO \rightarrow CaO \cdot nSiO_2 \cdot mH_2O + 2NaOH$$

水玻璃水泥浆具有以下特点:

①根据水泥浆越浓,水玻璃与水泥浆的比例越大和温度越高,浆液的凝固时间就越短的规律,浆液的凝结时间可以在几秒到几十分钟的时间内准确控制。为了加快或延缓凝结时间,可以在浆中加入适量的速凝剂或缓凝剂。在相同条件下,普通硅酸盐水泥比矿渣硅酸盐水泥及火山灰水泥的凝结时间快。

②凝固后的结石率高,可达98%～100%。
③水玻璃是促进水泥浆早凝的因素,但并不是所用的水玻璃越多,浆液凝结就越快。
④水玻璃对强度的影响呈现一个峰值,有一个最佳比例。

(3) 聚氨酯类

聚氨酯类浆材是采用多异氰酸酯和聚醚树脂等作为主要原材料,再掺入各种外加剂配制而成。浆液灌入地层后,遇水即反应生成聚氨酯泡沫体,起加固地基和防渗堵漏等作用。

聚氨酯类浆材又分为水溶性与非水溶性两类。水溶性聚氨酯能与水以各种比例混溶,并与水反应成含水胶凝体;非水溶性聚氨酯只溶于有机溶剂。

水溶性聚氨酯浆浆液具有良好的亲水性,水既是稀释剂又是固化剂,遇水即固化,无毒,施工工艺简单浆液无须繁杂的配制,用单液法直接灌注。可以在潮湿或涌水的情况下注浆,尤其是快速堵漏效果十分显著。浆液对水质的适应性强,在海水和pH值为3～13的水中均能固化。浆液固体为弹性体,遇水能膨胀具有弹性,特别适用于变形缝的防水处理。

(4) 丙烯酰胺类浆材

这类浆材在国外又叫 AM-9,国内则多称为丙凝,由以下几种材料组成:主剂为丙烯酰胺,引发剂为过硫酸钙、促进剂 β-二甲氨基丙腈、缓凝剂铁氰化钾,是一种水溶性高分子浆材。其黏滞性与水相近,且在凝结前维持不变。所以,只要有水能渗过的地方就可以用丙烯酰胺注浆,因此这种浆材被广泛应用于岩石细微裂缝、中细砂地层的防渗灌浆和动水堵漏。但是这种浆材对神经系统有毒害作用,对空气和地下水有污染,已被禁止使用,取而代之的是新型低毒的浆材。

5.7.2 灌浆理论

在地基灌浆加固处理中,根据灌浆加固的假设条件、加固目的和原理,灌浆加固理论可分为渗入性灌浆理论、劈裂灌浆理论、压密灌浆理论和电动化学灌浆理论四种。这四种灌浆加固理论的原理和适用条件如下。

1) 渗入性灌浆理论

渗入灌浆是在灌浆压力作用下,浆液克服各种阻力而渗入孔隙和裂隙,使浆液充填土的孔隙和岩石的裂隙,排挤出孔隙中的自由水和气体,使地基密度、强度提高的地基加固方法。压力越大,吸浆量和浆液的扩散半径也越大。这种理论假定:在灌浆过程中,地层结构不受扰动和破坏,基本上不改变原状土的结构和体积。因此,所用灌浆压力相对较小。这类灌浆一般只适用于中砂以上的砂性土和有裂隙的岩石。按照注浆工艺及浆液的扩散方式,渗入灌浆理论又分为球形扩散理论、柱形扩散理论和袖阀管法理论。

(1) 球形扩散理论

图 5-30 所示为球形扩散理论的模型。

Maag(1938) 首先推导出浆液在砂层中渗透公式,它至今

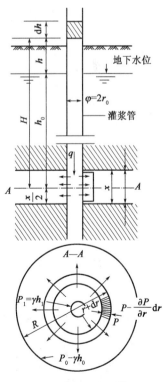

图 5-30 浆液柱状扩散模型

仍被广泛采用。在推导公式时，Maag 作了下述一些简化计算模式的假定。

①被灌砂土为均质和各向同性。
②浆液为牛顿体。
③采用填压法灌浆，浆液从灌浆管底端注入地层。
④浆液在地层中呈球头扩散。

根据达西定律：
$$Q = k_g iAt = 4\pi r^2 k_g t(-dh/dr)$$

所以
$$-dh = \frac{Q\beta}{4\pi r^2 kt}dr$$

积分后得：
$$h = \frac{Q\beta}{4\pi r^2 kt}\frac{1}{r} + c$$

当 $r = r_0$ 时，$h = H$；$r = r_1$ 时，$h = h_0$，代入上式得：
$$H - h_0 = \frac{Q\beta}{4\pi kt}\left(\frac{1}{r_0} - \frac{1}{r_1}\right)$$

已知：$Q = 4/3 \times \pi r_1^3 n$，$h_1 = H - h_0$，代入上式得：
$$h_1 = \frac{r_1^3 \beta\left(\frac{1}{r_0} - \frac{1}{r_1}\right)n}{3kt}$$

由于 r_1 比 r_0 大得多，故考虑
$$\frac{1}{r_0} - \frac{1}{r_1} \approx \frac{1}{r_0}$$

于是：
$$h_1 = \frac{r_1^3 \beta n}{3ktr_0}$$

所以：
$$t = \frac{r_1^3 \beta n}{3kh_1 r_0} \tag{5-66}$$

$$r_1 = \sqrt[3]{\frac{3kh_1 r_0 t}{\beta n}} \tag{5-67}$$

式中：k——砂土的渗透系数(cm/s)；

　　　Q——注浆量(cm^3)；

　　　k_g——浆液在地层中的渗系数(cm/s)，$k_g = \frac{k}{\beta}$；

　　　β——浆液黏度对水的黏度比；

　　　A——渗透面积(cm^2)；

　　　r、r_1——浆液的扩散半径(cm)；

　　　h、h_1——灌浆压力(厘米水头)；

h_0——注浆点以上的地下水头;

H——地下水压头和灌浆压力之和(cm);

r_0——灌浆管半径(cm);

t——灌浆时间(s);

n——砂土的孔隙率。

(2) 柱形扩散理论

当浆液做柱形扩散时,其扩散半径可按图 5-30 的理论模型进行计算,得出下述两公式:

$$t = \frac{n\beta r_1^2 \ln \frac{r_1}{r_0}}{2kh_1} \tag{5-68}$$

$$r_1 = \sqrt{\frac{2kh_1 t}{n\beta \ln \frac{r_1}{r_0}}} \tag{5-69}$$

式中符号意义同前。

对于袖阀管法注浆及其原理,其浆液扩散类似于柱形扩散,假定浆液在砂砾石中做紊流运动,则其扩散半径 r_1 为:

$$r_1 = 2\sqrt{\frac{t}{n}}\sqrt{\frac{kvh_1 r_0}{d_e}} \tag{5-70}$$

式中:d_e——被灌土体的有效粒径;

v——浆液的运动黏滞系数;

其余符号同 Maag 公式。

2) 劈裂灌浆理论

劈裂灌浆是在灌浆压力作用下,向钻孔泵送不同类型的流体,浆液克服地层的初始应力和抗拉强度,使其沿垂直于小主应力的平面上发生劈裂,引起岩石或土体结构的破坏和扰动,使地层中原有的孔隙或裂隙扩张,或形成新的裂缝或孔隙,从而使低透水性地层的可灌性和浆液扩散距离增大,使岩土体得到加固的灌浆方法。为了克服地层的初始应力和抗拉强度,使地层中的裂隙扩大或产生新的裂隙,这种灌浆法必须采用较高的灌浆压力,且灌浆压力随地层性能的不同而不同。

(1) 岩基

在岩基中,水力劈裂在很大程度上取决于岩石的抗拉强度 S_T、泊松比 μ、侧压力系数 K_0 以及孔隙率 n、透水性 k 和浆液黏度等。若用参数 N 综合地表示 K 和 η,则在钻孔壁处开始发生垂直劈裂的条件为:

$$\frac{P_0}{vh} = \left(\frac{1-\mu}{1-Nv}\right)\left(2K_0 + \frac{S_T}{\gamma h}\right) \tag{5-71}$$

式中:P_0——灌浆压力;

γ——岩石的重度;

h——灌浆段深度。

水平劈裂的开始条件为:

$$\frac{p_0}{\gamma h} = \left[\frac{1-\mu}{\mu(1-N)}\right]\left(1 + \frac{S_T}{\gamma h}\right) \qquad (5\text{-}72)$$

对于含节理裂隙的岩层,水力劈裂应包括原有裂隙的扩张和新鲜岩体的破裂。根据弹性理论计算,目前国内灌浆工程所用的灌浆压力,尚不能使新岩体发生破裂,但仅用较小的灌浆压力就足以引起岩石现有裂隙的类弹性扩张。

(2)砂和砂砾石地层

对砂及砂砾石层,可按照有效应力的库仑-摩尔破坏准则进行计算。在各向同性地层中,当材料的应力状态满足下式时即将发生破坏:

$$\frac{\sigma_1' + \sigma_3'}{2}\sin\varphi' = \frac{\sigma_1' - \sigma_3'}{2} - c'\cos\varphi' \qquad (5\text{-}73)$$

式中:σ_1'——有效大主应力;

σ_3'——有效小主应力;

φ'、c'——有效内摩擦角和有效凝聚力。

地层中由于灌浆压力的作用,将使砂砾石土的有效应力减小。当灌浆压力 p_e 达到式(5-74)的标准时,就会导致地层的破坏:

$$p_e = \frac{(\gamma h - \gamma_w h_w)+(1+K)}{2} - \frac{(\gamma h - \gamma_w h_w)(1-K)}{2\sin\varphi'} + c'\cot\varphi' \qquad (5\text{-}74)$$

式中:γ——砂或砂砾石重度;

γ_w——水的重度;

h——灌浆段深度;

h_w——地下水位高度;

K——主应力比。

(3)黏性土

在黏性土中,水力劈裂将引起土体固结及挤出等现象,同时还包括水泥微粒对黏土产生的物理化学作用,如水泥微粒对黏土的钙化。

在仅有固结作用的条件下,注入浆液的体积 V 及单位土体所需的浆液量 Q 可用式(5-75)及式(5-76)计算:

$$V = \int_0^a (p_0 - u) m_v 4\pi r^2 \mathrm{d}r \qquad (5\text{-}75)$$

$$Q = pm_v \qquad (5\text{-}76)$$

式中:r——浆液的扩散半径;

p_0——灌浆压力;

u——孔隙水压力;

m_v——土的压缩系数;

p——有效灌浆压力。

当存在多种劈裂现象时,土层被固结的程度 C 可用式(5-77)确定:

$$C = \frac{(1-V)(n_0 - n_1)}{1 - n_0} \times 100\% \qquad (5\text{-}77)$$

式中：V——灌入土中的水泥结石总体积；
n_0——土的天然孔隙率；
n_1——灌浆后土的孔隙率。

3) 压密灌浆理论

压密灌浆是通过钻孔向土层中压入浓浆,随着土体的压密和浆液的挤入,将在压浆点周围形成灯泡形浆泡,并因浆液的挤压作用而产生辐射状上抬力,从而引起地层局部隆起,如图 5-31 所示。当浆泡的直径较小时,灌浆压力基本上沿钻孔的径向即水平向扩展。随着浆泡尺寸的逐渐增大,便产生较大的上抬力而使地面抬动,因此,压密灌浆是用浓浆置换和压密土的过程。当合理地使用灌浆压力并造成适宜的上抬力时,可使下沉的建筑物回升到相当精确的范围,利用这一原理可纠正由不均匀沉降引起的地面建筑物的倾斜。

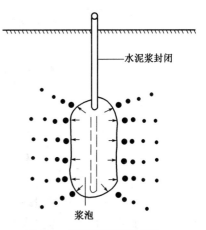

图 5-31 压密灌浆原理示意图

压密灌浆法在较软弱的土体中具有较好的效果。因此常用于中砂地基,黏土地基中若有适宜的排水条件,也可采用。若排水不畅而有可能在土体中引起高孔隙水压力时,应采用较低的注浆速率。

研究证明,向外扩张的浆泡将在土体中引起复杂的径向和切向应力状态。紧靠浆泡处的土体将遭受严重的破坏和剪切,并形成塑性变形区,在此区内土体的密度可能因扰动而减小;离浆泡较远的土则基本上处于弹性变形状态,使土的密度明显增加。

浆泡的形状一般为球形或圆柱形。在均匀土中浆泡的形状相当规则,非均质土中则很不规则。浆泡的最后尺寸受许多因素的影响,如土的密度、湿度、力学性质、地表约束条件、灌浆压力和注浆速率等。浆泡的横截面直径可达到 1m 或更大。实践表明,离浆泡界面 0.3 ~ 2.0m 以内的土体都能受到明显的压密。

与其他灌浆方法一样,灌浆压力的大小是控制压密灌浆效果的主要因素,但压密灌浆采用的是流动性很小的浓稠浆液,因此必须采用专门的灌浆设备和施工工艺。

4) 电化学灌浆理论

电化学灌浆加固是指在电渗作用下土体中形成渗浆通路,使化学浆液能较均匀地灌入土孔隙中,从而使地基得到加固的方法。其灌浆加固原理是:在黏性土中插入金属电极并通以直流电,在土中引起电渗、电泳和离子交换等作用,促使通电区域中土体的含水率显著降低,从而在土内形成渗浆"通道",在通电的同时向土中灌注硅酸盐浆液,就能在"通道"上形成硅胶,并与土粒胶结成具有一定力学强度的加固体。

根据达西定律,在水压力作用下流体通过多孔介质的平均速度为：

$$v_h = k_h I_h = k_h \frac{h}{L} \tag{5-78}$$

式中：v_h——水在土中的渗透速度；
k_h——水的渗透系数；
I_h——水力比降；

h——水头高度;

L——土样长度。

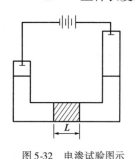

图 5-32 电渗试验图示

若用相同的土样,按图 5-32 方式进行电渗试验,发现由电渗引起的水流从正极流向负极的速度与达西定律相似,如式(5-79):

$$v_e = k_e I_e = k_e \frac{V}{L} \tag{5-79}$$

式中:v_e——电渗速度;

k_e——土的电渗系数;

I_e——水力比降;

V——直流电压;

L——两电极的距离。

试验还发现,k_e 并不是一个常数,它不仅与流体中的离子浓度有关,在一定程度上还将随电场强度的增大而提高,土的 k_h 越小,k_e 增大越显著。这种现象表明,在黏土中,即使不施加灌浆压力,也能靠直流电压把浆液注入土中,或者在进行压力灌浆后再在土中通以直流电,就能使浆液在土中扩散,使土体得到加固,提高灌浆效果。

根据上述试验和原理,假定在土中打入两个半径为 A 的灌浆管,孔距为 l,在两灌浆管之间通以直流电,则浆液扩散至 R 处所需的时间可用式(5-80)确定:

$$T = \frac{R^2}{V} \frac{\log_e\left(\frac{l}{A}\right)}{k_e} \tag{5-80}$$

式中:V——作用电压;

k_e——电渗系数。

根据 Casagrande 的研究,多数黏土的 k_e 可取 5×10^{-5} cm/s,则上式可简化为:

$$T = 200\log_e\left(\frac{1}{A}\right)\left(\frac{R^2}{V}\right) \tag{5-81}$$

假定 $V=100$ 和 200V,D(或 A)为变数,可得灌浆时间(天)与浆液扩散距离关系曲线。

根据电化学注浆原理,电化学注浆在通电给带孔的阳极管注入浆液时产生了以下过程:

(1)注入压力作用过程。浆液在注入压力作用下从注液管孔向周围扩散,其流动服从达西定律,流速呈直线性。

(2)电力作用过程,即电渗作用,其中的水电场力作用下从阳极向阴极移动,电渗流速呈直线性。

(3)电化学作用过程,包括电解作用、离子移动和离子交换反应作用。

(4)结构形成过程:分子凝固,化合结晶。

这些过程相互关联,起先注入压力起主要作用,电渗起排水作用,电力作用的电解浆液在黏土质中由正极向负极方向移动,电化学作用与结构形成过程同时进行,由于电化学作用的迁移和扩散,使两种溶液在土中相遇,相遇后分子凝固,化合结晶。显然,除电压外再对流体施加压力,灌浆效果将更好。当地基不允许施加较高的流体压力时,电化学灌浆更有意义。

5.7.3 灌浆地基强度增长机理及影响因素

1) 灌浆地基强度增长机理

地基灌浆以后，岩土体中发生以下作用，使原来岩土的物理力学性能发生了改变。

（1）化学胶结作用。无论是水泥浆或化学浆，都具有能产生胶结力的化学反应，把岩石或土粒连接在一起，在岩土体中灌入水泥或化学浆后，岩土的整体结构得到加强。

（2）惰性填充作用。浆液填充在岩石裂隙及土孔隙中，凝固后，因具有不同强度和刚性而改变岩层及土体对外力的反应机制，使岩土的变形受到约束，提高加固岩土体的强度和刚度。

（3）离子交换作用。浆液在化学反应过程中，某些化学剂能与岩土中的元素进行离子交换，如水泥水化产物中的 Ca^{2+} 与土体颗粒的 K^+、Na^+ 进行交换使土体有更好的水稳定性，水化产物中的 $Ca(OH)_2$ 与土中活性的 SiO_2 和 Al_2O_3 作用生成 $CaO \cdot SiO_2 \cdot nH_2O$ 和 $CaO \cdot Al_2O_3 \cdot nH_2O$，形成具有更高强度和稳定性的化合物，有利于增加地基的强度。

2) 影响灌浆地基强度增长的因素

灌浆实践经验及室内试验研究结果表明，被灌介质强度的增长是一种受多种因素制约的复杂物理化学过程，除灌浆材料外，以下因素对灌浆效果和灌浆地基的强度增长具有重要影响。

（1）浆液与界面的结合形式

化学胶结作用对被灌介质强度的增长具有决定性的影响，因而灌浆时除了要采用强度较高的浆材外，还要求浆液与介质接触面具有良好的接触条件。图5-33是浆液与界面结合的几种典型形式，说明了接触条件对灌浆效果影响的重要性。

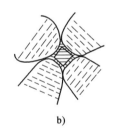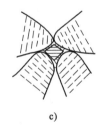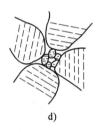

图5-33 浆液与界面的结合形式

①介质表面无其他物质黏附，而且浆液完全充填孔隙或裂隙（图5-33a）。在这种条件下，浆液与界面将能牢固地结合，并获得比较理想的整体加固效果。

②浆液虽然填满孔隙或裂隙，但两者之间存在着一层连续的水膜，使浆液未能与岩土界面牢固地结合（图5-33b），因而难于获得理想的整体加固强度。

③浆液也充满了孔隙或裂隙，但两者被一层软土隔开（图5-33c），而且浆液未能渗入到土孔隙内，从而使整体加固强度大大降低。

④浆液仅局部地充填孔隙或裂隙（图5-33d），介质仅受到局部的胶结作用，地基不论在强度、透水性和变形性等方面都无多大改善。

由此可知，提高浆液对孔隙或裂隙的充填程度及与界面的结合能力，能有效提高被灌介质强度，促进加固地基强度增长。

(2)浆液饱和度

裂隙或孔隙被浆液填满的程度,称为浆液饱和度。一般饱和度越大,被灌介质的强度也越高。对于化学灌浆,一般采用定量灌注方法,而不是灌至不吃浆为止,灌浆结束后,地层中的浆液往往还具有一定的流动性,因而在重力作用下,浆液可能会继续向前渗透流失,使本来已被填满的孔隙重新出现空洞,形成不饱和充填,使灌浆体的整体强度削弱;在饱水孔隙、潮湿孔隙或干燥孔隙中注浆也可能由于灌浆工艺欠妥而形成填充不饱和;采用不稳定的粒状浆液,且灌浆结束后浆中的多余浆液不能排除,则浆液将沉淀析水而在孔隙中形成空洞。

为防止产生不饱和充填情况,可采取以下几种措施。

①当浆液充满孔隙后,继续通过钻孔施加最大灌浆压力。

②采用稳定性较好的浓浆,使浆液不靠外力的固结排水作用,就能使浆液凝固后的体积达到或接近 $V_C/V_S=1$(V_C 为凝固体积,V_S 为浆液初始体积,称为浆液的结石率)。为避免这种浓浆黏度太高而影响对较细孔隙的可灌性,可在浆液中掺入适当的流动剂。

③待已灌浆液达到初凝后,设法在原孔段内进行复灌,以弥补因沉淀析水形成的空隙,用适当的化学浆复灌将会收到更好的效果。

(3)时间效应

时间效应对强度的影响主要表现在以下几方面。

①许多浆液的凝结时间都较长,被灌介质的力学强度将随时间而增长。但有时为了使加固体尽快发挥作用而必须缩短凝结时间,而为了维持浆液的可灌性则要求适当延长浆液的凝结时间,在这种情况下,要综合考虑两方面的需要,同时满足浆液的强度增长和可灌性要求。

②许多浆材都具有明显的蠕变性质,浆材和被灌介质的强度都将受加荷速率和外力作用时间的影响。

③浆液搅拌时间过长或同一批浆液灌注时间太久,都将降低加固的强度。

5.7.4　灌浆设计

灌浆设计的程序和内容如下。

1)灌浆地基的地质水文勘察

对灌浆范围的岩土体进行地质调查和勘探,探明灌浆地基的工程地质特性和水文地质条件。

2)确定灌浆标准

所谓灌浆标准,是指要求灌浆岩土体在灌浆后拟达到的技术质量指标,包括灌浆体的强度、变形、位移、渗透性等指标要求。灌浆标准的确定涉及的内容较多,而且工程性质和地基条件千差万别,对灌浆的目的和要求也很不相同,因而很难规定一个比较具体和统一的标准,只能根据具体情况作出具体的标准。以下是几种灌浆工程的标准确定原则和方法。

(1)防渗灌浆。若灌浆的目的是为了防渗,则防渗标准越高,要求灌浆后地基的渗透性越低,灌浆质量越好,灌浆技术的难度就越大,灌浆工程量及造价也相应增加。因此,对于防渗灌浆工程而言,每个灌浆工程应根据自己的特点,通过技术经济比较确定一个相对合理的指标。原则上,对比较重要的建筑、对渗透破坏比较敏感的地基以及必须严格控制地基渗漏量的工程,都要求采用较高的标准。

(2) 提高强度和减小变形灌浆。由于各工程的具体条件差别较大,不同工程只能根据自己的特点、灌浆目的、强度和变形要求确定灌浆标准,例如:

① 为了增加摩擦桩的承载力,主要应沿桩的周边灌浆,以提高界面间的黏聚力;支承桩则在桩底灌浆,以提高土的抗压强度和变形模量。

② 为了减少拱坝基础的不均匀变形,仅需在坝下游基础受压部位进行固结灌浆,以提高基础的变形模量,而无须在整个坝基灌浆。

③ 对于振动基础,有时灌浆目的是为了改变地基的自然频率以消除共振条件,因而不一定需用强度较高的浆材。

④ 为了减小挡土墙的土压力,则应在墙背后至滑动面附近的土体中灌浆,以提高土的重度和滑面的黏结强度。

⑤ 采用灌浆防止土石混填的高填方路基产生不均匀沉降,则应根据路基填料性质和路基填土高度、宽度确定相应的灌浆方法和范围。

3) 灌浆方案选择

根据工程性质、土壤地质条件及灌浆标准,初步选定灌浆方案。在选择灌浆方案和灌浆材料时,应考虑以下因素:

(1) 灌浆目的。包括加固地基、防渗、提高地基承载能力、减小高填方路基沉降、提高边坡抗滑稳定性等。

(2) 地质条件。包括地层构造、土的类型和性质、地下水位、水的化学成分、灌浆施工期间的地下水流速等,以确定灌浆方法和灌浆材料。

(3) 工程性质。是永久性工程还是临时工程、是重要建筑物还是一般建筑物、是否振动基础以及地基将要承受多大的附加荷载等。

根据上述因素和工程条件,一般可遵循以下原则选择灌浆方案。

(1) 为了提高地基的力学强度和抗变形能力,一般可选用以水泥为基本材料的高强度混合物,如纯水泥浆、水泥砂浆和水泥水玻璃浆等,或采用高强度化学浆材,如环氧树脂、呋喃树脂、聚氨酯以及以有机物为固化剂的硅酸盐浆材等。

(2) 若灌浆目的是防渗堵漏,可采用黏土水泥浆、黏土水玻璃浆、水泥粉煤灰混合物、丙凝、AC-MS、铬木素以及以无机试剂为固化剂的硅酸盐浆液等。

(3) 在裂隙岩层中灌浆,一般采用纯水泥浆或在水泥浆中掺入少量膨润土,在砂砾石层中或在喀斯特溶洞中多采用黏土水泥浆,在砂层中一般只能采用化学浆液,在黄土中可采用水玻璃单液硅化法或碱液法。

(4) 在孔隙较大的砂砾石层和裂隙岩层中灌浆,一般采用渗入性注浆,在砂层中灌注粒状浆材宜用水力劈裂法,在黏性土层中可采用水力劈裂法或电化学法,为了矫正建筑物的不均匀沉陷,应采用压密灌浆法。

(5) 环境保护。有些浆材会对人体产生伤害和对环境产生污染,因此在选择灌浆方案时,除考虑工程的要求外,还应考虑灌浆方案对环境的影响,这已引起工程界的重视,对环境的影响在国外往往成为方案取舍的决定性因素。

(6) 综合考虑方案的技术可行性和经济合理性。

4）确定灌浆施工范围

根据灌浆标准、灌浆方案及岩土体性质，确定灌浆施工范围，包括灌浆体的深度、长度和宽度。

5）灌浆材料设计

确定采用的浆材种类和浆液配方。地基灌浆工程对浆液的技术要求较多，比较重要的有以下几个方面。

（1）对渗入性灌浆工艺，浆液必须能渗入土的孔隙，即所用浆液必须是可灌的，这是一项最基本的技术要求。但若采用劈裂灌浆工艺，则浆液不是向天然孔隙渗入，而是向被较高灌浆压力扩大了的孔隙渗入，因此其对可灌性要求就不如渗入性灌浆严格。

（2）一般情况下，浆液应具有良好的流动性和流动性维持能力，以便在不太高的灌浆压力下获得尽可能大的扩散距离。但在某些地质条件下，例如地下水流速较高和土的孔隙尺寸较大时，往往要采用流动性较小和触变性较大的浆液，以免浆液扩散至不必要的距离和防止地下水对浆液的稀释及冲刷。

（3）要求浆液的析水性小，稳定性高，以防在灌浆过程中或灌浆结束后发生颗粒沉淀和分离，使浆液的可泵性、可灌性和灌浆体的均匀性降低。

（4）对防渗灌浆，要求浆液结石具有较高的不透水性和抗渗稳定性。若灌浆目的是加固地基，则结石应具有较高的力学强度和较小的变形。与永久性灌浆工程相比，临时性工程的要求相对较低。

（5）制备浆液所用原材料及凝固后都不应具有毒性，或者毒性尽可能小，以免伤害皮肤、刺激神经和污染环境。某些碱性物质虽然没有毒性，但若流失在地下水中，也会造成环境污染。因此，应尽量避免采用毒性较大的浆材。

（6）有时浆液尚应具有某些特殊的性质，如微膨胀性、高亲水性、高抗冻性和低温固化性等，以适应特殊环境和专门工程的需要。

（7）不论何种灌浆工程，所用原材料都应能就近取得，价格尽可能低，并综合考虑耗费量与总体加固效果，以降低工程造价。

（8）浆液的凝结时间。不同性质浆液的凝结时间变幅较大，例如化学浆液的凝结时间可在几秒钟到几小时之间调整，水泥浆一般为 3~4h，黏土水泥浆则更慢，可根据灌浆土层的体积、渗透性、孔隙尺寸和孔隙率、浆液的流变性和地下水流速等实际情况确定。

6）确定浆液扩散半径 r

浆液扩散半径 r 是一个重要的参数，指浆液在设计压力下所能达到的有效扩散距离，它对灌浆工程量及造价具有重要影响，如果选用的 r 值不符合实际情况，将降低灌浆效果甚至导致灌浆失败。

浆液扩散半径 r 值可按前述的理论公式估算，如选用的参数接近实际条件，则可以参考理论计算值。当地基条件较复杂或计算参数不易选准时，应通过现场灌浆试验来确定。现场灌浆试验常用三角形或矩形布孔，试验结束后可以采用以下方法对浆液的扩散半径进行评价。

（1）钻孔压水或注水，求灌浆体的渗透性。

（2）钻孔取样，检查空隙充填情况。

（3）用大口径钻井或人工开挖竖井肉眼检查地层充填情况，并取灌浆样品进行试验。

由于地基土的构造和渗透性多数是不均匀的，尤其在深度方向上，因此不论是理论计算还是现场灌浆试验,都难以求得一个适用整个地层的具有代表性的 r 值。因此,设计时应注意以下几方面。

(1)若通过现场试验确定浆液扩散半径,则在进行现场灌浆试验时,要选择不同特点的地基,最好用不同的方法灌浆,以求得不同条件下浆液的 r 值。

(2)所谓扩散半径,并非最远距离,而是指符合设计要求的扩散距离。

(3)在确定设计扩散半径时,要选取多数条件下可以达到的数值,而不取平均值。

(4)当有些地层因渗透性较小而不能达到设计 r 值时,可提高灌浆压力或浆液的流动性,必要时还可在局部地区增加钻孔以缩小孔距。

7)灌浆孔布置设计

根据灌浆加固平面范围,浆液影响半径和灌浆体设计厚度,确定合理的孔距、排距、孔数和排数。

(1)单排孔的布置

假定浆液扩散半径为已知,浆液呈圆球状扩散,则两圆必须相交才能形成一定的厚度 b 的灌浆体,如图5-34所示(图中 l 为灌浆孔距)。当 r 为已知时,灌浆体的厚度 b 取决于灌浆孔距 l,即:

$$b = 2\sqrt{r^2 - \left[(l-r) + \frac{r-(l-r)}{2}\right]^2} = 2\sqrt{r^2 - \frac{l^2}{4}} \quad (5\text{-}82)$$

从式(5-82)可看出,l 值越小,b 值越大,而当 $l=0$ 时,$b=2r$,这是 b 的最大值,但 $l=0$ 的情况没有意义,反之 l 值越大,b 值越小;当 $l=2r$ 时,两圆相切,b 值为零。因此,孔距 l 必须在 r 与 $2r$ 之间选择。

设灌浆体的设计厚度为 T,则灌浆孔距可按式(5-83)计算:

$$l = 2\sqrt{r^2 - \frac{T^2}{4}} \quad (5\text{-}83)$$

用上式进行孔距设计时,可能出现以下几种情况:

①当 l 值接近 0,b 值仍不能满足设计厚度(即 $b<T$),这时应考虑采用多排灌浆孔。

②虽然单排孔能满足设计要求,但若孔距太小,钻孔数太多,这时应与两排孔的方案进行比较。如施工场地允许钻两排孔,且钻孔数也比单排少,则可选择两排孔的方案。

③当 l 值较大而设计 T 值较小时,对减少钻孔数是有利的,但因 l 值越大,可能造成的浆液浪费量也越大,故设计时应对钻孔费和浆液费用进行比较。

如图5-35所示,设图中 T 为设计帷幕厚度,h 为弓高,L 为弓长,每个灌浆孔的无效面积为:

$$S_n = 2 \times 2/3 \times L \times h \quad (5\text{-}84)$$

式中:$L=1$、$h=r-T/2$。设土的空隙率为 n,并且浆液填满整个孔隙,则浆液的浪费量为:

$$q_n = S_n n = -\frac{4}{3}Lhn \quad (5\text{-}85)$$

为了使灌浆达到预期效果,同时尽量减少浆液的浪费和钻孔费用,要根据具体情况进行综合分析,求得最佳的扩散半径。

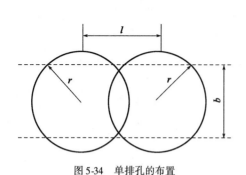

图 5-34 单排孔的布置　　　　图 5-35 无效面积计算图

（2）多排孔的布置

当单排孔不能满足厚度要求时，应采用两排以上的多排孔。

多排孔设计的基本原则是，要充分发挥灌浆孔的潜力，以获得最大的灌浆体厚度。然而，设计方法不同，所得结果也不同：

①排距 R 大于 $(r+b/2)$ 时，两排孔不能紧密搭接，将在灌浆体中留下"窗口"，是不可取的（图 5-36a）。

②排距 R 小于 $(r+b/2)$ 时，两排孔搭接过多，将造成一定的浪费，也不是理想的设计（图 5-36b）。

③排距 R 等于 $(r+b/2)$ 时，两排孔正好紧密搭接，最大限度发挥了各灌浆孔的作用，是一种最优的设计，如图 5-37 所示。

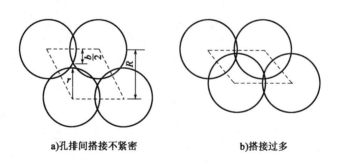

a)孔排间搭接不紧密　　　　b)搭接过多

图 5-36 两排孔设计图

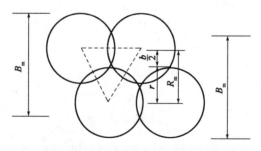

图 5-37 孔排间的最优搭接

根据上述分析，可推导出最优排距 R_m 和最大灌浆有效厚度 B_m 的计算式：
两排孔

$$R_m = r + \frac{b}{2} = r + \sqrt{r^2 - \frac{l^2}{4}} \quad (5\text{-}86)$$

$$B_m = 2r + b = 2\left(r + \sqrt{r^2 - \frac{l^2}{4}}\right) \quad (5\text{-}87)$$

三排孔
R_m 与式(5-86)相同，

$$B_m = 2r = 2\left(r + 2\sqrt{r^2 - \frac{l^2}{4}}\right) \quad (5\text{-}88)$$

五排孔
R_m 与式(5-86)相同，

$$B_m = 4r + 3b = 4\left(r + 1.5\sqrt{r^2 - \frac{l^2}{4}}\right) \quad (5\text{-}89)$$

综上所述，可得出多排孔的最优排距为式(5-86)，最优厚度则为：
奇数排

$$B_m = (n-1)\left(r + \frac{n+1}{n-1}\frac{b}{2}\right) = (n-1)\left(r + \frac{n+1}{n-1}\sqrt{r^2 - \frac{l^2}{4}}\right) \quad (5\text{-}90)$$

偶数排

$$B_m = n(r + b/2) = n\left(r + \sqrt{r^2 - \frac{l^2}{4}}\right) \quad (5\text{-}91)$$

式中：n——灌浆孔排数。

在设计时，常遇到 n 排孔厚度不够，但 $(n+1)$ 排孔厚度又偏大的情况，如有必要，可用放大孔距的办法来调整，并用前述办法，对钻孔费和浆材费进行比较，以确定合理孔距。灌浆体的无效面积 S_n 仍可用式(5-84)计算，但式中 T 值仅为边排孔的厚度。

8）确定容许灌浆压力

由于浆液的扩散能力与灌浆压力的大小密切相关，所以在保证灌浆质量的前提下，采用较高的灌浆压力能使钻孔数减少。高灌浆压力还能使一些微细孔隙张开，有助于提高可灌性。当孔隙中被某种软弱材料充填时，高灌浆压力能在充填物中造成劈裂灌注，使软弱材料的密度、强度和不透水性等得到改善。此外，高灌浆压力还有助于挤出浆液中的多余水分，提高浆液结石的强度。

但是，当灌浆压力超过地层的压重和强度时，可能会导致地基及其上部结构的破坏。因此，一般以不使地层结构破坏或仅发生局部的和少量的破坏，作为确定地基允许灌浆压力的基本原则。

容许灌溉浆压力值与一系列因素有关，例如地层土的密度、强度和初始应力；钻孔深度、位置及灌浆次序等，而这些因素又难于准确预知，因此宜通过现场灌浆试验来确定。

若缺乏试验资料，或在进行现场灌浆试验前需预定一个试验压力时，可用理论公式或经验数值确定容许压力,然后在灌浆过程中根据具体情况再做适当的调整。以下是几种典型情况的灌浆容许压力确定计算方法。

(1)砂砾地基灌浆

$$[p_e] = C(0.75T + K\lambda h) \tag{5-92a}$$

或

$$[p_e] = \beta\gamma T + CK\lambda h \tag{5-92b}$$

式中:$[p_e]$——容许灌浆压力(10^5Pa);

C——与灌浆期次有关的系数,第一期孔 $C=1$,第二期孔 $C=1.25$,第三期孔 $C=1.5$;

T——地基覆盖层厚度(m);

K——与灌浆方式有关的系数,自上而下灌浆时 $K=0.8$,自下而上灌浆时 $K=0.6$;

λ——与地层性质有关的系数,可在 $0.5\sim1.5$ 之间选择;结构疏松、渗透性强的地层取低值;结构紧密、渗透性弱的地层取高值;

h——地面至灌浆段的深度(m);

β——系数,在 $1\sim3$ 之间选择;

γ——地表以上覆盖层的重度(kN/m³)。

(2)岩石地基灌浆

①考虑灌浆方法和地质条件的经验公式

$$[p_e] = p_0 + mD \tag{5-93}$$

式中:$[p_e]$——容许灌浆压力(10^5Pa);

p_0——表面段容许灌浆压力(10^5Pa);

m——灌浆段每加深1m容许增加的压力(10^5Pa);

D——灌浆段深度(m)。

p_0 及 m 值可查表5-4。

p_0 及 m 值选用表　　　　　　　表5-4

岩石分类	岩 性	p_0 (10^5Pa)	m (10^5Pa)				
			灌浆方法		灌浆次序		
			自上而下	自下而上	1	2	3
Ⅰ	裂隙少而小,结构密实	1.5~3.0	2.0	1.0~1.2	1.0	1.0~1.25	1.0~1.5
Ⅱ	略受风化裂隙岩石,无大裂隙,但其中有层理的沉积岩	0.5~1.5	1.0	0.5~0.6	1.0	1.0~1.25	1.0~1.5
Ⅲ	严重风化的裂隙岩,有水平或接近水平层理的沉积岩	0.25~0.5	0.5	0.25~0.3	1.0	1.0~1.25	1.0~1.5

②除考虑地质条件和灌浆方法外,还考虑浆液浓度的经验式

$$[p_e] = p_w + \gamma H + m(H_1 - H) - (H_1\gamma_1 - s\gamma_0) \tag{5-94}$$

式中:p_w——地下水静压力(10^5Pa);

H——止浆塞以上地层厚度(m);

m——注浆深度每增加1m所应加的压力值,按表5-5选取;

H_1——灌浆段总深度(m);
γ_1——浆液重度(kN/m^3);
γ_0——水的重度(kN/m^3);
s——灌浆段至地下静水位的高度(m)。

不同条件下的 m 值　　　　　表5-5

岩石类别	自下而上灌浆		自上而下灌浆	
	稀浆	浓浆	稀浆	浓浆
第一类	0.18	0.20	0.20	0.22
第二类	0.20	0.22	0.22	0.24
第三类	0.22	0.24	0.24	0.26

注:1. 稀浆是指水灰比大于1:1的水泥浆,浓浆的水灰比小于1:1。
　　2. 第一类指强烈风化并有多组大裂隙的松散岩石;第二类岩石包括弱风化、中等裂隙性岩土;第三类指有细裂隙的较致密岩石。

9)补充和完善设计

在施工期间,根据观测情况,对原设计进行评估或必要的调整,完善设计和灌浆工艺,确保灌浆质量达到灌浆标准。

5.7.5　灌浆加固施工

1)裂隙岩石灌浆

岩石灌浆一般分为四个步骤。

(1)钻孔:岩石灌浆钻孔一般为垂直孔,若裂隙的倾角较大,则可钻斜孔以截取更多的裂隙,但要注意使帷幕形成一个平面,不能一部分钻直孔,另一部分钻斜孔而又不采取弥补措施。

(2)清洗钻屑及钻孔壁土的松软料。

(3)进行压水试验以获得岩石渗透性资料。

(4)注浆,浆液一般采用纯水泥浆。考虑到岩层中往往同时存在着宽窄不同的裂隙,故国内外灌浆规范多规定采用稀浆开始灌注,以防细裂隙被浓浆堵塞,然后根据具体情况逐步提高灌浆压力和浆液浓度。

裂隙岩石注浆方法较多,分类也不统一,一般可分为三类,如图5-38所示。

①自上而下孔口封闭分段灌浆法(图5-38a)。这种注浆方法的主要优点是:全部孔段均能自行复灌,利用加固上部比较软弱的岩层,而且免去了起下栓塞的工序,省工省时。缺点是多次重复钻孔,使孔内废浆较多。

②自下而上栓塞分段灌浆法(图5-38b)。此法工序简单,工效较高,但存在灌浆前的压力资料不精确,在裂隙发育和较软弱的岩层中容易造成串浆、冒浆和岩石上抬等事故,因此仅适用于裂隙不很发育和比较坚硬的岩层中。

③自上而下栓塞分段灌浆法(图5-38c)。栓塞易于堵塞严密,压水资料比较准确,并能自上而下逐段加固岩石,减少浆液串冒和岩石上抬事故等,在地质条件较差的岩层中多采用此法。

灌浆结束前,要用最大灌浆压力闭浆30~60min,以排除灌入裂隙中的浆液的多余水分。

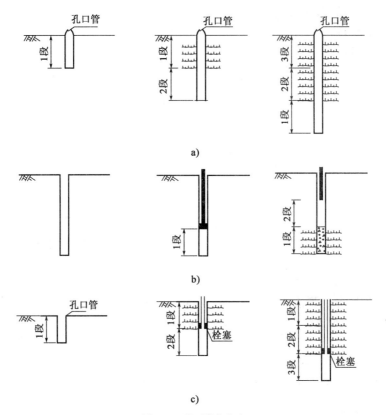

图 5-38 岩石灌浆方法

2)砂砾层灌浆

(1)打花管灌浆法

如图 5-39 所示,首先在地层中打入一下部带尖头的花管(图 5-39a),然后冲洗进入管中的砂土(图 5-39b),最后自下而上分段拔管灌浆(图 5-39c)。此法简单,但遇卵石及块石时打管很困难,故只适用于较浅的砂土层,且灌浆时容易沿壁冒浆。

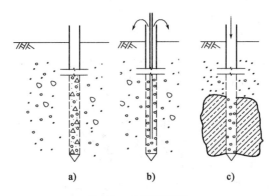

图 5-39 打花管灌浆法

(2)套管护壁法

套管护壁法灌浆工艺是边钻孔边打入护壁套管,直至预定的灌浆深度,接着下入灌浆管,然后拔套管灌注第一灌浆段,再用同样方法灌注第二段及其余各段,直到孔顶(图 5-40)。此法的缺点也是打管较困难,为使套管达到预定的灌浆深度,常需在同一钻孔中采用几种不同直径的套管。

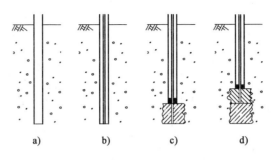

图 5-40 套管护壁灌浆法

(3)袖阀管法灌浆

袖阀管法是法国 Soletanche 公司首创的一种灌浆方法,因此又称 Soletanche 方法,于 20 世纪 50 年代开始广泛用于国际土木工程界,是砂砾地基灌浆的常用方法。

①袖阀管的构造

袖阀管是这种注浆法的专门部件,主要由花管和橡皮套两部分组成。花管可以采用钢管或塑料管,内径 5~6cm,如图 5-41a)、b)所示,管子每隔 33~50cm 需钻一组小直径的射浆孔,每组孔的纵向长度范围 10~12cm。每组孔外部包裹 1~2 层橡皮套,以防止袖阀管放入钻孔时泥浆或套壳料进入管内。

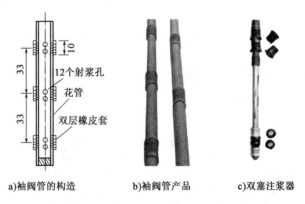

图 5-41 袖阀管和注浆器的构造(尺寸单位:cm)

灌浆时,橡皮套被灌浆压力冲开,使浆液穿过套壳料进入地层,而当停止灌浆时,橡皮套又回弹并压紧袖阀管,以防止地层中的流体进入管内。花管的孔用橡皮套住,在压力下浆液挤开橡皮套、套壳料进入灌浆地层。为防止橡皮套错位,在橡皮套两边还应焊上定位环。

②套壳料

套壳料的作用是封闭袖阀管与钻孔壁之间的环状空间(图 5-42c),以防止灌浆时浆液到处流窜,在橡皮袖阀和止浆塞的配合下,使浆液只在一个灌段范围内挤破套壳料而进入地层。套壳料的破碎程度越高,注浆率一般就越大,所需注浆压力也较小。套壳料物理力学性能要求如下:

A. 适宜的力学强度,包括抗压、抗剪和抗拉强度,且早期强度增长较快,后期强度增加较慢。
B. 收缩性小,凝固后不至于与袖阀管脱开。
C. 脆性较高,以增加开环后的破碎程度。
D. 较低黏度,析水性较小,稳定性性好。

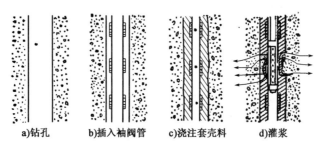

图 5-42　袖阀管法施工程序

套壳料一般由以黏土为主水泥为辅的低强度混合料组成,并根据以上物理力学性能进行配比设计。

③灌浆施工工艺

袖阀管法灌浆施工分为四个步骤(图 5-42)。

A. 钻孔(图 5-43)。用钻机钻孔,然后用优质泥浆(例如膨润土浆)进行固壁(图 5-42a),很少用大管护壁。

B. 插入袖阀管。为使套壳料的厚度均匀,应尽量使袖阀管位于钻孔的中心(图 5-42b)。

C. 浇注套壳料。用套壳料置换孔内泥浆(图 5-42c),浇注时应避免套壳料进入袖阀管内,并严防孔内泥浆混入套壳料中。

D. 灌浆。待套壳料具有一定强度后,在袖阀管内放入带双塞的灌浆管(图 5-41c、图 5-44)进行灌浆,如图 5-42d)所示。

图 5-43　钻孔施工

图 5-44　放入带双塞的灌浆管

袖阀管法的主要优点是:

A. 可根据需要灌注任何一个灌浆段,还可以进行重复灌浆。

B. 可使用较高的灌浆压力,灌浆时冒浆和串浆的可能性小。

C. 钻孔和灌浆作业可以分开,以提高钻孔设备的利用率。

这种方法的缺点主要是袖阀管被具有一定强度的套壳料胶结,袖阀管一般都不重复使用,耗费管材较多;每个灌浆段长度固定为 33~50cm,不能根据地层的实际情况调整灌浆段长度。

(4)边钻边灌法

边钻边灌法是仅在地表埋设护壁管,而无须在孔中打入套管,自上而下钻完一段灌注一段段,直至预定深度为止。钻孔时需要泥浆固壁或较稀的浆液固壁。如砂砾层表面有黏性土覆盖,护壁管可埋设在土层中,如无黏土层则可埋设在砂砾层中。但后一种情况将使表层砂砾石得不到适宜的灌注。

边钻边灌法的主要优点是无须在砂砾层中打管,缺点也是容易冒浆,且由于是全孔灌浆,灌浆压力难于按深度提高,不易保证灌浆质量。

5.8 强 夯 法

5.8.1 概述

强夯法是通过一重锤(8~30t,最重可达200t)自由下落(落距8~20m,最高可达40m),如图5-45所示,对地基土施加强大的冲击能(一般能量为 500~8000kN·m),在地基土中产生冲击波和动应力,从而提高地基土的强度,改善土的物理力学性能的地基加固方法,由法国 Menard 技术公司于1969年首创。强夯可以降低土的压缩性、改善砂土的抗液化条件、消除湿陷性黄土的湿陷性等。同时,强夯产生的夯击能还可提高土层的均匀性,减少将来可能出现的不均匀沉降。根据国外资料,经强夯处理的砂性土地基,其承载能力可提高200%~500%,压缩性可降低200%~1000%。

关于强夯法的适用范围,最初仅用于加固砂土和碎石土地基,但经过多年的发展和应用,它已适用于碎石土、砂土、低饱和度的粉土及黏性土、湿陷性黄土、杂填土和素填土等地基的处理。对饱和度较高的黏性土,一般情况下处理效果不显著,尤其是用以加固淤泥饱和土地基,处理效果更差,应慎重使用。但近年来,对高饱和度的粉土和黏性土地基,可以在夯坑内回填块石、碎石或其他粗颗粒材料,然后强行夯入并排开软土,形成碎(块)石桩与软土的复合地基,从而对地基进行加固,称之为强夯置换(或动力置换、强夯挤淤)。

在20世纪70年代末,我国首次在天津新港三号公路进行强夯试验研究。其后,在全国各地对各类土地基进行强夯处理都取得了良好的技术经济效果。太原工业大学于1985年采用夯坑中填砂石的办法处理了汾河冲积土,1987年山西机械工程公司等在武汉试验强夯置换加固取得成功。经过多年的工程实践表明,强夯法具有施工简单、加固效果好、经济效益好等优点,在某种程度上比机械的、化学的和其他力学加固法更为有效。目前,强夯法在我国机场工程、公路、铁路、工业与民用建筑、仓库、油罐、储仓、码头等工程中已得到广泛应用,并取得了良好的经济和社会效益。

5.8.2 强夯加固机理

关于强夯加固地基的机理国内外的看法并不一致。首先,宏观和微观加固机理不同,其次

图 5-45 强夯加固公路路基

不同类型地基土的加固机理不同,对一些特殊土(如黄土),其机理还与施工工艺有关。目前,根据加固原理与作用,有三种不同的加固机理:动力密实、动力固结和动力置换。

1)夯击能传递原理

由强夯产生的冲击波,按其在土中传播和对土的作用特性分为体波和面波。体波包括纵波(P波)和横波(S波),从夯击点沿着一个半球波阵面径向向地基深处传递,对地基土起压缩和剪切作用,可能引起地基土的压密固结。面波(R波)从夯击点沿地面传播,其随距离的增加,衰减比体波慢得多,对地基土不起加固作用,其竖向分量反而对表层土起松动作用。因此,强夯的结果是在地基中沿深度形成性质不同的3个区:

(1)地表层松动区。

(2)松动区下面某一深度,受体波的作用,使土层产生沉降和压密,形成加固区。

(3)加固区下面冲击波逐渐衰减,不足以使土产生塑性变形,对地基不起加固作用,称为弹性区。

2)强夯法加固地基的机理

根据强夯法加固地基土类型和加固原理,有以下三种加固机理。

(1)动力密实机理——强夯加固非饱和土地基的机理

动力密实机理是采用强夯加固多孔隙、粗颗粒、非饱和土的机理,即用冲击型动力荷载,使土体中的孔隙减小,土体变得密实,从而提高地基土强度。非饱和土的夯实过程,就是土中的气相(空气)被挤出的过程,其夯实变形主要是由土颗粒的相对位移引起。实际工程表明,在冲击动能作用下,地面会立即产生沉降,一般夯击一遍后,其夯坑深度可达 0.6~1.0m,夯坑底部形成一层超压密硬壳层,承载力可比夯前提高 2~3 倍,非饱和土在中等夯击能量 1000~2000kN·m 的作用下,主要是产生冲击变形,在加固深度范围内气相体积大大减少,最大可减少 60%。

(2)动力固结机理——强夯加固饱和土地基的机理

强夯法动力固结的理论认为,强夯的巨大冲击能量在土中产生很大的应力波,破坏了土体原有的结构,使土体局部发生液化而产生许多裂隙,增加了排水通道,使孔隙水顺利逸出,待超孔隙水压力消散后,土体固结。由于软土的触变性,强度得到提高。Menard 根据强夯法的实践,提出强夯加固饱和土的动力固结机理:

①饱和土的压缩性

在工程实际中,不论土的性质如何,夯击时能立即引起地基土产生很大沉降,这对粒状土是可以理解的。但对渗透性很小的饱和细颗粒土,孔隙水的排出被认为是产生沉降的必要和充分条件,这是传统的固结理论的基本假定。由于饱和细颗粒土的渗透性低,因而在瞬时荷载作用下,孔隙水不能迅速排出,这样就无法理解在强夯时会立即引起很大沉降的机理。

Menard 认为,由于土中有机物的分解,第四纪土中大多数都含有以微气泡形式出现的气体,其含气量大约在 1%~4% 之间,进行强夯时,土中气体体积被压缩,土中气体和液体的体积减小,孔隙水压力增大,随后气体有所膨胀,孔隙水排出,孔隙水压力就减少。这样每夯击一遍,液相气体和气相气体都有所减少而使土体压缩。根据实验,每夯击一遍,气体体积可减小40%。

②液化作用

在重复的强大夯击能作用下,施加在土体上的夯击能使气体逐渐受到压缩,当土中气体体积含量接近零时,土体便变成不可压缩,土体中孔隙水压力急剧上升,土颗粒表面的结合水膜也被扰动,使其摆脱分子引力成为自由水,当孔隙水压力上升到与覆盖土层的压力相等的能量级时,土体即产生局部液化。此时,吸附水变成自由水,土的强度下降到最小值。

③渗透性变化

在强大的夯击能作用下,地基土体中出现冲击波和动应力。当所出现的超孔隙水压力大于颗粒间的侧向压力时,将致使土颗粒间出现裂隙,形成排水通道。此时,土的渗透系数骤增,孔隙水得以顺利排出。当孔隙水压力消散到小于颗粒间的侧向压力时,裂隙即自行闭合,土中水的运动重新又恢复常态。

相关资料表明,夯击时出现的冲击波,能将土颗粒间吸附水转化成为自由水,因而促进了毛细水通道横断面的增大。由于强夯引起土体的这种渗透性变化,在有规则网格布置夯点的现场,通过积聚的夯击能量,在夯坑四周会形成有规则的垂直裂缝,夯坑附近出现涌水现象。根据这种渗透性变化机理,应做好强夯的施工顺序,不规则的紊乱夯击,会破坏这些天然排水通道的连续性,影响强夯的效果。

④触变恢复

在重复夯击作用下,土体的强度逐渐降低,当土体出现液化或接近液化时,土的强度达到最低值。此时,土体产生裂隙,而土中的吸附水部分变成自由水,随着孔隙水压力的消散,由于土颗粒间紧密接触以及新吸附水层逐渐固定作用,使土的抗剪强度和变形模量大幅度增长。在触变恢复期间,土体的变形(沉降)很小,自由水重新被土颗粒所吸附而变成了吸附水。

饱和黏性土具有触变性,当强夯以后,土的结构被破坏,强度几乎为零。随着时间的推移,强度又逐渐恢复。这种触变强度的恢复也称为时效。在一般孔隙水压力已完成消散的情况下,夯击后6个月所测得土的抗剪强度比一个月所测得的抗剪强度增长20%~30%,而变形模量增长30%~80%。因此,对于饱和黏土的加固,强夯后质量检验的勘探工作或测试工作,至少宜在强夯施工后一个月再进行,否则得出的指标会偏小。

根据强夯加固饱和土地基的动力固结机理及强夯中出现的现象,Menard又提出了一个新的弹簧活塞模型,对动力固结的机理作了解释。

图5-46表示静力固结理论与动力固结理论模型间的区别,表5-6是两种固结理论模型的对比。

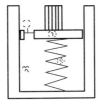
a)静力固结理论模型

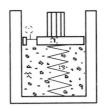
b)动力固结理论模型

图5-46 静力固结理论与动力固结理论的模型比较

静力固结与动力固结理论对比 表5-6

静力固结理论(图5-46a)	动力固结理论(图5-35b)
1. 不可压缩的液体	1. 含有少量气泡的可压缩液体
2. 固结时液体排出所通过的小孔的孔径是不变的	2. 固结时液体排出所通过的小孔的孔径是变化的
3. 弹簧刚度是常数	3. 弹簧刚度是变数
4. 活塞无摩阻力	4. 活塞有摩阻力

对动力固结理论模型,可从四个方面进行解释:

①由于微气泡的存在,充满气缸的水认为是部分可压缩的,亦即孔隙水具有压缩性。

②对夯击前、后土的渗透性的变化,可用一个孔径可变的排水孔进行模拟。

③弹簧刚度是模拟土体的压缩模量,传统的固结理论认为是常数。但强夯法施工时,在反复荷载的作用下,会使压缩模量有很大改变,因此模型中的弹簧刚度是一个变数。在这个过程中,吸附水起着重要的作用。

④加载后传递力的活塞和气缸间存在摩阻力。因此,液体中压力减小,不能自动导致活塞的位移和弹簧的变化。在实际现场的地基土体中,常可观察到孔隙水压力的减少,但没有相应地引起沉降。

(3)动力置换机理

动力置换可分为整体式置换和桩式置换,如图5-47所示。整体式置换是采用强夯将碎石整体挤入淤泥中,其作用机理类似于换土垫层。桩式置换是通过强夯将碎石填筑土体中,部分碎石桩(或墩)间隔地夯入软土中,用碎石填充挤密周围土体留下的空间,形成桩式(或墩式)的碎石墩(或桩)。其作用机理类似于振冲法等形成的碎石桩,它主要是靠碎石内摩擦角和墩间土的侧限来维持桩体的平衡,并与墩间土形成复合地基。

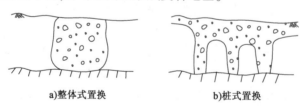

a)整体式置换 b)桩式置换

图5-47 动力置换类型

5.8.3 强夯加固设计

1)有效加固深度计算

目前,国内外尚无关于有效加固深度的确切定义,但一般可理解为:经强夯加固后,土层强度和变形等指标能满足设计要求的土层深度范围。有效加固深度既是选择地基处理方法的重要依据,又是反映处理效果的重要参数。Menard提出了估算有效加固深度的计算公式:

$$H \approx \alpha \sqrt{Mh} \tag{5-95}$$

式中:H——有效加固深度(m);

M——夯锤重(t);

α——系数;

h——落距(m)。

国内外学者经多年的实践研究相继建议了 Menard 公式中的修正系数 α,如美国 Leonards 建议 Menard 公式中的修正系数 α 为 0.5;法国 Gambin 认为修正系数 α 应为 0.5~1.0。国内学者提出:修正系数 α 应为 0.5~0.8,对软土取 0.5;对黄土取 0.34~0.5。

影响有效加固深度的因素很多,除了锤重和落距外,还有地基土的性质、不同土层的厚度和埋藏顺序、地下水位以及其他强夯的设计参数等都与有效加固深度有着密切的关系。因此,强夯的有效加固深度应根据现场试夯或当地经验确定。在缺少经验或试验资料时,可参考表 5-7 预估。

强夯的有效加固深度(单位:m) 表 5-7

单击夯击能 (kN·m)	碎石土、砂土等	粉土、黏性土、 湿陷性黄土等	单击夯击能 (kN·m)	碎石土、砂土等	粉土、黏性土、 湿陷性黄土等
1000	5.0~6.0	4.0~5.0	4000	8.0~9.0	7.0~8.0
2000	6.0~7.0	5.0~6.0	5000	9.0~9.5	8.0~8.5
3000	7.0~8.0	6.0~7.0	6000	9.5~10.0	8.5~9.5

注:强夯的有效加固深度应从起夯面算起。

2)夯锤和落距

一般国内夯锤质量为 10~25t,至今采用的最大夯锤质量为 40t。

夯锤材料,特别是大吨位的夯锤,国内外多数采用钢板外壳内灌混凝土的锤。也有为了运输方便和根据工程需要,浇筑成在混凝土的锤上能临时装配钢板的组合锤。由于锤重的日益增加,锤已趋向于由钢材铸成。

夯锤的平面形状一般有圆形和方形两种,其中又分为有气孔式和封闭式两种。实践证明,圆形和带有气孔的锤较好,它可克服方形锤由于上下两次夯击着地并不完全重合,而造成夯击能量损失和着地时倾斜的缺点。夯锤中宜设置若干个上下贯通的气孔,孔径可取 250~300mm,它可减小上起吊夯锤时的吸力以及减少夯锤着地前的瞬时气垫的上托力,从而减少能量的损失。锤底面积对加固效果有直接的影响,宜按土的性质确定,可参考国内外应用经验,对砂性土和碎石填土,一般锤底面积为 2~4m²;对一般第四纪黏性土用 3~4m²;对于淤泥质土采用 4~6m²;对黄土采用 4.5~5.5m²;同时应控制夯锤的高宽比,以防止产生偏锤现象,高宽比可采用 1:2.5~1:2.8。锤底静压力值可取 25~40kPa,对细颗粒土锤底静压力宜取较小值。

夯锤的落距可根据夯锤质量和要求的单点夯击能量确定,通常采用的落距是 8~25m。对相同的夯击能量,常选用大落距的施工方案,这是因为增大落距可获得较大的接地速度,能将大部分能量有效地传到地下深处,增加深层夯实效果,减少消耗在地表土层塑性变形的能量。

3)最佳夯击能

夯锤重 M 与落距 h 的乘积称为单击夯击能。一般来说,夯击时的锤重和落距越大,则单击能量越大,夯击击数少,夯击遍数也相应减少,加固效果和技术经济较好。

整个加固场地的总夯击能量(即锤重×落距×总夯击数)除以加固面积称为单位夯击能。强夯的单位夯击能应根据地基土类别、结构类型、荷载大小和要求处理的深度等综合考虑,并可通过试验确定。在一般情况下,对粗颗粒土可取 1000~3000kN·m/m²,对细颗粒土可取

$1500 \sim 4000 kN \cdot m/m^2$。

最佳夯击能是指在夯击作用下,地基中的孔隙水压力达到土的自重压力时的夯击能。

(1)黏性土的最佳夯击能确定:在黏性土中,由于孔隙水压力消散慢,当夯击能逐渐增大时,孔隙水压力亦相应的叠加,因而在黏性土中,可根据孔隙水压力的叠加值来确定最佳夯击能。

(2)砂性土的最佳夯击能确定:在砂性土中,由于孔隙水压力增长及消散过程仅为几分钟,因此,孔隙水压力不能随夯击能增加而叠加,为此可绘制孔隙水压力增量与夯击击数(夯击能)的关系曲线来确定最佳夯击能。当孔隙水压力增量随着夯击击数(夯击能)增加而逐渐趋于恒定时,可认为该种砂土所能接受的能量已达到饱和状态,此能量即为最佳夯击能。

4)夯击点布置及间距

(1)夯击点布置

夯击点可根据建筑物结构类型和夯击场地情况进行布置,同时应考虑施工时吊机的行走通道。夯点布置可以按正方形或三角形布置,对某些基础面积较大的建筑物或构筑物,可按等边三角形布置夯击点。

强夯处理范围及具体的放大范围,可根据建筑物类型和重要性、基础的应力扩散作用或需消除液化等因素确定。根据有关文献,加固范围比加固地基的长度 L 和宽度 B 各多出加固深度 H,即强夯加固范围为 $(L+H)(B+H)$。国内也有提出,在基础外每边各多出 $H/2$;或多布置一圈夯击点进行加固;或增加夯击区四周夯击点施加的能量等方法。对一般建筑物,每边超出基础外缘的宽度宜为设计处理深度的 $1/2 \sim 2/3$,并不宜小于 $3m$。

(2)夯击点间距

夯击点间距(夯距)一般根据地基土的性质和要求处理的深度而定。夯距通常为 $5 \sim 15m$,为了使深层土以加固,第一遍夯击点的间距要大,以使夯击能量传递到深处,如果夯距太近,相邻夯击点的加固效应将在浅处叠加而形成硬层,影响夯击能向深部传递;夯击黏性土时,一般在夯坑周围会产生辐射向裂隙,这是动力固结的主要因素,如夯距太小,会使产生的裂隙又被闭合,影响孔隙水的排除而降低强夯效果;对处理深度较深或单击夯击能较大的工程,第一遍夯击点间距宜适当增大。下一遍夯击点往往布置在上一遍夯击点的中间,最后一遍以较低的夯击能进行夯击,彼此重叠搭接,以确保地表土的强度均匀性和较高的密实度,俗称"搭夯"(或称满夯)。

5)夯击击数与遍数

(1)夯击击数

夯点的夯击击数,应根据现场试夯得到的夯击击数和夯沉量关系曲线确定,且应同时满足下列条件:

①最后两击的夯沉量不大于 $50mm$,当单击夯击能量较大时不大于 $100mm$。

②夯坑周围地面不应发生过大隆起。

③不因夯坑过深而发生起锤困难。

国内确定夯击击数的方法有:以孔隙水压力达到液化压力为准则;以最后一击的夯沉量某一数值为限值;以上、下两击所产生的沉降差小于某一数值为标准。总之,各夯击点和夯击数,应使土体竖向压缩最大,而侧向位移最小为原则,一般为 $4 \sim 10$ 击。

(2)夯击遍数

夯击遍数指用夯击击数对每次布置所有各夯点完成夯击的次数,如图 5-48 所示,在整个强夯场地中,将同一编号的夯击点夯完后算作一遍。夯击遍数应根据地基土的性质和平均夯击能确定。一般情况下可采用 2~3 遍,最后再以低能量搭夯一遍,其目的是将松动的表层土夯实。对渗透性弱的细颗粒土,必要时可适当增加夯击遍数。

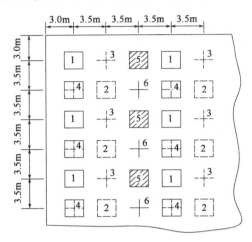

图 5-48 夯点布置图

注:夯坑中数字指遍数编号。

6)间歇时间

对于需要分遍或多遍夯击的工程,两遍夯击间应有一定的时间间隔。各遍间的间歇时间取决于加固土层中孔隙水压力消散所需要的时间。

对黏性土,由于孔隙水压力消散较慢,所需的能量不能一次施加,否则土体会产生流动,使强度降低,且难于恢复。因此,可根据需要分几遍施加夯击能,两遍之间间歇一段时间,使土的强度逐步增加,改善土的压缩性。间歇时间取决于孔隙水压力的消散情况,一般为 2~4 周。为缩短间歇时间,也可根据场地情况在周边埋设袋装砂井(或塑料排水带),以加速孔隙水压力消散。

对砂性土,孔隙水压力的峰值出现在夯完后的瞬间,消散时间只有 2~4min,故对渗透性较大的砂性土,两遍夯击的间歇时间很短,亦可连续夯击。

7)垫层铺设

强夯前要求对拟加固的场地必须具有一层稍硬的表层,使其能支承起重设备,并便于对所施工的夯击能得到扩散;但是,对地下水位在 -2m 深度以下的砂砾石土层进行强夯加固,可直接施行强夯,无须铺设垫层;对于公路高填方路基的强夯压实,由于通过一般压路机的压实已形成较坚实的表面,为使夯击能尽量往下传递,也无须铺筑砂垫层。而对地下水位较高的饱和黏性土与易液化流动的饱和砂土,都需要铺设砂、砂砾或碎石垫层后才能进行强夯,以免夯击振动引起土体沙化流动。

垫层厚度随场地的土质条件、夯锤质量及其形状等条件而定。一般为 0.5~2.0m,若场地土质条件好,夯锤小或形状构造合理,起吊时吸力小者,也可减小垫层厚度,铺设的垫层不能含有黏土。

5.8.4 强夯施工

1）施工机械

西欧国家所用的起重设备大多为大吨位的履带式起重机,稳定性好,行走方便。国外所用履带式起重机都是大吨位的吊机,通常在 100t 以上。除使用现成的履带式起重机外,国外还制造了常用的三足架和轮胎式强大夯机,用于起吊 40t 夯锤,落距可达 40m。我国大多数的强夯工程只具备小吨位起重机的施工条件,使用滑轮组起吊夯锤,利用自动脱钩的装置,使锤形成自由落体。拉动脱钩器的钢丝绳,其一端拴在桩架的盘上,以钢丝绳的长短控制夯锤的落距,夯锤挂在脱钩上,当吊钩提升到要求的高度时,张紧的钢丝绳将脱钩器的伸臂拉转一个角度,致使夯锤突然下落。有时为防止起重臂在较大的仰角下突然释重而有可能发生后倾,可在履带式起重机的臂杆端部设置辅助门架,或采取其他安全措施,防止落锤时机架倾覆。自动脱钩装置应具有足够的强度,且施工时要求灵活。

2）施工步骤

强夯施工可按下列步骤进行。

(1) 清理并平整施工场地。

(2) 铺设垫层:对于加固饱和软土地基,应铺设碎石垫层,在地表形成硬层,支承起重设备和确保机械通行。

图 5-49　测量夯锤顶高程

(3) 标出第一遍夯击点的位置,测量场地高程。

(4) 起重机就位,使夯锤对准夯点位置。

(5) 测量夯前锤顶高程(图 5-49)。

(6) 将夯锤起吊到预定高度,待夯锤脱钩自由下落后放下吊钩,测量锤顶高程;若发现因坑底倾斜而造成夯锤歪斜时,应及时将坑底整平。

(7) 重复步骤(6),按设计规定的夯击次数及控制标准,完成一个夯点的夯击。

(8) 重复步骤(4)~(7),完成第一遍全部夯点的夯击。

(9) 用推土机将夯坑填平,并测量场地高程。

(10) 在规定的间隔时间后,按上述步骤逐次完成全部夯击遍数,最后用低能量满夯,将场地表层土夯实,并测夯后场地高程。

当地下水位较高,夯坑底积水影响施工时,宜采用人工降低地下水位或铺设一定厚度的松散材料。夯坑内或场地有积水时应及时排除。

5.8.5 质量检测

强夯施工结束后应间隔一定时间方能对地基加固质量进行检测。对碎石土和砂土地基,其间隔时间可取 1~2 周;对低饱和度的粉土和黏性土地基可取 3~4 周。

质量检测方法有以下几种:

(1)室内试验：主要通过夯击前后土的物理力学性质指标的变化来判断其加固效果。检测项目包括抗剪强度指标（c、ϕ 值）、压缩模量（或压缩系数）、孔隙比、重度、含水率等。

(2)十字板试验。

(3)动力触探试验（包括标准贯入试验）。

(4)静力触探试验。

(5)旁压仪试验。

(6)载荷试验。

(7)波速试验。

检测点位置可分别布置在夯坑内、夯坑外和夯击区边缘。其数量应根据场地复杂程度和建筑物的重要性确定。对简单场地上的一般建筑物，每个建筑物地基的检验点不应少于3处；对复杂场地或重要建筑物地基应增加检验点数。检验深度应不小于设计强夯加固处理深度。

5.9 软土地基的处理方法的选择

不同道路所经的地区土壤地质条件不同，遇到的软基也千差万别，而不同软基处理方法的适用条件和经济性也不一样。因此，为了使软基处理安全可靠、经济合理、达到预期的效果，必须根据设计的软基条件，选择合理的处理方法。

前述的软基加固法可以归结为复合地基加固法、排水固结法、灌浆加固法和强夯法四大类，在这些类型的地基加固法方法中，复合地基加固法除碎石桩复合加固外，还有水泥粉煤灰碎石桩（CFG桩）、石灰桩法（用生石灰在软土地基内形成桩柱，通过生石灰消解和水化物的生成，以降低土中含水率，提高地基强度，减小沉降量的软基处理方法）、搅拌桩法（搅拌桩亦称喷粉桩、粉体深层搅拌法等，是石灰桩的发展。该法在钻进时利用压缩空气喷射生石灰或水泥干粉，与软土强制搅拌，使粉料与软土产生物理化学作用，以达到提高地基承载力，减少沉降的目的）等。除此以外，还有常用的换填法，根据换填软基和换填方法的不同，又有抛石挤淤法（抛石挤淤法是在路基底部抛投一定数量的片石，将淤泥挤出基底范围，以提高地基的强度的软基处理方法。这种方法的特点是施工简单、迅速、方便）、爆破排淤法（爆破排淤法是将药放在软土或泥沼中爆炸，利用爆炸时的张力作用，把淤泥或泥炭扬弃，然后以强度较高的渗水性土回填的软基处理方法）。这些软基加固方法加固原理不同、适用的地基条件也不同，在选择加固方法时，应根据不同加固方法的适用条件和工艺特点，工程所处软土地基的土壤地质条件、土层厚度、水文条件、施工条件及加固目标等，合理选择加固方法。

首先必须充分研究进行处理的理由、目的，然后考虑地基的性状、道路的标准、施工条件、对周围环境的影响等各种条件，选择最符合目的要求，而且最经济的加固处理方法。选择处理方法时应考虑以下条件。

1）地基条件

地质及地基构成不同，采用的方法也有所不同。

(1)土质

①软土。选用以排水为目的的方法时，应考虑软土的颗粒级配范围或渗透系数大小。

对灵敏度很高的软土,所采取的处理方法和施工方法,对地基的扰动必须尽量小。

②泥炭类土。天然含水率大于500%的泥炭,往往压缩性很高,原始强度很低,但却在相当好的透水性。天然含量在300%以下的黑泥,透水性小,受扰动时强度急剧下降。

为减小剩余沉降,经常使用慢速加载法、路堤荷载压重法;稳定措施常用反压护道法和挤实砂桩法。

抗剪强度低的泥炭类土,一般均堆积在地表附近的浅层部位,所以,对局部性的泥炭土地基,采用换填法是有效而又可靠的。

③非饱和土。如路基填方加固,在路基填筑过程中的加固压实,可以采用强夯方法,若是道路运营过程中的沉降、滑坍,可以采用灌浆加固,以避免对交通干扰或重新开挖填筑引起的施工操作困难。

(2)地基构成

①软土层厚度。软土层浅而薄的情况,固结沉降量小,而且在短时间内能停止沉降,滑动破坏的可能性一般也很小。因此,处理措施可采用简单的表层处理法。对重要构造物的基础,也常用开挖换填法。

软土层较厚,则按不同的目的与土质,采用垂直排水和挤密砂桩等方法配合表层处理法处治。若软土层厚度较薄(<3.0m),可以采取换填,包括抛石挤淤、爆破挤淤、强夯置换等。

②夹有排水砂层。在薄层软土(厚3~4m以下)之间夹有可供排水的砂层(厚大于5cm)时,不需要采用垂直排水法或挤实砂桩法,一般只采用表层处理法、慢速加载法、路堤荷载压重法。

③顶部有厚砂层。顶部有厚4m以上砂层,下部为软土。在这种情况下,稳定不成问题,主要是沉降的处理。因此,可采用垂直排水法、路堤荷载压重法。

④基底倾斜。这种地基上的路堤,软土层厚的一边沉降大,这个方向发生滑动的危险性也大。在这种地基上,不均匀沉降还会促进滑动,因此要尽可能减小沉降量。通常采用挤压桩法和石灰桩法处理。在软土层厚的一边,桩的间距密些,薄的一边稀些,以使沉降量均匀。

2)道路条件

(1)道路的性质

高速公路和交通量大的道路,对路面的平整度要求高,因此必须采取有效的沉降处理措施,以减小或避免路基不均匀沉降引起的路面沉降变形。对于等级低、交通量小的道路,可待沉降基本结束后再铺路面,或先铺简易路面,待沉降完成后,再铺正式路面,而不必花大量的工程费用于沉降处理。

(2)路堤结构

路堤的设计高度与宽度,也是选择处理方法需要考虑的重要因素。宽而低的路堤,采用挤出换填方法时,地基内可能遗留压缩性高的土。反之,窄而高的路堤,则地基较易换填。路堤越宽、越高,地基压缩层越深,将会引起深部土层的沉降。

(3)所在路段

一般路段的剩余沉降即使大到一定程度,只要不均匀沉降量不大,对路面平整度不会产生明显影响。而在与桥台等构造物连接的路段,剩余沉降将造成错台,形成对行车非常不利的情况。同时,如果路堤的稳定性不够,桥台将受到大的土压力作用,可能导致桥台侧向位移的事故。因此,要特别重视与构造物连接路段的沉降与稳定处理措施。常用处理方法主要有如下几种:

①压重法。首先采用路堤荷载压重法加速沉降,使侧向位移进行完毕,待地基强度提高后,再挖去路基,然后修筑桥台。

②溜坡桥台。预先填筑护坡或压重路堤,待路沉降并且稳定以后,再在路堤上修筑桥台。

③减轻路堤荷载法。选用轻质材料填筑路堤,或使用箱形涵洞和波纹管,减轻台背路堤荷载以减小桥台位移,也减小路堤沉降量。

④桩板法。在台背采用板承法。在支承桩或摩擦桩上设置板,在板上修筑路堤。

⑤桥头搭板。虽然采取前述各种方法,但仍难以完全消除构造物与路堤之间的错台。为此,在采取上述措施的同时,常常要同时使用桥头搭板。搭板一般设置在路面铺砌层下面,如沉降量大,则宜设在更深的位置上。

⑥修补路面。如果出现错台,也可采取修补路面,改正高差的方法。

3) 施工条件

施工条件是选择处理方法时必须考虑的重要因素。

(1) 工期

工期长,往往不需要采取专门的处理措施,可用慢速加载法在确保稳定的状态下填筑路堤且通过长时间放置也能减小剩余沉降量。因此,软土地基上的道路工程,原则上工期要尽量长,按照工期选择处理方法。

(2) 材料

处理工程措施所用材料来源及其经济性,也是选择处理方法时必须考虑的重要因素。只要材料的运距不是特别远,通常采用砂垫层法、开挖换填法、反压护道法、路堤荷载压重法一般要比其他方法经济。塑料排水板现在用得很多,因其来源充分,价格便宜,且施工简便、快速。

(3) 施工机械的作业条件

在软土地基上施工,不管采取何种施工方法,确保施工机械的作业条件是必须考虑的问题。因此,不管用何种处理方法,一般都要同时使用表层处理法对表面进行处理,以利于施工机械作业。对于非饱和土地基加固,可以根据现场条件确定是否需要配套专门的施工作业条件。

(4) 施工深度

换填法的适用深度,开挖换填时为3m,强制换填时为7~10m。

垂直排水法与挤实砂桩法的极限施工深度为20~30m,超过这个深度一般是不经济的。

强夯加固的有效加固深度与夯击能、地基土质条件有关。

4) 周围环境

施工对周围环境的影响如噪声、振动、地基的变化、地下水的变化、排出的泥水或使用的化学药剂可能对地下水产生污染等,在选择施工方法、处理方法时必须全面考虑。

地基特别软弱、路堤高度较大的情况下,周围地基常发生大的沉降或隆起。因此,在路堤坡脚附近有民房或重要构造物时,应考虑以减小总沉降量并控制剪切变形的方法为主要措施。当靠近城市、人口集中地区或民房以及现有构造物时,采用复合地基加固必须充分考虑软基处理措施对周围居民生活的影响。

第6章 膨胀土路基

6.1 膨胀土的特性

6.1.1 膨胀土的定义

膨胀土是指黏粒成分主要由强亲水性矿物伊利石和蒙脱石组成,具有显著干缩湿胀特性的特种黏性土。膨胀土一般呈黄、褐、棕及灰绿、灰白等色,与矿物成分有关。在自然条件下,土体发育有各种特定形态的裂隙,多呈坚塑或硬塑状态,塑限大于40%,含水率随季节而变化,有一个波动幅度,大致在塑限左右。具有反复的干缩湿胀性以及多裂隙性、超固结性和强度衰减性等特殊性质。

6.1.2 膨胀土的基本特性

膨胀土地区的气候条件主要为温和湿润,雨量分配较均匀,年降雨量700~1700mm,昼夜温差小,年平均气温14~17℃,具备化学风化的良好条件。在这种环境下,黏土矿物成分硅酸盐、碳酸盐不断分解,钙被大量淋失,钾离子被次生矿物吸收形成伊利石和伊利石-蒙脱石混层矿物成为主要的黏土矿物。因此,膨胀土不同于一般黏土,具有以下特性:

(1)膨胀土是黏粒矿物成分主要由强亲水性矿物伊利石、蒙脱石组成的特殊黏土,当这两种矿物成分达到一定比例时,土对湿度状态就特别敏感。

(2)膨胀土具有吸水膨胀失水收缩两种变形特性,而且这种变形是可逆的,因此,具有显著湿胀干缩和反复湿胀干缩性质。

(3)膨胀土吸水膨胀后强度减小,并随之有湿化崩解的现象,失水收缩后的强度较大,一般比较干硬,并伴有裂隙产生。

(4)膨胀土一般具有高液限、低塑限以及塑性指数较高的特性,从土的工程性质与分类意义上讲,属于高塑限黏土范畴。

6.1.3 膨胀土的分布

膨胀土分布广泛,在40多个国家都有分布。自1938年美国开垦局在俄勒冈州的一例基础工程中首次认识了膨胀土问题之后,膨胀土便开始引起人们的关注。由于它具有显著的干缩湿胀性,存在较多的裂隙软弱面,常给膨胀土地区的工程建设造成严重破坏,其危害性既表现在地表建筑,也反映在地下工程中,不仅包括铁路、公路、渠道的边坡、路面、基床,也包括房屋地基,采取了措施的护坡、挡土墙和桩基等,膨胀土对建筑工程的危害往往具有长期性、渐进性和潜在性的特点,有时很难处理,费用高。

我国是膨胀土分布广、面积大的国家之一,早在20世纪50~60年代就因工程问题引起了人们对此问题的重视。我国已在云南、广西、湖北、河南等20多个省、区发现了膨胀土,以黄河流域及其以南地区分布较为广泛,我国膨胀土分布具有以下主要特征。

(1)膨胀土分布地域与区域的地质背景有关,特别是地层的空间分布上表现明显。如,岷江、嘉陵江、汉水流域的黏土岩与泥灰岩分布的地区广泛发育膨胀土,而且厚度大,最大达600m;而乌江流域石灰岩地区,膨胀土呈零星分布,厚度也较薄。

(2)膨胀土分布与地貌密切相关,绝大多数膨胀土集中分布在二级阶地以上、山前丘陵和盆地边缘,如成都平原、南阳襄阳盆地、汉中盆地等地区。仅少数分布在低山丘陵剥蚀的地貌单元上。

(3)成因主要为湖积和冲洪积,其次为残坡积。

(4)膨胀土分布与气候有关,膨胀土主要集中在长江以北半干旱温热带气候地区,该区域广泛发育棕黄、灰白、灰绿色的膨胀土。

(5)膨胀土的结构特征随成因类型和母岩性质而变化。如冲积形成棕黄或灰白色膨胀土,裂隙较发育,粒团定向度相对较高,黏土矿物以伊利石和蒙脱石为主。

6.1.4 膨胀土的胀缩机理

土的工程性质如塑性、压缩性、胀缩性、强度等受矿物粒间各种相互作用力制约,而粒间作用力又与矿物矿料本身的结晶格架特征有关,即与组成矿物的原子和分子的排列有关,与分子原子间的键力有关,如图6-1所示。膨胀土的主要矿物为亲水的黏土矿物蒙脱石和为伊利石(含水云母)及少量的高岭石等。蒙脱石的化学成分很复杂,其最简单的化学组成是 $2Al_2[Si_4O_{10}](OH)_2 \cdot nH_2O$,属于斜方晶系,晶体呈灰色带白色、青色或桃色等,晶体形状呈不规则的圆形,比重随化学组成而异,变化较大,一般为2.2~2.7;蒙脱石矿物组的晶胞[图6-2a)]基本结构是由两个硅片中间夹一个铝片所构成,晶体结构是2:1的三层结构,其显著特点是晶胞间的接触为 O^{2-},晶胞间结合有数层水分子,所以联结力很弱,晶体格架具有很大的活动性,遇水很不稳定,水分子可以无定量地进入晶格之间而产生膨胀;同时,水不仅可以进入晶胞之间,而且扁平离子的表面亦可吸附水,矿物离子表面常被水包围,这种结构使蒙脱石具有很强的吸水性,吸水后体积膨胀数倍,脱水后又会产生显著收缩,并伴有微裂隙产生。

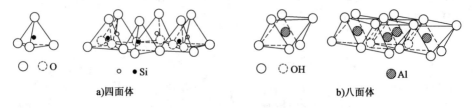

图6-1 四面体和八面体晶体结构

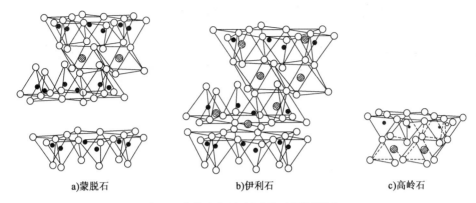

图 6-2 蒙脱石、伊利石和高岭石的结晶结构

伊利石的化学组成是 $K_2Al_2[(Si,Al)_4O_{14}](OH)_2 \cdot nH_2O$，伊利石属斜方晶系，相对密度为 2.6~3.0。与蒙脱石一样，伊利石晶体结构也是 2∶1 的三层结构[图 6-2b)]，只是其硅片中的 Si 原子有 20%左右被 Al 原子替换。伊利石与蒙脱石最大的差别是伊利石晶胞间的结合不是水，而是由 K^+ 或 Na^+ 离子所联结，钾离子多半是联结在各晶格的中间，以致形成伊利石晶格的坚固联结；其次，伊利石的游离原子价较多，且多集中于硅片层内，具有极强的吸附力。因此，伊利石遇水膨胀或失水收缩等性能都不及蒙脱石显著。

此外，膨胀土中还有高岭石组矿物，高岭石晶胞结构是由一个硅片和一个铝片上下重叠而成，并以此无限延伸。晶格结构是 1∶1 的两层结构，如图 6-2c)所示，其最大的特点是晶胞之间通过 O^{2-} 与 OH^-（氢键）相互联结，联结力很强，致使晶格不能自由活动，不允许水分子进入晶胞之间，因此是遇水较为稳定的黏土矿物，不产生膨胀。

膨胀土的体积因不断吸水而增大的性质，是它的黏土矿物与水相互作用的结果。土中这三种矿物的比例和数量决定着土体的膨胀性。蒙脱石和伊利石都为亲水性矿物，晶胞间的联结力较弱，并有很强的亲水性，以蒙脱石和伊利石为主要矿物成分的黏土具有较强的膨胀性，即是膨胀土；另一方面，蒙脱石和伊利石的晶胞结构不同，亲水性不同，膨胀土的膨胀性与两者的比例有关，由于蒙脱石比伊利石有更强的亲水性，当含水率变化时，土体能发生显著的体积变化，以蒙脱石为主要矿物成分的膨胀土具有较强的膨胀性，以伊利石为主要矿物成分的膨胀土具有相对较小的膨胀性。高岭石晶格间的联结力强，遇水较为稳定，矿物组成以高岭石为主的黏土有较小膨胀性，即是一般黏土。

当黏性土及泥质岩中含有大量的蒙脱石和伊利石类矿物颗粒时，由于这些矿物颗粒的体积变化，引起岩土的体积变化，发生膨胀或收缩，当膨胀或收缩变化达到一定程度时，能引起与其相连接的建筑物产生破坏。

6.1.5 影响膨胀土胀缩性的因素

（1）矿物成分。我国的膨胀土的黏土矿物成分，主要是伊利石，其次是蒙脱石，不同地区的膨胀土中蒙脱石和伊利石两种膨胀矿物成分的比例不同。蒙脱石和伊利石的晶胞结构不同，亲水性不同，土的膨胀性也不同。蒙脱石较伊利石有更强的亲水性，当含水率变化时，含蒙脱石多的土体比伊利石多的土体有更强的膨胀性。

(2)离子交换量。黏土矿物中,水分不仅与晶胞离子相结合,而且还与颗粒表面上的交换阳离子相结合。这些离子随其结合的水分子进入土中,使土发生膨胀。因此,岩土的离子交换容量大,土的膨胀性就高。高岭石的交换容量一般为3~15mg当量/100g干土,伊利石(水云母)一般为20~40mg当量/100g干土,蒙脱石的交换容量则大得多,可达80~150mg当量/100g干土。因此,含蒙脱石越多的黏土,其膨胀性就越大。此外,含不同交换离子的土具有不同的膨胀性,例如含Na^+的黏性土的膨胀性、收缩性都比含Ca^{2+}的黏性土大。

(3)黏粒含量。黏粒含量越高,土的比表面积越大,吸水能力越强,膨胀变形就越大。

(4)干密度。土的密度大,孔隙比就小,反之孔隙比大,前者浸水膨胀强烈,失水收缩小,后者浸水膨胀小,失水收缩大。

(5)初始含水率。初始含水率愈接近胀后含水率,土的膨胀就越小,收缩的可能性和收缩值就越小;初始含水率与胀后含水率的差值越大,土的收缩就越大,膨胀可能性及膨胀值就越大。

(6)微观结构。膨胀土的微观结构与其膨胀性有很大的关系。一般膨胀土的微观结构属于面-面叠聚体,而土中所积聚的铁、铝多半以胶体氧化物形态留在中性孔隙溶液中,没有产生足够阻止粒间斥力作用,这些叠聚体仍处于可活动状态,具有产生胀缩的潜力。

6.2 膨胀土的判别

6.2.1 膨胀土地区的地形地貌

1)膨胀岩土地区的地貌及地面变形特征

膨胀土一般分布在山前地带及高级阶地,大多数膨胀土集中分布在二级阶地以上。在盆地中部或低级阶地的下部有时也有膨胀土分布,由于其所处深度大,一般对地面建筑无影响。膨胀土大多为高塑性的黏性土、裂隙发育,常常易于滑塌不能维持陡坎,故一般呈浑圆岗丘地形。

膨胀岩土地区,有山前或高阶地前的坡前较陡地带,常形成浅层滑坡,多为古滑坡,有的已趋于稳定,有的尚在间歇性地向下缓慢滑移。在浅层滑坡形成的初期阶段岩土发生蠕变,斜坡上部的膨胀土的顶部向斜坡下方移动,移动的距离随深度渐减,而使土中的垂直节理呈向斜坡下方发生弯曲状。斜坡蠕动也常可以造成其上建筑物的破坏。

膨胀土地区空旷地面总是在无休止地上下运动,运动形式可以归纳为膨胀型(上升型)、收缩型(下降型)及波动型三类。膨胀型的岩土中含水率较低,随着含水率不断增加,土层不断膨胀,表现为地面不断升高,收缩型则正好相反。不论是膨胀型或收缩型,由于含水率随季节变化,它们的膨胀或收缩随季节有微小的变化,因此,这两种类型都是波动着向前发展。膨胀型或收缩型不断发展达到一定的限度后都成为波动型。此时,土中的湿度与大气中的湿度基本达到平衡状态,地面基本保持稳定,膨胀和收缩由于季节性的气候变化有微小的波动。因此,这三种类型是可以相互转化的。

2）膨胀土中的地下水

膨胀土虽有较多的裂隙，但水分通过这些裂隙时土即发生膨胀，裂隙被阻，渗透性变小。在接近地表部分，收缩裂缝较宽，渗透性较好，因而易形成上层滞水。上层滞水的深度常受土层中相对隔水层或隔水透镜体的控制。上层滞水的平面位置，常与地面水的补给源有关。在平坦地区，土层比较均匀时，也可能形成统一的连续水面。

地下水的存在直接影响地基土的含水率，地下水位的变动直接影响土的含水率变化。在膨胀土地区应注意研究地下水的分布、成因、动态及其补给源。

具有统一地下水位且埋藏浅的地区，水位变化幅度不大时，土层含水率变化的可能性小，土的膨胀性和收缩性不易发挥。

3）膨胀土上的植被

植被对地基土的胀缩量和深度有很大影响。树根的生长以及对已有植被的破坏，对土层含水率的影响可造成地面大幅度的升降。距离建筑物很近的叶面蒸腾量大，根系很深和根系发达的乔木，尤其是阔叶乔木，能大量吸收土中的水分，使土层变形的深度和面积增大。此外，在密实的膨胀土中，土层不易压缩，树根的生长排开土体，使地基产生膨胀，也能造成轻型建筑物的局部破坏。因此，在膨胀土的工程环境条件下绿化时，应考虑建筑物周围的植树树种、距建筑物的距离以及浇灌方法对地基土含水率变化的影响等。

6.2.2 膨胀土的判别

决定膨胀土特殊工程性质的因素是多方面的，有膨胀土的成因、结构特征和矿物成分等土体本身的内在因素，以及水和气候等外部条件。其中，结构特征和矿物成分是其内在的固定属性，是控制膨胀土工程特性的决定因素。要鉴别某种土是否属于膨胀土，首先应根据土体本身的主要属性来区分，同时，选用的判别方法又不宜太烦琐。

国内外对膨胀土的判别指标和方法很多，标准也不统一，主要有物理法、化学法和力学法，物理法主要根据土的粒度组成与稠度性质判定；化学法主要根据土的矿物组成和化学性质判定；力学法主要以膨胀力指标判定；还有以物理、化学和力学法为指标的综合判定。多年的工程实践经验表明，可采用宏观结构特征、土体特征指标和黏土矿物成分作为膨胀土判别的三要素，并结合膨胀土的工程地质特征，采用现场定性和室内试验指标相结合的方法判别较为合理。目前采用的判别方法有：根据膨胀土的宏观结构特征判别、根据膨胀土的特征指标判别和根据黏土矿物成分判别三种。

1）根据膨胀土的宏观结构特征判别

宏观结构特征判别是直接在野外观察膨胀土在长期自然地质作用过程中形成的特殊地质地貌景观的宏观判别法。我国《岩土工程勘察规范》规定，膨胀土的野外宏观地质地貌特征主要有以下几方面。

（1）膨胀土多分布在二级或二级以上阶地、山前丘陵和盆地边缘，地形平缓，无明显自然陡坎，具典型的垄岗式地貌。

（2）常见浅层滑坡、地裂，新开挖的路堑、边坡、基槽易发生坍塌。

（3）土体具有多裂隙性，常见有垂直、水平和斜交三组，方向不规则；常有光滑面和擦痕，裂缝中常充填灰白、灰绿色黏土，干时坚硬，遇水软化，自然条件下呈坚硬或硬塑状态；土块可层层分割,成规则的几何形体。

(4)黏土质重,滑感较强,常含有钙质与铁锰质结核或豆石。土的颜色多为棕、黄、褐等色夹灰白色、灰绿色,亦常见灰白色、灰绿色等。

(5)未经处理的建筑物成群破坏,低层建筑较多层建筑破坏严重,刚性结构较柔性结构严重,建筑物开裂多发生在旱季,裂缝宽度随季节变化。

当道路通过具有上述特征的地区时,应首先考虑膨胀土的可能,然后再采取代表性土样进行室内试验分析,选择微观指标判别和方法,对可能的膨胀土进行判别。若野外地质地貌符合上述特征,判别指标值又达到临界判别值以上的土,应判定为膨胀土。

2)根据膨胀土的特征指标判别

(1)膨胀土的判别指标

膨胀土特征的室内试验判别指标如下。

①活动性指数 K_A

$$K_A = \frac{I_P}{A} \tag{6-1}$$

式中:I_P——塑性指数;
　　A——小于 0.002mm 粒径的颗粒含量(%)。

②压实性指数 K_d

$$K_d = \frac{e_L - e}{e_P - e} \tag{6-2}$$

式中:e_L——相当于液限含水率时土的孔隙比;
　　e_P——相当于塑限含水率时土的孔隙比;
　　e——土的天然孔隙比。

③吸水指标 K_W

$$K_W = \frac{w_L - w_{sr}}{w_{sr}} \tag{6-3}$$

式中:w_L——土的液限(%);
　　w_{sr}——土饱和时的含水率(%)。

④膨胀性指标 K_e

$$K_e = \frac{e_L - e}{1 + e} \tag{6-4}$$

式中:e_L——液限时土的孔隙比;
　　e——土的天然孔隙比。

⑤自由膨胀率 δ_{ef}

$$\delta_{ef} = \frac{V_{we} - V_0}{V_0} \times 100 \tag{6-5}$$

式中:V_{we}——试样在水中膨胀后的体积(mL);
　　V_0——试样原体积。

自由膨胀率与膨胀土的主要矿物有关,一般,当主要矿物为蒙脱石时,自由膨胀率较大,主要矿物为伊利石含少量蒙脱石时,自由膨胀率较小。如果自由膨胀率大于40%,可判定为膨胀土,大于80%为强膨胀土,而自由膨胀率小于40%时,可视为非膨胀土。

⑥膨胀率 δ_{ep}

膨胀率是反映土在某压力下的单位厚度土体的膨胀变形,它与土的含水率密切相关,一般情况下,含水率越低,膨胀率越高。膨胀率 δ_{ep} 用下式计算:

$$\delta_{ep} = \frac{Z_t - Z_0}{h_0} \times 100 \tag{6-6}$$

式中:Z_t——时间为 t 时的百分表读数;
Z_0——百分表初读数;
h_0——试样的初始高度。

⑦线缩率 δ_s

$$\delta_s = \frac{Z_1 - Z_0}{h_0} \times 100 \tag{6-7}$$

式中:Z_1——某一时刻的百分表读数;
其余符号意义同前。

⑧缩限 ω_s

土在收缩过程中收缩率随含水率减少而急剧变化时的含水率。

⑨收缩系数 λ_s

膨胀土的收缩变形可以用收缩系数表示,它是指含水率减少1%时,土样的收缩变形量,收缩系数大,其收缩变形量也大。收缩系数用下式计算:

$$\lambda_s = \frac{\Delta \delta_{si}}{\Delta w} \tag{6-8}$$

式中:Δw——收缩曲线上第一阶段两点的含水率之差(%);
$\Delta \delta_{si}$——与 Δw 相对应的两点间的线偏率之差(%)。

(2)判别标准

表6-1是膨胀土判定指标的临界值。国内的临界值由我国膨胀土研究初期一些单位提出。

膨胀土判定标准　　　　　　表6-1

指标名称	临界值	
	国外	国内
膨胀性指标 K_e	>0.4	0.2 或 0.4
压实指标 K_d	≥1.0	≥0.5 或 0.8
活动性指数 K_A	>1.25	≥0.6 或 >1
吸水指标 K_W	>0.4	≥0.4 或 >1
线膨胀率 δ_{ep32}	>0.5%	>1%
缩限 w_s	<12%	<12%
缩性指数 $I_s = w_L - w_s$	>20	
线收缩	>5%	

续上表

指标名称	临界值	
	国外	国内
以膨胀为主,膨胀率	>1%	
以收缩为主,体缩	>1.0%	
自由膨胀率		≥40%

(3)初判标准

根据地形地貌、土的天然结构特征,多裂隙性和胀缩性等特征进行初步判别。

①建筑、水电系统提出的临界判别值:自由膨胀率≥40%,液限≥40%。

②铁路系统提出的临界判别值:自由膨胀率≥35%,液限≥40%。

③公路系统对膨胀土的判别为:根据塑性图,膨胀土为高液限黏土,分布范围为液限>50%,塑性图(I_P 为纵坐标,w_L 为横坐标)的 A 线以上 $I_P = 0.73(w_L - 20)$。

(4)详判标准

①国家标准《膨胀土地区建筑技术规范》评判标准,将膨胀土胀缩分为三级,评判指标为自由膨胀率和地基分级变形量,如表6-2所示。

《膨胀土地区建筑技术规范》的膨胀土分级标准　　　　表6-2

级别	指标	
	自由膨胀率 $\delta_{ef}(\%)$	地基分级变形量 $S_c(mm)$
强膨胀土	≥90	≥70
中膨胀土	65~90	35~70
弱膨胀土	45~85	15~35

②《公路路基设计规范》评判标准,将膨胀土胀缩等级分为三级,评判指标为自由膨胀率、线总胀率和小于0.002mm粘粒含量,如表6-3所示。

《公路路基设计规范》的膨胀土评判标准　　　　表6-3

级别	指标		
	自由膨胀率 $\delta_{ef}(\%)$	线总胀率 $e_{ps}(\%)$	粒径<0.002mm粘粒含量
强膨胀土	>90	>4	>50
中膨胀土	65~90	2~4	35~50
弱膨胀土	40~65	0.7~2	<35

影响黏性土膨胀性的因素十分复杂,应用中可以结合地质、地貌以及工程建筑经验,初步判定是否属于膨胀土地区,然后再根据主要相关指标测试结果进行综合判别。

3)根据黏土矿物成分判别

膨胀土的主要黏土矿物是蒙脱石和伊利石,这两类矿物具有很强的亲水性,当含水率发生变化时,能发生显著的体积变化。黏土中蒙脱石和伊利石的含量不同,土的膨胀性也不同,当这些矿物颗粒含量达到一定值时,在水分变化条件下将引起岩土体产生不同的体积变化,发生膨胀和收缩,当膨胀和收缩达到一定程度时,将引起与之相连的建筑或结构物变形破坏。因此,膨胀土的黏土矿物成分是决定其工程性质的主要内在因素。研究表明,当黏土矿物中蒙脱石含量超过20%,则土的工程性质主要由蒙脱石所决定,一般蒙脱石含量在12%以上的土,就具有较强的胀缩性。

6.2.3 膨胀土的工程地质分类

根据膨胀土的胀缩强弱与工程性质,膨胀土可划分为三类,见表6-4。

膨胀土工程地质分类　　　　　　　表6-4

膨胀土类别	野外地质特征	主要黏土矿物成分	小于0.005mm黏粒含量(%)	自由膨胀率(%)	线总胀缩率(%)
强膨胀土	灰白色、灰绿色、黏土细腻,滑感特强,网状裂隙极发育,易风化呈细粒状,鳞片状	蒙脱石为主	>50	>80	>4
中膨胀土	以棕、红、灰色为主,黏土中含少量粉砂滑感较强,裂隙较发育,易风化呈碎粒状,含钙质结核	蒙脱石、伊利石	35~50	55~80	2~4
弱膨胀土	黄、褐色为主,黏土中含较多粉砂,有滑感,裂隙发育,易风化呈碎粒状,含较多钙质或铁锰结核	伊利石、蒙脱石、高岭石	<35	30~55	0.7~2

6.3 膨胀土的工程特性及路基路面病害

6.3.1 膨胀土的工程特性

1)胀缩性

膨胀性是指在一定条件下,膨胀土的体积因不断吸水而增大的性质,它的黏土矿物与水相互作用的结果。收缩是膨胀土的另一个属性,原因是土中水分减小,产生土体收缩变形。膨胀土吸水膨胀、失水收缩、再吸水再膨胀、再失水再收缩的变形特性,称为膨胀土的膨胀与收缩的可逆性。膨胀土的膨胀收缩可逆性使膨胀土在水分变动情况下反复胀缩,引起建筑结构产生变形开裂。

膨胀土吸水后体积膨胀,如膨胀受阻即产生膨胀力,使其上建筑物隆起;失水体积收缩,造成土体开裂,并使其上建筑物下沉。膨胀土在缩限ω_s与胀限ω_H含水率时的收缩量与膨胀量,称为极限胀缩潜势。土中有效蒙脱石含量越多,胀缩潜势越大,膨胀力越大。土的初始含水率越低,膨胀量与膨胀力越大。击实土的膨胀性远比原状土为大,密实度越高,膨胀量与膨胀力越大,在膨胀土路基设计及压实度控制中应特别注意。

2)崩解性

膨胀土浸水后体积膨胀,在无侧限条件下则发生吸水湿化。不同类型的膨胀土其崩解性不一样,强膨胀土浸入水中后,几分钟内很快就完全崩解;弱膨胀土浸入水中后,则需经过较长时间才逐步崩解,且有的崩解不完全。此外,膨胀土的崩解特性还与试样的起始湿度有关,一般干燥土试样崩解迅速且较完全,潮湿土试样崩解缓慢且不完全。

3)多裂隙性

膨胀土中的裂隙(图6-3),主要可分垂直裂隙、水平裂隙与斜交裂隙三种类型。这些裂隙将土体层层分割成具有一定几何形态的块体,如棱块状、短柱状等,破坏了土体的完整性,因此工程界又称膨胀土为裂土。裂隙面光滑有擦痕,且大多充填有灰白或灰绿色黏土薄膜、条带或斑块,其矿物成分主要为蒙脱石,有很强的亲水性,具有软化土体强度的显著特性。膨胀土路基边坡的破坏,大多与土中裂隙有关,且滑动面的形成主要受裂隙软弱结构面所控制。

图6-3 膨胀土的裂隙

4)超固结性

膨胀土大多具有超固结性,天然孔隙比较小,干密度较大,初始结构强度较高。超固结膨胀土路基开挖后,将产生土体超固结应力释放,边坡与路基面出现卸荷膨胀,并常在坡脚形成应力集中区和较大的塑性区,使边坡容易破坏。

5)风化特性

膨胀土受气候因素影响,极易产生风化破坏作用。路基开挖后,土体在风化营力作用下,很快会产生碎裂、剥落和泥化等现象,使土体结构破坏,强度降低。按膨胀土的风化程度,一般将膨胀土地层划分为以下三层。

(1)强风化层。位于地表或边坡表层,受大气营力与生物作用强烈,干湿效应显著,土体碎裂多呈砂砾与细小鳞片状,结构联结完全丧失。强风化层厚度约0.4~1.0m。

(2)弱风化层。位于地表浅层,大气营力与生物作用有所减弱,但仍较强烈,干湿效应也较明显,土体割裂多呈碎石状或碎块状,结构联结大部丧失。弱风化层厚度约1.0~1.5m。

(3)微风化层。位于弱风化层之下,大气营力与生物作用已明显减弱,干湿效应亦不显著,土体基本保持有规则的原始结构形体,多呈棱块状、短柱状等块体,结构联结仅部分丧失。微风化层厚度为1.0m左右。

6)强度衰减性

膨胀土的抗剪强度为典型的变动强度,具有峰值强度极高、残余强度极低的特性。由于膨胀土的超固结性,其初期强度极高,一般现场开挖都很困难。然而,由于其中蒙脱石矿物的强亲水性以及多裂隙结构,随着土受胀缩效应和风化作用的时间增加,抗剪强度将大幅度衰减。强度衰减的幅度和速度,除与土的物质组成、土的结构和状态有关外,还与风化作用,特别是胀缩效应的强弱有关。这一衰减过程有的是急剧的,但也有的比较缓慢。因而,有的膨胀土边坡开挖后,很快就出现滑动变形破坏;有的边坡则要几年,乃至几十年后才发生滑动。

在大气风化作用带以内,由于土体湿胀干缩效应显著,抗剪强度变化较大。经过多次湿胀干缩循环以后,黏聚力 c 大幅度下降,而内摩擦角 φ 变化不大。一般干湿反复循环 2~3 次以后强度即趋于稳定性。膨胀土具有吸收膨胀、失水收缩、再吸水再膨胀、再失水再收缩的变形特性,称为膨胀土的膨胀与收缩的可逆性,膨胀与收缩的可逆变化幅度采用胀缩总率指标表示。

由于膨胀土结构的各向异性,使原状膨胀土的抗剪强度也显示出明显的方向性,垂直于裂隙面的强度较高,平行于裂隙面的强度最低。室内测试的土块强度,一般都高于现场土体的实际强度。因为土体是由土层与裂隙、层面等组成,室内图样的裂隙层面与原状土不同,所以单纯采用室内土块强度检算膨胀土边坡稳定性,容易出现边坡失稳破坏。

6.3.2 膨胀土地区的路基路面病害与原因分析

1)路面病害

(1)波浪变形。用膨胀土填筑的路堤或膨胀土路堑,由于路幅内土基含水率的不均匀变化,引起土体的不均匀胀缩,易产生幅度很大的横向波浪形变形,导致路面变形破坏。这种变形随季节和年度而变化。

(2)溅浆冒泥。由于防水不好和路面开裂,雨季路面渗水,土基浸水并软化,在行车荷载作用下,形成泥浆,挤入粒料基层,并沿路面裂缝、伸缩缝溅浆冒泥。路面溅浆冒泥多在雨季发生,如有地下水浸湿路基时,亦可在其他季节发生。

2)路堑病害

(1)剥落。剥落是路堑边坡表层受物理风化作用,使土块碎解成细粒状、鳞片状,在重力作用下沿坡面滚落的现象。膨胀岩土路堑边坡的剥落主要发生在旱季,旱季愈长,蒸发愈强烈,剥落愈严重。一般强膨胀土较弱膨胀土剥落更甚,阳坡比阴坡剥落要严重。这些剥落物堆积于边坡坡脚或边沟内常造成边沟堵塞,影响路基路面的稳定,引起新的路基路面病害。

(2)冲蚀(图 6-4)。冲蚀是坡面松散土层在降雨或地表径流的集中水流冲刷侵蚀作用下,沿坡面形成冲沟的现象。由于膨胀土的多裂隙性和强风化特性,边坡在雨水冲蚀作用下易产生很深的冲蚀沟深,这种冲蚀沟深可达 0.1~0.5m,深者可达 1.0m。冲蚀的发展使边坡变得支离破碎。冲蚀主要发生在雨季,特别是大雨或暴雨季节。冲蚀既破坏了坡面的完整性,也不利于植物的生长。

(3)泥流。泥流是坡面松散土粒与坡脚剥落堆积物在雨季被水流裹带搬运形成的。一般在膨胀土长大坡面、风化剥落严重且地表径流集中处最易形成泥流。泥流常造成边沟或涵洞堵塞,严重者可冲毁路基、淹埋路面。

(4)溜塌(图 6-5)。边坡表层强风化层内的土体,吸水过饱和,在重力与渗透压力作用下,沿坡面向下产生塑流状塌移的现象,称为溜塌。溜塌是膨胀土边坡表层最普遍的一种病害,常发生在雨季,与降雨稍有滞后关系,可在边坡的任何部位发生,与边坡坡度无关。溜塌上方有弧形小坎,无明显裂缝与滑面,塌体移动距离较短,且很快自行稳定于坡面。溜塌厚度受强风化层控制,大多在1.0m以内,不超过1.5m。

图6-4　膨胀土边坡的冲蚀　　　　　　　　图6-5　膨胀土边坡的溜塌

(5)坍滑。边坡浅层膨胀土体,在湿胀干缩效应与风化作用影响下,由于裂隙切割以及水的作用,土体强度衰减,丧失稳定,沿一定滑面整体滑移并伴有局部坍落的现象,称为坍滑。坍滑常发生在雨季,并较降雨稍有滞后。滑面清晰且有擦痕,滑体裂隙密布,多在坡脚或软弱的夹层处滑出,破裂面上陡下缓,滑面含水富集,明显高于滑体。坍滑若继续发展,可牵引形成滑坡。坍滑厚度一般在风化作用层内,多为1.0~3.0m。

(6)滑坡。膨胀土滑坡具有弧形外貌,有明显的滑床,滑床后壁陡直,前缘比较平缓,主要受裂隙控制。滑动多呈牵引式出现,具叠瓦状,成群发生,滑体呈纵长式,有的滑坡从坡脚可一直牵引到边坡顶部,有很大的破坏性。滑体厚度大多具有浅层性,一般为1.0~3.0m,多数小于6.0m,与大气风化作用层深度密切相关。膨胀土滑坡主要与土的类型和土体结构密切相关,与边坡的高度和坡度并无明显关系。因此,采取放缓边坡来防治滑坡的作用不大,必须采取其他有效的防护加固措施。

3)路堤病害

(1)沉陷。膨胀土初期结构强度较高,在施工时不易被粉碎,亦不易被压实。在路堤填筑后,由于大气物理风化作用和湿胀干缩效应,土块崩解,在上部路面、路基自重与汽车荷载的作用下,路堤易产生不均匀下沉,如伴随有软化挤出则可产生很大的沉陷量。路堤愈高,沉陷量愈大,沉陷愈普遍,尤以桥头填土的不均匀下沉更为严重。不均匀下沉将导致路面的平整度下降,严重时可使路面变形破坏,甚至屡修屡坏。

(2)纵向开裂。路肩部分常因机械碾压不到位,使填土达不到要求的密实度,因而后期沉降相对较大。同时,因路肩临空,对大气物理作用特别敏感,干湿交替频繁,路肩土体失水收缩远大于堤身,故在路肩顺路线方向常产生纵向开裂,形成长数十米甚至上百米的张开裂缝。缝宽约2~4cm,大多距路肩外缘0.5~1.0m。

(3)坍肩。路堤肩部土体压实不够,又处于两面临空部位,易受风化影响使强度衰减,当有雨水渗入时,特别是当有路肩纵向裂缝时,容易产生坍塌。塌壁高多在1m以内,严重者大于1m。

（4）溜塌。与路堑边坡表层溜塌相似，但路堤边坡溜塌多与边坡表面压实不够有关。溜塌多发在路堤边坡的坡腰或坡脚附近。

（5）坍滑。膨胀土路堤填筑后，边坡表层与内部填土的初期强度基本一致。但是随着通车时间的延续，路堤经受几个干湿季节的反复收缩与膨胀作用后，表层填土风化加剧，裂隙发展，当有水渗入时，膨胀软化，强度降低，导致边坡坍滑发生。

（6）滑坡。路堤滑坡与填筑膨胀土的类别、性质、填筑质量以及基底条件等有关。若用灰白色强膨胀土填筑堤身，形成人为的软弱面（带）；填筑质量差，土块未按要求打碎；基底有水或淤泥未清除，处理不彻底；边坡防护工程施工不及时；边坡表层破坏未及时整治等，都有可能导致膨胀土路堤产生滑坡。因此，膨胀土路堤有从堤身滑动的，也有的从基底滑动。

需要指出，上述膨胀土地区的这些路基路面病害形式与非膨胀土路基路面病害相似，判别和分析原因时，在膨胀土地区应考虑这些病害形式可能与膨胀土有关，而在非膨胀土地区，则可能与其他因素有关。

6.4 膨胀土路堑设计与施工

6.4.1 影响膨胀土路堑边坡稳定性的主要因素

（1）土质。影响膨胀土强度的因素有矿物成分、微结构、湿度、钙质结核、裂隙发育程度等，有效蒙脱石成分含量多、比表面积大、干缩湿胀效应强、风化快、强度衰减快的强膨胀土路基边坡变形最普遍，破坏最严重。

（2）土层。由多种土层或有软弱夹层组成的复合边坡，比单一土层的均质土边坡的稳定性更差，变形破坏更严重，影响范围更大。

（3）裂隙发育程度。裂隙破坏了膨胀土的完整性，导致其工程性质恶化；超固结性使土体具有较大的卸荷回弹膨胀及渐进性破坏特性。裂隙的分布范围、间距、倾斜度、充填物性质、形状与起伏度等是影响边坡稳定性的关键。网状裂缝极发育的膨胀土体，边坡易沿组合裂隙发生破坏。组合裂隙走向与路线走向的交角越小，裂隙倾向与边坡同向，则边坡越易产生变形破坏。

（4）风化。越是气候季节性变化大、旱季和雨季分明、干湿交替频繁的地区，膨胀土风化越严重，边坡变形破坏越普遍。一般变形破坏集中在久旱后的第一次降雨，雨量越大、降雨持续时间越长，边坡变形破坏越严重。

（5）微地貌。岗间负地形处易汇水渗入边坡土体，使土体膨胀软化，因此较岗脊正地形处边坡容易发生变形破坏。

（6）环境工程地质条件。若路堑坡顶有池塘或水田渗水，坡脚有灌溉沟渠浸泡软化，则很易产生边坡变形破坏。

（7）边坡高度与坡度。边坡过高、过陡，容易引起变形破坏。

6.4.2 膨胀土路堑边坡设计原则

（1）应综合考虑膨胀土类型、土体结构与工程特性、环境地质条件与风化深度等因素。

(2)充分考虑到膨胀土的"变动强度"与强度衰减的特性。边坡稳定性检算的抗剪强度指标,原则上应采用膨胀土在设计状态下的土体强度,不应以土块强度,尤其是不应以天然原状土块的峰值强度指标作为边坡检算依据。

(3)膨胀土大多属于超固结土,具有较大的初始水平应力。路堑边坡开挖后,超固结应力释放产生卸荷膨胀。若边坡土体长期卸荷膨胀并风化,则强度衰减,必将导致边坡破坏。因此,路堑设计可考虑利用土体的一部分超固结应力,保持较高的初始结构强度不受破坏,以减少防护加固工程并增加路堑边坡稳定性。

(4)尽可能减少开挖深度,膨胀土路基若开挖深度太大,当超过一定深度时,很难保证其稳定性,而且一旦病害发生,则不易治理,耗资也很大。膨胀土地区遇到深挖路堑时,应与隧道方案进行技术经济比较后,确定是否以路堑通过。

(5)加强排水。路基排水设施的完善程度,对于膨胀土路基的稳定具有十分重要的意义。如能防水保湿,则可消除膨胀土湿胀干缩的有害影响。因此,设计时应遵循以下原则:所有地面排水沟渠,特别是近路沟渠,均应铺砌加固,防止地表积水浸泡路基、地下水浸入路基。边沟应适当加宽并尽可能加深,沟底应在土基顶面以下至少 40~50cm,路堑边沟外侧应设平台,以保护坡脚免遭水浸,并防止剥落物堵塞边沟;路堑顶设截水沟,以防水流冲蚀坡面和渗入坡体,截水沟应距路堑边缘 10~15m 以外,截水沟纵坡宜以岗脊为顶点向两侧排水。

(6)台阶式挖方边坡,应在每一级平台内侧设截水沟,以截排上部坡面水,并宜在截水沟与坡脚之间设一定宽度的平台,以利坡脚稳定。

(7)膨胀土路堑边坡防护工程应能适应边坡土体可能产生的胀缩变形与膨胀力,而不遭受破坏。防护工程以柔性结构为宜,不可盲目采用刚性结构。根据植被对膨胀土水分变化的影响,路侧不应种树,特别不应种生长快、吸水和蒸腾量大的树种,如桉树等;若种树应在边沟外侧 1.5 倍成长后的树高以外,最少为 5m 以外。

6.4.3 膨胀土路堑边坡设计

1)膨胀土路堑边坡类型

根据工程地质条件和路堑边坡的复杂程度,可将路堑边坡划分为复杂边坡、较复杂边坡与简单边坡三类(表6-5),以便对不同类型膨胀土边坡分别采取相应的稳定措施。

膨胀土路堑边坡类型 表6-5

边坡类型		工程地质条件				边坡状况		稳定措施
		膨胀土类别	土层	地形地貌	水文地质	高度(m)	稳定性评价	
I类	复杂边坡	强膨胀土	多层土,有软弱夹层	斜坡高陡,岗间负地形	汇水面积长大,地下水活动频繁	>15	极不稳定	加强排水,以支挡为主
II类	较复杂边坡	中等膨胀土	多层土,无软弱夹层	斜坡短缓,岗侧缓坡	汇水面积短小,偶有地下水出露	6~15	不稳定	加强排水,坡面防护辅以支挡
III类	简单边坡	弱膨胀土	土层单一,较均质	平坦无坡,岗脊正地形	无地表水汇集,无地下水活动	<6	较稳定	加强排水,坡面防护为主

膨胀土路堑边坡设计主要包括边坡类型、边坡坡度、边坡防护与加固等内容。由于影响膨胀土路堑边坡变形破坏的因素较多,膨胀土工程性质特殊而复杂,对路基工程的潜在破坏十分严重。因此,在进行路堑边坡设计以前,应充分进行工程地质调查、既有建筑物调查,搜集当地气象资料,在此基础上通过技术经济比较,合理确定路堑边坡类型、坡度及其防护加固措施。

路堑边坡的设计,应考虑适应于膨胀土的特殊工程性质,有利于路堑边坡的稳定,有利于养护。膨胀土路堑边坡的常用形式主要有直线式、折线式、平台式三种。

(1) 直线式。在土质均匀、膨胀性较弱且边坡高度在 10m 以下的路堑一般采用直线式,如图 6-6a) 所示。边沟上侧设平台,以防边沟水浸湿软化坡脚,同时避免剥落或溜塌的土堵塞边沟。

(2) 折线式。在土质较均匀或下部为砂卵石土、上部为膨胀土或边坡高度较大时采用折线式,如图 6-6b) 所示。这种边坡形式的缺点是在变坡点附近易受水流冲蚀,同时临空面增加使土体更易风化。

(3) 平台式。适用于边坡高度大于 10m 的任何类型膨胀土路堑边坡。平台的级数应视路堑边坡的总高度而定。平台宽度应能保证上一级边坡的起坡线在下一级边坡最危险破裂面以外 0.5m,并能保证边坡的整体稳定,一般不得小于 2.0m。各级平台的位置,在均质土层的单一边坡,按其高度适当划分;在多种类型膨胀土组成的复合边坡,应按土体结构面(层面、风化界面、软弱夹层面等)设置,如图 6-6c) 所示。

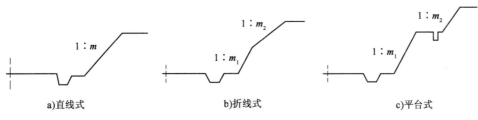

a) 直线式　　　　　b) 折线式　　　　　c) 平台式

图 6-6　膨胀土路堑边坡

平台式的优点,主要是把高边坡降低为矮边坡的组合形式,不仅可以减轻高边坡土体对坡脚的压力,而且减弱地面水对坡面的冲蚀,同时平台对坡脚有一定支撑作用,能减缓边坡变形,有利于边坡的稳定。

2) 膨胀土路堑边坡设计

由于膨胀土工程性质极其复杂,影响因素多,沿用常规土力学方法分析膨胀土路堑边坡稳定性存在不少实际问题。现场调查表明,无论公路、铁路或渠道膨胀土边坡,坡度为 1:2~1:3 的边坡,仍表现出普遍不稳定性,甚至有的铁路路堑及渠道膨胀土边坡,坡度缓至 1:5~1:8,也不一定完全稳定,对于这类路堑边坡的设计,目前尚无成熟的理论与方法。特别是在路堑边坡土体结构与环境地质条件比较复杂的路段,或分布有软弱夹层(如灰白色、灰绿色强膨胀土)的路堑,边坡稳定问题更为复杂。膨胀土路堑边坡的破坏,有位于坡脚的,也有位于坡腰与堑顶,与一般黏性土边坡的破坏完全不同。因此,膨胀土路堑边坡坡度的确定,仍是一个比较复杂的工程地质问题,在膨胀土路堑边坡设计中,目前仍然以工程地质比拟法为主,必要时需进行力学分析检算边坡稳定性。

(1) 工程地质比拟法

工程地质比拟法,是以同类膨胀土边坡,在相同或相似工程地质、水文地质及环境地质条件下的稳定性为参照系,对比拟设计路堑边坡的上述条件,参照稳定程度最佳的边坡进行设计的一种方法。在进行对比分析时一定要收集足够的第一性资料,并充分掌握已有膨胀土边坡的历史和现状,切不可简单照搬。

路堑边坡设计应首先按膨胀土类别加以区分,然后再根据边坡高度确定其不同的边坡坡度。这样提出的路堑边坡设计参数,只是一个基本参考值,在具体设计时还应结合必要的边坡防护与加固措施,予以综合考虑,方能保证路堑边坡的稳定。表6-6所示为根据实践经验提出的路堑边坡设计参考值。

膨胀土路堑边坡设计参考值   表6-6

膨胀土类别	边坡高度(m)	边坡坡度	边坡平台宽度(m)	碎落台宽度(m)
弱膨胀土	<6	1:1.5	—	1.0
	6~10	1:1.5~1:2.0	2	1.5~2.0
	>10	1:1.75~1:2.0 或通过稳定性分析确定		1.5~2.0
中膨胀土	<6	1:1.5~1:1.75	—	1.0~2.0
	6~10	1:1.75~1:2.0	2	2.0
	>10	1:1.75~1:2.5 或通过稳定性分析确定		2.0
强膨胀土	<6	1:1.75	—	2.0
	6~10	1:1.75~1:2.5	≥2	2.0
	>10	1:2.0~1:2.5 或通过稳定性分析确定		≥2.0

(2) 力学分析验算法

膨胀土边坡稳定性力学分析,至今仍是一个正在研究的课题。在进行膨胀土边坡稳定性分析和力学验算时,应当考虑的几个重要问题。

①膨胀土路堑边坡变形破坏的类型较多,但剥落、冲蚀、泥流以及溜塌,均属于边坡表层变形破坏,一般不涉及边坡的整体稳定性,只需加强相应的边坡防护措施,即可防止此类病害的发生,故一般不作为边坡设计的依据。

②膨胀土路堑边坡变形破坏类型中,影响边坡稳定性的主要是坍滑和滑坡。调查表明,边坡坍塌与滑坡的破裂面形状,主要受膨胀土体裂隙结构面控制,后壁受高倾角近垂直裂隙影响,呈陡直状;前缘受缓倾角近水平裂缝影响,呈平缓状;中部接近圆弧状。按破坏主控因素的不同,将膨胀土路堑边坡划分为潜伏断面滑坡型、弧面渐进破坏型、浅表层崩塌型三种,一般膨胀土路堑边坡多发生浅层的滑坡。

③膨胀土路堑边坡稳定性大多与土体的各种界面密切相关,如土的风化带界面、不同性质土层界面、胀缩效应层界面、软弱夹层界面等。因此,在边坡稳定性分析中,应充分考虑各种界

面效应的作用。

④膨胀土的胀缩性、多裂隙性、超固结性三者相互作用,共同决定着土体的变形和稳定性。膨胀土路堑边坡开挖后,由于一部分超固结应力释放而产生卸荷膨胀,同时土中裂隙发展,表面水下渗,导致土体吸水膨胀,因而在堑坡内产生相应的膨胀力。实测表明,水平方向的膨胀力较大,对路堑边坡的稳定产生不利影响,设计中应予以考虑。

⑤膨胀土的多裂隙结构和湿胀干缩的特殊工程性质,使路堑边坡的剪切破坏有多种形式。包括滑裂面完全与裂隙面一致的裂面剪切破坏;滑裂面与裂隙面无关的非裂面剪切破坏;滑裂面一部分沿裂隙面,一部分与裂隙无关的综合剪切破坏;边坡表层强风化层的湿胀干缩效应剪切破坏等。

⑥膨胀土路堑边坡剪切破坏的形式不同,抗剪强度参数的确定方法也应不同。若是沿裂隙面剪切破坏时,可采取裂隙面试样,利用直剪仪做裂面剪切试验求 c、φ 值;若是非裂面剪切破坏形式,则可取原状土样做直剪仪慢剪试验求 c、φ 值(如在浸水条件下破坏,则应做浸水慢剪试验);若是综合剪切破坏时,在正常条件下应按常规直剪仪慢剪试验求 c、φ 值,在浸水条件下应做原状土浸水直剪仪慢剪试验;若是风化层湿胀干缩效应剪切破坏,则应取原状土样进行干湿循环剪切试验,以求稳定强度的 c、φ 值。此外,还可通过无侧限抗压强度试验,推算膨胀土的抗剪强度参数。

6.4.4 膨胀土路堑边坡的防护与加固

膨胀土路堑边坡的防护与加固,一是为了预防可能产生的边坡变形破坏,二是对已产生变形破坏的边坡进行治理。边坡防护与加固措施,应根据边坡变形破坏类型与影响边坡稳定的工程地质条件、环境地质条件、地区气候条件等因素,通过技术经济比较确定。

1)边坡防护原则

针对膨胀土的工程特性,对其路堑边坡防护遵循以下原则:

(1)保持边坡土体天然含水状态的相对稳定,防止地面水与地下水渗入路堑边坡,同时防止土中水分被蒸发,以免边坡土体产生湿胀干缩变形。

(2)保持边坡土体结构的相对完整,控制土体的风化作用,尽可能减少大气物理风化营力对土体的影响。

(3)保持边坡土体有足够的抗剪强度,防止土体强度衰减。

(4)边坡土体若有强膨胀土夹层,或土层中风化界面清晰完整时,应适当加固以防滑动产生。

(5)防护工程应能适应边坡膨胀土体可能产生的胀缩变形与膨胀力,而不遭受破坏。因此防护工程以柔性结构为宜,切不可盲目采用刚性结构。

2)膨胀土路堑边坡防护加固措施

膨胀土中水分的迁移转化,将导致显著的湿胀干缩变形,并使土的工程性质恶化。因此,膨胀土路基边坡防护的关键是如何防水保湿,保持土中水分的相对稳定。膨胀土边坡的防护加固方法应考虑边坡膨胀土的膨胀性。常用的不同类型膨胀土路堑边坡防护与支挡加固措施见表6-7。

膨胀土路堑边坡防护与支挡措施　　　　　　　　　　　表 6-7

边坡高度	防护措施		支挡加固措施		
	弱膨胀土	中膨胀土	弱膨胀土	中膨胀土	强膨胀土
≤6m	植物	骨架植物	不设	坡脚墙	护墙、挡土墙
>6m	植物、骨架植物防护、浆砌片石护坡		护墙、挡土墙	挡土墙、抗滑桩	桩基承台挡墙、抗滑桩、边坡锚固

(1) 植物防护

适用于弱膨胀土低边坡的坡面防护,包括铺草皮和种植在膨胀土上易于成活生长的灌木(如紫穗槐等)。植物防护也可配合其他防护措施,在各种类型膨胀土边坡上采用。种草和撒草籽的成活率一般较低,生长较慢,不宜采用。而草皮覆盖一般生长良好,可以防止降雨和地表水对坡面的冲蚀,对于边坡的防水保湿、减小气候风化营力的影响效果较好,对于表土也有一定固着作用。种植根系发达、耐旱易活、枝叶繁茂的灌木,可以对边坡土体产生较强的固着能力,在雨季可防止地表水对坡面的冲蚀,从而增加膨胀土边坡的稳定性。铺草皮和种植灌木也可以同时采用,以充分发挥二者各自的优点,增加植被防护的效果。

需要指出,由于植被需要浇水,这将影响边坡水分变化波动,影响边坡稳定性,因此是否采用植被护坡应根据膨胀土的强弱及植物的习性论证确定。

(2) 浆砌圬工挡土墙或石笼柔性挡土墙

为了防止膨胀土路堑边坡的坍塌失稳,确保边坡稳定,可以采用挡土墙进行支挡。根据膨胀土的膨胀性,采用浆砌圬工挡墙;采用石笼柔性挡墙,以适应边坡的膨胀和收缩变形,根据边坡的高度和土体的压力来选择挡墙的高度和厚度,以充分利用被动土压力,减少倾覆力矩,增加挡墙稳定性,墙背后设反滤层,以利排水。

(3) 片石框格植被防护

对于中等或弱膨胀土,可以采用片石骨架护坡,骨架内种植草皮,防止雨水冲刷,保护坡面稳定。

(4) 干砌片石护坡

当路堑邻近有水塘时采用干砌片石护坡,干砌片石下面设碎石垫层,并做好排水措施,防止膨胀土经水浸泡发生变形影响边坡稳定。

(5) 膨胀土掺石灰护面

在膨胀土中掺石灰,是使膨胀土的液限量降低,增大强度。方法是沿设计边坡坡面挖去1m,然后将土粉碎后掺入 6%～8% 比例的石灰拌匀后分层(30cm)回填压实直到坡顶,在膨胀土坡面形成灰土护面,降低膨胀土的膨胀势,提高边坡的强度和抗冲蚀能力,增强边坡的稳定性。

6.4.5　膨胀土路堑施工

1) 膨胀土路堑开挖施工一般原则

(1) 施工应尽量选在旱季,并且要先排水,后主体,集中力量连续开挖,及时防护,自上而下,分层逐级开挖。

(2)为防止雨水冲蚀边坡,在开挖前,应先挖截水沟,以截断路堑坡顶的地面径流,使雨水排离两侧,并与涵管连通。同时,对所有排水沟渠进行铺砌。

(3)开挖边坡时不要一次挖到设计的边坡线,沿边坡线预留30~50cm厚度,待边坡开挖完成后在削去预留部分,同时将边坡以浆砌花格网护坡进行全封闭防护。

(4)路堤与路堑分界处即填挖交界处两者土内的含水率不一定相同,原有的密实度也不尽相同,应压实均匀、紧密,避免发生不均匀沉陷。因此,填挖交界处2m范围内的挖方地基表面上的土应挖成台阶翻松并检查其含水率是否与填土含水率相近,同时采用适宜的压实机具将其压实到规定的压实度。

(5)零填及路堑路床开挖到设计高程后,对于高速公路、一级公路的路基应超挖1~1.2m,随即用粒料或非膨胀土或改良土进行回填并分层压实。

(6)膨胀土的天然含水率比重型击实的最佳含水率大,对原状土表面用重型压路机碾压,其压实度难以达到最大干密度95%的要求,若把土翻松打碎再压,则易达到要求的压实度,若对土进行改良后再进行碾压也容易达到压实要求。

2)膨胀土路堑换填土的施工

(1)填高不足1m的路堤必须换填非膨胀土,并按规定压实。

(2)在有地下水的路段,应先完成两侧纵向盲沟的施工。

(3)在挖出软土层之前要备足换填料,并保障换填料的供给。

(4)换填土施工应分段分幅进行,长度以50m左右为宜,以防开挖面积过大,换填料不足时遇上雨天,形成积水、沉降。

(5)施工方向应从高处向低处,开挖路段应留有水流通道,避免雨天长期积水。

(6)当天开挖的路段必须当天换填完成,以防雨天积水。

(7)用透水性好的填料分层填筑,分层碾压。分层厚度不大于30cm,换填完成后,按设计要求进行质量检测评定。

3)施工期间的排水与防水

施工时应避开雨季作业,加强现场排水。路基开挖后,各道工序要紧密衔接,连续施工时间不宜间隔太久。路堤、路堑边坡按设计修整后,应立即浆砌护墙、护坡,防止雨水直接侵蚀。

为使边坡土体含水率保持稳定,将膨胀土与外部自由水隔开,保持土体含水率处于平衡状态,使新开挖的边坡不被雨淋、风吹和曝晒。当边坡防护工程未实施之前,可以先用聚乙烯薄膜或其他措施予以遮盖,以减轻气候因素导致的边坡风化、边坡膨胀。

6.5 膨胀土路堤设计与施工

6.5.1 膨胀土路堤设计原则

1)膨胀土路堤填料选择

膨胀土一般情况下不适合作路堤填料。但公路通过膨胀土地区时,膨胀土常是大面积分布,找不到非膨胀土,只能用膨胀土作路堤填料。这时,应对不同类型的膨胀土填料进行选择。

(1)在有多层膨胀土分布的地区,应选择膨胀性最弱的土层作填料。蒙脱石含量高的白色膨胀土,由于土的亲水性特强,极易风化,强度衰减很快,不能用作填料。

(2)在有砾石层出露或膨胀土中有结核层分布的地区,应尽可能选用砾石层或结核层,或采用膨胀土与砾石、结核层的混合填料。

(3)地表经过风化、流水淋滤和搬运,或已被耕种的表层土,一般膨胀性较弱,可用作路堤填料。

(4)在无其他土可供选择时,可以采用土质改良或外包路堤等特殊设计,以确保路堤的长期稳定。

表 6-8 所示为膨胀土路堤填料分类及使用范围。

膨胀土路堤填料分类 表 6-8

填料等级	荷载压力下胀缩总率(%)	使用范围
非膨胀土	$e_{ps}<0.7$	可直接利用
弱膨胀土	$0.7 \leqslant e_{ps}<2.5$	采取包边、加筋、设置垫层等物理处治措施后可用于路堤范围的填料,采用无机结合料处治后可以用于路床填料
中膨胀土	$2.5 \leqslant e_{ps}<5.0$	采用无机结合料处治后可以作路基填料
强膨胀土	$e_{ps} \geqslant 5.0$	不应用作路基填料

2)路堤高度的确定

膨胀土不易被粉碎,也不易被压实,即使膨胀土经粉碎碾压,土体结构虽被破坏,但微结构和土质特性仍保留,因而膨胀潜势并未消除,这些土块填筑的路堤,受大气物理风化作用和湿胀干缩效应,土块崩解,在自重与行车荷载作用下,将产生压缩下沉。因此,膨胀土路堤不宜过高,一般宜控制在 3m 以内。如超过 3m,则须考虑沉降稳定问题;如超过 6m,则须考虑预留沉落和路基的加宽。

3)膨胀土路堤的排水

膨胀土路堤排水设计的总要求是减小路堤内部水分的变化,减少或消除水分渗入而产生的湿胀,通过横坡加快路面水的排除,减小下渗。膨胀土路基顶面横坡尽可能大一些,路肩尽可能宽一些,不小于 2.0~2.5m,横坡要尽可能大一些,路肩全宽用与路面基层相同的结构层铺砌,并铺较薄的不透水面层或做防渗处治。

4)边坡防护加固

膨胀土路堤边坡防护措施应能适应边坡土体可能产生的胀缩变形与膨胀力,而不遭受破坏,抗冲刷,防护工程以柔性结构为宜,不可盲目采用刚性结构。防护措施应具有保持路基土体水分相对稳定的功能,防止外部水分渗入、内部水分蒸发,保持土基中的水分相对稳定。

6.5.2 膨胀土路堤设计

1)膨胀土路堤边坡形式

膨胀土路堤边坡的基本形式可参照一般路堤断面形式,主要有以下三种:

(1) 直线式。一坡到顶的直线形边坡,适于用弱膨胀土填筑的低路堤。

(2) 折线式。大多在填土较高的路段采用,可分二级或三级折线坡,一般为上陡下缓。但边坡太高难以保证稳定。

(3) 平台式。与路堑边坡平台式断面相似,普遍适用于高路堤边坡。当填土高度大于10m时,应设平台。平台宽度应能保证上一级边坡及路堤整体的稳定,一般不宜小于2.0m。

(4) 包盖式(图6-7)。采用直线或折线式边坡,在路堤中间填膨胀土,用非膨胀土或加筋膨胀土填在两侧坡面,将填芯膨胀土四周包封起来,阻隔外界干湿循环对堤芯膨胀土水分的影响,控制膨胀土湿度变化范围,保持其强度和胀缩在一定的范围内。包边的宽度与膨胀土的性质有关,可以通过力学分析计算,一般最小宽度≥1.0m。施工时,包边非膨胀土与堤芯膨胀土应同步填筑、压实,保证包边土与膨胀土的紧密结合。

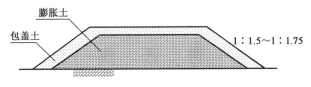

图6-7 包盖式路堤断面

2) 路堤边坡设计

膨胀土路堤病害虽与路堑病害有相似之处,但由于填筑膨胀土的胀缩特性与原状土有所不同,路堤病害比路堑病害的危害性更大。因此,路堤边坡设计必须综合考虑填筑膨胀土的类型、性质、填筑条件,工程措施以及地区气候特点等因素,以使设计更为合理。鉴于膨胀土路堤的特殊性,其边坡设计目前仍然较多采用工程地质比拟法与稳定性检算相结合的方法。

膨胀土路堤稳定性检算强度指标的选择,应充分考虑膨胀土的"变动强度"特性。用于检算路堤断面整体稳定性的强度指标,应选用浸水条件下强度衰减后的抗剪强度值;用于检算路堤边坡表层稳定性的强度指标,应选用湿胀干缩循环条件下强度衰减后的抗剪强度值。

表6-9所示内容可供符合下列条件的膨胀土路堤边坡设计时参考:采用膨胀性较弱的膨胀土作填料,采用轻型压实标准,在比最佳含水率大1%~2%的含水率下,压实到不小于最大干密度的90%~95%。

膨胀土路堤边坡设计参考值　　　　表6-9

边坡高度(m)	边坡边度		平台宽度(m)	
	膨胀等级		膨胀等级	
	弱膨胀土	中等膨胀土	弱膨胀土	中等膨胀土
<6	1:1.5~1:1.75	1:1.5~1:1.75	—	—
6~10	1:1.5~1:2.0	1:1.75~1:2.0	2.0	≥2.0

6.5.3 膨胀土路堤边坡的防护与加固

膨胀土中水分的迁移转化,将导致显著的湿胀干缩变形,并使土的工程性质恶化,发生滑坍、冲刷,路基路面沉降开裂等变形破坏。因此,膨胀土路堤边坡防护的关键是如何防水保湿,保持土中水分的相对稳定。

膨胀土路堤边坡的防护与加固,与路堑边坡类似。通常采用的有植被防护(种草、铺草皮、种紫穗槐、夹竹桃等)、片石护坡(干砌和浆砌片石)、坡脚墙、骨架植物防护等,见表6-10。特别应当指出的是,在路堤边坡上种紫穗槐、夹竹桃等灌木,对保持路基土中水分稳定不利,对此应根据膨胀土的膨胀性确定是否采用植被防护。

膨胀土路堤边坡防护类型   表6-10

边坡高度	弱膨胀土	中膨胀土
≤6m	植物	骨架植物
>6m	植物、骨架植物防护	支撑渗沟加拱形骨架植物防护

由于膨胀土路堤填土的工程性质较原状土更差,稳定性难以保证,故多在路堤边坡采用支撑渗沟"拴腰带"的措施,其作用是:将长大路堤坡面分割成短小坡面,固着坡面土体、支撑边坡和加强坡面排水。此外,还常采用坡脚片石垛以及填土反压护道等措施加固膨胀土路堤边坡,也可根据实际情况采用坡面支撑渗沟与坡脚片石垛联合加固防护。

6.5.4 膨胀土路堤填筑施工

1)膨胀土路堤填料的改良与加固

膨胀土一般情况下不适合作路堤填料。但是,在无其他土可供选择时,不得已需用膨胀土填筑路基时,可以采用土质改良(图6-8)或外包路堤等特殊设计,以确保路堤的长期稳定。方法包括采用石灰、水泥等无机结合料对膨胀土进行改良和加固,以使土基稳固。所用剂量视改良土质和加固要求而定,一般水泥以4%~6%为宜,采用石灰处治的石灰剂量范围10%~12%。所需改良土层厚度视公路等级与当地气候条件而定,对一般公路可用30~50cm;对高等级公路则应加大改良土层填料厚度,宜使用土基处治层与路面总厚度之和接近100~150cm。

图6-8 石灰改良膨胀土施工

2)膨胀土路基的压实度控制

压实是膨胀土路基施工的一个难题,也是影响膨胀土地区路基路面稳定的一个突出问题。现有的研究认为:

(1)压实的膨胀土,由于黏土扁平颗粒重新定向、原有的结构连接被破坏,反而较原状土的膨胀势更大。

(2)膨胀土的膨胀量和膨胀力与土的密实度有关,同一类膨胀土,密实度愈高,其膨胀量和膨胀力愈大。

(3)膨胀土的膨胀量和膨胀力与土的初始含水率有关,同一类膨胀土、同一密实度,初始含水率愈低,其膨胀量和膨胀力愈大。

(4)膨胀土浸水膨胀后强度急剧下降,主要是由于凝聚力急剧下降造成,而内摩擦角只略有降低。

(5)膨胀土浸水膨胀后强度下降的幅度与土的初始含水率有关,同一类膨胀土,初始含水率愈低,强度下降愈大。

而实践表明:

(1)膨胀土的天然含水率比较高,要将土的含水率降到重型击实标准的最佳含水率十分困难,特别是在南方多雨地区,晾晒耗时多、工作量大,既影响施工进度,又增加工程成本。

(2)即使花了很大代价,按重型击实标准压实到规范规定的密实度,也不可能保持长久,因为在施工期间或通车以后,膨胀土均可吸水膨胀而使密实度降低,且压实度愈高吸水后膨胀变形愈大。

(3)路基建成后,不管初始含水率如何,在当地自然条件和路基路面系统的影响下,经过自然平衡,其含水率逐渐稳定在某一平衡含水率范围,如外界条件不改变,将不再有较大波动。

基于上述研究应用情况,膨胀土路基的压实和含水率控制可以参考下列做法:

(1)国外对修筑膨胀土路基,通常是采用较高含水率、较低密度的原则,即在轻型压实标准最佳含水率或略高的含水率下压实到较低的干密度。

(2)国内铁路部门综合考虑膨胀土的初期强度、长期强度、强度衰减、胀缩变形、施工难易等因素,认为压实含水率宜为轻型压实标准的最佳含水率或略大$1\% \sim 3\%$,压实度应不小于轻型压实标准最大干密度的$90\% \sim 95\%$。

(3)国内一些公路部门综合考虑路基的强度要求、压缩变形、胀缩变形、施工可能等因素,认为压实含水率的控制应以平衡含水率为基础,建议取$(0.8 \sim 0.9)\omega_P$或稠度为$1.1 \sim 1.3$时的含水率下压实,压实度应不低于轻型实标准的95%。

3)膨胀土路堤施工程序

(1)路堤基底积水或淤泥未彻底清除,往往是路堤病害产生的重要原因。因此,路堤填筑前应对基底积水或淤泥进行彻底清除,并做好排水设施。

(2)膨胀性较强的土填在路堤最下面,膨胀性最弱的土填的最上面。同一种土填在同一层次上,厚度要均匀,压实度要均匀。

(3)在填料选择较困难的路段,可以采用外包式路堤设计。即在堤心部位采用膨胀土作填料,堤外包一层非膨胀性或膨胀性弱的土。

(4)桥头填土由于界面效应等原因,容易产生不均匀沉降、开裂甚至坍滑等病害,设计时应采取特殊处理措施。

(5)膨胀土高路堤后期沉降量大,通车后普遍产生下沉外挤。因此,对填土高度超过6m的路堤,除施工单位在填筑时要考虑沉落,适当提高路基顶面高程外,设计时亦应采取加宽路基的措施,以保证路堤沉落后仍有足够的路肩宽度。

第7章 黄土地区路基

7.1 黄土的特征及成因

7.1.1 黄土的特征

黄土是第四纪形成的未固结的黄色、褐黄色粉细粒、垂直裂隙发育、具有肉眼可见大孔隙的第四纪陆相沉积物。最早李希霍芬(1877)对欧洲莱茵河流域及中国大陆的黄土提出的定义为:黄~褐色,含石灰质,以粉土为主的粉状土;没有层理,含陆生蜗牛,有垂直节理。黄土按成因可分为原生黄土和次生黄土。一般认为不具层理的风成黄土为原生黄土,成厚层连续分布,掩覆在低分水岭、山坡、丘陵,常与基岩不整合接触,常含有古土壤层及钙质结核层,垂直节理发育,易形成陡壁。原生黄土经过流水冲刷、搬运重新沉积而形成的具有层理含较多砂粒至细粒的黄土称次生黄土。次生黄土一般很少夹古土壤,垂直节理不发育,不易形成陡壁,其结构强度比原生黄土低,湿陷性较高。地质界常将原生黄土称为黄土,次生黄土称为黄土状土。基于工程建设中主要考虑黄土的物理力学性质,故工程建设不再区别黄土或黄土状土,而通称为黄土。

黄土的矿物成分主要包括碎屑矿物和黏土矿物,前者占70%以上。在碎屑矿物中,主要是指相对密度小于2.90的轻矿物,占90%以上,其中石英(占50%以上)最多,长石(占29%~43%),其次,还有一些碳酸盐矿物(如方解石、白云石等)(占10%~15%);重矿物(相对密度>2.9)仅占4%~7%,主要有不透明金属矿物(如磁铁矿、赤铁矿等)、绿帘石类、角闪石类、辉石类和其他硅酸盐矿物。黄土中黏土矿物成分主要为水云母、高岭石及蒙脱石。这些矿物的存在,使黄土具有吸附、膨胀、收缩等特性,影响到黄土的工程性质。碳酸盐类矿物往往起胶结作用,使黄土在天然结构情况下,颗粒经常呈团聚体存在。遇水后,由于可溶盐胶结的团聚体被破坏,往往使黄土的湿陷性增强。故有人认为,黄土中碳酸盐类的存在是黄土湿陷的原因之一。

黄土的化学成分由矿物成分决定,其含量以各种氧化物的含量百分数来表示。主要以SiO_2为主,其次为Al_2O_3、CaO,再次为Fe_2O_3、MgO、K_2O、Na_2O、TiO_2和MnO。由于黄土中易溶的化学成分含量很高,对黄土地貌发育有很重要的影响。

黄土的粒度成分是区别其他第四纪沉积物的代表特征之一。黄土组成成分均一,以含高量粉土颗粒(0.005~0.05mm)为特征,其中粗粉粒(0.01~0.05mm)含量远高于细粉粒(0.005~0.01mm)含量,在50%以上。根据黄土中粉砂、细砂和黏粒的含量,分为砂黄土、黄土和黏黄土。中国黄土在水平方向和垂直方向上粒度组成有明显变化。以晚更新世马兰黄土为例,水平方向上,从三门峡黄土高原西北部至东南部,黄土的粒度呈现区域性递变,围绕沙漠可分为沙荒土带、黄土带与黏土带。在垂直方向上,黄土从老→新,黏粒含量呈降低趋势,细砂含量呈增高趋势(有时也出现风沙夹层),马兰黄土普遍比离石和午城黄土粒度要粗。黄土中古土壤层黏粒含量普遍高于黄土母质层。

黄土普遍具有发育良好的管状孔隙,孔径大者达 0.5~1cm,孔内大都填充有不同数量的碳酸盐,部分孔隙几乎全部被碳酸盐充填。黄土的孔隙度较高,一般为 33%~64%。经验证明,黄土的多孔性是黄土湿陷性的基本原因。另外,正是由于黄土有着众多的铅直孔隙,削弱了水平方向的合力,再加上在重力作用下黄土内部在铅直方向上受张应力的作用,导致黄土在铅直方向容易产生裂隙。因此,在黄土区的边坡部位,经常沿节理面发生崩塌,形成峭壁,有时至产生大规模的滑坡。

7.1.2 黄土的成因

黄土成因问题的讨论已有 170 多年,各国的学者提出了许多不同的成因假说,大致可划分为六个阶段:第一阶段是灾变假说;第二阶段自 1840 年开始积累资料阶段,以现实观点为原则,收集黄土分布的实际材料;第三阶段从 1877—1890 年,确认黄土是陆地风成成因,如 1886 年李希霍芬提出风成成因说;第四阶段,自 1890 年到 20 世纪初,出现大量的研究黄土成因问题的详细资料,此时期产生了许多有关黄土成因的假说,如成土作用和风化作用假说;第五阶段为 1935—1945 年,这个时期冻土学与陆地景观学对黄土成因学说有很大的影响;第六阶段和第五阶段一样,地理学观点渗入黄土问题研究中,认为黄土是地理环境中各种作用的产物。20 世纪中后期以后,黄土成因问题已成为第四纪地质学的重要研究课题。

1)风成说

风成说,将黄土划分为所谓"原生黄土"和"次生黄土"两类。其观点很明确,凡是由风力吹飏和搬运而成的黄土,即为"原生黄土",原生黄土经过二次搬运(冲积、洪积等)形成的黄土叫"次生黄土",也即"黄土状土"。

风成说认为,在干旱的大陆性气候作用下,高度风化的黄土物质受到强大的反旋风作用,从中部呈离心状吹向荒漠边缘地区,当遇到异向风或降雨沉落于地面,经风化作用形成黄土。一般认为,我国黄土材料是从中亚西亚搬运来的,形成黄土的自然环境是干旱或半干旱地荒漠草原。

我国黄土的颗粒组成、矿物和化学成分都有自南向北逐渐变化的趋势,黄土颗粒自东南向西北逐渐变粗,在同一区域内,高山和低地都有黄土分布,而且黄土堆积常有坡向性,在迎风面堆积量大,背风面少。黄土地形于下伏基岩有密切关系,常随古地形起伏而起伏,且与下伏基岩性质无关,成分复杂,呈不整合或假整合接触。在构造上,黄土无层理,柱状节理发育,这与具有层理的冲、洪积形成的黄土状土有明显差别。

2)水成说

该学说认为,黄土是由冲积、洪积、湖积等作用形成,即黄土的整个堆积过程与整个地形地貌的发展过程密切相关,早期随盆地四周山坡降水下流而汇集于山间或三角洲处的黄土冲积物堆积成黄土高原,在盆地内有一定的分布高度,称为黄土线。黄土线就代表着过去河流淤积的最高地面,超过这一高度就没有黄土分布。

陕西高原黄土来自上游大小盆地,晚期在新构造运动作用下地层上升切割形成的河谷中,黄土沉积物堆积成阶地形状,在大陆性干旱气候下,这些沉积物在风化和成土作用下形成黄土。该学说将原生黄土与次生黄土的沉积过程与地貌形成过程统一起来,将黄土堆积物概括为两大类:较古老的高原黄土、年青的阶地黄土。

3) 土壤(残积)说

该学说认为,黄土是经过空气、水和植物强烈改造了冰川尘土而生成的残积物,这些冰川物质是由冰水带出沉积而宽阔的盆地和河谷中的。黄土可在原地由各种细土(但必须含碳酸盐的)及岩石在干燥气候条件下由风花作用和成壤作用的结果形成的。该学说提出的"黄土化作用"被普遍接受。黄土的机械成分以 0.01~0.05mm 的颗粒占优势,黄土的结构(孔隙性、无层理、松散性、垂直节理)是特殊的风化及成土作用的结果。富含钙质是草原与沙漠带土壤的特点。在被钙及钙饱和的土壤中,胶体被集结成更大的团粒,这种类型的团粒质点,胶结性差,形成易透水的松散土壤。因此,黄土的松散性是富含钙质的结果。黄土的形成仅仅一个富含碳酸钙的岩石风化是不够的,必须要在干燥气候中进行风化,还要有成土过程即微生物参与其中。

4) 多种成因说

多种成因说认为,各地区黄土形成的地质地理环境以及这些环境的演化历史是不同的。多种成因说是利用地层、地貌、岩性、古地理、地球化学、土的物质成分等分析方法的假说。

该假说将物质来源、堆积方式、黄土的形成以及演化看作是一个统一的过程,划分成因类型的主要标志是地质因素。根据统一原则,将我国黄土划分为十种类型:冲积、洪积、坡积、风积、冰水沉积、湖积、洪积~坡积、冲积~洪积、残积~坡积、冲积~坡积。河谷平原类型内的黄土状土的成因主要是冲积类型。

黄土成因虽有不同的假说,但分歧主要是对分布于高原和高分水岭上的黄土,而对分布于河谷地带的黄土则意见较为一致,都认为是冲积类型,也间有洪积~坡积类型。

由于黄土与人类生存环境关系十分密切,促进了人类对黄土的深入系统的研究,如对黄土地层、物质成分、结构、工程地质性质,黄土中的古脊椎动物化石,黄土中的古土壤等研究。黄土古土壤序列记录了自新近纪末以来 260 万年内大陆的古气候变化过程。因此,黄土的成因研究对认识全球变化有十分重要的科学价值。

7.1.3 黄土的分布

世界上黄土分布很广,面积达 1300 万 km^2,约占陆地总面积的 9.3%。主要分布在北半球的中纬度干旱及半干旱地带。南半球除南美洲和新西兰外,其他地区很少有黄土分布。亚洲黄土分布最广,最北界达北纬 74°,最南抵北纬 32°(南京附近)。欧洲黄土分布最北界为北纬62°,南界在北纬 40°左右。在北美,黄土主要分布在北纬 40°附近古代冰川前缘地带。在南半球,黄土主要分布在南纬 40°附近的阿根廷巴姆斯草原地区。

我国黄土分布面积 635280km^2,占世界黄土分布总面积的 4.9%左右,主要分布在昆仑山、秦岭、泰山、鲁山连线以北的干旱、半干旱地区。原生黄土以黄河中游发育最好,主要是山西、陕西、甘肃东南部和河南西部。此外,在北京、河北西部、青海东部、新疆地区、松辽平原、四川、三门峡、皖北淮河流域和南京等地也有零星分布。其中湿陷性黄土分布面积占我国黄土分布总面积的60%左右,为27万km^2,大部分在黄河中游地区,北起长城附近,南达秦岭,西自乌鞘岭,东至太行山,即北纬34°~41°,东经102°~114°之间。

7.2 黄土的物理力学性质

黄土的物理、水理性质是黄土物质结构特性的具体表现,是决定黄土力学性质的依据,在分析黄土工程地质问题中占有重要的地位。黄土和一般土一样,是由固、液、气三相组成的,其三相组成间重量和体积的比例关系,可以反映出一系列物理性质。本节将基于前人的研究成果,对黄土的特殊物理性质(颗粒组成、土粒相对密度、含水率、重度、孔隙比、饱和度等)和水理性质(塑性、渗透性、崩解性等)进行介绍。

7.2.1 黄土的物理性质

1) 黄土的颗粒组成

黄土的颗粒组成即为粒度成分,是指土中不同粒径颗粒的组成情况。粒度成分中不同粒径的颗粒在沉积物中所占的比例,通常采用重量百分数来表示,可通过室内颗粒分析试验来求得。

黄土颗粒组成的基本特点是:粉粒含量较大,一般为60%左右;黏粒和砂粒含量不大,一般各占20%左右。砂粒中,主要是细砂粒和极细砂粒,大于0.25mm的颗粒很少。浸水时,粗粉粒的活动性最大,对黄土的湿陷性具有相当大的影响,而细粉粒和黏粒构成的团粒,也能赋予黄土一定的湿陷性。另外,不同地质时代的黄土,其颗粒组成不同,第四纪早期的黄土比晚期黄土中的黏粒含量高,砂粒含量低,而我国由西北向东南方向,砂粒减少而黏粒增多,这与我国湿陷性黄土由西北向东南递减的趋势大体相关。

黄土颗粒组成的不同直接影响黄土的物理力学性质和水理性质。粒径小于0.005mm的黏粒含量在一定程度上决定着黄土的物理力学性质,特别是决定着黄土的物理性质,如天然含水率、孔隙大小、液限、塑限、塑性指数等。在我国,这一粒级颗粒的含量在各地地层剖面中变化非常显著,变化幅度在5%~33%之间。粒径小于0.002mm的颗粒属于黏粒及胶体粒级的范畴,这一粒级颗粒在各地黄土中的含量趋势大致与小于0.005mm的黏粒级相同。

总的来说,我国黄土的粒度分布有如下特点:

(1)在我国黄土的主要分布区内,自西往东黄土粒度成分的变化特点是:西(六盘山以西,即陇西地区)黏粒少,中(六盘山和吕梁山之间,即陇东—陕北地区和关中地区)黏粒增多,东(吕梁山以东和河南地区)则黏粒下降或持平,这一情况对Q_3、Q_2^2与Q_2^1的黄土均不同程度适用。

(2)在六盘山和吕梁山之间(北部边缘地区、陇东—陕北地区和关中地区)的南北带内,黄土粒度中北部砂粒多,自北往南砂粒含量渐减,黏粒相应增多,至南部的关中地区黏粒含量可达25%或更高,且这一规律不同程度地适用于不同时代的黄土。

2)黄土的密度(重度)

黄土的密度(重度)是指单位体积中黄土的质量(重量)。其表达式见式(7-1)。

$$\rho = \frac{m}{V} = \frac{m_s + m_w}{V_s + V_w + V_a} \text{ 或 } \gamma = \frac{W}{V} = \frac{W_s + W_w}{V_s + V_w + V_a} \tag{7-1}$$

式中:$m(W)$——黄土的质量(重量);

V——黄土的体积;

V_s——黄土固体颗粒体积;

V_w——水分体积;

V_a——孔隙体积。

黄土的重度可在一定程度上反映黄土的密实度和力学性能。它不仅取决于颗粒的大小和含量的多少,还与土的含水率有关,一般在 13.3~18.1kN/m³ 之间,但在不同地层、年代、区域、剖面上存在较大差异。老黄土的重度明显大于新黄土,如新黄土的重度值一般为 13.78kN/m³±0.96kN/m³;离石黄土的重度值一般为 15.65kN/m³±2.05kN/m³;古土壤的重度值则明显偏高,其变化范围在 17.62kN/m³±2.52kN/m³ 之间。

黄土的重度值随着土体埋藏深度的增加而增大。式(7-2)和式(7-3)是西北地区马兰黄土天然重度 γ、干重度 γ_d 与土体埋藏深度的关系式。

$$\gamma = 1.266 + 0.0128H \tag{7-2}$$

$$\gamma_d = 1.248 + 0.0082H \tag{7-3}$$

式中:H——马兰黄土土体埋藏深度(m),相关系数分别为 0.998 和 0.987。

黄土的干重度是衡量黄土密实度的一个重要指标,与土的湿陷性有较明显的关系,一般干重度小,湿陷性强;反之,则弱。其变化范围在 11.4~16.9kN/m³ 之间。干重度除与其本身密实度有关外,还与黄土中各种矿物成分的含量和含盐量有关。一般而言当干重度超过 15kN/m³ 以上,一般属于非湿陷性黄土。

3)黄土的相对密度(比重)

黄土颗粒质量与同体积的4℃时水的质量之比,即为黄土的相对密度,记为 d_s,是一个无量纲数值。

$$d_s = \frac{m_s}{V_s \rho_w} = \frac{\rho_s}{\rho_w} \tag{7-4}$$

黄土的相对密度在数值上等于土粒的密度。

黄土的相对密度与黄土的年代密切相关,黄土中黏粒含量直接决定了黄土相对密度值的大小。黄土的相对密度一般介于 2.64~2.81 之间,新黄土的相对密度平均值为 2.673;离石黄土的相对密度平均值一般介于 2.695~2.719 之间;午城黄土的相对密度值一般介于 2.738~2.793 之间;古土壤的相对密度值的变化范围为 2.78~2.81。孟宪麟等研究得出黄土相对密度 d_s 与黄土中黏粒含量 q_c(%)有如下关系:

$$d_s = 0.001q_c + 2.696 \tag{7-5}$$

4)黄土的天然含水率

黄土的天然含水率是指天然黄土中水的质量与颗粒质量之比,用百分数表示。

$$w = \frac{m_w}{m_s} \times 100\% \quad (变化范围很大) \tag{7-6}$$

黄土的天然含水状态受地理位置区域年平均降水量、地质年代、沉积环境的影响。我国由西北至东南方向，黄土的天然含水率有逐渐增大的趋势。王靖泰等的统计结果表明，它和区域年平均降水量及地区潮湿度之间存在明显的线性相关关系，即：

$$w = 4 + 1.25\lg P \tag{7-7}$$

$$w = 21.8\lg M + 3.0 \tag{7-8}$$

式中：w——黄土的天然含水率(%)；

P——区域多年年平均降水量(mm)；

M——区域潮湿度。

此外，不同时代黄土，由于埋藏条件、粒组成分不同，其含水状态存在着明显差异，对黄土地区不同年代黄土天然含水率进行统计分析，发现它与年代有如下关系：

$$w = 2.654\ln Y + 6.625 \tag{7-9}$$

式中：Y——黄土的堆积年代($\times 10^4$/年)。

大量的实验结果表明，湿陷性黄土的天然含水率在3.3%~25.3%之间，其大小与场地地下水位埋深和年平均降雨量有关。大多数情况下，黄土的天然含水率都较低，在塬、梁、峁上的黄土地下水位较深，含水率在6%~8%之间，低级阶地上的黄土，含水率较高，在11%~21%之间。不同季节取样含水率可相差2%~5%。经验表明，含水率大于25%时就不具有湿陷性，而压缩性则恰恰相反。

5) 黄土的孔隙率和孔隙比

孔隙比是指土中孔隙的体积与土颗粒体积之比，孔隙比越小，土越密实。

$$e = \frac{V_v}{V_s} = \frac{V_w + V_a}{V_s} \tag{7-10}$$

孔隙率是指土中孔隙的体积与土的总体积之比，用百分数表示。

$$n = \frac{V_v}{V} \times 100\% \tag{7-11}$$

两者之间的关系为：

$$e = \frac{n}{1-n} \text{ 或 } n = \frac{e}{1+e} \tag{7-12}$$

黄土的孔隙率或孔隙比是表示黄土密实程度的指标。通过对甘肃黄土的研究发现，不同时代黄土的孔隙率的差异很大，最大绝对差值约1/6。总体上讲，新黄土质地疏松，孔隙率较大，一般介于47.03%~56.52%之间，均值约为51%；老黄土质地相对密实，孔隙率相对较小，一般介于38.54%~48.54%之间，均值约为44%。不同时代和沉积环境，黄土层中古土壤的孔隙率变化范围最大，介于36.22%~51.57%之间，均值约45%。老黄土中古土壤质地密实，孔隙率一般小于40%。刘东生等研究认为，黄土高原黄土类沉积物干重度γ_d与孔隙比e之间具有明显的线性负相关关系。

湿陷性黄土孔隙比在0.85~1.24之间，大多数在1.0~1.1之间。一般以孔隙比0.8作为划分湿陷性和非湿陷性的界限。当然，对于某些砂粒含量较多的次生黄土是例外。大多数情况下，黄土的孔隙比随埋藏深度增加而降低，但也有例外。

7.2.2 黄土的水理性质

土与水相互作用所表现出的某些性质,即为土的水理性,如与结合水有关的稠度、塑性、膨胀性、收缩性、崩解性等,与水的流动有关的毛细性、渗透性等性质。黄土沉积环境相对干燥,形成年代较近,成岩程度差,土质疏松多孔,矿物成分中易溶盐含量较高,是一种具有独特水理性质的水敏感性土体。土的水理性直接或间接地影响其上的工程结构物的稳定与安全,是土体工程性质的重要内容。

1) 黄土的可塑性

(1) 界限含水率

黄土按颗粒组成及塑性指数,属于黏性土和粉土。因此,黄土的物理状态,就是它作为黏性土和粉土的稠度状态,即在不同含水率下的软硬状态。一般来说,随着含水率 w 从小到大,黄土可由固态、半固态变为可塑态,最后变为流动状态。通常将不同状态之间的分界含水率称为界限含水率。界限含水率又称阿太堡界限,包括缩限 w_s、塑限 w_p 和液限 w_L。

①缩限 w_s:黄土固态与半固态的分界含水率称为缩限。当黄土含水率小于缩限后,进一步减小含水率,土体体积不再收缩。黄土的缩限可用缩限试验(如收缩皿法)来测定。

②塑限 w_p:黄土半固态与可塑状态的分界含水率,又称塑性下限,实验可用液、塑限联合测定法或采用"搓条法"测定。

③液限 w_L:黄土可塑状态与流动状态的分界含水率称为液限,实验可用液、塑限联合测定法或锥式液限仪测定。

显然,界限含水率可用来判断黄土的稠度状态,即当 $w \leq w_s$ 时,土呈固态;$w_s < w \leq w_p$ 时,土呈半固态;$w_p < w \leq w_L$ 时,土呈可塑态;$w > w_L$ 时,土呈流态。

(2) 黄土的可塑性及其指标

大量的工程实践表明,塑限 w_p 和液限 w_L 是决定黄土工程性质的两个重要界限含水率。当黄土的含水率在塑限和液限范围内时,土处于塑态稠度,具有可塑性,即黄土在外力作用下可揉塑成任意形状而不破坏土粒间连接,且在外力解除后也不恢复原来的形状,保持已有变形。除了液限 w_L、塑限 w_p 指标外,黄土的塑性形状还可采用塑性指数 I_p 和液性指数 I_L 来反映。

①塑性指数 I_p:黄土液限与塑性的差值称为塑性指数,应用时通常去掉百分号,主要用来反映黄土的可塑范围。塑性指数越大,黄土的可塑性越高,反之,黄土的可塑性越低。

$$I_p = w_L - w_p \tag{7-13}$$

I_p 与黏粒含量有关,反映土的矿物成分和颗粒大小的影响,体现的是黏性土吸附结合水的能力,故可按塑性指数对黄土进行分类。

②液性指数 I_L:黄土天然含水率与界限含水率的相对关系,是用来反映黄土的天然稠度状态的塑性指标,用黄土的天然含水率和塑限的差值与塑性指数的比值来表示,即:

$$I_L = \frac{w - w_p}{w_L - w_p} = \frac{w - w_p}{I_p} \tag{7-14}$$

$I_L \leq 0$,黄土为固态、半固态。

$0 < I_L \leq 1$,黄土为可塑状态。

$I_L > 1$,黄土为流动状态。

湿陷性黄土的液限、塑限分别在20%~35%和14%~21%之间,塑性指数为3.3~17.5,大多在9~12,液性指数在零上下波动。大多数湿陷性黄土处于坚硬和硬塑状态,承载力较高,压缩性属中等或偏低,少部分(新近堆积黄土)属于可塑或软塑状态。当液限在30%以上时,湿陷一般较强。国外有研究者认为,液限是用扰动土测定的,它并不能反映与原状土强度的关系。

黄土的塑性主要取决于颗粒成分中黏粒含量。老黄土中黏粒组含量远大于新黄土中黏粒组的含量,因而老黄土液塑限值明显大于新黄土的液塑限值。对甘肃省 Q_2、Q_3 黄土资料统计得 ω_L-q_c 和 ω_p-q_c 关系图,如图7-1所示。

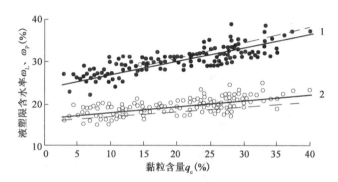

图7-1 甘肃黄土塑性界限含水率与黏土粒组含量间的关系
1-液限含水率与黏粒组含量间关系;2-塑限含水率与黏粒组含量间关系
注:图中虚线为调查资料实线,据孙广忠和孟宪麒资料。

统计结果表明,在黏粒含量大于5%和小于35%的情况下,黄土的液限 w_L、塑限 w_p、塑性指数 I_p 与土体中黏粒含量 q_c 呈线性相关关系,即:

$$w_L = 0.3q_c + 24 \tag{7-15}$$

$$w_p = 0.015q_c + 16.93 \tag{7-16}$$

$$I_p = 0.285q_c + 7.07 \tag{7-17}$$

式中:w_L、w_p 和 q_c——百分含量(%)。

据统计分析,我国黄土由西向东、由北向南,含水率、重度逐渐增加,孔隙比逐渐减小,液限、塑性指数稍有增大,湿陷系数减小,湿陷性降低。

2)黄土的渗透性

黄土被水透过的性能,称为黄土的渗透性。黄土的湿陷性变形的产生是由于水分渗入造成的。因此,黄土的渗透性对湿陷变形的形成与发展具有重要意义。

黄土的渗透性是黄土的重要工程性质之一,它不仅与黄土地区的工程建设息息相关,而且与许多地质灾害现象关系密切。但由于影响黄土渗透性的因素很多,如土粒性质、形状和级配、孔隙比、结构、裂隙、层理、饱和度以及水的黏滞性等等,到目前为止,对黄土渗透性的研究还远不能满足生产实践的要求。

水在黄土中渗透的规律与其他土质相同,可假定服从达西(Darcy.H,1856)定律,即以单位水力作用梯度下的渗流速度,即渗透系数表示。渗透系数反映了黄土渗透性的强弱,可通过渗透试验来测定。黄土的柱状节理使黄土的渗透特性具有明显的各向异性的特点。在垂直方向的渗透系数一般要比水泡方向的渗透系数大1.2~2.55倍,甚至更大。一般黄土垂直和水平方向的渗透系数分别为 $0.16\times10^{-5}\sim0.3\times10^{-5}$ cm/s 和 $0.8\times10^{-6}\sim0.1\times10^{-5}$ cm/s。不同成因、时代黄土的渗透性存在着明显的差异，新黄土的渗透性是老黄土渗透性的数倍至数十倍。在各向异性方面，时代越新，其各向异性越明显，新黄土垂直渗透系数远大于水平渗透系数，老黄土的垂直渗透系数则略小于水平渗透系数。Q_3 黄土中有垂直管状大孔隙，渗透性也具有明显的各向异性特征，垂直方向渗透性远大于水平方向，随大孔隙的发育程度，二者比值一般在 2～10 范围内。

不同地区黄土的渗透性亦有较大差别。大量的实验统计资料表明，黄河中游地区自西向东和自北向南，黄土的渗透系数由大变小。说明 Q_3 黄土的渗透性与其颗粒组成结构特征有密切关系：陇西、陇东、陕北黄土颗粒较粗，微观结构多呈粒状、架空接触状态，渗透性强；河南豫西地区黄土颗粒较细，微观结构多呈凝块镶嵌胶结状态，渗透性弱；关中地区黄土颗粒组成、结构特征介于两者之间，渗透性也介于两者之间。

湿陷性黄土的渗透性与其浸水湿陷过程有关，在浸水湿陷过程中，其渗透系数是一个变值，是随湿陷的完成而降低。苏联的崔托维奇做过野外试验：天然状态下湿陷黄土的渗透系数为 0.212m/d，湿陷稳定后为 0.069m/d，降低了 2/3。一般来说，非湿陷性黄土（Q_2、Q_1）的渗透性均小于湿陷性黄土（Q_3、Q_4）的渗透性。

3) 黄土的崩解性

崩解性又称湿化性，是指黏性土浸入静水后，由于土粒间的结构联结和强度丧失，使土体崩散解体的特性。土的崩解性可用崩解所需时间、崩解速度、崩解量和崩解方式来说明。它与土的粒度成分、矿物成分、结构联结、水的化学成分等关系极大。土的崩解可造成坍岸现象，影响边坡稳定性。

黄土的崩解性是指黄土在浸水后由于土粒周围水膜厚度的迅速加厚而使土粒间的联结弱化，从而表现出土隐蔽裂隙开裂，进而使黄土分成块状或粒状，反映了黄土遇水破坏的特征。干燥状态下，无论是新黄土还是老黄土，都具有较强的结构稳定性，可支持陡立的边坡。然而其水稳定性却相当差，当黄土浸水后，通常经历吸水和解体两个阶段，首先吸收水分，体积膨胀，随后土颗粒向水中扩散，分崩、解体，这也是黄土地区千沟万壑地形形成的土性原因。

黄土的崩解性常用边长为 5cm 的土立方体在水中完全崩解所需要的时间、崩解的速度和崩解的特征来反映。崩解时间愈短则崩解性愈强；崩解速度表示崩解过程中损失的质量与土质量之比随时间变化的关系，崩解特征用不同的描述语如粉粒状崩解、鳞片状崩解或块状崩解等来反映。一般情况，新黄土崩解性较强。孙广忠等研究了刘家峡、包头、西安及三门峡等地的马兰黄土崩解性，认为从吸水开始到崩解结束历时 1～5min，个别可达 14min。而老黄土的崩解性相对较弱，据观察，秦岭北麓早更新世的石质黄土碎块落入河中，搬运约 1km 后仍不崩解。

黄土遇水产生的崩解性，可导致其内部联系松弛，力学强度降低，给工程稳定性带来不利影响。如果黄土崩解位于斜坡上，则引起强烈的水土流失；如果黄土崩解在坡体内，则可能构成不稳定斜坡的软弱层（带），对斜坡的稳定不利。

除了以上三个黄土水理特性之外，还有一个反映黄土水理性的特性，即黄土的毛细特性。表示黄土毛细性大小的数值是毛细水的上升高度。黄土毛细性会造成黄土中一定范围内存在毛细管水，影响黄土地基的湿陷量，或造成黄土道路的翻浆、黄土灌区的盐渍化和沼泽化。大量的观测表明：黄土中毛细水上升高度的平均值可达到 140～180cm，甚至可达 266～625cm，在实际工程中需要对实际黄土作出具体的测试。

7.2.3 黄土的力学性质

黄土,不仅具有特殊的物理性质和水理性质,其力学性状(压缩性、抗拉性、湿陷性、抗剪性等)也独具特色。系统准确确定黄土的物理、水理、力学性状不仅可以指导黄土地区的工程建设,而且也是认识黄土地区诸多不良地质现象所必需的。对黄土路基而言,黄土的力学特性十分重要,尤其是强湿陷性、高压缩性和低抗剪性在路基工程建设中起着重要作用。本节详细介绍黄土的压缩性和抗剪性。

1)黄土的压缩性

黄土的压缩性是指黄土在外力作用下体积缩小的性质。黄土压缩性的大小可以用压缩指标表示,如压缩系数 a、压缩指数 C_c、压缩模量 E_s 等。压缩性及压缩性指标可用压缩试验取得,压缩试验所得的压缩曲线 e-p 曲线,如图7-2所示,不仅可反映黄土的压缩性,还可通过压缩曲线(e-$\log p$ 曲线)了解黄土的应力历史和结构性问题,对黄土的力学性质有重要的意义。

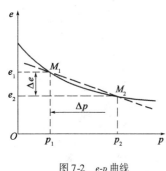

图7-2 e-p 曲线

(1)黄土的压缩系数,可按式(7-18)计算。

$$a = \frac{e_1 - e_2}{p_2 - p_1} = -\frac{\Delta e}{\Delta p} \tag{7-18}$$

式中:a——黄土的压缩系数(MPa^{-1}),表示单位压力下孔隙比的变化。

a 不是一个常数,随压力数值 p_1、p_2 的改变而改变。显然,压缩系数越大,黄土的压缩性就越大。为了方便评价黄土的压缩性,通常取 $p_1 = 100\mathrm{kPa}$、$p_2 = 200\mathrm{kPa}$,并将相应的压缩系数记为 a_{1-2},按 a_{1-2} 的大小将黄土的压缩性进行分类,具体如下:

$a_{1-2} < 0.1\mathrm{MPa}^{-1}$　　低压缩性黄土

$0.1 \leqslant a_{1-2} < 0.5\mathrm{MPa}^{-1}$　　中压缩性黄土

$a_{1-2} \geqslant 0.5\mathrm{MPa}^{-1}$　　高压缩性黄土

(2)黄土的压缩指数,可按(7-19)计算

$$C_c = \frac{e_1 - e_2}{\lg p_2 - \lg p_1} = -\frac{\Delta e}{\lg\left(\frac{p_1 + \Delta p}{p_1}\right)} \tag{7-19}$$

式中:C_c——黄土的压缩指数,在相当大的压力范围内为一常数,与压缩系数 a 是压缩性指标的两种不同表示形式,无量纲。

按压缩指数 C_c 对黄土压缩性分类为:$C_c < 0.2$,低压缩性;$0.2 < C_c < 0.35$,中压缩性;$C_c > 0.35$,高压缩性;$C_c > 0.4$,压缩性很高。

(3)压缩指数与压缩系数的关系。

$$a = \frac{C_c}{\Delta p}\lg\left(\frac{p_1 + \Delta p}{p_1}\right) = \frac{0.435}{p}C_c \tag{7-20}$$

(4)压缩模量。

在压缩仪内完全侧限条件下,黄土的应力变化量(Δp),即竖向压缩应力 σ_z 与其压缩应变 ε_z 的变化量的比值,即:

$$E_s = \frac{\Delta p}{\Delta \varepsilon} = \frac{\sigma_z}{\varepsilon_z} \text{ 或 } E_s = \frac{1+e_1}{a} \tag{7-21}$$

式中:σ_z——附加应力(应力增量);

ε_z——与 σ_z 对应的应变(应变增量);

e_1——相应于 p_1 作用下压缩稳定后的孔隙比。

按压缩模量 E_s 对黄土压缩性分类为:$E_s < 4\text{MPa}$,高压缩性黄土;$4\text{MPa} < E_s < 15\text{MPa}$,中压缩性黄土;$E_s > 15\text{MPa}$,低压缩性黄土。

大量的黄土压缩实验表明,天然状态的黄土,一般属于中压缩性或高压缩性黄土。我国湿陷性黄土的压缩系数 a_{1-2} 一般为 $0.1 \sim 1.0\text{MPa}^{-1}$;压缩模量 E_s 为 $2 \sim 20\text{MPa}$;变形模量与压缩模量的试验比值一般为 $2 \sim 5$。此外,湿陷性黄土比非湿陷性黄土的压缩性高;新近堆积黄土的压缩性比普通湿陷性黄土的压缩性高。

浸水过程对湿陷性黄土的压缩性有重要影响。在浸水过程中,由于浸水破坏了湿陷性黄土的天然结构,使土粒易于挤入孔隙中,造成下沉变形,从而提高了黄土的湿陷性。因此,饱和状态的湿陷性黄土与天然状态的同类湿陷性黄土相比,其压缩性要高。由于浸水过程中黄土产生的湿陷变形,改变了黄土的密实状态,当浸水停止后,黄土的压缩性将会降低。因此,在湿陷性黄土地区进行工程建设,采用浸水措施进行地基预处理,能大大降低工程建设后的最终沉降量。

2)黄土的抗剪强度

黄土的抗剪强度是指黄土抵抗剪切破坏的能力,在数值上等于剪切破坏面上剪应力的大小。黄土的抗剪强度是黄土强度的重要标志,黄土的抗剪强度具有明显的特殊性,受应力、含水状态、土体结构、边界条件等多种因素的影响。对黄土应力-应变特征、抗剪强度的各向异性及抗剪强度的时间效应的研究是揭示黄土抗剪强度基本规律的重要途径。

由黄土剪切试验可知,黄土的抗剪强度仍然符合库仑(Coulomb,1876)定律,即:

$$\tau = c + \sigma \tan\varphi \tag{7-22}$$

式中:τ——黄土的抗剪强度(kPa);

σ——剪切面上的法向压应力(kPa);

c、φ——黄土的黏聚力(kPa)和内摩擦角(°)。

由此可见,黄土的抗剪强度同一般土一样,由两部分组成,即由摩擦力和黏聚力组成。根据 H.R·捷尼索夫的观点,黄土的黏聚力由原始黏聚力和固化黏聚力组成,其中原始黏聚力由细小土颗粒间的电分子引力所产生,主要取决于土的颗粒组成、矿物成分和扩散层中的离子成分和数量。黄土中黏粒含量越多,黏土矿物越多,土越密实,原始黏聚力就越大。另外,土中毛细压力也是造成原始黏聚力所不容忽视的因素;固化黏聚力由颗粒间的胶结物经化学胶结作用所形成,黄土中的矿物和水溶盐,以固体胶结薄膜的形式包裹在土粒表面,对土粒起胶结作用,形成了土的固化内聚力,其大小与土中黏粒含量、水溶盐含量、含水率、土的结构特征、密实程度以及土的形成年代有关。黄土的天然含水率越低,密实度越低,架空结构特点越明显,则固化黏聚力占整个黏聚力的比例也越大。一般来说,黄土的黏粒和水溶盐含量越大,形成年代越久,其固化黏聚力也越大。就黄土类型而论,湿陷性黄土的黏聚力常以固化黏聚力为主,浸水后固化黏聚力被削弱,以致丧失后便会导致黄土湿陷发生。

有关黄土中含水率的大小对抗剪强度的影响的研究表明:黄土中水的含量对其抗剪强度影响较大。当黄土的天然含水率低于塑限时,水分变化对强度影响最大,含水率由7.8%增加到18.2%时,内摩擦角和黏聚力都降低1/4左右;当天然含水率超过塑限时,抗剪强度降低幅度小,而在天然含水率超过饱和含水率时,抗剪强度变化不大。

黄土在浸水湿陷过程与黄土饱和后强度存在较大差异。黄土在浸水过程中,由于浸水破坏了黄土的天然结构,使抗剪强度降低;浸水停止后,由于浸水改变了黄土的密实状态且含水率随时间的增长而降低,使抗剪强度得以恢复,进而可提高土的抗剪强度。大量的试验结果表明:在浸水过程中土的抗剪强度比同种土在同样压力下处于饱和状态时要低10%~15%。黄土在某一应力状态下受水浸湿后,湿陷处于发展过程中的强度最低,地基在湿陷变形过程的稳定性最小。表7-1为青海大通县兰冲水库湿陷性黄土在三种不同状态下的抗剪强度指标。

青海大通县兰冲水库湿陷性黄土的抗剪强度指标　　　　表7-1

类别		取样深度(m)									平均
		2	5	7	8	9	10	11	12	13	14	
黏聚力(kPa)	天然状态	7	6	6	2	7	1	7	5	8	8	5.7
	浸水饱和	2	2	4	1	3	2	2	2	2		2.1
	停水后16个月	14	10	16	18	20	18	22	23	19	22	18.2
内摩擦角(°)	天然状态	26	26	20	30	24.5	26.5	26.5	27.5	28	24.3	25.7
	浸水饱和	21.5	20	24.5	24.5	25.5	29	22	25	24.5	19	23.5
	停水后16个月	25	20	27	26.5	27	26.7	25	25	25.5	26	26.3

黄土的压实性对黄土抗剪强度也有重要影响。一般来说,压实密度越大,抗剪强度也越大。有关研究资料及试验表明,当压实黄土的干重度达到$16kN/m^3$时,内摩擦角可达23°~26°,黏聚力为26~35kPa;当干重度达到$17kN/m^3$时,内摩擦角可达29°,黏聚力为60kPa。

黄土的各向异性对抗剪强度也存在影响。由于黄土存在垂直节理和大孔构造,不同的剪切方向得出的抗剪强度有较大差异。试验表明,当剪切面平行于大孔方向时,强度最低,天然含水率低的黄土受各向异性影响的程度比饱和黄土要大。

7.3　黄土地基湿陷等级判定与处理方法

湿陷性是指黄土浸水后在外荷载或自重的作用下发生下沉的现象。湿陷性黄土又可分为自重湿陷性和非自重湿陷性两类。自重湿陷性黄土是指土层浸水后在土层自重作用下也能发生湿陷的黄土。黄土的湿陷性,与一般土受水时表现的压缩性稍有增加的现象不同,它对黄土地区建构筑物存在不同程度的危害,使建构筑物大幅度沉降、倾斜、开裂,甚至严重影响其安全和正常使用。因此,如在黄土地区修筑路基工程,对黄土地基的湿陷性应进行判定,并采取合理的工程措施,防止或消除黄土的湿陷性。

7.3.1　黄土湿陷性发生的机理和影响因素

黄土湿陷性是黄土在遇水作用时所显示出的土体收缩、结构变密实的特性,使黄土层具有可供压缩的大孔隙和遇水其结构发生破坏的特点(图 7-3)。前人对马兰黄土的显微结构研究发现,凡湿陷性黄土,其固体部分以粉粒为主,粒间结构在水平面上呈现较多的大孔隙,颗粒之间为点式接触,在垂直方向上很多颗粒为叠复式接触。孔隙度较大,一般孔隙比大于 1,整个土体处于欠压密状态。因此,黄土自身的结构特征、物质组成成分等因素是产生黄土湿陷性的内在原因;外界水流的下渗或由于地下水位上升等原因使黄土受水浸湿造成结构变化引起湿陷下沉的外界因素,也是黄土湿陷发生所必需的外界条件。

图 7-3 黄土的湿陷性

黄土的结构是在其形成黄土的整个历史过程中造成的。干旱或半干旱的气候是黄土形成的必要条件。季节性的短期雨水把松散干燥的粉粒黏聚起来,而长期的干旱使土中水分不断蒸发,于是,少量的水分连同溶于其中的盐类都集中在粗粉粒的接触点处。可溶盐逐渐浓缩沉淀而成为胶结物。随着含水率减少土粒彼此靠近,颗粒间的分子引力以及结合水和毛细水的联结力也逐渐增大。这些因素都增强了土粒之间抵抗滑移的能力,阻止了土体的自重压密,于是形成了以粗粉粒为主体骨架的多孔隙结构。黄土结构中零星散布着较大的砂粒,附于砂粒和粗粉粒表面的细粉粒、黏粒、腐殖质胶体以及大量集合于大颗粒接触点处的各种可溶盐和水分子形成了胶结性联结,从而构成了矿物颗粒集合体。周边有几个颗粒包围着的孔隙就是肉眼可见的大孔隙,它可能是植物的根须造成的管状孔隙。

通常认为,黄土湿陷的机理由黄土的结构特性和胶结物质的水理特性所决定。黄土是在干旱或半干旱的气候条件下可溶盐逐渐浓缩沉淀而成为胶结物,这些因素增强了土粒之间抵抗滑移的能力,阻止了土体的自重压密。当黄土受水浸湿时,结合水膜增厚并楔入颗粒之间,使可溶性盐类溶解和软化,骨架强度降低,土体在上覆土层的自重压力或附加压力共同作用下土的结构迅速破坏,土粒滑向大孔隙,粒间孔隙减少,使土体收缩沉降,结构变得密实,产生湿陷。

黄土中胶结物的含量和成分以及颗粒的组成和分布,对黄土的结构特点和湿陷性的强弱有着重要的影响。胶结物含量大,黏粒含量多,可把骨架颗粒包围起来,并且均匀分布在骨架之间,起胶结物的作用,黄土结构则致密,湿陷性降低,并使力学性质得到改善;反之,粒径大于 0.05mm 的颗粒增多,胶结物多呈薄膜状分布,骨架颗粒多数彼此直接接触,结构疏松、强度降低、湿陷性强。此外,对于黄土中的盐类,如以难溶的碳酸钙为主,则湿陷性弱;若以石膏及易溶盐为主,则湿陷性强。

黄土的湿陷性还与孔隙比、含水率以及所受压力的大小有关。天然孔隙比越大或天然含水率越小,则湿陷性越强。在天然孔隙比和含水率不变的情况下,压力增大,黄土湿陷量也增加,但当压力超过某一数值后,再增加压力,湿陷量反而减少。

此外,黄土的湿陷性与其形成年代密切相关。一般新黄土湿陷性较强,老黄土湿陷性微弱或不具湿陷性。马兰黄土属湿陷性与自重湿陷性黄土;离石黄土除顶部土体稍具湿陷性外,一般属非湿陷性黄土,而午城黄土则不具有湿陷性。

从区域上看,我国黄土的湿陷性存在由西北向东南逐渐减弱的规律,即由甘肃、陕北,经关中、汾河地区到河南、山东依次降低,大致可分四个区:

(1)吕梁山、关中一线以西,湿陷性最强,湿陷系数 0.033~0.091。
(2)汾渭地堑区,湿陷系数 0.022~0.077。
(3)冀、豫、鲁地区,湿陷系数 0.022~0.045;湿陷性最弱。
(4)西北内陆盆地区,无上述分带关系,湿陷性不均匀,湿陷系数变化于 0.01~0.2 之间。

7.3.2 黄土地基的湿陷等级判定

黄土由于生成年代、环境以及成岩作用的原因和程度不同,颗粒矿物成分、结构差异,有湿陷性和非湿陷性之分。湿陷性黄土地基中,自重湿陷性黄土地基与非自重湿陷性黄土地基的湿陷量大小、承载能力等方面也有较大差异。不同地区的自重或非自重湿陷性黄土也因上述原因,湿陷性、湿陷敏感程度等都有明显不同。因此,对黄土是否属于湿陷性应有统一的判定方法和标准,地基湿陷类型、湿陷程度也应评定正确、恰当。

1)黄土湿陷性的判定

黄土湿陷性采用湿陷系数 δ_s 值来判定,δ_s 可通过室内浸水饱和压缩试验测定。把保持天然含水率和结构的黄土土样装入侧限压缩仪内,逐级加压,达到规定试验压力,土样压缩稳定后,进行浸水,使含水率接近饱和,土样又迅速下沉,再次达到稳定,得到浸水后土样的高度,按式(7-23)获得黄土的湿陷系数。

$$\delta_s = \frac{h_p - h'_p}{h_0} \tag{7-23}$$

式中:h_0——土样的原始高度(mm);

h_p——保持天然湿度和结构土样,加压至一定压力时,下沉稳定后的高度(mm);

h'_p——上述加压稳定后的土样,在浸水饱和作用下,附加下沉稳定后的高度(mm)。

湿陷系数为单位厚度的土层,由于浸水在规定压力下产生的湿陷量,表示了土样所代表黄土层的湿陷程度。根据《湿陷性黄土地区建筑规范》(GB 50025—2018),黄土的湿陷性可按表 7-2 进行判定。

黄土湿陷类型及湿陷程度划分表　　表 7-2

湿陷系数 δ_s	$\delta_s < 0.015$	$0.015 \leq \delta_s \leq 0.03$	$0.03 < \delta_s \leq 0.07$	$\delta_s > 0.07$
湿陷类型	非湿陷性黄土	湿陷性黄土		
湿陷程度	—	湿陷性轻微	湿陷性中等	湿陷性强烈

黄土湿陷系数的测定与黄土土样和试验时所受的压力大小有关,因此测定湿陷系数时应注意以下几个问题:

(1)黄土地层中取原状土样,宜采用挖探或原位静压的方法。取出的土样应密封,避免雨淋、冻、晒和振动,存放时间不应大于 14d,确保土样保持其天然的湿度、密度和结构。

(2)对判断黄土湿陷性的试验土样,应具有代表性:在 Q_4、Q_3 地层中应在全部土层中取样,Q_2 地层中应在上部土层取样。

(3)测定湿陷系数的试验压力,应按按下列条件确定:

①对零填路基,试验压力采用地基土饱和自重压力。

②对路堤,试验压力应按路堤荷载作用在地基内的附加压力与地基土饱和自重压力之和

确定。对压缩性较高的新近堆积黄土,路堤下 5m 以内的土层,宜采用 100~200kPa;路堤下 5~10m 的土层,宜采用 200kPa;10m 以下至非湿陷性黄土层顶面,宜采用路堤荷载作用在地基内的附加压力与地基土饱和自重压力之和。

③对路堑,应自挖方设计高程算起,试验压力应按堑底以下地基土饱和自重压力确定。

④对挡土墙等小型构造物,应自地面以下 1.5m 算起,基底以下 10m 以内的土层应采取 200kPa,10m 以下至非湿陷性黄土层顶面应采用构造物荷载作用在地基内的附加压力与地基土饱和自重压力之和。

2) 黄土地基湿陷类型的判定

自重湿陷性黄土浸水后,在其上覆土自重压力作用下,迅速发生比较强烈的湿陷,要求采取较非自重湿陷性黄土地基更有效的措施,保证桥涵、路基等建筑物的安全和正常使用。根据《湿陷性黄土地区建筑规范》(GB 50025—2018),可采用自重湿陷量的实测值 Δ'_{zs} 或计算值 Δ_{zs} 来划分两种湿陷类地基,其中自重湿陷量的计算值可按式(7-24)计算:

$$\Delta_{zs} = \beta_0 \sum_{i=1}^{n} \delta_{zsi} h_i \tag{7-24}$$

式中:β_0——因地区土质而异的修正系数。缺乏实测资料时,陇西地区可取 1.80;陇东、陕北、晋西、宁夏地区可取 1.40;关中地区可取 0.90;其他地区可取 0.40;

δ_{zsi}——第 i 层土的自重湿陷系数;

h_i——第 i 层土的厚度(mm)。

当自重湿陷量的实测值 Δ'_{zs} 或计算值 Δ_{zs} 小于或等于 70mm 时,应定为非自重湿陷性黄土;反之,则应定为自重湿陷性黄土;当自重湿陷量的实测值 Δ'_{zs} 或计算值 Δ_{zs} 出现矛盾时,应按自重湿陷量的实测值 Δ''_{zs} 判定。

自重湿陷量的计算值 Δ_{zs} 应自天然地面算起,挖方路基应自设计高程算起,至其下非湿陷性黄土层的顶面为止。其中,埋深 10m 范围内自重湿陷系数小于 0.015,埋深 10~15m 的自重湿陷系数小于 0.02,埋深大于 15m 的自重湿陷系数小于 0.025 时,不应累计计算。

3) 黄土地基湿陷等级的判定

湿陷性黄土地基的湿陷等级,即地基土受水浸湿发生湿陷的程度,可采用地基内各土层受水浸湿饱和后所发生的湿陷量总和来衡量,湿陷量越大,对其上的各建筑物的危害性越大,其设计、施工和处理措施要求也越高。

湿陷性黄土地基受水浸湿饱和时,其湿陷量 Δ_s,即湿陷性黄土底即浸水饱和至湿陷稳定的计算湿陷量,可按式(7-25)计算:

$$\Delta_s = \sum_{i=1}^{n} \beta \delta_{si} h_i \tag{7-25}$$

式中:β——考虑基底以下地基土受水浸湿可能性和侧向挤出等因素的修正系数。缺乏实测资料时,挡墙等小型构造物基底以下 0~5m 深度范围内,可取 1.50;5~10m 深度范围内,可取 1.00;10m 以下深度至非湿陷性黄土层顶面,在自重湿陷性黄土场地,可取工程所在地区的 β_0 值。路堤可取所在地区的 β_0 值;

δ_{si}——第 i 层土的湿陷系数;

h_i——第 i 层土的厚度(mm)。

湿陷量 Δ_s 的计算值,在初勘阶段应自地面以下 1.5m 算起;详勘阶段应自基底算起。在非自重湿陷性黄土场地,应计算至基底以下 10m(或地基压缩层)深度为止。在自重湿陷性黄土场地,对高挡墙等重要工程应累计计算至非湿陷性黄土层顶面为止;对其他工程,当基底下的湿陷性土层厚度大于 10m 时,其累计计算深度可根据所在地区确定。陇西、陇东、陕北、晋西、宁夏地区,累计计算深度不应小于 15m,其他地区不应小于 10m。其中,基底下 10m 范围内湿陷系数 δ_s 的值小于 0.015,埋深 10~15m 的湿陷系数 δ_s 小于 0.02,埋深大于 15m 的湿陷系数 δ_s 小于 0.025 时,不应累计计算。

湿陷性黄土地基的湿陷等级,可根据湿陷量 Δ_s 和计算自重湿陷量 Δ_{zs} 综合,按表 7-3 进行判定。

黄土地基湿陷等级 表 7-3

湿陷类型		非自重湿陷地基	自重湿陷地基	
自重湿陷量的计算值 Δ_{zs}(mm)		$\Delta_{zs} \leq 70$	$70 < \Delta_{zs} \leq 350$	$\Delta_{zs} > 350$
湿陷量的计算值 Δ_s (mm)	$\Delta_s \leq 300$	Ⅰ(轻微)	Ⅱ(中等)	—
	$300 < \Delta_s \leq 700$	Ⅱ(中等)	Ⅱ(中等)或Ⅲ(严重)①	Ⅲ(严重)
	$\Delta_s > 700$	Ⅱ(中等)	Ⅲ(严重)	Ⅳ(很严重)

注:①当湿陷量的计算值 $\Delta_s > 600$mm、自重湿陷量的计算值 $\Delta_{zs} > 300$mm 时,可判为Ⅲ级,其他情况可判为Ⅱ级。

7.3.3 湿陷性黄土地基的处理方法

湿陷性黄土地基处理的目的是改善土的性质和结构,减少土的渗水性、压缩性,控制其湿陷性的发生,部分或全部消除它的湿陷性。在明确地基湿陷性黄土层的厚度、湿陷性类型、等级等后,应结合上部建(构)筑物的工程性质、施工条件和材料来源等,采取必要的措施,对地基进行处理,满足建(构)筑物在安全、使用方面的要求。

在黄土地区修建公路工程,应首先考虑选用非湿陷性黄土地基,它较经济和可靠。如确需在湿陷性黄土地基上修建,应尽量利用非自重湿陷性黄土地基,因为这种地基的处理要求,比自重湿陷性黄土地基低。

在公路工程中,对重要的道路人工构造物,如属于Ⅱ级非自重湿陷性地基或各级自重湿陷性黄土地基,应将基础至于非湿陷性黄土层或对全部湿陷性黄土层进行处理并加强结构措施;如属于Ⅰ级非自重湿陷性黄土,应对全部湿陷性黄土层进行处理或加强结构措施。对小桥涵及其附属工程、一般道路人工构造物视地基湿陷程度,可对全部湿陷性土层进行处理,也可消除地基的部分湿陷性或仅采取结构措施。结构措施是指结构形式尽可能采用简支梁等对不均匀沉降不敏感的结构;加大基础刚度使受力较均匀;对长度较大且体形复杂的建筑物,采用沉降缝将其分为若干独立单元。所谓对全部湿陷性黄土层进行处理,对于非自重湿陷性黄土地基,是对地基土中附加应力与自重应力之和大于该处土的湿陷起始压力范围内土层进行处理;对于自重湿陷性黄土地基是指对全部湿陷性黄土层的厚度范围进行处理。

消除地基的部分湿陷性主要是处理基础底面以下适当深度的土层,因为该部分土层的湿陷量一般占总湿陷量的大部分。这样处理后,虽发生少部分湿陷,也不致影响结构物的安全和使用。处理厚度视建筑物类别、土的湿陷等级、厚度,基底压力大小而定,一般对非自重湿陷性黄土为1~3m,自重湿陷性黄土地基为2~5m。

常用的处理湿陷性黄土地基的方法有换填垫层法、重锤夯实法、强夯法、挤密桩法、桩基础等,可根据地基湿陷类型、等级、建筑物要求等条件选用,现仅介绍部分处理湿陷性黄土地基方法。

1) 换填垫层法

换填垫层法是挖去基底下湿陷性黄土层或挖到预计设计深度,回填以石灰土、水泥土或素土,并夯实压密实而形成垫层的地基处理方法,可消除垫层范围内土的湿陷性,减轻或避免地基因附加应力产生湿陷。主要适用于处理厚度3m以内的湿陷性黄土地基,或当邻近建筑,其他处理方法受到限制时,也可采用。

对于高速公路、一级公路宜采用石灰土垫层,如果石灰土垫层的厚度大于1.5m时,可采用上部和下部各0.5m范围采用石灰土垫层,中间采用素土垫层的上下垫层法;对二级及二级以下公路可采用石灰土垫层或素土垫层,当采用素土垫层且其厚度大于2m,含水率大于或接近最佳含水率时,垫层底部应设置0.5m厚的石灰垫层;当地基土的塑性指数小于7时,可采用水泥土垫层。

垫层的厚度及尺寸计算方法同砂砾垫层,主要取决于消除湿陷量的多少,厚度一般为1.0~3.0m。太厚,土方量大,不经济;太薄,起不到消除湿陷量的作用。垫层宽度除应满足应力扩散的要求外,还应根据垫层侧面土的承载力,防止垫层向四边挤出。承载力宜通过现场荷载试验确定,并应进行下卧层承载力的验算。

换填垫层法施工简易,效果显著,是一种常用的地基浅层湿陷性处理或部分处理方法。施工时必须保证工程质量,特别是要将换填材料压实至设计要求的密实度。对回填的灰土、素土层,应控制其最佳含水率和最大干重度,否则达不到预期效果。

2) 重锤夯实和强夯法

重锤夯实法能消除浅层黄土得湿陷性,如用15~40kN的重锤,落高2.5~4.5m,在最佳含水率情况下,可消除在1.0~1.5m深度内土层的湿陷性。强夯法可用于处理各种湿陷等级的湿陷性黄土地基,适宜处理湿陷性土层厚度宜为3~6m,不宜超过8m。采用强夯法处理湿陷性黄土地基时,消除湿陷性的有效深度范围内的湿陷系数δ_s应小于0.015,有效深度应通过试夯确定。根据国内使用纪录,锤重100~200kN,自由落下高度10~20m锤击两遍,可消除4~6m范围内土层的湿陷性。

采用重锤夯实或强夯法处理湿陷性黄土地基,土的含水率至关重要。含水率过小,黄土呈坚硬状态,夯击时表层土容易松动,夯击能量消耗在表层土上,深部土层不易夯实,消除湿陷性黄土层的有效深度小;含水率过大,夯击时呈软塑状态,容易出现"橡皮土"。为了达到处理效果,黄土的天然含水率应控制在最佳含水率附近。在工地上,为方便施工,可采用塑限含水率$w_p = 1\% \sim 3\%$或$0.6w_L$(液限含水率)作为最优含水率。

两种方法均应事先在现场进行夯击试验,以确定为达到预期处理效果,即一定深度内湿陷性的消除情况所必需的夯点、锤击数、夯沉量等,以指导施工,保证质量。每个试夯区场地面积不应小于500m²。

3) 挤密桩法

挤密桩法是用打入桩、冲钻或爆扩等方法在土中成孔,然后用石灰土、干拌水泥碎石或用素土分层夯填桩孔,用挤密的方法破坏黄土地基的松散、大孔结构,达到消除或减轻地基的湿陷性。这种方法适用于处理湿陷等级为Ⅱ~Ⅳ级的自重湿陷性黄土地基,处理的湿陷性黄土层厚度宜为5~12m,不宜超过15m。

对于高速公路、一级公路的湿陷性黄土地基处理宜采用石灰土挤密桩或干拌水泥碎石挤密桩;其他等级公路则可采用石灰土挤密桩或素土挤密桩。

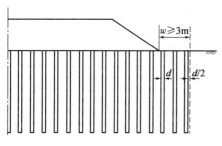

图 7-4 挤密桩布置范围示意图
d-桩径;w-超出路堤坡脚的宽度

挤密桩的处理宽度,在路堤段应处理至坡脚排水沟外侧不小于1m,且距离坡脚不小于3m;在路堑段应为路基的断面宽度,其中宽度以最外一排桩之外桩径的一半为界进行计算,如图7-4所示。

挤密桩成桩直径应结合处理深度综合考虑,当挤密处理深度在12m以内时,不宜预钻孔,挤密孔直径宜为0.35~0.45m;当挤密处理深度超过12m时,可预钻孔,预钻孔直径宜为0.25~0.30m,夯扩挤密后成桩的直径宜为0.50~0.60m;干拌水泥碎石挤密桩的成桩直径不宜大于0.30m。

挤密桩桩孔布置的原则是保证桩间土挤密后达到要求的密实度和消除黄土的湿陷性,孔位一般按正三角形布置,孔心距 S 可按式(7-26)计算。

$$S = 0.95\sqrt{\frac{\bar{\eta}_c \rho_{d\max} D^2 - \rho_{d0} d^2}{\bar{\eta}_c \rho_{d\max} - \rho_{d0}}} \tag{7-26}$$

式中:S——孔心距(m);

　　D——挤密填料孔直径(m);

　　d——预钻孔直径(m);

　　ρ_{d0}——地基挤密前压缩层范围内各土层的平均干密度(g/cm³);

　　$\rho_{d\max}$——击实试验确定的土的最大干密度(g/cm³);

　　$\bar{\eta}_c$——挤密填孔(达到D)后,3个孔之间土的平均挤密系数,不宜小于0.93。

挤密桩的效果取决于土的被挤密程度,在施工前应进行成桩工艺和成桩挤密效果试验。当地基土的含水率低于12%,或土质坚硬成孔挤密困难,影响挤密效果时,可对处理范围内的土层采取预浸水增湿措施,当成桩质量达不到设计要求时,应对设计与施工参数进行调整,重新进行试验或改变设计。在采用挤密桩进行湿陷性黄土地基处理时,应在地基表层采取防水措施。

在进行挤密桩施工时,为提高地基的挤密效果,成孔挤密应间隔分批、及时夯填,使挤密地基达到有效、均匀、处理效果好的目的;在局部处理时,必须由外向里施工,否则挤密不好,影响到地基处理效果;在整片处理时,应按"从边缘开始、均匀分布、逐步加密、及时夯填"的施工顺序和要求进行,即首先从边缘开始,分行、分点、分批,在整个处理场地平面范围内均匀分布,逐步加密进行施工。

4) 预浸水法

预浸水法宜用于处理湿陷性黄土层厚度大于10m,自重湿陷量的计算值不小于500mm的场地。它可消除地面下6m以下土层的全部湿陷性,地面下6m以上土层的湿陷性也可大幅度减小。

采用预浸水法处理自重湿陷性黄土地基,为防止在浸水过程中影响周边邻近建(构)筑物或其他工程的安全使用以及场地边坡的稳定性,要求浸水坑边缘至邻近建(构)筑物的距离不宜小于50m,并应防止由于浸水影响附近建(构)筑物和场地边坡的稳定性。浸水场地的面积应根据上部工程建(构)筑物的平面尺寸和湿陷性黄土层的厚度来确定:对于平面为矩形的工程建(构)筑物,浸水场地的宽度不应小于湿陷性黄土层的厚度,并根据建(构)筑物的平面尺寸,沿短边加宽2~4m,沿长边加宽5~8m;对平面为方形或圆形的工程建(构)筑物,浸水场地的边长或直径应大于湿陷性黄土层的厚度,并按建(构)筑物尺寸外延3~5m。当浸水坑的面积较大时,可分段进行浸水,浸水坑内的水头高度不宜小于300mm,连续浸水时间以湿陷变形稳定为准,其稳定标准为最后5d的平均湿陷量小于1mm/d。地基预浸水结束后,在工程施工前应进行补充勘察工作,重新评定地基的湿陷性,并采用垫层法或强夯法等处理上部湿陷性土层。

5)桩基础法

桩基础法适用于人工构造物基底湿陷性黄土层的处理,对地基受水浸湿可能性大的桥头路堤段也可采用。桩体应穿过全部湿陷性黄土层,桩尖应位于坚实的非湿陷性土层中,桩长宜在15m以上。其中,对于灌注桩,其进入坚实土层的深度一般为0.10~0.25m;预制桩进入坚实土层的深度一般为0.15~0.30m。

为了提高桩基的竖向承载力,减小桩侧负摩阻力的影响,在自重湿陷性黄土层中,宜采用非挤土桩,如钻孔灌注桩、人工挖孔灌注桩等,同时宜在位于中性点以上的桩侧表面进行处理。桩中的纵向钢筋长度根据场地所处地区不同而要求有所差异,对位于陇西地区、陇东—陕北—晋西地区的自重湿陷性黄土场地,纵向钢筋的长度应沿桩身通常配置;其他地区的自重湿陷性黄土场地,桩的纵向钢筋长度不应小于自重湿陷性黄土层的厚度。

路堤下的桩基应按复合地基设计,复合地基的沉降和稳定性计算可参照《公路软土地基路堤设计与施工技术细则》(JTG/T D31-02—2013)刚性桩的有关规定执行。

7.4 黄土地区的不良地质现象及路基病害

黄土是一种特殊土体,其颗粒组成、组构、物理力学性质和一般土体有着许多不同的特点。黄土也是一种对水比较敏感的特殊性土,因此,在黄土地区筑路时会产生一系列特殊的工程地质问题和路基路面病害。黄土的结构不同,强度衰减和水稳定性也不同,其变形破坏形式也不同:①胀缩性黄土遇水体积膨胀,使其上面的路面隆起,干燥后体积收缩,并使其上面的路面下沉。如此反复,路面形成裂缝及剥落,会降低公路使用寿命。②崩解性新黄土孔隙较大,岩性疏松,浸入水中后,吸水湿化,很快全部崩解;而老黄土孔隙较小,岩性紧密,则需经一段时间才崩解,红色黄土孔隙很小,岩性紧密,浸水后基本不崩解。③多孔裂隙性黄土具有很高的空隙度。黄土中的空隙呈垂直或倾斜的管状,以垂直为主,上下贯通。④强度衰减性黄土的强度随含水率的增大而减小。在天然含水率处于较坚硬的状态时,具有一定的强度。但浸湿后不易干燥,强度急剧下降,过湿则形成弹簧土。⑤湿陷性黄土在外加荷载有土体自重的作用下,受水侵蚀后，因土体结构破坏，而发生大量剧烈的附加下沉，即形成湿陷。⑥渗水性因黄土具有胀缩性，多次反复形成裂缝，降水后，水从裂缝中下渗，渗入深度增加；又因黄土具有大孔隙垂直节理等特性，其垂直方向的渗透性较水平方向为大；但黏粒含量较多的黄土成为透水不良或不透水的土层。因此，在分析黄土地区路基稳定性和变形破坏原因时，应考虑黄土的结构和类型。

7.4.1 黄土滑坡

黄土滑坡是黄土地区常见的工程地质问题之一，它产生于特定环境，并具有其自身的发生、发展、演化乃至消亡的动态过程和规律。主要存在利于斜坡破坏的内在因素，并决定着其潜在的不稳定性，外因的作用将促进这种不稳定性的不断恶化，最终形成滑坡灾害。根据黄土地区环境地质条件，黄土滑坡形成的影响因素见表 7-4。

黄土滑坡形成的影响因素　　　　表 7-4

内因（内在因素）	外因（诱发因素）
1. 地形地貌 2. 地层岩性 3. 地质结构构造 4. 地下水分布 5. 植被作用	1. 水的作用 （1）地表水（地面径流、河流、水库、湖泊等）作用 （2）地下水作用 （3）降水（融雪）作用 2. 地震作用 3. 人为作用（包括工程活动） （1）爆破和机械振动 （2）切破或加载 （3）破坏植被 （4）矿藏开采

1）黄土滑坡形成的内在因素

（1）地形地貌

黄土地形地貌是滑坡形成、发育的基本环境，决定了斜坡内部应力分布状态及地表径流特征，是决定滑动力大小的主要因素。一般来说，地形起伏缓，坡度不大，且植被覆盖较好的山坡，大多比较稳定；而高陡山坡，常使斜坡上的软弱面处于临空状态，使斜坡上部土体处于不稳定状态，容易产生滑坡。

（2）地层岩性

自然界的黄土斜坡一般由黄土层和基岩层组成，其性质、特点与滑坡形成密切相关。黄土一般由石英、长石和黏土矿物等组成，含易溶盐，具有颗粒点式接触大孔隙结构和粉粒叠盖式多孔隙结构，具有整体结构疏松、干重度小、孔隙度大、垂直节理、裂隙发育，强度低且抗剪、抗压强度对水敏感等特点。遇水则导致结构破坏，黏聚力迅速降低，且变化率较大，进而引起下滑力大于抗滑力，斜坡失稳破坏。

（3）地质构造

地质构造是形成黄土滑坡的重要条件。其中，黄土滑坡、黄土基岩接触面滑坡受地质构造的影响较小，黄土顺层或切层滑坡受地质构造的影响较大。地质构造运动作用形成的高山、峡谷则为滑坡发育提供了良好的临空条件，而形成的各种软弱结构面则控制了滑坡滑动面的空间位置及滑坡范围。因此,在黄土滑坡工程研究和治理中,软弱结构面处的抗剪强度是十分重要的指标。

2)黄土滑坡产生的诱发因素

(1)水的作用

在黄土地区,水沿黄土节理、裂隙下渗或充填裂隙,增加坡体的静、动水压力,如果渗透至隔水层富集,则产生浮托力;若停留在黄土孔隙中,则形成孔隙水压力。另外,水害可软化斜坡土体,降低土体强度,引起坡体自重增加,增大滑坡下滑分力。

(2)人为作用

人为作用可改变黄土地区土体原有的自然状态,使其失去原有的稳定状态,发生滑坡。人为作用主要包括在黄土地区进行工程建设,如筑路等、进行农田灌溉、破坏植被和矿藏开采等。

如在黄土地区进行深路堑开挖,前缘切坡开挖改变了土体固有的自然状态,减小了保持稳定的抗滑土体,削弱阻滑力,同时切坡后形成的边坡坡体应力在坡脚处集中,致使坡体分级或整体滑动;后缘在卸荷作用下产生张裂隙,在外荷载作用同样改变坡体应力状态,使边坡坡体下滑力增大,促使斜坡失稳滑动。

7.4.2 黄土陷穴

陷穴是黄土地区特有的一种陷落现象。地表水沿黄土中的裂隙或孔隙下渗,对黄土产生溶蚀和侵蚀,并把可溶性盐类带走,致使下边掏空,当上边的土体失去顶托时,引起黄土的陷落,形成陷穴。陷穴是由于黄土的湿陷性经水的冲蚀和溶蚀以及地下水潜蚀作用而形成。

黄土陷穴分布有一定的规律,从地貌看,在黄土塬的边缘、河谷阶地边缘、冲沟两岸及河床中都常有陷穴分布。这是由于阶地边缘、河谷两侧多为坡积的松散黄土,易被冲蚀,因而离阶地斜坡和沟谷斜坡越近,越容易形成陷穴。此外,阶地高差越大,沟谷越深,地表水通过阶地边缘地带时下渗越厉害,陷穴也越深(有的达20多米)。从地层上看,疏松的新黄土层,尤其是现代上层湿陷性黄土地层很容易形成陷穴,而早期的黄土地层,陷穴发育受到限制。

一般陷穴多发生在一边靠山一边临沟的地段,有时也发生在半填半挖或路堑与路堤结合地段,以及桥涵台背填土地段。在地形起伏特别是缓坡突然转为陡坡地段,也常形成陷穴。当公路从高阶地(或黄土塘)区以路堑形式通过时,常在堑顶一定范围内形成大量卸荷裂隙,若堑顶排水系统不畅,雨水、农田灌溉水就会沿这些卸荷裂隙下渗潜蚀,发育成新的黄土陷穴。

黄土陷穴形成的主要原因有以下几方面:

(1)土的结构。湿陷性黄土是一种土质疏松、主要成分为粉土颗粒组成的特殊土,其细微颗粒极易遭受潜蚀;黄土中的易溶盐含量丰富,对强度起作用的结构状碳酸钙,在含CO_2的水或酸性环境中,受水溶蚀,破坏黄土内部结构,使之变得松软,利于地下水渗透;大孔隙和裂隙发育,为水的渗透提供了便利条件,加速了机械溶蚀。

(2)水的潜蚀。在地形起伏多变,地表径流容易汇集的地方及土质松散、垂直节理较多的新黄土中最容易形成陷穴。黄土湿陷性是产生陷穴的基本原因,水的潜蚀作用是产生陷穴的诱因,当渗透水流的水力梯度较大时,水流将黄土中的黏土粒和粉土粒带走,从而扩大了黄土的裂隙或大孔道,渗透的水流断面扩大后,渗透流速加快,提高了水流侵蚀和搬运作用,同时,在渗透过程中,黄土中含量较大的易融盐被溶解带走,使黄土的固结强度下降,从而产生陷穴。

(3) 特殊的水文气候条件。黄土地区特殊的水文气候条件为陷穴的产生提供了有利条件。雨量少而集中,尤其在暴雨后,大量地表水迅速聚集,且有一定压力,水透过黄土而形成陷穴。

(4) 不合理的改移沟道,堵截深沟,造成上游大量积水,增加水利梯度,使水渗入地下,冲蚀土体,也常有人为暗沟、暗穴。施工填土未压实,弃土不当,不平整,也会促成陷穴的产生。

在黄土区筑路,由于黄土陷穴的存在,常可使水大量灌入路基和边坡,可直接引起路基下沉,酿成黄土滑坡、坍塌、泥流等灾害。因此,在黄土地区进行公路建设,必须对这些问题进行调查研究和分析论证,给出定性定量评价。对可能产生陷穴的地段做好预防工作;对已查明的暗穴迅速予以整治。其中,预防主要是加强地表和路基排水,改善地表性质,整平坡面,消除坑洼,减少水的积聚和渗透;加强植被保护和水土保持,加强路基外雨水的截排和路基的防渗防漏;开展常规巡查,对容易发生陷穴的地带定期检查;黄土陷穴的整治主要根据陷穴的大小分别采用灌浆、开挖回填等措施。陷穴较小的采用明挖,原土夯填,陷穴较大的可以采取多次灌注泥浆塞空的方法处理。

7.4.3 黄土路基沉陷破坏

在一定压力作用下,湿陷性黄土路基受水浸湿,黄土结构迅速破坏而发生显著附加下沉,从而导致路基的沉陷破坏。产生路基沉陷破坏的主要原因是黄土路基的压缩变形大,垂直节理发育,排水不畅所致。原因如下:

(1) 由于黄土垂直节理比较发育,且植被少,土质疏松,只要有水的作用,就容易引起水土流失,造成路基沉陷,尤其是大暴雨,极易使黄土层或路基形成沟穴、坑洞,甚至掏空路基,危及安全,这是导致路基沉陷的主要原因。

(2) 由于路基边坡剥落、坡体崩塌,阻塞边沟排水,导致路基纵向横向排水不畅,滞水下渗而引起路基局部掏空导致沉陷。

(3) 黄土基底本身的压缩变形大,强度不够,施工时又未进行充分预压,一旦有水进入,就会导致路基湿陷。

为减少路堤的沉陷变形,应根据黄土的工程性质以及路堤的高度采取相应措施,其中利用土工合成材料加筋路堤或进行防渗处理,能够有效防止路堤的沉陷或湿陷变形。

7.4.4 黄土高路堤沉陷破坏

在黄土的崾岘或冲沟上,公路往往为高填路基,黄土桥和坝式路基是公路跨越沟谷的主要方式。对于湿陷性黄土高填方路基,在水的作用下很容易引起破坏。如黄土桥的破坏、路堤沉陷及路堤崩塌破坏等。

黄土高路堤破坏的主要原因有以下几方面:

(1) 地面水的溶蚀和潜蚀。由于高路堤主要修筑在崾岘及冲沟上,通常也位于路线的凹形竖曲线上,所以冲刷很容易导致高路堤的破坏。如雨水从两岸斜坡和路面两端流向堤面形成积水,这部分水主要通过路堤下渗和蒸发才能排除,雨水在排除过程中,溶解了沉积在土粒表面的易溶盐、中溶盐及胶结物,破坏了土粒间的连接薄膜,使土的抗剪强度下降;当渗流速度较大时,出现溶蚀和洞穴,路堤沉降增加,裂缝扩大,甚至造成滑坍和破坏。

(2)洪水的破坏。黄土地区气候干燥,植被覆盖差,暴雨时地表径流大,水土流失严重,高填方路基位于崾岘和沟口处,沟内汇水面积大,暴雨时涵洞不能及时排洪,导致高路堤上游大量积水,浸泡路基边坡,冲蚀冲沟土层,造成湿陷成穴,特别是在路基填土与原状土的结合处常会出现穿孔现象,并贯穿整个坝体底部。由于洪水携带泥沙在表面沉积,暗穴口不易被发现,洪水多次侵蚀、冲刷,暗穴内部逐渐掏空扩大,导致路基整体沉陷而破坏。

(3)地下水对路基的水平溶蚀、潜蚀及冻融作用也会造成路基的破坏。

(4)人为因素和地基因素。人为因素是指路堤本身填筑时碾压达不到设计压实度要求,这是路堤沉陷变形的主要原因之一。研究表明:湿陷性黄土压实干密度达到 $16.5kN/m^3$ 可明显减少路堤本身的沉陷。地基因素指原地基强度低,又未进行处理,在堤重或行车荷载的作用下引起固结沉降,对于湿陷性黄土浸水后则引起湿陷变形。

7.4.5 土桥病害

黄土桥指跨越沟谷、陷穴的高填(或半填半挖)路堤,主要坐落于崾岘或冲沟之上(图7-5)。根据设置位置的不同,又可分为土桥、跨越冲沟的土桥和半土桥三种。土桥改变了原来的水文、地质条件和地形地貌条件,加之车辆荷载的作用,使得土桥与周围环境处于动态平衡之中,一旦某种因素失去平衡,将会产生土桥病害。水是引起土桥病害的根本原因,对土桥的破坏作用主要表现如下:

(1)地面水对土桥坡面的冲刷。

当土桥顶面两侧排水沟、边沟及坡面缺少必要的保护措施时,每当雨季,土桥坡面及顶面水只能沿坡面漫流。加之土桥填土高度大,造成其汇水面积大,加剧了

图7-5 黄土桥破坏

土桥坡面的冲刷,轻则坡面冲沟纵横,重则导致坡脚水土流失、崩塌,乃至路基失稳。

(2)地面水对土桥体的直向溶蚀和潜蚀。

土桥主要修筑在崾岘或冲沟上,往往位于路线的凹形竖曲线上,或由于土桥沉降造成桥面低洼。下雨时,两岸斜坡和路面水从两端流向土桥桥面形成积水,这部分水主要通过向桥体下渗和蒸发而排除。在黄土的湿陷性作用下,水流溶解掉沉积在土颗粒表面的易溶盐和中溶盐以及胶结物,使水分子浸入土颗粒之间,破坏了土颗粒间的连接薄膜,使土的抗剪强度显著下降;当渗流速度较大时出现潜蚀,从而导致桥面翻浆、土桥不均匀沉降、裂缝扩大,甚至造成土桥滑塌等。

(3)洪水对土桥的破坏。

黄土地区气候干燥,植被覆盖率差,降雨集中,暴雨时地面径流量大,水土流失严重。土桥位于崾岘和沟口处,沟内汇水面积较大,暴雨时土桥泄水涵洞不能及时将洪水排出,导致土桥上游临时性大量积水,浸泡土桥边坡,冲蚀掏挖原冲沟土层,造成湿陷成穴。特别是土桥填筑土与原状土的结合处常常会出现穿孔现象,并贯通整个土桥底部。由于洪水携带泥沙在表层沉积,暗穴内部逐渐扩大,从而导致土桥局部或整体崩塌、冲毁,造成交通中断和经济损失。

(4)地下水对桥基的水平溶蚀、潜蚀以及水对土体的冻融作用。

不同黄土地区的土桥病害特征各异。土桥涵洞病害率高,是土桥最主要的病害,因此排水系统对于土桥来说是十分重要的。在塬梁峁区,由于黄土的湿陷性强、干密度小,土桥的病害率高于河谷阶地区。为防止土桥病害,在土桥修建和养护中应尽可能建立和完善排水、防渗系统,种草植树,固化边坡。

7.4.6 路堤坍塌与边坡滑动

黄土路堤边坡破坏的形式主要有边坡表面冲刷、边坡滑坍、边坡失稳导致的滑坡(图7-6)。

图7-6 黄土路堤破坏

产生路堤坍塌与边坡滑坡的主要原因有:

(1)路基压实质量未达到设计要求、边坡设计不合理、断面形式和坡度不能有效保证其稳定性有关。研究表明,湿陷性黄土压实重度达到 $16.5 kN/m^3$,可以明显减少路基本身的下沉,如果地基土软弱,强度不高,当路基填筑高度大于临界值时就可能会造成路基的整体滑动破坏。

(2)当路堤顶面两侧排水沟、边沟及坡面缺少必要的防护措施时,雨水沿坡面漫流,加剧坡面冲刷,轻者坡面冲沟纵横、重则坡脚水土流失、边坡滑坍,乃至路基失稳破坏。调查发现,当路线通过重丘区时,凹曲线半径较小,设计纵坡往往大于路面横坡,导致路面水向凹曲线底部汇集,有些泄水槽未起到应有的作用,加之重丘地区暴雨来的猛,路面积水来不及排出,漫过挡水坎,沿边坡漫流而下,积水浸入路堤中,引起边坡滑坍、坡面开裂,有的地方硬路肩已悬空危及路面。另外,路堤边坡急流槽基础压实不足、急流槽浆砌片石防护质量不好、局部勾缝脱落时,容易导致雨水下渗,黄土湿陷,槽底局部掏蚀,急流槽破坏。

(3)路堤地基软弱,当路堤高度大于临界值时,造成路堤整体滑动;边坡或边坡冲刷,边沟水冲刷掏空坡脚可造成路堤坍塌与边坡滑动。

7.4.7 路堑边坡的破坏

黄土是一种在特定环境中形成的具有特殊性质的土,而公路路堑一般位于地面表层,开挖后暴露于大气中,受各种自然和人为因素影响,路堑边坡易发生破坏变形。

黄土路堑边坡变形破坏方式可分为剥蚀(包括剥落和冲刷)和滑塌(包括滑坍、崩坍、坡脚坍塌等)两种。

(1)边坡剥蚀

坡面剥蚀是黄土边坡变形的一种普遍现象,一般发生在各种黄土层中。虽然这种边坡变形不是坡体整体变形,但对路堑边坡危害较大,也会引起其他更严重的边坡变形或破坏。影响黄土边坡坡面剥蚀的因素主要与土质特性、地质年代以及风化条件等有关。此外,黄土含盐量不同,边坡所处位置不同也会影响剥蚀程度。

由于黄土强度低、节理裂隙发育,当坡面受到冲刷作用时,常引起大量的水土流失,使坡面被冲刷或纹沟、细沟及洞穴,并发展成冲沟或暗沟。一般坡面冲刷可形成坡肩冲刷坍塌、坡面冲刷串沟、坡面冲刷跌水、坡脚冲刷掏空、坡面冲刷沟穴等。

松散结构的湿陷性黄土抗冲刷性比密实结构老黄土差。在新黄土层中开挖的陡边坡,如果径流集中,则边坡在冲刷下易形成深沟或沟穴;当边坡由不同性质的黄土层构成时,在接触面处易形成洞穴或冲沟;密实结构的老黄土边坡,具有较好的抗冲刷能力,当受到均匀坡面的水流作用时,常在坡面形成明显的条带,当受到集中水流冲刷时,形成小冲沟中的跌水。

（2）边坡滑塌

黄土边坡的破坏方式和规模与黄土层的构造特征密切相关。具有构造节理的黄土边坡,常呈现沿节理面滑落;具有垂直节理的黄土边坡,其破坏方式常呈现为坍塌;无构造节理的黄土边坡则主要为滑坡破坏。

黄土边坡崩坍是多种自然因素及人为因素综合作用的结果,其中地质条件是形成崩坍的基本原因。对黄土而言,由于竖向节理发育,边坡陡峻,地表水易向下和临空面渗透,形成了由潮湿或近饱和黄土组成的弧状软弱介质体,导致局部土体失稳。红橙色老黄土,普遍存在垂直节理、构造节理及风化节理,坡面开挖后节理易张开,在外界因素影响下,易引起崩坍。对于湿陷性新黄土,在边坡处受水浸湿或冲刷会发生坡脚局部坍塌,这是产生滑坡的前提,同时也有可能诱发更大规模的滑坡。

黄土路基的变形破坏形式多,原因复杂。湿陷性是黄土路基各种变形破坏的基本原因,而压缩变形大,垂直节理发育,排水不畅和合成纵坡大是造成黄土路基沉陷的主要原因。黄土路基陷穴的主要原因除与土的结构和水的潜蚀有关外,还与当地的气候水文条件和微地形地貌特征有关。地面水的冲刷和地下水的侵蚀,是造成黄土路基沉陷、坍塌及边坡坍塌、变形的关键。施工压实质量控制及合理的路基断面设计也是影响黄土路基沉降和稳定性的重要因素。

7.5 黄土地区路基设计

7.5.1 黄土地区路基设计的基本原则

黄土是在干燥气候条件下形成的一种具有黄色、褐黄色等颜色,并有针状大孔、垂直节理发育的特殊性土,具有独特的地质、地貌特征。因此,在黄土地区进行路基工程建设,其设计应遵循如下原则:

（1）路基设计之前,应查明黄土分布范围、厚度及其变化规律,沿线黄土的成因类型和地层特征,路线所处的地貌单元及地表水、地下水状况,黄土的物理、力学性质和湿陷性等。

（2）路线通过黄土塬、梁、峁地区,应远离其边缘,并避开有滑坡、崩塌、陷穴群、冲沟发育、地下水出露的塬梁边缘和斜坡地段。当必须通过时,应采取切实可行的工程措施。

（3）路线通过冲沟沟头时,应分析冲沟的成因及其发展趋势。当冲沟正在继续发展并危及路基稳定时,应采取排水及防护措施,防止冲沟溯源侵蚀。

（4）路基填料采用黄土时,填料的强度、压实度、路床顶面的回弹模量应符合现行《公路路基设计规范》(JTG D30)的有关规定。当达不到要求时,应采取处理措施。

(5)黄土地区路基排水设计应遵循拦截、分散、疏导,且早接远送的原则,合理设置封闭、防冲刷、防渗漏和有利于水土保持的综合排水设施,并妥善处理农田水利设施与路基的相互干扰。

(6)黄土高路堤、陡坡路堤、深路堑设计应贯穿动态设计思想,结合施工中的动态观测资料,收集影响设计的各种因素及变化情况,及时制定相应方案。

7.5.2 黄土高路堤、陡坡路堤设计

1)路堤边坡形式及坡率

黄土路堤高度一般不大于30m,其边坡的形式可设置成折线形和阶梯形。年平均降水量大于500mm的地区宜采用阶梯形断面,并在边坡中部设置宽度2~3m的平台。平台上应设置截水沟,并采取防渗加固措施。路堤边坡坡率应满足表7-5的要求。

黄土路堤边坡形式及边坡坡率 表7-5

边坡形式	第一级边坡坡率		
	$H \leqslant 10m$	$10m < H \leqslant 20m$	$20m < H \leqslant 30m$
折线形	1:1.5	1:1.75	1:2.00
阶梯形	1:1.5	1:1.75	1:1.75

当路堤边坡高度大于30m时,应与桥梁方案进行技术经济比较。确定采用路堤方案时,应结合变形和稳定性计算结果进行工点设计,并根据工后沉降量预留路堤顶面加宽值,该值不宜小于0.5m。

2)高路堤、陡坡路堤稳定性分析

黄土地区高路堤稳定性分析包括路堤堤身稳定性、路堤和地基的整体稳定性、路堤沿斜坡地基或软弱层滑动稳定性。其中路堤堤身稳定性、路堤和地基的整体稳定性可采用简化的Bishop方法计算;陡坡路堤沿斜坡地基或软弱层滑动稳定性可采用不平衡推力法进行计算。高路堤、陡坡路堤稳定性计算安全系数不得小于表7-6的规定,否则应采取放缓边坡、路堤加筋、地基处理、支挡等措施。

高路堤、陡坡路堤稳定安全系数容许值 表7-6

工况	稳定性计算内容	稳定安全系数	
		二级及以上公路	三、四级公路
正常工况	路堤堤身稳定性	1.35	1.30
	路堤和地基的整体稳定性	1.35	1.30
	路堤沿斜坡地基或软弱层滑动稳定性	1.30	1.25
路堤处于暴雨或连续降雨状态	路堤堤身稳定性	1.25	1.15
	路堤和地基的整体稳定性	1.25	1.15
	路堤沿斜坡地基或软弱层滑动稳定性	1.20	1.15

位于陡坡上的黄土路堤,当稳定性不满足要求时,可采取下列措施提高路堤的稳定性:

(1)清除松软表层覆盖土,夯实基底,使路堤置于坚实的硬土层上。

(2)开挖台阶,放缓横坡。
(3)在路堤上侧开挖截水沟或边沟,阻止地表水浸湿基底。
(4)有地下水出露时,应设置渗沟疏干基底土层。
(5)在路堤坡脚处设置护脚。

3)高路堤的沉降计算

黄土地区高路堤,应加强其沉降控制,必要时可采取如强夯补压、铺设土工合成材料等综合措施,以消减堤身后期压缩变形。路堤施工完成后宜预留一个雨季的沉降期,以减少工后沉降。

堤身压缩沉降计算可采用改进的分层总和法或数值计算方法。其中,改进的分层总和法计算可按式(7-27)计算:

$$s = \sum_{i=1}^{n-1} \frac{h_i}{E_{si}} \sum_{j=i+1}^{n} (\gamma_j h_j) \tag{7-27}$$

式中:n——路堤填筑碾压层数;

h_i、h_j——第 i 层、第 j 层填土的厚度(m);

γ_j——压实后第 j 层填土的重度(kN/m³);

E_{si}——压实后第 i 层填土的变形模量(kPa)。

7.5.3 黄土深路堑设计

黄土地区深路堑边坡稳定性应以定性分析为基础,定量计算为手段。在边坡稳定性计算前,应根据边坡地质条件或已出现的变形破坏迹象,定性判断边坡可能的破坏形式和边坡稳定状态。

高等级公路黄土深路堑边坡通常设计成阶梯形,单级坡率为1:0.5~1:1.0,单级坡高位8~10m。在深路堑形成中由于应力的释放,引起坡顶出现拉裂隙,为了考虑黄土高边坡裂隙的影响,深路堑边坡稳定性计算宜采用裂隙圆弧法,计算简图如图7-7所示,并按下列步骤进行稳定性计算:

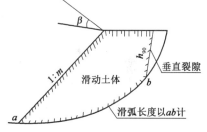

图7-7 裂隙圆弧法计算简图

(1)由式(7-28)计算边坡土体最大直立高度$(h_{90})_{max}$。

$$(h_{90})_{max} = \frac{q}{\gamma} = \frac{2c}{\gamma} \tan\left(45° + \frac{\varphi}{2}\right) \tag{7-28}$$

式中:q——土体的无侧限抗压强度(kPa);

γ——土体的重度(kN/m³);

c、φ——土体的黏聚力(kPa)和内摩擦角(°),可采用直剪快剪或三轴不排水剪试验测得。

(2)根据边坡高度 H 确定裂隙深度 h_0:当$(h_{90})_{max} \leq 0.5H$ 时,取 $h_0 = (h_{90})_{max}$;当$(h_{90})_{max} > 0.5H$ 时,取 $h_0 = 0.5H$。

(3)将 h_0 高度内的土体当作静荷载均匀施加于其下部土体上,不计坡顶裂隙段的抗剪强度,其下部土体稳定性仍按简化 Bishop 方法计算。

对设有大平台的深路堑,除应对整个边坡采用裂隙圆弧法进行稳定性计算外,尚应对大平台毗邻的上下分段边坡进行局部稳定性计算。对可能产生折线形破坏的边坡可采用不平衡推力传递法,其他情况可采用采用简化 Bishop 方法进行局部稳定性计算。

黄土地区深路堑稳定性分析计算所得的安全系数值,必须大于规范规定的设计容许值,详见表 7-7,否则应采取边坡支挡措施。

深路堑稳定安全系数容许值 表 7-7

工况	稳定安全系数	
	二级及以上公路	三、四级公路
正常工况	1.30	1.25
路堑处于暴雨或连续降雨状态	1.20	1.15

7.5.4 路基边坡防护与支挡

黄土地区路基防护设计应确保坡面稳定性和耐久性,并根据土质条件、降水量、气候条件、路基边坡高度、坡度以及防护材料来源等因素综合分析确定防护措施。表 7-8 是黄土路基边坡防护工程的类型及适用条件;对于沿河路基,由于受到水流冲刷的影响,应根据河流特性、水流性质、河道地貌、地质等因素,并结合路基位置综合考虑防护措施,表 7-9 是沿河冲刷防护工程类型及适用条件。

黄土路基边坡防护工程类型及其适用条件 表 7-8

防护类型	结构形式		适用条件
工程防护	喷护(喷掺砂水泥土、喷浆、喷混)		适用于易风化但未遭强风化但未遭强风化的岩石边坡;边坡坡率应缓于 1:0.5,边坡地下水不发育和边坡无渗水且较干燥。高速公路、一级公路和景观要求高的公路不宜采用
	挂网喷浆(喷混)护坡		适用于坡面为碎裂结构的硬质岩石或层状结构的不连续地层以及坡面岩石与基岩分开并有可能下滑的挖方边坡;边坡坡率不受限制。高速公路、一级公路和景观要求高的公路不宜采用
	浆砌片石(混凝土)护面墙		边坡坡率应缓于 1:0.5。当边坡坡率不陡于 1:0.75 时,为节省圬工,可采用窗孔式护面墙
植物防护	植草、植灌防护		适用于降水量适宜的地区;边坡坡率应缓于 1:0.75
	植树防护		适用于土壤水分多、降水量适宜的地区;边坡坡率应缓于 1:1.5
	液压喷播植草防护		边坡坡率应缓于 1:0.5
综合防护	栽藤技术		适用于已有工程防护或不适合植草种树的地区;边坡坡率不受限制
	骨架植草防护	浆砌片石骨架	边坡坡率应缓于 1:0.75;当坡面受雨水冲刷严重或潮湿时,边坡坡率应缓于 1:1
		混凝土石骨架	边坡坡率应缓于 1:0.75;当坡面受雨水冲刷严重或潮湿时,边坡坡率应缓于 1:1。在石料缺乏地区采用
	铺网植草防护		适用于边坡坡率缓于 1:0.75 的地区
	厚层基材喷播植草防护		适用于降水量少,土壤含水率较低,瘠薄土质地区。边坡坡率应缓于 1:0.5。对黄土古土壤层防护尤其有效

沿河黄土路基冲刷防护工程类型与适用条件　　　　　表 7-9

防护类型		适用条件
植物防护		可用于允许流速 1.2~1.8m/s、水流方向与公路路线近似平行、不受洪水主流冲刷的季节性问题冲刷地段防护
砌石或混凝土护坡		可用于允许流速 2~8m/s 的路基边坡防护
石笼防护		可用于允许流速 4~5m/s 的沿河路基坡脚防护
浸水挡墙		可用于允许流速 5~8m/s 的峡谷急流和水流冲刷严重的路段
护坦防护		可用于沿河路基挡土墙或护坡的局部冲刷深度过大、深基础施工不便的路段
抛石防护		可用于经常浸水且水深较大的路基边坡活泼交易基挡土墙、湖泊的基础防护
排桩防护		可用于局部冲刷深度过大的河湾或宽浅性河流的防护
导流	丁坝	可用于宽浅性河段防护，保护河岸或路基不受水流直接冲蚀而产生破坏
	顺坝	可用于河床断面较窄、基础地质条件较差的河岸或沿河路基防护，以调整流水曲度和改善流态

　　黄土路基支挡结构设计应以提高坡体稳定性为目的，并根据地质、地形、水文、路基边坡高度及坡度等因素，经稳定性计算分析确定支挡措施。在设计时，首先应对路基边坡进行工程地质勘察，查明其工程性质、不良地质和特殊性岩土的分布，特别是场地湿陷类型和地基湿陷等级的平面分布情况。并与桥台、隧道洞门、排水设施、既有支挡结构物和坡面防护形式协调配合，衔接平顺，综合设计。对大型支挡工程，宜根据工程的重要性和实际条件进行施工期的原位监测，并依据施工期揭示的地质信息和监测资料实施信息化设计。

　　黄土地区支挡工程类型主要有挡土墙、抗滑桩和锚固工程等，可按表 7-10 选用。其中由于黄土地层锚固条件有限，宜根据黄土地层参数合理选用锚固工程。

黄土地区公路路基边坡支挡工程类型及适用条件　　　　　表 7-10

支挡类型	结构形式	适用条件
挡土墙	重力式挡土墙	适用于石料充足的一般地区、浸水地区和地震地区的路肩、路堤和路堑等支挡工程。作为重力式挡土墙的一种特殊形式，抗滑挡土墙适用于下滑推力较小的滑坡地段
	半重力式挡土墙	介于重力式挡土墙与悬臂式挡土墙之间的一种挡土墙，适用于不宜采用重力式挡土墙的地下水位较高或较软弱的地基
	石笼式挡土墙	适用于地下水较多的土质、风化破碎岩石路段
	悬臂式挡土墙	宜在石料缺乏、地基承载力较低的填方路段采用
	扶臂式挡土墙	宜在石料缺乏、地基承载力较低的填方路段采用
	锚杆挡土墙	适用于缺乏石料的地区和挖基困难的岩石路堑地段，其他具有锚固条件的路堑墙也可使用，还可用于陡坡路堤，可用作抗滑挡墙。锚固条件不好的新黄土地层不宜采用，在老黄土地层中慎用
	锚定板挡土墙	宜使用在缺少石料地区的路肩墙或路堤式挡土墙，但不应建筑于滑坡、坍塌地区

续上表

支挡类型	结构形式	适用条件
挡土墙	加筋土挡土墙	用于一般地区的路肩式挡土墙、路堤式挡土墙,但不应修建在滑坡、水流冲刷、崩塌等不良地质地段
	桩板式挡土墙	用于表土及强风化层较薄的均质岩石地基及桩基锚固段地层条件较好的黄土地基,挡土墙高度可较大;也可用于地震区的路堑或路堤支挡或滑坡等特殊地段的治理
抗滑桩	普通抗滑桩	适用于下滑推力较大、有较好的桩基锚固地层的滑坡继续与预加固的边坡
	锚索抗滑桩	适用于下滑推力较大、滑动面埋深较大、抗滑桩悬臂较长,具有较好的锚索锚固条件和桩基锚固条件的滑坡继需要预加固的特殊边坡
锚固工程	锚索(杆)框架	锚索(杆)可用于老黄土地层中,尽可能锚固到下伏基岩中,锚固力应通过现场拉拔试验核定;框架的尺寸应根据坡面土体的承载力计算确定
	锚索肋板墙	锚索可用于老黄土地层中,尽可能锚固到下伏基岩中,锚固力应通过现场拉拔试验核定

7.5.5 排水设计

黄土地区路基排水设计应做好排水系统设计,使路表排水、中央分隔带排水、坡面排水、路侧排水、地下排水的设施衔接合理,排水畅通,防止积水和下渗,避免发生湿陷导致路基破坏。填方路基的路表水应采用拦水带、急流槽集中排放;由于黄土区以干旱气候为主,降水量小,中央分隔带绿化成本高,植被浇水下渗容易引起地基湿陷,中央分隔带排水宜采用铺面封闭式设计,否则其内部应设置由防水层、纵向排水渗沟、集水槽和横向排水管等组合的综合排水系统,并在中央分隔带回填土与路面结构层之间设置防水层。

深路堑或高路堤坡面径流量大时,可在边坡中部设置平台截水沟,减少坡面冲刷。挖方、低路堤及路界范围地面低于路界外侧地面的填方路段,应在挖方边坡或填方边坡坡脚外设置排水边沟,边沟水应通过排水沟引排到路基范围之外。

当路界地下水影响路基稳定或强度时,应根据地下水类型、含水层、埋藏深度、地层渗透性、地下水对环境的影响,并考虑与地表水设施协调等,设置渗沟、暗沟、渗井、渗水隧洞或仰斜式排水孔等适宜的地下排水设施,拦截、引排含水层的地下水,降低地下水位或疏干坡体内的地下水。排水设施的水文与水力计算及断面尺寸设计应符合现行《公路排水设计规范》(JTG/T D33)的有关规定。

地下水排水设施应结合现场情况,可按下列原则选用:

(1)有地下水出露的挖方路基、斜坡路堤、路基填挖交替地段,当地下水埋深浅或无固定含水层时,采用填石渗沟。

(2)赋存有地下水的坡面,当坡体土质潮湿、无集中的地下水流但危及路基安全时,设置边坡渗沟或支撑渗沟。

(3)当地下水埋藏深或为固定含水层时,采用渗水隧洞、渗井。渗井通常用于地下水较多,但路基水量不大,且渗沟难以布置的地段。

(4)路基基底范围有泉水外涌时,设置暗沟将水引排至路堤坡脚或路堑边沟内。

(5)当坡面有集中地下水时,设置仰斜式排水孔;也可视出水量,将仰斜式排水孔与支撑渗沟相结合设置。

7.6 黄土路基施工

7.6.1 黄土路基施工应遵循的基本原则和注意事项

在黄土地段,要详细调查黄土的类型、分布情况、地面水和地下水的水位及流向,并采样检验土质的湿陷性,正确划分黄土的湿陷类型和湿陷等级。同时施工中应注意以下问题:

(1)对湿陷性黄土地基,应采取拦截、排除地表水措施,防止地表水下渗,减少地基地层湿陷性下沉。地下排水构造物与地面排水沟渠必须采取防渗措施。

(2)对具有强湿陷性或较高压缩性黄土地基,当其容许承载力低于路堤自重压力时,应考虑地基自重和荷载作用下所产生的压缩下沉。除采取防止地表水下渗的措施外,可考虑采用重锤夯实、灰桩挤密加固、换填土等措施。

(3)对黄土陷穴的处理,首先应查清陷穴的供给来源、水量、发展方向及对路基可能造成的危害,可在路堑顶部及路堤的靠山侧做好排水工程,将地表水、地下水引入在防渗层的水沟内排走。

(4)黄土路堤施工时,应做好填挖界面的结合(纵向),清除坡面杂草,挖好向内倾斜台阶。若结合面陡立,无法形成台阶,可用土钉加强结合;同时,路堤边坡应刷顺,整平拍实,并应及时予以防护,防止路表水冲刷。

(5)黄土路堑施工,路堑边坡应严格按设计坡度开挖,如设计为陡坡时,施工中不得放缓,以免引起边坡冲刷;当路堑挖到接近设计高程时,应对上路床部分的土基整体强度和压实度进行检测,若路堑路床土质不符合设计规定,则应将其挖除,另取土分层铺设压实到规定的压实度。挖除厚度应根据道路等级对路床的要求而定,高速公路及一级公路宜挖除50cm,其他公路可挖除30cm。

(6)黄土地区应特别注意路基排水,对地表水采取拦截、分散、防冲、防渗、远接远送的原则,根据设计及时做好综合排水设施,将水迅速引离路基。在填挖交界处引出边沟时,应做好出水口的加固。

(7)环境保护:路基工程中的取土、弃土、填方、挖方等必然要对黄土地区植被、地表水、层上水造成一定影响。为此,要严禁推土机大面积推土填筑路基、任意开辟施工便道、随意就近弃土、随意铲除草皮等做法,要优化路基工程设计、做好施工组织设计、合理安排各道工序的衔接,对黄土区环境,特别是水环境要进行实时监测。

7.6.2 黄土路堤填筑施工

黄土路堤的施工与其他土质路堤施工的程序和方法基本相同。在施工之前应对地基进行处理,选择填料,进行黄土路堤试验段的填筑,以取得最佳填料含水率、松铺厚度、碾压方式和遍数等填筑控制参数。强夯加固湿陷性黄土地基如图7-8所示。

图7-8 强夯加固湿陷性黄土地基

(1)基底处理:路基基底若为非湿陷性黄土,且无地下水活动时,可按一般黏性土要求进行基底处理,做好两侧防排水措施;若为湿陷性黄土,应采取拦截、排除地表水措施,防止地表水下渗,减少地基地层湿陷下沉,同时结合土的湿陷类型和设计要求进行施工处理,对具有强湿陷性或较高压缩量的地基可考虑重锤夯实、石灰桩挤密加固、换填土等措施,对墓穴、坑井等路基隐患,应采取灌浆、回填夯实等进行彻底处理。

(2)黄土路堤填料:可采用新黄土和老黄土。老黄土透水性差,干湿难以调节,大块土料不易粉碎,当大块土粒较多,填筑路基时应破碎到小于10cm的块料,并且老黄土不能用作填筑路床的材料。新黄土则是良好的路基填料,可用于填筑路堤及路床。但新老黄土不得混用,如果在老黄土上填筑新黄土时,老黄土应有不小于2%的路拱,以利排水,且不得层层交替填筑新老黄土。同一层次上的黄土其填筑厚度要均匀。黄土路堤填料应测试其CBR值,当达不到设计要求时,可采用掺石灰等处理措施;对石灰缺乏的地区,可采用砂砾填料。

(3)运料、摊铺、整平:挖掘机在挖方段或取土场挖装料,自卸车运料,此过程注意防止日晒水分蒸发或雨水冲淋。根据确定的松铺厚度,推土机摊土,平地机整平,此过程要快,以防止填料水分蒸发。含水率宜控制在最佳含水率±2%范围内。当含水率过小时,应均匀加水后再行碾压;含水率过大时,可采取翻松、晾晒降低含水率,也可掺入适量石灰处理。

(4)碾压:黄土路堤填土碾压宜采用15t以上的重型压路机或重型振动羊足碾压实,松铺厚度为0.25~0.30m,在压实过程中应尽量使路基填料的含水率接近最佳含水率。高路堤采用冲击压路机补充压实时,宜采用冲击轮势能25kJ的机型,每填高2~2.5m补压一次;采用强夯补充压实时,夯击能宜为800~1000kN·m,每填高3~5m补压一次。

碾压工艺为:碾压顺线路纵向来回进行,两轮间横向搭接宽不小于30cm,保证不漏碾,直线段从一侧向另一侧、曲线段从内侧向外侧依次进行,碾压按照先静压一遍、弱振一遍、最后强振几遍,为保证路基边坡压实度,填土时路基边坡两侧各加宽30~40cm,边坡处强振碾压时以45°进行,使碾压到位。碾压速度:静压和弱振稍快,不大于5km/h;强振时稍慢,为2~3km/h。

(5)质量检测:包括路基宽度、路面横坡、平整度、高程、中线偏位,核心内容是压实度,按规范要求的方法和频率进行检测。

(6)填筑界面的结合部处理:黄土路堤易在填挖交界面产生裂缝,应采取挖土质台阶、强夯或用土工钉来加强结合、防止在结合处被拉开。路堤填筑期间因故较长时间停工时,应将压实面做成横坡2%~4%的路拱,并将路堤边坡整理拍实。复工时,应对压实度进行检测,满足要求时方可继续填筑。

(7)排水:黄土不利于路基施工的工程特性都是因水的侵入而引起,所以黄土地区路基施工,应做好排除路基附近的地下水和地面水,并对排水结构做好必要的防护与加固。保持路基及周围黄土处于压实状态,排水沟、边沟距坡脚应足够远,湿陷性较大的黄土段,两侧不得出现积水,减小因水流带来的湿陷性影响。路基横坡应尽可能大(不小于3.0%),以便迅速排除水。路肩与路面的接缝处做防渗处理,以防水分下渗。

(8)侧向保护:对于填高不大的湿陷性黄土宜设置护坡道和护脚,沿线两侧20m内应截水对黄土加以保护。

7.6.3　黄土路堑施工

黄土路堑施工工艺总体上与其他土质路堑施工相同。但是,由于黄土透水性差,干燥时坚硬,浸湿后不易干燥,强度急剧下降,过湿时易形成弹簧土,还会产生收缩开裂的现象。黄土路堑开时需要特别注意做好防排水措施。一般施工基本要求如下:

(1)黄土路堑宜在旱季施工,确需在雨季施工时,应集中力量进行快速施工。

(2)工作面应随时保持大于4%的排水坡度,排水侧沟距路堑边坡不小于2m。

(3)施工前应做好堑顶截、排水和地面排水设施,各种水沟铺砌必须保证质量,严防渗漏。

(4)生产和生活用水应妥善处理,不得流入施工现场软化地基,浸泡边坡;降雨量大的地区应及早做好坡面防护和冲刷防护。

(5)路堑开挖应从上而下进行,对于采用爆破施工的路堑,不得掏底开挖和采用大药量爆破施工。当黄土层含石过多、开挖困难时,可采用雷管进行破碎施工。

(6)施工中应保持开挖面平整,不可随便刷方。当发现边坡有变形迹象时,宜采取合理的减载措施。

(7)施工开挖接近设计高程时,应通过试验查明路床土料的物理力学性质,视土质和含水率情况,必要时采取挖除换填、掺灰改良、晾晒等处理措施。

7.6.4　排水工程施工

黄土地区路基施工应特别注意排水,对地表水应采取拦截、分散、防冲、防渗、远接远送的原则,根据设计及时做好综合排水设施,将水迅速引离路基。在填挖交界处引出边沟水量,应做好出水口的加固。排水系统的好坏,对于路基稳定性的有很大影响。为确保黄土路基的强度和稳定性,排水设施施工要求如下:

(1)对排水沟渠进行铺砌加固前,应先对基底进行夯实、掺灰夯实等处理。压实度应达到90%。

(2)各类排水设施采用浆砌片石铺砌时,应选用有平整面的片石。各砌缝砂浆应保满,保证不渗水、不漏水。

(3)当排水设施较长时,应分段砌筑,分段长度宜为5~10m。接头用防水材料填塞,应密实无空隙。

(4)填石渗沟的石料应洁净、坚硬、不易风化;砂砾应采用等粒径粗砂或 20~40mm 砾石,含泥量应小于2%,不得采用粉砂、细砂。当用于排除层间水时,渗沟底部应埋置于最下面的不透水层。在冰冻地区,渗沟埋置深度不得小于当地最小冻结深度。

(5)边坡渗沟的基底应设置在潮湿土层以下的干燥地层内,基底应铺砌防渗层,沟壁应设反滤层,其余部分采用透水性材料填充。

(6)边坡渗沟的基底宜埋入滑动面以下 0.5m;当滑动面较缓时,可做成台阶式支撑渗沟,台阶宽度宜大于 2m。连接支撑渗沟的排水沟应进行加固。

第8章 冻土地区路基

我国多年冻土主要分布在青藏高原和东北大小兴安岭地区,在西部地区和东部地区的一些高山顶部也有分布,多年冻土占我国总面积的20%以上(约206万 km²),占世界多年冻土总面积的10%。从20世纪50年代起,我国开始在冻土地区修建公路,1952年开始,对东北地区的冻土路基进行研究,20世纪70~80年代,研究取得了较大的进展,随着青藏铁路的修建完成,我国对冻土地区筑路技术取得了大量的成果和技术突破,冻土路基设计理论,设计原则、冻土稳定性保护等得到了较大发展,为冻土地区公路建设提供了宝贵的经验。随着我国公路、铁路、高速铁路建设的快速发展,对冻土地区的路基设计施工也提出了更高的要求。但是,冻土的低温、易变、温度敏感等特殊工程性质,道路容易产生路面开裂、鼓包、车辙、"弹簧土"冒泥翻浆、沉降等病害现象仍然是冻土地区地基设计、施工面临的技术难题。冻土地区的一些路基路面沉降问题至今没有完全解决,必须在现有理论和经验基础上,通过不断的工程实践做进一步的探索和研究。

图8-1 冻土地区的路基路面变形破坏

8.1 冻土的分类及特点

8.1.1 冻土的定义及分类

冻土是指处于0℃以下含有固态冰的各种土壤或岩石(图8-2)。冻土的分类方法有多种,其中主要按冻土地理位置、形成过程、冻结时间、含冰量、冻胀率、融沉性进行分类。冻土按其冻结状态时间的长短可分为多年冻土、季节冻土和瞬时冻土三类。冻结状态持续2年以上的土层和岩石称为多年冻土。每年冬季冻结,夏季全部融化,冻结状态持续时间大于一个月,每年周期性冻结的冻土为季节性冻土,这种冻土的冻结深度为数厘米至1~2m。瞬时冻土是指冬季冻结状态仅持续几个小时至数日的冻土,其冻结深度为数毫米至数厘米。每年冬季冻结,夏季融化的地表(浅层土体),在多年冻土地区称之为季节融化层;在季节性冻土地区称之为季节冻结层(即季节冻土层)。

多年冻土按地理位置的差异,可分为高纬度多年冻土和高海拔多年冻土;按含冰量可以分为表8-1中的5类。

a) 多年冻土　　　　　　　　　b) 多年冻岩

图 8-2　多年冻土(岩)

冻土的含冰量分类　　　　　　　　　　　　　　　　表 8-1

冻土分类	少冰冻土	多冰冻土	富冰冻土	饱冰冻土	含土冰层
粗颗粒土	<12	10~18	16~25	25~48	>48
细砂、粉砂	<14	14~21	21~28	25~45	>48
黏性土	$\omega_n < \omega_p$	$\omega_p < \omega_n < \omega_p+7$	$\omega_p+7 < \omega_n < \omega_p+15$	$\omega_p+15 < \omega_n < \omega_p+35$	$> \omega_p+35$

注：ω_n 为含水率；ω_p 为塑限含水率。

8.1.2　冻土的特点

冻土是一种复杂的多相天然复合体，结构构造上也是一种非均质、各向异性的多孔介质。冻土的基本成分有四种：固态的土颗粒、冰、液态水、气体和水汽。

冻土内的冰是冻土不可缺少的成分，它的数量、分凝特点(由薄膜水向结晶锋面的迁移而形成冰体，在一定条件下，冰体体积可大大超过冻结前的孔隙)及其与土颗粒之间的胶结程度影响着土体的冻胀性及冻土的物理力学性质。由于冰具有明显的非均质特性，它的黏塑变形主要是发生在与晶体长轴相垂直的方向上。在天然状态下，由于热—力条件(如温度、压力等)产生变化，冰的各种特性(包括构造特点、流变性等)也会发生相应的变化。

冻土中的未冻水(液态水)伴随土体温度的变化而变化。它的多寡主要取决于土颗粒表面能的大小，且在外荷载、温度等条件影响下发生变化。

冻土中的水汽，总是从水汽压力高的地方向压力低的地方迁移。在水分极稀少的冻土中，它是温度变化和土冻结时水分重分布的原因之一。对于饱和或二相体系的冻土来说，它的作用相对次要。

土颗粒大小和外形对土冻胀及其物理力学性质有十分重要的影响。土颗粒大小主要表现在土颗粒粒子表面的物理化学性质，它是根据土粒子的比表面积而定。土颗粒的外形主要表现在受外力作用时可以产生力的转移。土粒子的巨大表面能量还取决于土颗粒的分散程度和土粒子的矿物成分，决定着土粒子与孔隙水相互作用的差异性。当土粒子与冰之间以及土粒子之间的接触点上出现一定的应力时，必然会使冻土中的未冻水量发生变化，且影响冻土的结构和力学性质。

冰与土颗粒之间的胶结程度及其性质是评价冻土性质的重要因素,尤其是当冻土被当作各种建筑物的地基或材料时,冻土的含冰量及其所处的物理状态就显得更为重要。所以要特别重视冻土的组成对冻土的热学、物理、力学性质的影响,以及冻土中冰和未冻水的存在和它们随土体负温度变化所引起冻土性质变化。

水分迁移,孔隙溶液浓度的增大和土体不均匀变形,以及引起应力应变的改变,都在改变着冻土的性质。孔隙水结晶,松散土颗粒被胶结和外来冰侵入体的"冰劈"作用是土体性质变化的一个重要条件。另外,由于固体土颗粒表面自由能量的作用,使冻土中的水分不能完全冻结成冰,而总是含有一定量的未冻水。随着冻土温度变化,未冻水—冰之比例也在改变,而温度指标是引起冻土性质变化的基本条件。冻土温度状态随地区及存在条件的差异而发生变化。它主要取决于大气温度、海拔高度、地形、地质和水文地质及植被等条件。此外,环境条件的改变和人类的工程建筑活动也可直接影响其所在地段(区)的冻土温度状态。

8.1.3 多年冻土的成因

地球表面不断发生着辐射、对流和传导的复杂热交换过程。尽管地表发生的热交换过程十分复杂,但最后都可归结为使地表吸热或散热。冷半年的时候(即寒季),地表散发热量使土逐渐冷却。一般来说,当土的温度降至0℃以下时,土中水就会冻结,形成冻土。如果该处地表一年中的吸热量大于或等于散热量,而热半年时(即暖季),在冷半年形成的冻土就会全部融化,这类冻土就是季节性冻土。反之,如果该处地表一年中的吸热量小于散热量,则冷半年形成的冻土在热半年就不会全部融化,而残留一部分。如果长时期的保持每年散热大于吸热这一条件,则年复一年,就能形成相当厚度的多年冻土。

从冻土热物理学观点来看,冻土是在岩石圈—土壤—大气圈系统热质交换过程中形成的。自然界许多地理地质因素参与这一过程,影响和决定冻土的形成和发育。气候是其中对冻土有重要作用的因素,主要有气温、降水、云量、日照、积雪以及冰川等。地质构造和地形条件对多年冻土的分布、温度、厚度、冷生组构、形态组合以及冻土的其他特征均有重要影响。深部地温和地中热流是影响多年冻土发育的下边界条件。岩性和含水率对多年冻土厚度的形成起重要作用,主要通过导热系数、热容量以及水的相变潜热直接影响多年冻结层的厚度。

多年冻土发生在地球发展史的寒冷时期,是一种地带性现象。随着地球上气候的冷暖交替,多年冻土也曾几度消长。迄今为止,有据可查的最老的多年冻土位于北极北部,这些多年冻土自60万年前形成后一直保留到现在。中更新世寒冷期形成的多年冻土也有一部分,如中雅库特的多年冻土一直保留到现在。也就是说,在至少8万年期间,尽管南部地区的多年冻土已经形成、消失、又重新形成了好几次,但雅库特的多年冻土从来没有完全融化过。在7万年前开始的晚更新世寒冷期,由于气候寒冷而干燥,冰川分布面积比早、中更新世要小。因此,这一时期多年冻土分布面积最大。在苏联的欧洲部分和中亚,多年冻土南界推进到48°N处。在北美,多年冻土南界至少比现在的位置推进了2000km。约1万年前,开始了全新世时期,多年冻土逐渐向北退缩,北极地区一些近海的低地被海水淹没,其下的多年冻土开始退化,残留者就成为至今的海底多年冻土。在距今约8000~4500年期间的气候最宜期(气候变暖的时期),多年冻土缩小到最小范围。在苏联欧洲部分北部和西西伯利亚晚更新世形成的多年冻土,在气候最宜期并没有全部融化,以残余冻土的形式保存下来了。我国满归(指内蒙古的满归地区,该地区属于寒温带原始林区)以北和西部高山高原区海拔较高处的多年冻土也没有全部融化。约4500年出现了新冰期,多年冻土重新发展。在西西伯利亚,位于北部的更新世残余多年冻土与这一时期形成的多年冻土衔接在一起。往南,由于气候最宜期融化深度达到100~300m,而新生的多年冻土厚度较小,因而形成双层多年冻土。这一时期的冻土范围比晚更新世时小。所以新冰期多年冻土南界以南的地下深处仍有更新世残余多年冻土存在。我国东北这一时期南界已超过了南界位置。在距今约500年前开始的小冰期,多年冻土南界的变化很不一致。由于中、短周期气候波动的影响,有的向南推进,有的向北退缩。现代多年冻土,从全球范围的角度,相对晚更新世的多年冻土而言,正处在退化阶段,但也不排除在局部地区由地表条件改变而出现多年冻土的发展,如在一些新形成的三角洲上有近几十年来形成的新多年冻土,北极地区湖水疏干后往往在湖下融区中形成多年冻土和冷生现象。

8.2 冻土的物理力学性质

8.2.1 冻土的物理性质

冻土是一个由固体(矿物骨架)非塑性黏滞体(冰)非液体(未冻水)和气体(水蒸气、气体)所组成的复杂体系。冻土中未冻水的含量、成分和特性是随外部条件(温度、压力)的改变而变化着,与外界条件处于动态平衡中。它们之间的关系随着外部条件变化而不断变化。

在工程实践中,冻土按其状态划分为坚硬冻土,塑性冻土和松散冻土。坚硬冻土的土颗粒被冰牢固胶结,并且不可压缩;而塑性冻土则具有黏滞性,在荷载作用下能够被压缩。

由于冻结和融化作用,使冻土具有特殊的物理力学性质,这些特性对其工程建筑物的性质有重大影响。冻土的基本物理特性包括含水率、含冰率、天然重度和矿物颗粒的比重等。

1)冻土含水率

冻土中所含的水包括冰包裹体、胶结冰和未冻水。相应地划分为冰包裹体含水率 ω_B、胶结冰含水率 ω_u 和未冻水含率 ω_H。所有这些含水率的总和称为总含水率 ω_C,即

$$\omega_C = \omega_B + \omega_u + \omega_H \tag{8-1}$$

将 $\omega_\Pi = \omega_u + \omega_H$ 定义为土的矿质层含水率。当冻土含水率 ω_Π 不能用试验方法确定时,该含水率可以近似采用

$$\omega_\Pi \approx \omega_P \tag{8-2}$$

式中:ω_P——塑限含水率。

ω_B、ω_u、ω_H 和 ω_P 是该种水的重量与土骨架的重量之比,而总含水率 ω_C 是各种水的总重量与土骨架的重量之比,通常都用小数表示。

2)冻土含冰量

冻土总含冰量是指冻土中所含的各种冰的数量。它又分为重量含冰量 I 和体积含冰量 i。重量含冰量等于冰重与土骨架的重量之比,体积含冰量等于冰的体积与冻土体积之比,均以小

数表示。总含冰量等于胶结冰含量 Π_u 和冰包裹体含量 Π_B 的总和,即

$$\Pi_C = \Pi_u + \Pi_B \tag{8-3}$$

其中

$$\Pi_B = \frac{\gamma_Y \cdot \omega_u}{\gamma_M + \gamma_Y(\omega_C - 0.1\omega_H)}$$

$$\Pi_u = \frac{\gamma_M \cdot \omega_u}{\gamma_M + \gamma_Y(\omega_C - 0.1\omega_H)}$$

式中:γ_Y——矿物颗粒比重(kg/cm³);

γ_M——冰的比重(kg/cm³)。

此外,还有相对含冰量,它等于冰的重量与土中全部水重之比,即

$$i_0 = \frac{\omega_C - \omega_H}{\omega_C} \tag{8-4}$$

3)重度

冻土重度分为三种:

(1)原状冻土的重度 γ_0(天然重度),它等于天然土的重量与它的体积之比。

(2)骨架重度 $\gamma_{CK.M}$,等于干土重与它在天然状态时的体积之比。

(3)冰包裹体之间冻土层的骨架重度 $\gamma_{CK.MkH}$。其中,后两者是附加的重度指标。

4)比重

冻土矿物颗粒的比重 γ_Y,就是 1cm³ 土矿物颗粒的重量。水的比重 $\gamma_B \approx 0.001 \text{kg/cm}^3$;冰的比重 $\gamma_M \approx 0.0009 \text{kg/cm}^3$。

5)计算的物理指标

根据用实验方法确定的基本物理指标 ω_C、i_0、γ_M 和 γ_Y,可以计算出其他一些物理指标。这些指标是:

(1)总含水率。土中所有各种水的重量与天然状态湿土重量之比。

$$\omega_{0\delta} = \frac{\omega_C}{1 + \omega_C} \tag{8-5}$$

(2)体积含冰量。

$$i' = \frac{\gamma_M}{\gamma_B} \frac{\omega_C - \omega_H}{1 + \omega_C} \tag{8-6}$$

(3)土骨架重度。

$$\gamma_{CK.M} = \frac{\gamma_M}{1 + \omega_C} \tag{8-7}$$

(4)孔隙比。

$$\varepsilon_M = \frac{\gamma_{CK.M}}{1 + \gamma_{CK.M}} \tag{8-8}$$

(5)单位体积土中气体的体积。

$$V_C = \left(\frac{\varepsilon_M}{\gamma_Y} - \frac{\omega_C}{\gamma_B}\right)\gamma_{CK.M} \tag{8-9}$$

8.2.2 冻土的变形性质

1) 土的冻胀率

土的冻胀率定义为：

$$\delta_{\Pi Yu} = \frac{\Delta h}{h} \tag{8-10}$$

式中：h——正在冻结的土层厚度；

Δh——该层土因冻胀而升高(膨胀)的数值。

土的冻胀率取决于它的成分、含水率、潜水位和冻结条件。

2) 冻土蠕变特性

在冻土在固定的长期荷载作用下,其变形随时间而增加的现象叫作蠕变。蠕变与作用的荷载大小有关,它可能是衰减的或非衰减的。如果有效应力 σ 比长期强度的极限 σ_∞ 小,就会出现衰减蠕变,如图 8-3 所示。在衰减蠕变中,变形过程是随时间的增加而逐渐稳定,变形亦趋于最终的数值。

当应力 σ 超过长期强度极限 σ_∞ 时,非衰减蠕变过程获得发展。这个过程包括以下几个阶段:在最初的有条件的瞬时变形之后,发展为变形速度减小的衰减蠕变阶段,然后进入以大致固定速度变形的黏塑-流阶段;其后,它就转为变形速度增大的渐进流阶段,这一阶段将引起土的脆性破坏或黏滞破坏。

蠕变过程的强烈程度主要取决于冻土的温度,温度愈低,蠕变发展的强烈程度就愈小。

冻土蠕变规律性和特性由（单轴压缩、纯剪或三轴压缩）试验确定。

3) 冻土流变性

如果在冻土上施加的荷载不太大,那么恒速流变(就是速度相等的流变)过程可能经历很长时间并处于主要地位。这个过程可用塑性-黏滞流方程表示：

$$V = H(\sigma - \sigma_T)^n \tag{8-11}$$

式中：$V = \dfrac{d\lambda}{d\tau}$——某一区段上的流变速度；

σ——有效应力(kg/cm^2)；

σ_T——流变极限,$\sigma_T = \sigma_\infty$ (kg/cm^2)；

n——幂指数；

H——参数。

参数 n 和 H 由试验确定,它们取决于冻土的性质。参数 H 除与冻土性质有关外,还是温度的函数。

4) 冻土的压缩性

冻土特别是塑性冻土,在荷载作用下,它能被压密,并使建筑物地基土(未融化状态)发生显著下沉。由于空气和水从土中被挤出来,使冻土变得密实,减小了孔隙度。压密变形包括初始的有条件的瞬时变形和随时间而发生的变形。

冻土压缩试验可用压缩仪(固结仪)进行,在试验时,不允许侧向膨胀。图 8-4 是根据试验得出的压缩曲线,它反映了压缩荷载 P 与压密变形(相对压缩) $e = \dfrac{\Delta h}{h}$ 之间关系。曲线包括

几段,表征冻土压密过程中结构的变化:

$$e = a_0(P)P$$

式中:a_0——压缩系数,取决于荷载大小和试件的温度。

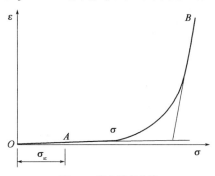

图 8-3 冻土蠕变曲线

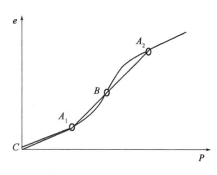

图 8-4 冻土压缩曲线

当荷载变化不大时,P 和 e 之间的关系可取其为直线,并把系数 a_0 看成是常数。

压缩系数 a_0,其数值与变形模量 E 成反比,即

$$a_0 = \frac{\beta}{E} \tag{8-12}$$

式中:$\beta = 1 - \frac{2\mu^2}{1-\mu}$。

8.2.3 冻土的强度

冻土强度是指冻土抵抗破坏的能力,它是冻土力学性质的基本指标之一。

1) 瞬时强度和长期强度

根据冻土在不同荷载作用速度下表现出不同的强度和变形特性,冻土的强度分为瞬时强度和长期强度。瞬时强度,是指冻土抵抗快速加荷的抗力,这个指标是用来计算短期荷载和动荷载作用下的冻土强度。长期强度是冻土抵抗长期荷载作用的能力。

冻土在荷载作用下会产生引起破坏的蠕变变形。如果对同一种土样施加不同的荷载进行试验,可得以下结果:当加荷速度很快时,试验破坏所需的荷载很大,这个破坏值相当于瞬时强度 σ_0;如果对另一个试样所加的荷载小于瞬时强度,那么它同样也会被破坏,但时间要长些,较小的荷载要经历更长的时间才能使土样破坏。在某个荷载作用下,产生的变形是衰减变形,但并不发生破坏,这个荷载就叫作长期极限强度 σ_∞。破坏荷载 σ 与产生破坏所经历的时间 τ 之间的关系反映了冻土强度随时间降低的过程,并可用下式表示:

$$\sigma = \frac{\beta}{\ln\left[\tau / B(h)\right]} \tag{8-13}$$

式中:β、$B(h)$——由试验确定的系数。

随着冻土温度降低,其强度(瞬时强度和长期强度)就增大。并取决于胶结冰的强度增加和未冻水含量减少。冻土强度与温度的关系可描述为:

$$\sigma = \sigma_0 + B\sqrt{|t|} \tag{8-14}$$

式中：σ_0——某一温度时(例如在0℃时)的强度；
   B——与土种类有关的参数；
   $|t|$——土温的绝对值。

当土的含水率小于其孔隙完全被冰填满的那个界限含水率时，土的强度随着含水率的增加而增大，超过这一界限含水率后，土的强度随着含水率(使土颗粒分开的含水率)的增加而减小。在自然条件下，常常遇到的是后一种现象。冻土中冰包裹体含量增加，使瞬时强度增大，这是因为冰的瞬时强度很高；但使长期强度减小，原因是冰不存在长期极限强度，并在任何荷载作用下都会发生流变。

2) 极限长期强度

极限长期强度由式(8-13)确定，如果它的时间极限值为 $\tau_{\text{ПР}}$，例如，对工程而言，取其为50年或100年，则长期强度

$$\sigma_\infty = \frac{\beta}{\ln\left[\tau_{\text{ПР}}/B(h)\right]} \tag{8-15}$$

极限长期强度是瞬时强度的 1/5~1/15，它用于计算长期承载力。可用不同的(固定的)荷载作用于一组试样的试验来确定。显然，抗压强度大幅度下降是发生在开始比较短的时间内。图 8-5 是根据试验绘制的长期强度曲线。曲线的渐近线决定长期极限强度。长期极限强度也可用下列方法确定：

(1) 分级加荷试验，每一级停留较长的时间，其中，σ_∞ 值就是产生恒速非衰渐变形的那个最小的荷载。

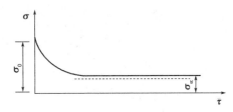

图8-5　冻土长期强度曲线

(2) 根据蠕变曲线确定，这条曲线在应力轴上的截距就是长期极限强度。

(3) 根据一些相对短期的试验资料按式(8-15)求得。

3) 冻胀力

当活动层冻结时，由于正冻土(指正在冻结的土体)体积膨胀，活动层中就会产生冻胀力。冻胀力分为法向冻胀力和切向冻胀力(冻拔力)。

法向冻胀力垂直作用于土与建筑物的冻结面(指冻结的土与建筑物的接触表面)上，例如垂直于基础底面或地下室的墙面。

切向冻胀力 $S_{\text{ПУП}}$ 平行于基础侧面，它不超过沿着固定基础滑动的土的冻结力：

$$S_{\text{ПУП}} \leq S_{\text{УСТ}} \tag{8-16}$$

式中：$S_{\text{УСТ}}$——稳定冻结力(强度)。

可以在特制的仪器上通过对与土冻在一起的(基础模型)加压的方法来确定。加压的速度恒定，并且等于自然条件下的冻胀速度。$S_{\text{УСТ}}$ 的大小取决于土的温度，计算公式为：

$$S_{\text{УСТ}} = c + bt \tag{8-17}$$

式中：t——温度的绝对值；
   c、b——参数，对粉质亚砂土和亚黏土 $c \approx 0.3~0.4 \text{kg/cm}^2$，$b \approx 0.10~0.15 \text{kg/(cm}^2 \cdot \text{℃)}$。

切向冻胀力 $S_{ПУП}$ 值可在野外直接观测确定,例如在野外用测力计测定,这是较可靠的方法。

切向冻胀力沿基础的不同高度分布不均匀,但由于缺少资料,一般可采用平均值,即基础侧面单位面积上的切向冻胀力,计算公式为:

$$S_{ПУП} = \frac{T}{Uh_{AKT}} \tag{8-18}$$

式中:T——基础侧面的总冻胀力;

U——基础周边长度;

h_{AKT}——土的有效冻胀层厚度,约等于活动层的 2/3(在衔接的多年冻土的条件下)。

根据土的冻胀程度计算时,$S_{ПУП}$ 值可采用 0.6~1kg/cm²。

8.2.4 冻土的热物理性质

冻土的热物理特性包括导热系数、热容量(比热和容积热容量)及导温系数。

冻土导热系数决定于包括有机质、矿物骨架、水和冰各组成部分的导热系数。矿物的导热系数在零点几到几十的范围内变化[量纲为 kcal/(m·℃·h)],实际上与温度无关;结合水与自由水的导热系数 λ_B 采用 0.5kcal/(m·℃·h);没有气泡的零度纯冰的平均导热系数 $\lambda_П$ 为 1.944kcal/(m·℃·h),随着温度降低,冰的导热系数稍有增加。

由于各组分的导热系数与温度的关系不大,因此融化状态或完全冻结状态下各自的导热系数,同样可被认为与温度无关。但可分成融土导热系数 λ_T(它们是在温度为 +4℃ 和 +20℃ 时测定的)和冻土导热系数 λ_M(在温度为 -10℃ 和 -15℃ 时测定的)。由于冻结时水变成冰,因此一般 $\lambda_M/\lambda_T > 1$。各类土这个比值的平均值为 1.1~1.3,而且与重度和含水率有关。在极松散的土中,比值 λ_M/λ_T 可能小于 1,这是由于冻结时冰晶的增长使有机质—矿物颗粒发生位移并使密度减小。

正融土和正冻土与融土和完全冻透的土的差异在于,它们的导热系数 $\lambda_M(t)$ 和温度有密切关系。由于冰和未冻水的导热系数有很大差异,而在冻结时,含冰量和未冻水含量之间的比值在不断变化。因此若假设 $\lambda_M(t)$ 值随温度的变化与可冻结水分的含量成正比,则:

$$\lambda_M(t) = \lambda_M + (\lambda_T - \lambda_M)\frac{\omega_H}{\omega_C} = \lambda_T + (\lambda_M - \lambda_T)\left(-\frac{\omega_H}{\omega_C}\right) \tag{8-19}$$

式中:ω_H——未冻水含量。

融土的比热由下式确定:

$$C_T = C_{MNH} + C_B \frac{\omega_C}{100} \tag{8-20}$$

式中:C_{MNH}——有机质—矿物骨架的比热;

C_B——水的比热。

由于冰的比热 $C_П$ 大约为水的比热 C_B 的一半,所以冻土的比热小于融土的比热:

$$C_M = C_{MNH} + C_B \frac{\omega_C}{100} - \frac{\omega_C - \omega_H}{100} \tag{8-21}$$

式(8-21)等号右边部分的前两项是融土的比热,第三项是由于部分水分冻结而使冻土比热减小的数值。

8.3 多年冻土的融沉计算

8.3.1 多年冻土的上限深度

多年冻土上限包括天然上限和人为上限两种。天然上限是指年平均地温为负温的多年冻土层中,常年季节融化深度达到的最大深度,即多年冻土埋藏上界面距离地表的深度(图 8-6)。人为上限是指由于人类的活动(工程和经济活动)等人为作用,影响或改变多年冻土原来的环境和条件,破坏了其原来的热力平衡,使天然上限改变,这种改变后的上限即是人为上限。人为上限一般不等于天然上限。

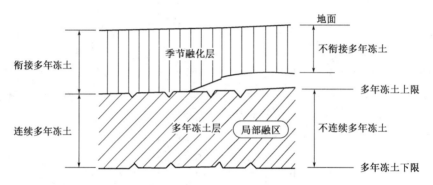

图 8-6 多年冻土剖面分布示意图

多年冻土上限并不是一个常值。当土质、含水率和地表覆盖等条件不变时,随气温周期变化而变化。但一般气候中短周期的变化不是很大,故天然上限变化亦很小。不论是高纬度还是高海拔多年冻土区,海拔和纬度的影响均以气温因素表现出来,或者说是以地面温度状况表现出来。而当气温条件不变时,随土质、含水率、地表覆盖条件以及地表的温度状况的不同变化。含水率高的细颗粒土上限深度小,而颗粒粗含水率低的土上限深度大;地表有覆盖者小,无覆盖者大;地表温度高者上限大,地表温度低者上限小。在我国,冻土天然上限一般为 1~3m。

冻土层分布中,受季节融化与冻结影响的地表层称为季节融化层。由于季节融化层年复一年的融化冻结,自上而下和自下而上不等量的水分迁移作用及冰的自净作用,在天然上限附近的冻结层内冰分凝聚集,形成富冰冻土或厚层地下冰,是一个最不稳定的冻结土层,此亦为天然上限的一个重要标志,这层富冰冻土或厚层地下冰的融化和聚集常给冻土工程带来严重危害。

由于多年冻土上限处为工程上不稳定冻土层或危险层,对工程建筑影响大,因此,多年冻土区的工程建筑要么采取保护冻土的原则,要么采取预融的原则对冻土进行处理。为使采取的措施合理可靠,必须要计算分析多年冻土上限。

1) 季节融化过程相变温度场的数学模型

多年冻土地区的季节融化过程是一个受热力和地质地理条件综合作用的过程。季节融化过程一般受到三个方面因素的影响。

(1) 土体外部因素的影响：太阳辐射热、气温、降水和蒸发。

(2) 内部因素即土体本身与地质条件的影响：土颗粒和矿物成分、含水率和水分结晶的条件、地中热流。

(3) 土体与大气间热交换条件的影响：植被、雪盖、地形和坡向等。

纬度、海拔等地理条件的影响分别反映在外部因素和热交换条件的影响中。研究季节融化过程时，要同时考虑诸多影响因素进行理论分析几乎是不可能的。为了便于分析，须对问题做进一步的简化。

土壤季节冻结和融化与以下四个特征参数有关：岩石年平均温度、地表温度年差、土的成分和含水率。这四个参数既决定土的季节冻结和融化深度，也决定土的其他特征。其中，前两个参数均与温度条件有关，因此可将季节融化过程进一步简化成由温度、土质和含水率三个参数来表征。斯蒂芬方程全面反映了这些因素的影响。斯蒂芬方程为：

$$\xi_{\max} = \sqrt{\frac{2\lambda^+ T_0 \tau_0}{Q}} \tag{8-22}$$

式中：T_0——融化期平均地表温度，表征温度的影响；

λ^+——热物理参数，由土质即土的成分所决定；

Q——土中冰的融化潜热，$Q = L\rho_d(\omega - \omega_u)$，表征含水率 ω（含冰量是含水率的另一种存在形式）和土的干重度 ρ_d 的影响；

τ_0——地表融化期持续时间(h)。

冻土季节融化或冻结过程的相变与温度场密切相关，温度场变化对冻土相变过程的影响可用相变热传导方程描述。当仅考虑土骨架和介质水的热传导、冰水相变和对流作用，且假设未冻水含量仅是温度的函数，忽略融化过程中质量迁移、水汽蒸发耗热和化学势等其他作用时，冻土中温度分布 $T(x,y,z,t)$ 的数学模型可用如下微分方程表示：

$$C\frac{\partial T}{\partial t} = \text{div}\lambda\text{grad}T + C_w\rho_w\text{div}(\vec{V}\cdot T) + L\rho_i\frac{\partial \theta_i}{\partial t} \tag{8-23}$$

$$C = C_s\theta_s + C_w\theta_w + C_i\theta_i + C_a\theta_a \tag{8-24}$$

$$\lambda = \lambda_s^{\theta_s}\lambda_w^{\theta_w}\lambda_i^{\theta_i}\lambda_a^{\theta_a} \tag{8-25}$$

对于冻结区和未冻区的热容量 C 及导热系数 λ 分别用 C^+、C^-、λ^+ 和 λ^- 表示。在未冻结区，θ_i 的作用不存在，应消去式(8-24)和式(8-25)中的有关项，同时忽略气体的影响。

剧烈相变区内，相变潜热的影响非常大。利用含冰量 θ_i 是温度的函数，即用

$$\frac{\partial \theta_i}{\partial t} = \frac{\partial \theta_i}{\partial T}\frac{\partial T}{\partial t} \tag{8-26}$$

的关系式，则简化为：

$$\overline{C}\frac{\partial T}{\partial t} = \text{div}\lambda\text{grad}T + C_w\rho_w\text{div}(\vec{V}\cdot T) \tag{8-27}$$

式中：

$$\overline{C} = C^+ \quad (T > T_P) \tag{8-28}$$

$$\overline{C} = C + L\rho_i\frac{\partial \theta_i}{\partial T} \quad (T_b \leq T \leq T_P) \tag{8-29}$$

$$\overline{C} = C^- \quad (T < T_b) \tag{8-30}$$

式(8-29)为剧烈相变区视热容量。

含冰量 ω_i 与含水率 ω 和未冻水含量 ω_u 的关系可表为

$$\omega_i = \omega - \omega_u \tag{8-31}$$

而未冻水含量可表为温度的函数,即

$$\omega_u = \omega_u(T) \tag{8-32}$$

因此,式(8-27)~式(8-32)可在相应初始条件和边界条件下求解,其一般形式的初始条件为

$$T(x,y,z,t)|_{t=0} = f(x,y,z) \tag{8-33}$$

边界条件

$$T|_{(x,y,z)\in\Gamma} = \varphi_1(x,y,z,t) \tag{8-34}$$

$$\left[\frac{\partial T}{\partial n} + g(T)T\right]\bigg|_{(x,y,z)\in\Gamma} = \varphi_2(x,y,z,t) \tag{8-35}$$

式(8-27)~式(8-35)为冻土季节融化过程或季节冻结过程温度场的数学描述。因其热物理参数主要依赖于温度 T,所以是一非线性偏微分方程。

2)天然地基季节融化过程的温度场

在连续多年冻土和季节冻土区,视冻土层在水平面内无限延伸,那么在深度方向上则为一半无限空间问题(图 8-7),且认为土质为均质或分层均质体;天然上限以上的土层中水分较小且均布;边界及冻土层内无补水作用,则天然地基季节冻结和季节融化过程可描述为沿垂直融(冻)深方向的一维相变变温度问题。

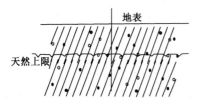

图 8-7 季节融化或季节性冻结的半无限地基

研究证明,在冻结和融化过程中,热传导项大于对流项 2~3 个数量级,故可忽略对流项。因此,式(8-27)~式(8-35)可简化为:

$$\overline{C}\frac{\partial T}{\partial t} = \frac{\partial}{\partial z}\left(\lambda_z \frac{\partial T}{\partial z}\right) \tag{8-36}$$

$$\overline{C} = C + L\rho_i \frac{\partial \theta_i}{\partial T} \tag{8-37}$$

$$C = \begin{cases} C^+ & (T > T_P) \\ \frac{1}{2}(C^+ + C^-) & (T_b \leq T \leq T_P) \\ C^- & (T < T_b) \end{cases} \tag{8-38}$$

$$\lambda = \begin{cases} \lambda^+ & (T > T_P) \\ \frac{1}{2}(\lambda^+ + \lambda^-) & (T_b \leq T \leq T_P) \\ \lambda^- & (T < T_b) \end{cases} \tag{8-39}$$

未冻水含量表示为温度的函数,即

$$\theta_w = f(T) \tag{8-40}$$

式(8-40)可由研究问题的土质通过试验而定,表示为拟合方程。

初始条件：
$$T(z,0) = \psi_1(z) \quad (8\text{-}41)$$
边界条件：
$$T(0,t) = \varphi_1(t) \quad (8\text{-}42)$$
$$T(z,t) = \varphi_2(t) \quad (8\text{-}43)$$

式(8-36)~式(8-43)亦可用于计算其他具有相变的一维热传导问题。其上下边界条件和初始条件可根据具体计算问题的要求给出。

3）季节融化过程的路堤温度场

公路路堤为一线性工程，假定路堤无限延伸，截一断面为二维平面问题，如图8-8所示。假定路堤和地基土土质分层均质，根据多年观测结果，稳定路段的路基含水率较小且基本为定值，于是路堤物理参数可分层为常数；把多年冻土作为隔水层考虑，无底水补给，同时假定无其他边界的水分补给和排水作用。

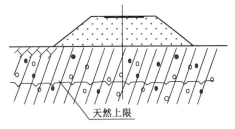

图8-8 二维路堤剖面示意图

一般情况下，同天然冻土季节融化过程或季节冻土冻结过程的一维温度场一样，忽略了对流项，只考虑热传导和相变作用，则式(8-27)~式(8-35)随之简化为路堤季节融化过程的二维相变温度场方程，可表示为

$$\overline{C}\frac{\partial T}{\partial t} = \frac{\partial}{\partial z}\left(\lambda_x \frac{\partial T}{\partial x}\right) + \frac{\partial}{\partial z}\left(\lambda_z \frac{\partial T}{\partial z}\right) \quad (8\text{-}44)$$

式(8-44)中的参数 C 和 λ 的表达式均同前。但其初始条件为：
$$T(x,z,0) = \psi_1(x,z) \quad (8\text{-}45)$$
边界条件为：
$$T(x,0,t) = f_1(x,t) \quad (8\text{-}46)$$
$$T(x,Z,t) = f_2(x,t) \quad (8\text{-}47)$$
$$\frac{\partial T(0,z,t)}{\partial x} = f_3(z,t) \quad (8\text{-}48)$$
$$\frac{\partial T(X,z,t)}{\partial x} = f_4(z,t) \quad (8\text{-}49)$$

初始、边界条件可根据所研究问题的具体情况和观测结果给出。边界条件式(8-46)~式(8-49)为考虑距路堤足够远处的天然地表下地温沿水平方向变化为零的地方；另外，根据路堤的几何对称性和假设路堤中心的温度分布对称，计算时可取其一半进行分析。

温度场方程式(8-36)~式(8-43)和方程式(8-44)~式(8-49)为非线性问题。迄今为止，非线性问题尚无被人们共同接受的解析解。下面介绍已做线性处理的方程用连续更替原理导出一维问题解析解的积分公式。

4）季节融化和冻结深度的解析积分公式

为避免确定变化范围很宽的融深和影响半径的比值，并同时考虑到均质土体融土层和冻土层的相互作用以及融土层的热阻效应，求如下形式的斯蒂芬相变问题的积分公式：

$$\lambda^{+}\frac{T_{u}}{\xi}+\lambda^{-}\frac{T_{f}}{H_{b}-\xi}=\left(L\theta_{i}+\frac{1}{2}C^{+}T_{u}\right)\frac{d\xi}{dt} \tag{8-50}$$

式(8-50)等号右端第二项为对融土加热所耗热量;H_b为下温度边界的深度。

在$\xi|_{t=0}=0$的初始条件下,其积分结果为:

$$\frac{H_{b}}{\varphi_{1}}\xi-\frac{\psi_{1}H_{b}}{\varphi_{1}^{2}}\ln(\varphi_{1}\xi+\psi_{1})+\frac{\psi_{1}H_{b}}{\varphi_{1}^{2}}\ln\psi_{1}-\frac{t}{Q_{c}}-\frac{1}{\varphi_{1}^{3}}\Big[\frac{1}{2}(\varphi_{1}\xi+\psi_{1})^{2}-2\psi_{1}(\varphi_{1}\xi+\psi_{1})+$$
$$\psi_{1}^{2}\ln(\varphi_{1}\xi+\psi_{1})\Big]-\frac{1}{\varphi_{1}^{3}}\Big(\frac{1}{2}\psi_{1}^{2}-2\psi_{1}^{2}+\psi_{1}^{2}\ln\psi_{1}\Big)=0$$

$$\tag{8-51}$$

经整理得:

$$\frac{H_{b}}{\varphi_{1}}\xi+2\frac{\psi_{1}}{\varphi_{1}^{3}}\Big\{(\varphi_{1}\xi+\psi_{1})\Big[1-\frac{0.25}{\psi_{1}}(\varphi_{1}\xi+\psi_{1})\Big]-0.75\psi_{1}\Big\}$$
$$\frac{H_{b}}{\varphi_{1}}\xi-\mu_{2}\ln\frac{\psi_{1}}{\varphi_{1}\xi+\psi_{1}}-\frac{t}{Q_{c}}=0 \tag{8-52}$$

在式(8-51)、式(8-52)中:

$$\varphi_{1}=\lambda^{-}T_{f}-\lambda^{+}T_{u}$$
$$Q_{c}=L\theta_{i}+\frac{1}{2}C^{+}T_{u}$$
$$\psi_{1}=\lambda^{+}T_{u}H_{b}$$
$$\mu_{2}=\frac{\psi_{1}}{\varphi_{1}^{3}}(H_{b}\varphi_{1}+\psi_{1})$$

积分式(8-52)为一含有超越函数的非线性方程,其解是单根。利用一般求解非线性方程的计算方法即可直接计算。只要将H_b值取在年变化层深度处即可,无须更多的假定条件和参数的确定。

8.3.2 多年冻土的融沉计算

冻土在融化过程中,在无荷载作用下所产生的沉降称为融化下沉,简称融沉(或融陷)。土的融化下沉由它的孔隙度的变化决定。在天然条件或在工程建筑物的附加荷载作用下,都可出现融化下沉现象。

1)冻土融化时孔隙度的变化

当土融化时,土的冰胶连接系受到破坏,使它失去本身的强度。除此之外,孔隙度急剧地变化并发生大幅度下沉,该下沉量比一般非冻土的下沉量大许多倍。通过在压缩仪上试验得出的融化和冻结状态下孔隙比 ε 与压力 P 关系曲线(图8-9),叫作融化时的压缩曲线。当土还处于冻结状态时,它的孔隙比变化不大,但是一经融化后,孔隙比先是突然减小,然后随压力增加而逐渐减小。

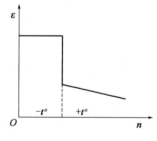

图8-9 融化时冻土孔隙率 ε 的变化

图8-9概略地反映了粗颗粒冻土融化过程的孔隙比变

化。细颗粒土融化时,其孔隙比的变化过程更复杂,这类土在冻结时"膨胀"起来,形成了充满着包裹体的大孔隙,而矿物团粒、矿质聚合体和矿质夹层,则会被周围大孔隙中的水冻结时产生的压力作用而被压密。经过这样压密后,矿质聚合体和矿质夹层的含水率 ω_Π 减小到接近于塑限。但是整个土层总的含水率达到很大的数值(由于存在着充满冰的大孔隙),一般大大超过液限。

具有很明显的冷生构造(又称冻土构造,指冻土固体组分间的相对空间排列,它表征冻土组分空间分异作用的宏观特征)的黏土融化时,孔隙比的突然变化仅仅是由于相变时冰的体积发生了变化(9%),并且在土的自重作用下大孔隙中一部分水被挤出。在这种情况下,土的冷生后构造不受到破坏,并保留着大的孔隙。若要破坏构造并使大孔隙闭合,必须施加一定的外压力,在使大孔隙闭合的同时,水分从孔隙被挤出,且孔隙率随着压力的进一步增大而逐渐减小。当压力足够大时,大孔隙完全闭合,整个土层的孔隙度(含水率)减小到与矿质聚合体及矿质夹层一样。

冻土融化时其孔隙在自重和外力的作用下被压缩,孔隙比发生变化,并引起沉降。对于正融性土,其压缩性指标可以用相对压缩量表示:

$$\delta = \frac{S}{h_M} = \frac{h_M - h_T}{h_M} \tag{8-53}$$

式中:S——融化下沉量(cm),它等于冻土层厚度 h_M 与该土层在给定压力 P 作用下且无侧向膨胀时转为融化状态后的厚度 h_T(cm)之差。

冻土融化时的最大下沉量就是对应于大孔隙全部闭合时的下沉量。该下沉量可以根据开始的孔隙比与大孔隙闭合后的孔隙比之差来确定,即根据土的总含水率与矿质层的含水率之差来确定。其计算公式为:

$$S = \frac{\gamma_{CK.MNH}(1.1\omega_C - \omega_\Pi)}{\gamma_{CK.MNH}(1.1\omega_C - \omega_\Pi) + \gamma_B} \tag{8-54}$$

式中:$\gamma_{CK.MNH}$——冰包裹体间土的骨架密度,对于砂采用密实土的骨架密度(kg/cm³);

γ_B——水的密度,约为 0.001(kg/cm³);

ω_C——总含水率(以小数表示);

ω_Π——冰包裹体之间冻土的含水率(以小数表示)。因为矿质层非常密实,所以可以近似地认为 $\omega_\Pi = \omega_P$,ω_P 为土的塑限含水率。

注意,式(8-54)只适用于具有明显冷生构造的土,对整体构造冻土 $\omega_C \approx \omega_\Pi$,式(8-54)没有意义。

如上所述,式(8-54)求得的是相当于土中的大孔隙完全闭合时的最大下沉量。但是孔隙并没有完全闭合,因此实际下沉量比用式(8-54)计算的要小一些。所以该公式计算的结果应乘以一个相应的修正系数 K_B,该系数取决于冰包裹体的大小,其值如下:

冰包裹体厚度等于1cm时,$k_B = 0.4$,冰包裹体厚度等于 1~3cm 时,$k_B = 0.6$;冰包裹体厚度等于3cm时,$k_B = 0.8$。

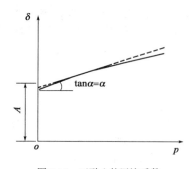

图 8-10 正融土的压缩系数 δ 与外力 p 的关系

2) 基础中正融土的下沉及计算

式(8-54)只是用来评价冻土下沉的性质。如果要知道建筑物地基的下沉量,那就必须研究建筑物(通过基础)传给地基土的压力影响。

正融土的下沉包括融化下沉(热融下沉)和压密下沉。融化下沉是由于土融化孔隙度发生突变,这种现象即使在没有外压力时也会发生。压密下沉是由于外荷载压密作用使孔隙度逐渐变化所致,压缩量和压力之间的关系如图 8-10 所示,一般情况下这种关系是非线性的,但在工程计算中,可近似地假设压缩量与荷载成正比:

$$\delta = A_0 + a_0 P \text{ 或 } S = A_0 h + a_0 P h \tag{8-55}$$

式中:S——土层的下沉量(cm),$S = \delta h$;

A_0——融化系数,由图 8-14 中纵坐标轴上的截距确定,该系数表示在无荷载作用时的下沉量。这个值在融土和松散冻土的 $A_0 = 0$ 到纯冰的 $A_0 = 1$ 之间的变化;

a_0——由图 8-14 中直线斜率决定的压密系数。

为了计算下沉量,必须知道以下参数:

(1)基础下土的融化深度:基础下冻土的融化深度,用热物理方法计算确定。

(2)土融化时的压缩性:土的压缩性根据室内或室外试验资料确定。室内试验是在融化压缩仪上压密正在融化的冻土试件,野外试验就是在热压模下做沉降试验。

(3)建筑物传来的压力分布:建筑物下土层中的应力分布用相应的土力学原理确定。地表以下某一深度 Z_i 处的应力决定于建筑物的重量和土的自重:

$$P_i = \gamma_0 Z_i + a(P - \gamma_0 H) \tag{8-56}$$

式中:γ_0——融土密度(kg/cm³);

P——由建筑物重量而引起的基底压力(kPa);

H——基础埋置深度(cm);

a——压力沿深度的变化系数。

整个正融土层的下沉量可用分层总和法计算,即将土层分为许多小层,每层厚为 h_i,按式(8-56)求出每层压力 P_i,压缩系数 δ_i 按下式计算:

$$\delta_i = A_0(i) + a_0(i) P_i \tag{8-57}$$

系数 $A_0(i)$ 和 $a_0(i)$ 内或由室外试验确定。

压缩系数也可以根据最简单的物理指标用下式近似计算:

砂类土

$$\delta_i = \frac{\gamma_{\text{T.П}} - \gamma_{\text{CK.M}}}{\gamma_{\text{T.П}i}} \tag{8-58}$$

黏性土

$$\delta_i = 1 - \gamma_{\text{CK.M}} \left[\frac{1}{\gamma_y} + \frac{1}{\gamma_B} \left(\omega_p + \frac{k_\text{П} \omega_\text{П}}{100} \right) \right]_i \tag{8-59}$$

式中:$\gamma_{\text{T.П}i}$——在荷载作用下,融土压密后的骨架重度,由试验方法确定,可近似地取其等于风干土在密度最大时的骨架重度(kg/cm³);

$\gamma_{CK.M}$——冻土的骨架重度(kg/cm^3);

γ_y——矿物颗粒的比重(kg/cm^3);

γ_B——水的比重(kg/cm^3)近似等于0.001;

ω_p——土的塑限含水率(以小数表示);

ω_Π——塑性指数(%);

k_Π——与压力P_i有关的系数。

所以,整个已融土层的下沉量,按下式以每一分层的下沉总和求得:

$$S = \sum_{i=1}^{n}[1-\Pi_B(i)]\delta_i h_i + \sum_{i=1}^{n} k_B \Pi_B(i) h_i \tag{8-60}$$

式中:δ_i——根据式(8-57)所得的第i层压缩系数(以小数表示);

h_i——第i层厚度(cm);

$\Pi_B(i)$——第i层中冰包裹体的含冰量(以小数表示);

k_B——考虑到土融化时土中大孔隙没有完全闭合而引用一个修正系数,其数值如前所述。

式(8-60)等号右边第一项是矿质层的下沉量,第二项是由冰包裹体的融化造成的下沉量。对于整体构造冻土,$\Pi_B=0$,则式(8-60)就变为:

$$S = \sum_{i=1}^{n}\delta_i h_i = \sum_{i=1}^{n}(A_0 h_i + a_0 h_i P_i) \tag{8-61}$$

8.4 多年冻土地区不良地质现象及对公路的影响

冻土是一种特殊的土体。其成分、组构、热物理及物理力学性质均有着不同于一般土的许多特点。冻土区的活动层中每年都发生着季节融化和冻结,并伴生有各种冻土现象。因此,在冻土地区筑路时产生了一系列特殊的工程地质问题和路基路面病害。在冻土区筑路必须考虑的工程地质问题有融沉、冻胀和不良冻土现象等(图8-11)。

1)融沉

融沉是土中过剩冰融化所产生的水排出以及土体的融化固结引起的局部地面的向下运动。其原因是自然(如气候转暖)或人为因素(如砍伐与焚烧树

图8-11 冻土融沉

木、房屋采暖)改变了地面的温度状况,引起季节融化深度加大,使地下冰或多年冻土层发生局部融化所致。在多年冻土上限附近的细粒土和有一定量细粒土充填的粗粒土中往往存在厚层地下冰,由于其埋藏浅,所以很容易受各种人为活动的影响而融化。由厚层地下冰融化而产生的融沉是引起多年冻土区路基变形和破坏的主要原因。

路堤修筑后改变了表面的水热交换条件,并引起基底土层压缩等一系列变化。这些变化在一定条件下使上限(指多年冻土上限,为多年冻土层的顶面,也是地表以下位置最深的冻融土层的界面)下降,而路堤本身的存在则增加了热阻,是有利于上限上升的因素。当路堤很低

时,热阻小,使上限上升的因素弱于使上限下降的因素,因而上限下降。随着路堤高度的增加,使上限上升因素的作用也随之增强。当这一因素的作用增加至大于或等于使上限下降因素的作用时,就会导致路堤下上限不变或上升。这样,在一定条件下就存在这样一个路堤高度,当实际路堤高度大于这一路基高度时,上限将上升;而小于这一高度时,上限将下降。这一高度叫使原上限不变的最小路堤高度。当采用保护冻土原则在冻土区筑路时,必须保证使实际路堤高度大于这一最小路堤高度。但路堤高度并非越高越有利于保护冻土。在高温冻土区,当夏季施工的路堤其高度超过一定值时,会在堤身内形成融土核(采暖建筑物下,多年冻结地基土的一部分发生融化,形如盘、盆状故称融化盘),造成地下冰的融化,而使路堤下沉。

路堤建成后改变了地表和地下水的径流条件。当排水措施不当时会产生路堤过水和堤侧积水现象。其结果往往是地下冰融化,路基下沉甚至发生突陷。

2) 冻胀

冻胀是冻土区筑路时需要考虑的另一个重要问题。一般情况下,在低温冻土区,活动层厚度一般较小,且存在双向冻结,冻结速度较快,故冻胀相对较轻。而在高温冻土区,活动层厚度一般较大,冻结速度也较慢,如存在粉质土和足够的水分,则冻胀严重。

由于路基填筑材料的不均匀,或不同岩性和水文地质条件地段路基过渡处理不当,可能引起不均匀冻胀,使线路在平纵断面上失去平顺性。用粉质土和黏性土填筑的路基,由于冻结时的水分迁移可能在上部聚冰而引起翻浆。

为了防止冻胀可用粗粒料作为路基填筑材料,但这在实际工程中很难全部做到。这时可以采用黏性土作为路基的填筑材料,但必须做好验算,并辅以相应的防止冻胀措施。

另外在冻土区设计刚性建筑结构物(如挡墙、涵洞)时,要充分考虑水平冻胀力的作用。在不可能绕避时则必须做好排水措施,防止线路附近冰椎和冻胀丘的发生。

3) 融冻泥流和滑塌

融冻泥流和滑塌多发生在有厚层地下冰分布的斜坡上(图8-12)。它可以由工程施工,挖方取土等人为活动引起,也可以由自然因素(如河流侵蚀坡脚、气温升高)引起。由融冻泥流和滑塌形成的稀泥物质向下流动,可能掩埋道路,壅塞桥涵,加速路基的软化湿陷。当线路通过越岭地段时,要特别注意这些问题。

4) 冰椎、冻胀丘

冰椎俗称涎流冰,指水多次溢出地表冻结而所形成的地面冰体(图8-13)。分布于多年冻土和季节冻土区。其形成条件为:具有不冻的水源、水的通道、水的驱动力和严寒的气候条件。按其水源分为河冰椎、湖冰椎和采冰椎。绝大部分冰椎是季节性的。工程建筑时,若建筑物拦截了地下水的通道,又未处理好排泄通道时,也会在建筑物附近形成冰椎,从而危害建筑物。由土的差异冻胀作用所形成的丘状地形,总称冻胀丘。冰椎和冻胀丘是多年冻土区道路工程中最经常遇到的不良冻土现象。在青藏公路沿线就分布有大小冰椎和冻胀丘100多处。值得注意的是,由于筑路而产生的水文地质条件的变化(堤身和基底土的压密、上限上升、挖方拦截地下水通道等)往往在线路附近诱发新的冰椎和冻胀丘。冻胀丘形成时产生巨大的隆胀力,使道路变形;冰椎在冬季可能覆盖路面,中断交通,而在夏季造成道路翻浆和路基沉陷,需要认真对待。因此,在选线、选址时均应注意水文地质调查,尽量绕避已有的冰椎、冻胀丘,以及线路修筑后可能产生的新冰椎和冻胀丘。

图 8-12 冻融泥流

图 8-13 冰椎(涎流冰)

5)热融湖塘和沼泽化湿地

热融湖塘在青藏公路沿线分布较广,在楚玛尔河高平原上尤为集中。一般热融湖塘下仍有多年冻土存在。公路通过热融湖塘时要注意路基冻胀和沉陷的不均匀及边坡陷裂等问题,同时湖塘积水也容易引起路基湿软,加剧冻胀和沉陷。

沼泽化湿地地段一般厚层地下冰发育,线路通过时应注意上部草炭和泥炭层的压缩问题,在这类地段筑路时要特别注意保护植被,做好排水和保证足够的路堤高度,必要时可加设保温护道。

8.5 多年冻土地区路基设计

8.5.1 多年冻土地区路基设计原则

多年冻土地区路基设计应遵守保护冻土的原则,尽量避免"零填"、浅挖,并根据不同的冻土条件,分别采取"保护冻土、控制融化速率、预融、综合治理"等设计、施工措施。其中,冻土条件是指"年平均地温"。多年冻土地区路基设计原则见表 8-2。

多年冻土地区路基设计原则　　表 8-2

地区编号	地区名称	年平均地温 T_{CP}	路基设计原则
Ⅰ	低温稳定冻土区	$T_{CP} < -2.0℃$	保护冻土
Ⅱ	低温基本稳定冻土区	$-1.0℃ > T_{CP} \geq -2.0℃$	
Ⅲ	高温不稳定冻土区	$-0.5℃ > T_{CP} \geq -1.0℃$	控制融化
Ⅳ	高温极不稳定冻土区	$T_{CP} \geq -0.5℃$	破坏冻土

在上述原则中,对于某些年平均地温 $T_{CP} < -1.0℃$ 或 $T_{CP} < -0.5℃$ 的区段,经过热学分析,确定在施工或运营期间难以保持或没有必要保持土的完全冻结状态,或无法保持地基土的冻结状态,应按控制融化原则设计。

土体产生冻胀应具备 3 个基本条件:冻胀敏感性土(粉土、黏土和砂土较敏感)、水分供给或初始水分、适当的冻结条件和时间。如能消除或削弱上述 3 个基本条件中的一个,原则上可以消除或削弱土体的冻胀。因此,防治路基工程冻胀可采用换填法、物理化学法、保温法等对冻土进行处理。

8.5.2 冻土路基的临界高度

冻土路基的临界高度是指保持路基基底多年冻土处于冻结状态的最小填筑高度。路基工程热融防治总的原则是,采取合理的断面形式和处理措施,而在断面形式中路堤填筑高度是一项重要指标,它对地面的冻融和冻土上限升降有重要影响。因此,冻土路基设计中,临界高度值是一个关键数值,只有当路基高度大于或等于临界高度才能保证冻土上限保持不变或上升,这是保证冻土路基稳定的前提条件。

1) 路堤下人为上限的确定

为防止冻土天然上限的下降,当前最有效和最经济的方法是修筑路堤。

路堤下人为上限深度受到所在位置天然上限深度与气温的制约。对于砂砾路面,路基人为上限深度随天然上限深度增大而增大,两者有良好的线性关系:

$$H_人 = 0.933 + 0.912 h_天 \tag{8-62}$$

式中: $H_人$——砂砾路面路堤的人为上限(m);

$h_天$——天然上限深度(m)。

式(8-62)是在较大气温变化区间的统计结果,若考虑气温因素,分别统计可以发现:气温对人为上限是个不可忽略的因素,相同冻土天然上限,高气温路段路基的人为上限深度均大于低气温路段路基的人为上限深度。当气温为 $-4.5 \sim -5.5$℃的路段路基的人为上限与冻土天然上限关系为

$$H_人 = 0.884 + 0.888 h_天 \tag{8-63}$$

当气温为 $-6.0 \sim -7.5$℃时

$$H_人 = 0.431 + 0.963 h_天 \tag{8-64}$$

比较式(8-63)、式(8-64)可见,冻土天然上限愈小,气温影响造成路基的人为上限差值愈大。

沥青路面路基的人为上限与砂砾路面路基的人为上限的变化规律相同。当气温为 $-6.0 \sim -7.5$℃时,砂砾路面路基的人为上限与天然上限的关系为

$$H_人 = 2.16 + 0.62 h_天 \tag{8-65}$$

气温 $-4.5 \sim -5.5$℃时

$$H_人 = 2.50 + 0.56 h_天 \tag{8-66}$$

2) 沥青路面对冻土路基上限的影响

沥青路面一方面有强烈的吸热作用,另一方面由于路面隔水密封作用,阻碍了路基土层水分的蒸发吸热,使得冻土路基热力场产生剧烈变化,突出的表现是使土温升高。此外,天然地基土受路基荷载、行车排水压密作用,使路基下冻土上限发生下降。根据现场调查,零断面的砂砾路面引起天然上限下降深度一般为 0.20~0.97m,而铺设沥青路面的零填地段引起天然上限下降则在 0.90~1.74m 之间。不论砂砾路面或沥青路面,其冻土上限下降值均与天然冻土上限值有密切关系,两者关系可分别下式表示。

砂砾零填地段:

$$S_{砂} = 1.57 - 0.50h_{天} \quad (h_{天} < 3.14\text{m}) \tag{8-67}$$

式中：$S_{砂}$——砂砾路面零填路段引起的冻土天然上限下降值(m)；

$h_{天}$——天然上限深度(m)。

沥青路面零填地段：

$$S_{沥} = 2.44 - 0.51h_{天} \quad (h_{天} < 4.78\text{m}) \tag{8-68}$$

式中：$S_{沥}$——沥青路面零填路段引起的冻土天然上限下降值(m)。

3）路基的临界高度

当路基高度处于临界高度（保持路基基底多年冻土处于冻结状态的最小填筑高度）时（图8-14），其人为上限由路基填土高度与天然上限深度两部分组成，即 $h_{天} + H_0$，把其分别代入式(8-64)、式(8-67)、式(8-68)，可得到沥青路面和砂砾路面路基临界高度计算公式：

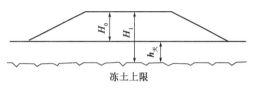

图8-14 保持冻土天然上限值不变的临界路基高度

砂砾路面：

$$H_0 = 0.933 - 0.088h_{天} \tag{8-69}$$

沥青路面：

$$H_0 = 2.16 - 0.38h_{天} \quad (气温 -6.0 \sim -7.5℃) \tag{8-70}$$

$$H_0 = 2.50 - 0.44h_{天} \quad (气温 -4.5 \sim -5.5℃) \tag{8-71}$$

式中：H_0——路基临界高度(m)。

式(8-70)、式(8-71)所依据的资料多数来自不稳定路段，特别是沥青路面路段。其路基高度均低于临界高度，基底均处于融化固结过程中，没有达到最大稳定的人为上限深度。因此，式(8-70)、式(8-71)采用各加1.5倍的方差（保证率达到93.32%），则沥青路面段的路基临界高度为：

$$H_0 = 2.36 - 0.38h_{天} \quad (气温 -6.0 \sim -7.5℃) \tag{8-72}$$

$$H_0 = 2.87 - 0.44h_{天} \quad (气温 -4.5 \sim -5.5℃) \tag{8-73}$$

显然，气温是影响路基临界高度不可忽略的因素，根据实测统计，在冻土天然上限基本相同的条件下，年平均气温变化1℃，沥青路面下的人为上限深度最大变化20cm，气温越高，沥青路面下最大融深越大。

4）影响冻土路基设计高度的因素

冻土地区路基设计高度确定时应考虑以下因素：

(1)季节融化层的工程性质，即季节融化层对外界环境条件变化的敏感性。在冻结融化过程中的变形强度；及在荷载作用下的压缩变形。青藏公路冻土区，其工程性质最差的是沼泽植被草炭分布发育的地基土，当植被被破坏，草炭层被压密即可使冻土天然上限明显下降，造成严重的热融病害，其冻胀性与压缩性也最大。表8-3所示是几种代表性天然季节融化层地基土工程性质。

青藏公路冻土区几个代表类型季节融化层地基土的工程性质 表8-3

季节融化层地基土类型	沼泽、植被、草炭分布发育地基土	植被发育黏性地基土	裸露黏性地基土	裸露粗颗粒地基
天然条件下的冻胀(系数)(%)	4~5	3~4	1~2	1
在路基荷载下的相对压缩变形(%)	5~6	2~3	1~2	1
外界因素影响下热性质的改变	强烈	大	一般	小

(2)多年冻土的工程地质性质,特别是多年冻土上限至以下2~3m深范围冻土含冰量及融化下沉变形。多年冻土按含水率与热融下沉量划分为含土冰层、饱冰冻土、富冰冻土、多冰冻土和少冰冻土。在一般情况下,上部季节融化层类型与下伏的多年冻土工程类型有一定联系,尤其是沼泽、植被、草炭发育分布区下伏多年冻土多属含土冰层,植被发育的黏性土分布区下伏多年冻土多属含土冰层与饱冰冻土。

(3)气温的多年波动。按20年一遇考虑,最大年平均气温变化按1℃取值,根据计算,在1.8~2.0m路堤高度条件下,年平均气温升高1℃,可引起基底多富冰土融化加深20cm左右。

此外,路基设计高度还需满足路基最大限制变形的要求(≤6cm),因此,对不同地基土的人为上限给予相应调整:沼泽植被发育的厚层地下冰分布区路基设计高度要使冻土上限提升60cm以上,使路基下形成稳定冻土核,防止基底积水聚冰,保证基底层的干燥度,以控制、减小在冻融过程中的变形量;植被发育的黏性土厚层地下冰分布区人为上限提升50cm;一般的含土冰层分布地区人为上限提升40cm。饱冰冻土人为上限提升30cm,富冰冻土人为上限提升20cm,多冰冻土按临界高度设计。应用中,冻土地区沥青路面路基设计高度可参考表8-4。

沥青路面路基设计高度 表8-4

地基土类型	沼泽、植被、发育含土冰层	植被分布含土冰层	含土冰层	饱冰冻土	富冰冻土	多冰冻土
路基设计高度 H	$1.4H_0$	$1.3H_0$	$1.2H_0$	$1.15H_0$	$1.1H_0$	H_0

8.5.3 路堤临界高度的一维数值计算

公路路基临界路堤高度计算的核心是对二维边界条件的路基土人为上限的计算。综观国内外研究成果,由于道路工程的普遍性,其人为上限的计算方法几乎与天然上限一样繁多。本节主要介绍用简化的一维模型计算路堤临界高度的数值方法。这种方法通过一系列近似处理,其精度满足工程要求。

1)课题的简化

高原地区由于降水、蒸发、凝结等作用引起的季节融化层内的水分迁移主要在浅层变化剧烈。如细粒亚黏土,融化期内降水入渗和雨后疏干使含水率强烈变化的区段在表层0.4m内,回冻期的冻结锋面聚冰亦在0.2~0.4m范围内最强烈,可达饱和湿度,但在该深度以下的土层含水率变化仅在塑限含水率到0.5饱和度。粗粒砂砾土受冻结层上水位控制较明显,若在盆地边缘,地下径流好的斜坡地带,土层含水率的变化远较细粒土小。考虑到融化过程中水分的热影响主要是正融土冻结水分的相变潜热,故可以忽略融土层内水分迁移过程对融化过程的影响,且在地基均质土中取深度和时间的加权平均含水率值为常量时的导热系数,热容量和导温系数表征其热学性质。从而将水热联立输运的课题简化为单一的热迁移课题。

无论是天然地面,还是路堤中心下的融深值,均可用一维斯蒂芬课题的相界面平衡式表示。

天然地面:

$$\lambda_T \frac{t_0}{\xi_0} - \lambda_M \frac{t_{Mmax}}{H_c - \xi_0} = \left(\sigma\omega_0 + \frac{1}{2}ct_0\right)\frac{d\xi_0}{d\tau} \tag{8-74}$$

路堤中心:

$$\lambda'_T \frac{t_1}{\xi_1} - \lambda'_M \frac{t_{Mmax}}{H_c - \xi_1} = \frac{\sigma\omega_1 + \frac{1}{2}c_1 t_1}{m}\frac{d\xi_1}{d\tau} \tag{8-75}$$

按时间的逐次更替原理变式(8-74)和式(8-75)为差分方程

$$\begin{cases} \Delta\xi_{0i} = \left[\dfrac{\lambda_T \dfrac{t_0}{\xi_0} - \lambda_M \dfrac{t_{Mmax}}{H_c - \xi_0}}{\sigma\omega_0 + \dfrac{1}{2}ct_0}\right]_i \Delta\tau_i \\[2ex] \Delta\xi_{1i} = m\left[\dfrac{\lambda'T \dfrac{t_1}{\xi_1} - \lambda_{m'} \dfrac{t_{Mmax}}{H_c - \xi_1}}{\sigma\omega_1 + \dfrac{1}{2}c_1 t_1}\right]_i \Delta\tau_i \\[2ex] i = I(0), I(0)+1, \cdots, I(1) \\[1ex] h_0 = \sum_{I(0)}^{I(1)} \Delta\xi_{0i} \\[1ex] h_1 = \sum_{I(0)}^{I(1)} \Delta\xi_{1i} \end{cases} \tag{8-76}$$

并满足路堤的临界高度 H 有

$$h_1 - h_0 = H \tag{8-77}$$

式中:0——天然地面;
 1——路堤中心部位;
 λ——导热系数;
 c——热容量;
 σ——单位相变潜热;
 t_{Mmax}——下边界温度;
 H_c——下边界深度;

ξ——瞬时融深量;

$I(0)$——初始融化的旬序;

$I(1)$——融化期终了的旬序;

m——引用罗学波按广义格林公式推导的近似公式,路堤中心线下的融深与天然融深之比,可修改为

$$m = \sqrt{1 + \left(\frac{H}{2b + H\cot\alpha}\right)^2 \frac{t_0}{t_1}} \tag{8-78}$$

式中:H——即路堤临界高度;

b——路堤顶半宽;

α——路堤边坡角;

t_0——天然地面的上边界面温度;

t_1——路面的上边界面温度。

由于热参数是对应区域深度的加权平均值,故用试算法给定临界高度 H 的初值时,随着迭代拟合计算过程,每迭代一次,热参数也相应改变。

从原理上,式(8-76)可以得到临界高度的最终解 H。

2) 上边界条件

根据对附面层性质的研究,凡是土面均有一个受太阳热辐射作用强烈的附面层存在,当上边界用下附面层底深度时,区域中土的热迁移过程才遵循传导导热作用。该深度的温度,即上边界温度可以用气温加附面层总温度增量表示:

$$t_a(I) = t_{aI} + \Delta t \tag{8-79}$$

式中:Δt——附面层总温度增量值。

同样,任一顺序(I)时的气温 t_{aI} 为

$$t_{aI} = t_0 + A_a\cos\left(2\pi\frac{I-1}{36}\right)$$

由式(8-79)可以知道,在同一个气温 t_a 条件下,不同土面的附面层总温度增量(Δt)不同时,天然地面和毗接的沥青(或砂砾)路面上边界温度有差异,如砂砾土天然面和沥青路面差 2.5℃,亚黏土天然面与沥青路面差 4.0℃,那么,堤体和天然地面进入融化的初始时刻和终了时刻亦不一样,并可分别用下式确定:

初始时刻 $I(0)$

$$I(0) = \frac{1}{10}\arccos\left(\frac{t_0 + \Delta t}{-A_a}\right) + 1 \tag{8-80}$$

终了时刻 $I(1)$

$$I(1) = 36 - I(0) \tag{8-81}$$

对于一些特殊路面,如无规聚苯烯混凝土路面、白油漆刷白的沥青混凝土路面,对这些路面的附面层观测结果表明,它们都近似于干燥砂砾土的数值量,故暂时归划为同一类,统称"浅色路面",其上边界条件可用干燥砂砾土的附面层参量。

3)下边界条件

进入融化层后,季节融化层下的冻土层地温随深度的变化是有规律的,即最低地温值随融化历时的增加而升温,最低地温所在的深度位置也随融化历时增加而加深。图 8-15 中曲线 b 是可可西里山天然观测场 4 月末时冻土层内的地温实测曲线,最低地温 -4.7℃,深度 3m,该点也是该曲线的拐点。曲线 a 是五月末时地温曲线,最低地温上升为 -3.7℃,深度下移至 4m(地温观测表间距为 0.5m,故深度仅能表示 0.5m 级的整数值)。若将观测的逐旬最低地温所在的深度与对应的地温值绘成曲线,即曲线 c,亦称冻土层内最低地温包络线。该曲线应该是真实的从季节冻融分界面流向冻土层的地中热流随时间变化的下边界深度和对应的下边界温度。换言之,以曲线 c 所对应的时段,地中热流系双向;一是冻融分界面流向该极点,二是由年变化深度处流向该极点。

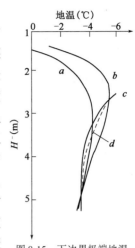

图 8-15 下边界极端地温
包络线(可可西里)

基于上述分析认为:融化期内冻土区的下边界应为动边界,曲线 c 的数学描述可以按冬令期下附面层底的极端低温传递公式求解,即

$$t(h\tau) = (t_a + \Delta t) + A_a \exp\left(-h\sqrt{\frac{\pi}{aT}}\right)\cos\left(\tau - h\sqrt{\frac{\pi}{aT}}\right) \tag{8-82}$$

当

$$\cos\left(\tau - h\sqrt{\frac{aT}{\pi}}\right) \tag{8-83}$$

时,$t(h\tau)$ 为 C 时刻的最低温度值。

故由式(8-83)得

$$h = \tau\sqrt{\frac{aT}{\pi}} \tag{8-84}$$

当 τ 用旬序 I 表示时,即 $\tau = 2\pi\left(\frac{I-1}{360}\right)$

得到

$$h = \frac{\pi}{18}(I-1)\sqrt[b]{\frac{aT}{\pi}} \tag{8-85}$$

$$t(hI) = (t_a + \Delta t) + A_a \exp\left(\sqrt{-\frac{\pi}{18}}\right)(I-1) \tag{8-86}$$

式中:a——导温系数;

T——周期(年)。

图 8-15 中曲线 d 就是按式(8-85)和式(8-86)计算的曲线,与实测曲线 c 吻合良好。

4)影响路堤临界高度数值计算的因素

现场的观测与室内计算表明,影响冻土路基高度的因素是多方面的,主要有:地表热条件、填土及地基土成分、路基土的温度等。

(1)地表热条件

表8-5是根据有代表性的黏性路基土,用不同的融化指数计算相应的人为上限。

黏性土路段的融深　　　　　　　　　　　　　　　　　　　表8-5

融化指数(℃·日)	1600	1800	2250	2700	3150	3600
计算融深(m)	2.25	2.70	3.00	3.20	3.37	3.50
半解析解	2.80	2.91	3.16	3.38	3.58	3.70
计算参数	路基填土:混合砂砾,$\gamma_d=1.850$,$w=8\%$ 路基填高:2m 地基土:亚黏土,$\gamma_d=1.550$,$w=14\%$					

计算结果表明,地表温度对冻土路基人为上限的影响很大。对于线形的道路工程,一定要考虑地表温度随不同地段而异这个重要因素。

(2)路基土及路堤填土成分的影响

路基土及路堤填土的土质类型、重度和含水率影响着土的热物理参数,必然影响着路基融化深度及其临界高度。现场观测与计算均表明,土质的影响是很显著的。融化指数与其他条件相同,仅路基土质不同,粗颗粒土路段的路基最大融深就要比黏性土路段大67~103cm。二者的差值随着融化指数的增大而增大,见表8-6、表8-7。从表8-6可见,以黏性土为路堤填料的路基最大融深较采用粗颗粒土为填料时,平均可减小15%左右。

黏性土路段以黏性土作填料时融深　　　　　　　　　　　　　表8-6

融化指数(℃·日)	1600	1800	2250	2700	3150	3600
计算融深(m)	1.88	2.01	2.39	2.68	2.85	3.16
与表8-5之差(%)	16	26	20	16	15	10
计算参数	路基填土:混合砂砾,$\gamma_d=1.60$,$w=13\%$;路基填高:2m;地基土:亚黏土,$\gamma_d=1.550$,$w=14\%$					

不同干重度和含水率对比　　　　　　　　　　　　　　　　　表8-7

参数与融深		干重度(kN/m³)	含水率(%)	融深(m)
Ⅰ	a	1600	5	3.35
	b	1700	5	3.41
	c	1800	5	3.46
Ⅱ	a	1600	10	3.28
	b	1700	10	3.32
	c	1800	10	3.35
Ⅲ	a	1900	6	3.51
	b	1850	8	3.41
	c	1800	10	3.35

融化指数:1800(℃·日)
填土:混合砾石土,路基填高:2m
地基土:砂土,$\gamma_d=1.70$,$w=10\%$

不同下边界温度的比较见表8-8。

不同下边界温度的比较　　　表8-8

下边界平均温度(℃)	-0.638	-1.638	-2.638	-0.638	-1.638	-2.638
下边界深度(m)	5.00	5.00	5.00	7.00	7.00	7.00
融深(m)	3.34	3.14	3.02	3.28	3.18	3.12

融化指数:1800(℃·日),路基填土高度:2m
填土:混合砾石土,$\gamma_d=1.85$,$w=8\%$
地基土:亚黏土,$\gamma_d=1.70$,$w=10\%$

深度随含水率增大而减小,但是差异不大,变化不显著。虽然含水率与干重度这两个参数单独变化时与土中总相变热存在着简单的正比关系,然而它们的变化还将影响到土的体积热容量及导热系数。特别是导热系数所受的影响,不仅变化幅度大,而且其变化方向亦与其他两项参数(土中相变热及体积热容量)相反。

(3)冻土温度

下边界平均温度在一定程度上反映了冻土的平均热状态,温度较低的冻土具有较高的热稳定性。同时,零时刻下边界温度的取值还将影响到计算的初始值。计算发现,初始值对计算的最终结果,亦即对最大融深的影响甚小。

一般情况下,下边界是定位于年变化层之内。但在实际模拟计算中,特别是二维模拟计算时,边界条件不可能都由实测资料得到,而是通过其他途径取得的,这个数值取得正确与否,对计算结果有较大的影响。

5)合理路基临界高度的确定

表8-9和表8-10给出了两种典型条件下的临界高度与融化指数的关系,表8-9的结果适合于在基底为含土冰层,平均温度-2℃左右,活动层含水率为14%的黏性土路段;表8-10适用于基底为少、多冰冻土,平均温度较高(-0.8℃),活动层是含水率在10%左右的粗颗粒土,用混合砂砾土作路堤填料的路段。

黏性土路段的临界高度　　　表8-9

融化指数(℃·日)	1400	1600	1800	2000	2200	2400	2600	2800	3000
天然上线(m)	1.00	1.05	1.10	1.15	1.20	1.25	1.30	1.35	1.40
临界高度(m)	1.30	1.40	1.55	1.70	2.10	2.20	2.35	2.45	2.50
土质	路堤填土:混合砾石土,$\gamma_d=1.85$,$w=8\%$ 地基土:亚黏土,$\gamma_d=1.55$,$w=14\%$								

砂砾土路段的临界高度　　　表8-10

融化指数(℃·日)	1600	1800	2000	2250	2400	2700	2950	3150
天然上线(m)	1.80	1.90	2.00	2.13	2.20	2.35	2.45	2.51
临界高度(m)	1.40	1.45	1.55	1.65	1.70	1.75	1.80	1.90
土质	路堤填土:混合砾石土,$\gamma_d=1.85$,$w=8\%$ 地基土:砂砾土,$\gamma_d=1.70$,$w=10\%$							

从上述分析可以看出,天然上限、土质因素及下边界条件均与临界高度有关。当这些因素局部地改变了天然上限与融化指数间的上述既定关系时,临界高度必随之改变。所以,在条件

差别较大的地段,为求得更合理的路基高度设计值,应采用其他方法。

8.5.4 零填、挖方路段沥青路面的路基设计

零填、挖方是冻土区道路工程最为复杂路段之一,青藏公路多年冻土区内凡是零填挖方均遭到不同程度的破坏,几乎无一处是成功的,这再次说明冻土区道路工程设计应采用多填少挖的原则。但是由于地形、坡度的限制不可避免要遇到挖方与零填,若不采用特殊处治方法,势必使冻土稳定状态遭受破坏,从而造成路基病害及破坏。

1)零填挖方路基的人为上限的确定

试验研究及现场调查表明,凡是零填、挖方路段,不论是砂砾路面还是沥青路面,都要使冻土天然上限明显的下降,即形成的人为上限深度均要大于冻土的天然上限深度。对于砂砾路面人为上限与天然上限的关系为

$$H_{砂人} = 0.64 + 0.88 h_{天} \tag{8-87}$$

式中:$H_{砂人}$——砂砾路面零填挖方路段人为上限深度(m);

$h_{天}$——相应于$H_{砂人}$路段的冻土天然上限深度(m)。

在相同条件下,沥青路面下的人为上限深度要比砂砾路面下的人为上限大得多,沥青路面下零填挖方段人为上限可用式(8-88)计算:

$$H_{沥人} = 1.51 + 0.82 h_{天} \tag{8-88}$$

式中:$H_{沥人}$——沥青路面零填,挖方人为上限深度(m);

$h_{天}$——相应于$H_{沥人}$路段的冻土天然上限深度(m)。

考虑到零填、挖方路段大稳定值(融化排水固结没有达到稳定),对式(8-87)、式(8-88)分别加1.5倍的方差后计算:

$$H_{砂人} = 0.94 + 0.88 h_{天} \tag{8-89}$$

$$H_{沥人} = 1.77 + 0.82 h_{天} \tag{8-90}$$

式(8-88)~式(8-90)的适用条件为:$1.2m \leq h_{天} \leq 2.8m$,气温 $-5.0 \sim 70℃$。

由以上可见:沥青路面吸热作用形成的人为上限要比砂砾路面的人为上限大$0.7 \sim 1.0m$;砂砾路面、沥青路面形成的人为上限深度随天然上限深度增大而增大,冻土上限绝对下降值是随冻土天然上限增加而减小。砂砾路面和沥青路面冻土上限的下降值与冻土天然上限深度的关系分别为:

$$\delta_{砂} = 0.94 - 0.12 h_{天}$$

$$\delta_{沥} = 1.77 - 0.18 h_{天}$$

2)沥青路面零填挖方路基稳定处治设计

沥青路面零填挖方路基的处治要达到如下目的:使人为上限深度控制在预计深度范围内,防止在运营过程中多年冻土上限下移;使路基基底融化层年冻融变形要在容许值范围内。以下是沥青路面零填挖方路基处治的几种主要方法。

(1)砂砾换填基底与保温

青藏公路的气温条件,采用$10 \sim 15cm$的聚苯乙烯泡沫保温材料,砂砾换填的基底最大融深一般在$150 \sim 200cm$(含水率10%左右),即基层与换填层间用$10 \sim 15cm$聚苯乙烯板保温,不良基底仅需换填200cm,若考虑基层与路面的厚度,实际换填厚度小于200cm(图8-16)。

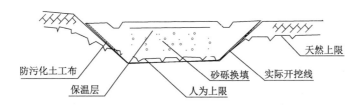

图 8-16 砂砾挟填与保温路基示意图

(2)砂砾换填加防水防污化隔离

换填厚度可用式(8-90)计算,但关键是控制换填砂砾层的冻胀。因此,一方面要严格控制砂砾中粉黏粒含量(最好小于5%),同时用土工织物把换填砂砾与原基底土隔离,(也可以用土工布袋装回填),使换填层冻胀系数控制在1.5%之内或更小。这种方法的最大不足是挖方与换填土方量太大。

(3)砂砾换填与憎水有机物处理

其方法是将砂砾与憎水有机物拌和,如渣油等,拌和用量为5%左右,这种处治方法可以降低冻结温度及防止水分聚集,起换填纯砂砾的作用。

(4)砂砾换填与浅色路面

采用无规聚苯烯(APP)浅色路面,可以获得与砂砾路面的相同效果。因为APP浅色路面所形成的人为上限深度比沥青路面小1m左右,这可以减小换填厚度。这种方法的工程应用表明,基底换填亦须认真处理,否则不能达到预计结果。因此,对于换填砂砾与浅色路面相结合的措施,换填砂砾一定要控制好粉黏粒含量和搞好防污化的隔离工作,其换填深度按式(8-89)计算。

(5)砂砾换填与堑内设堤的综合处治

观测试验表明,由于路堤体含水率一般要小于基底换填层的含水率,在粗粒土填筑路段,砂砾填料,路堤在3m高范围内,路堤每增高1m,冻土上限升高0.9m。因此,采用这种砂砾换填与堑内设堤的综合措施,可以大大减轻换填基底层的冻胀,如图8-17所示。

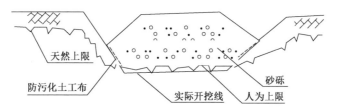

图 8-17 砂砾换填与堑内堤示意图

此外,对零填挖方路段另一个重要措施,就是做好地表防排水工作,宜采用宽浅排水沟,沟底用防渗土工布隔离,适当加大纵向坡度。

3)基底换填土石路基的变形评估

(1)砂砾路面富冰基底采用黏性土回填处理的变形

按冻土天然上限为1.2~2.8m,根据式(8-89)计算,其人为上限为2.0~3.4m。根据多年观测,用黏性土换填路堑富冰土其冻胀系数达4.5%,而青藏公路的风火山、可可西里黏性土的天然季节融化层最大冻胀系数达5.7%,若取值5%,扣除路面基层0.50m,则可认为是不冻胀的,换填基底冻胀量7.5~14.5cm。

(2)砂砾路面基底用砂砾换填的变形

用黏性土换填砂砾,换填系数采用1.2,因此其人为上限为2.4~4.08m,在通常条件,若换填砂砾没有进行特殊处理,换填后砂砾处于饱水状态,也不可避免要受细颗粒入侵与污染,换填砂砾时要产生一定冻胀性。根据试验,若能控制粉黏粒含量在10%之内,其最大冻胀系数为2%,对风火山地区天然河谷饱水砂砾冻胀观测表明,最大冻胀系数达3.4%。因此,若取值2%~3%,同样扣除0.5m的路面结构厚度,砂砾换填的冻胀量,当冻胀系数取值2%时为3.8~7.2cm,取值3%时为5.7~10.7cm。

(3)沥青路面用黏性土换填基底的变形

天然上限取值在1.2~2.8m,按式(8-87)计算相应的人为上限为2.75~4.07m,最大冻胀系数取值5%,那么用黏性土换填后的基底最大冻胀量达11.3~17.9cm。

(4)沥青路面用砂砾换填基底

换填与计算参数同上,其人为上限为3.30~4.88m,基底冻融层的最大冻胀量达5.6~8.8cm(冻胀系数为2%)与8.4~13.1cm(冻胀系数3%)。

以上仅仅从冻胀方面评价变形,若同时考虑可能产生的局部融沉,其变形量要大大超过上述计算数值。

综上所述,不论砂砾路面或沥青路面,用黏性土换填还是砂砾换填,零填挖方换填基底均有可能产生较大的冻胀,一般要超过沥青路面的最大许可变形(4~6cm)。因此,对沥青路面零填挖方路基的稳定不能单纯考虑用换填方法,而应与其他工程措施结合,才能达到预计的目的。

8.5.5 填方路基设计

早期的冻土地区路基设计遵循"多填少挖,低填浅挖,宁填勿挖"的原则,主要保护冻土,防止融化;对于地表有冻土草垫、热融湖塘、冻土沼泽等特殊表层地区,采取不清表的方法处理。经过多年的研究实践,到20世纪90年代,把新技术、新材料、新结构引入了冻土地区的公路建设,提出了将温度与路基设计相结合,加强侧向保护将冻土将冻土上限提升的理论。21世纪初期,提出了冷却路基的理念,变被动为主动保护冻土,并把遮阳板(棚)、热棒冷制、块石护坡、块石路基、通风路基技术在冻土路基设计中进行了应用,遵循保护冻土,允许融化的原则,使冻土路基在设计使用年限内满足了公路的使用功能要求。以下主要介绍块石路基、热棒冷制和通风路基在冻土路基中的设计应用。

1)块石路基

(1)块石路基的工作原理

块石路基是典型的冷却路基理念的应用,这种路基包括块石路堤、块石护坡和U形路堤。块石路基的工作原理是:块石填筑的路基内有大小不等的贯通和非贯通孔隙,内外温差的存在使其具备热传导性,夏季块石层内空气起隔热作用,冬季则产生冷空气对流,利用隔热保温和自然对流,使路基下的冻土层在季节性气温变化过程中温度保持相对稳定,从而较好地控制多年冻土的热稳定性。这种路基的隔热保温和自然对流效果与块石自身的大小、最佳厚度、形成的孔隙大小、热边界条件、阴阳坡面、边坡热扰动及风速和风向等因素的影响。

(2)块石路基设计

块石(片石)路基一般由块石层、上部路基填土两大部分组成(图8-18)。在块石与原地面间设一层30cm厚的砂砾,块石(片石)层厚度1.2~1.5m,粒径20~40cm,块石顶面设一层厚度30cm左右的砾石,上铺设一层防渗土工布,在上部填筑路基土,坡比1∶1.5~1∶1.75,在片石层两侧增加片石护坡道,宽度2m,如图8-19所示。

图8-18 片石通风路基

2)热棒冷制路基

(1)热棒冷制原理

热棒冷制技术是一种利用热气相的转换对流循环来实现热量传输的系统,是一种采集天然冷量而无须外加动力的制冷装置。如图8-20所示,热棒由一根密封的钢管组成,里面充以工质(液氨)。管的上部装有散热叶片,称之为冷凝段,置于大气中;管的下部埋入地基的多年冻土中,这段称为蒸发段。当寒季来临,空气温度降至低于多年冻土温度,蒸发段与冷凝段之间存在温差时,热棒即启动工作,蒸发段的液体工质吸热蒸发成气体,在压差作用下,蒸汽沿管内空隙上升至冷凝段,与管壁接触放出汽化潜热,冷凝成液体,在重力作用下,冷凝液体工质沿管壁回流到蒸发段后再吸热蒸发,如此往复循环,将地层中的热量传到大气中,从而降低多年冻土的地温。当冷凝段温度高于蒸发段温度时,热棒中的液体工质蒸发后形成蒸汽到达冷凝器后不能冷凝,液体停止蒸发,热棒自动停止工作,所以,热棒具有单向传热的特点,使大气的热量不能进入棒内传递给土层。因此,热棒制冷技术利用单向导热性能实现对冻土层温度的相对稳定,保护冻土的热稳定性。

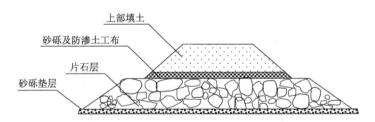

图8-19 块石护坡通风路堤结构示意图

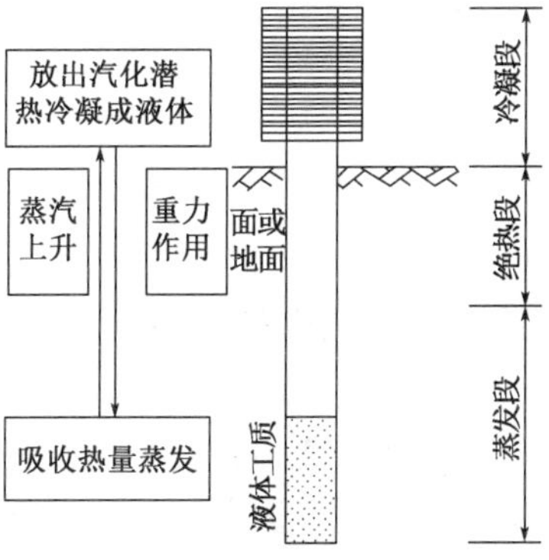

(2)热棒路基设计

采用热棒降低地层温度,设计以保护多年冻土或控制冻土融化速率为原则,因此,设计时应从保护冻土角度出发,选择影响路基各个因素的设计值。这些因素包括路堤高度、路堤边坡比、热棒参数、热棒埋深和间距、路基排水设施等。

①路堤高度的确定

由于路堤改变了地表结构,使多年冻土的上限发生变化。为了利用季节融化层作为路基基底,防止多年冻土上限附近高含冰量土层发生融化,路基设计时要求路堤的最低高度不

图8-20 热棒工作原理

要引起天然上限的下降,这个最低的路堤高度称为下临界高度;另一方面,路堤的高度又不能在路堤内或基底土层内形成融化夹层,这个路堤高度称为上临界高度。路堤设计时,其合理高度取值应控制在上临界高度和下临界高度之间,否则将对多年冻土产生影响。

②路基边坡比的确定

冻土路段填方路基边坡比一般为 1:1.5~1:2,考虑到多年冻土地区地质条件的复杂性,在多年冻土的富冰冻土路段填筑路基时,若细粒土的层的天然含水率较高,边坡比可适当放缓。

③热棒参数选定

热棒自身的参数决定其工作效率,选择时既要考虑热棒的制冷效果,还要考虑其工程造价和耐久性。影响热棒制冷效果的主要参数有冷凝段长度、蒸发段长度、翅片数量、工质及工质数量等。对工程造价和耐久性影响的因素有管壳的材料、尺寸和厚度。根据经验,在选择冷凝段、蒸发段长度和翅片数量时,要考虑有足够的散热面积,使蒸发段吸收的热量能散发到大气中;冷凝器与管壳的连接最好不要变径,防止因变径段蒸汽流速加大而出现淹没现象。一般蒸发段长度 6~7m,冷凝段长度 3~4m。翅片数量 300 个左右。工质的数量有热棒总长而定,等于热棒处于工作状态时,热棒中蒸汽工质与壳壁上液膜数量和棒底部液体工质之和。管壳外径一般为 85~105mm,壳壁厚度 10~20mm。

④热棒的合理埋深

设置热棒的目的是通过热棒制冷作用降低多年冻土的温度,提高冻土地基的稳定性(图 8-21)。要发挥热棒对冻土的制冷作用,只有当热棒蒸发段埋在永久冻土层以下时,才能冷却多年冻土层,并将多年冻土的热散发到大气中,使热棒地基稳定。多年冻土热棒的合理埋深一般在人为上限以下 1.0~2.5m,即天然地面线以下 3.0~5.0m 左右。

图 8-21 热棒制冷路基

⑤热棒的间距

热棒的纵向间距应确保两根热棒间土体都受到降温作用,过大则会使两根热棒间部分土受不到热棒的降温作用,过小则热棒间相互影响,不利于冷量的扩散。根据多年的工程实践验证,热棒的作用半径为 1.8m 左右,铺设热棒路基时,两热棒的纵向间距一般为 3.0~3.6m。

⑥路基排水

热棒路基设计中应重视排水,合理设置边沟、排水沟、挡水埝、防水护道等排水设施,避免热棒制冷作用使温度场变化而引起边坡渗水、坡脚积水的水分迁移,影响路基强度和形成新的路基病害。

3) 通风管路基

通风管路基是主动冷却路基工程措施中的一种,主要通过强迫对流热交换的方式来释放路基中的热量,有效防止路基表面吸收辐射热量的下传,起到保护多年冻土稳定性的作用。通风管路基的工作原理是:在路基内预埋不可通风的实体混凝土管或 PVC 管,通过管内空气流动或热传导方式达到冷却路基的效果;其中,空气流动又可以分为强迫和自然对流两种,强迫对流是由于空气以一定的速度穿过通风层时产生,自然对流是由于空气冷热密度的差异产生的浮力所致。

通风管路基适用于路基高度大于 2.0m,路基走向垂直或近似垂直于主风向的多年冻土区高温高含冰量冻土地段。

(1) 通风管路基断面

通风管路基设计断面如图 8-22 所示。

(2) 通风管的管径与材质选择

通风管宜用预制钢筋混凝土管,强度等级不低于 C30;管径一般为 0.4~0.7m,管壁厚度 50~80mm;每节长 1~3.0m。通风管的合理长径比宜≤50。

(3) 通风管埋设要求

①通风管的埋设位置应避开路基坡脚的静风区,埋置深度应大于 3~5 倍的管径(大管径取小值,小管径取大值),距原地面以上 0.5~1.0m。通风管两端应伸出路基边坡一定长度,伸出长度应大于 0.2~0.4m。

②通风管的埋设间距:研究表明,管间距越小,寒季冷却路基的作用越明显,但暖季的吸热量也越大,不利于冻土的保护。对管径 0.4m 的通风管净间距可取 1.0~1.5m。

(4) 辅助结构

通风管顶部应铺设 0.1~0.2m 厚的中粗砂保护层,四周铺设中粗砂垫层。在进风口应安装"风门"装置(图 8-23),为加速路基降温效果,可以采用"透壁式"通风管。

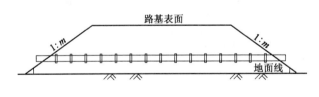

图 8-22 通风管路基断面示意图

图 8-23 通风管路基

8.5.6 多年冻土地区路基施工及质量控制

1) 冻土路基施工注意事项

(1) 针对不同的冻土条件,确定相应的施工季节和施工工艺。施工季节应尽量避开降雨集中、热融作用最活跃的七八月,宜安排在夏末或秋初,并做好防护,防止地表水流入或渗入基底和边坡,路基地面防护范围应符合设计要求。

(2)对于按保护冻土原则设计的路基,应尽量减少对多年冻土的扰动和破坏,以利于热平衡状态的恢复;尽量减少大气降水的浸润、渗入及冻结层以上水的危害。

(3)路堑开挖。在冻土地区应尽量减少路堑长度,宜尽快开挖成形,不能断断续续施工,并及时做好其附属工程。在施工中少刷或不刷边坡。跨年作业有利于路堑稳定,最好在秋末开挖成形,来年暖季回填。

(4)路基排水。排水沟设置应与路基坡脚有一定距离,尽量减少排水沟对路基基底冻土的热作用,尽量加快地表水在排水沟的过水速度,减少排水沟积水时间。在路基施工过程中,要注意临时排水设施的修建。

(5)环境保护。路基工程中的取土、弃土、填方、挖方等必然要对多年冻土地区植被、地表水、层上水造成一定影响。为此,要严禁推土机大面积推土填筑路基,任意开辟施工便道,随意就近弃土,随意铲除草皮等做法,要优化路基工程设计、做好施工组织设计、合理安排各道工序的衔接,对冻土环境要进行实时监测。

从环境保护的角度看,多年冻土特别是高含冰量冻土对地表的扰动十分敏感。地表的一些不大的改变,如雪盖和植被的变化都会引起多年冻土的重大的不可逆的变化,从而产生严重的后果。低温和短的生长季节也造成了冻土区植被一旦被破坏后恢复缓慢的特点。因此在冻土区筑路要特别注意保护环境。

从工程的角度看,保护好环境对保护冻土,确保路基的稳定性也是十分必要的。例如路基下保存植被,不仅有利于保护冻土,而且这些植被能起到毛细隔断层的作用,使路基上中部冻结层上水形成的水分积聚有所减小。因此,在高含冰量冻土地段,不仅在路基下面,而且从路中心起算的两侧30~100m内必须保存植被。就近取土、取草皮,甚至用推土机直接在路堤两侧推土的做法是不可取的。

2)遵循的原则

在有可能出现多年冻土的地段要详细的调查冻土的类型、分布情况、地面水和地下水的水位及流向、冻土的上限下限,并采样检验土质的含水率,将多年冻土加以正确分类,同时施工中遵循以下原则:

(1)冻土温度低、稳定,宜于采取保护多年冻土的原则,冻土温度高,不稳定,融沉又不大时,可考虑采取破坏多年冻土的原则(融化原则)。

(2)在厚层地下冰地段,一般应采取保护多年冻土的原则;在少冰冻土和多冰冻土地段,一般可采取破坏多年冻土的原则(融化原则)。

(3)在富冰冻地段,含水率较大,或公路等级较高时,宜采取保护多年冻土原则;当含水率较小,或公路等级较低时,也可采用破坏多年冻土原则(融化原则)施工。

所谓破坏多年冻土是指施工中(尤其是挖方路堑)可以将多年冻土的一部分挖出,回填含水率适中的材料,施工中允许多年冻土少量融化,但回填应及时。而保护原则是指将原路面表面有机物杂质清除后,不破坏季节冻融层或少破坏季节冻融层,但一定不得破坏季节冻融层下的多年冻土,而直接用适当的材料回填路基,这样避免多年冻土被暴露,减少外界环境对多年冻土融化的影响。

3) 路堤施工

(1) 基底处理：如果厚填方基底为含冰过多的细粒土，且地下冰层不厚，可挖除并用渗水性土回填压实，再填路基，这种方法可用于面积不大、冻土层厚度不深的岛状冻土区，回填材料以砂砾和风化砂为宜。当基底为排水困难的低洼沼泽地段时，基底部应设置毛细水隔离层，低液限黏土最好，其厚度宜在扣除路堤沉降后高出原地面水面 0.5m 以上。当隔离层铺设完毕之后，在其上铺反滤层（如：砂砾、中砂），若低洼沼泽地段生长有塔头草，可利用为保温层，另外多年冻土的施工最好提前进行，并预加沉降，使得在路面结构修筑之前路基沉降趋于稳定。

(2) 回填材料：选用保温隔水性均好的细粒土，不准采用冻土块或草皮层及沼泽底含草根的湿土填筑路基。

(3) 碾压：碾压时要控制含水率，不能超过最佳含水率 2 个百分点。成形后路床强度应符合设计要求，用不小于 20t 的压路机或等效碾压机械碾压 2~4 遍，确保表面无轮迹和弹软现象。

(4) 排水：保持路基及周围冻土处于冻结状态，排水沟、边沟距坡角应足够远，含冰量大的冻土段，两侧不得出现积水。少冰地段，为防止破坏热流平衡，排水沟与坡角距离应大于 2m，对于沼泽段应大于 8m，饱冰冻土及含土冰层段则不宜修排水沟和截水沟，宜在距坡角 6m 外修挡水堰，将两侧汇水挡在路基范围以外，减小因水流带来的热融影响。

(5) 侧向保护：对于填高不大的多年冻土宜设置具有保湿功能的护坡道和护脚，沿线两侧 20m 内的厚地面植被应加以保护。

4) 路堑施工

路堑施工的原则与路堤大致相同，但要注意以下几点：

(1) 对于地下水位较高，出现渗水情况的地段，要注意施工中及时设置防渗结构，减小渗水的出现，路堑坡顶避免设置截水沟或排水沟，宜修筑挡土堰，距坡脚距离不小于 6m。

(2) 土质边坡加固铺砌厚度应满足保温层要求。如用草皮铺砌应水平叠砌，错缝嵌紧，缝隙用黏土或草皮填塞严密，连成整体，草皮要及时铺填。

(3) 饱水冻土，含冰层等含水率很大的多年冻土路堑段，为防止开挖后基底冻胀翻浆，可根据设计要求换填足够厚度的渗水性土，如：中砂、砂砾等。

5) 冻土路基施工质量控制

(1) 路基填料

检测填料的物理性质和指标。主要是确定冻土的土质、温度和总含水率，土颗粒密度、天然重度、未冻水含量等指标，以确定冻土的工程分类和有关性质。

(2) 路基压实

应采用快捷、简单、高效的检测手段和方法，以便于机械化快速施工的要求，检测仪器还应适应低温环境。压实系数 K 作为路基压实控制的一个参数，在施工现场常常会与强度指标相矛盾，如当填料的含水率较大时，尽管通过增加碾压遍数可得到较大的压实系数，但承载板试验指标却很小。轻型动力触探作为一种原位测试手段，不仅可以确定基床土表层的承载力，而且还能确定某一深度处土的强度，具有反映指标合理、数据直观可靠、易于操作掌握、检测速度快等优点。建议冻土路基的压实标准以地基系数 $K30$ 或轻型动力触探 $N10$ 控制为主，填土压实度 K 和相对密度作为辅助控制标准。

压实过程中,还要注意控制填料的未冻水含量和总含水率,填料中的未冻水—冰处于动平衡状态,当冻土中未冻水含量减少,则冻土的强度增加,压缩性降低,变形量减少。因此,应尽量使路基填料的含水率接近最佳含水率。

综上所述,在多年冻土地区修建道路,根据冻土温度、冻土类型、道路等级、路面要求以及施工期限等情况,可以采用保护冻土或破坏冻土的不同措施。一般说来,路基应有足够的填土高度,以避免冻胀、翻浆和热融沉陷等病害。取土坑应远离路堤坡脚,并做好取土、排水的设计与施工,以避免路肩陷裂、热融滑坍和冰丘、冰椎等病害。在白色路面下稳定的路基,铺筑黑色路面会因黑色路面吸热而产生新的热融沉陷,也应采取必要的措施。在有厚层地下冰的地段,应尽量避免挖方、低填和不填不挖断面,否则应采取专门的隔热防融和基底换填等措施。

8.6 季节性冻土地区的路基冻胀和翻浆及其处治方法

冻胀与翻浆是季节冻土与多年冻土地区所特有的危害较大的两种公路病害,主要分布在我国北方寒冷地区和南方高寒山区以及青藏高原,是这些地区路基路面设计必须考虑的问题。

8.6.1 季节性冻土的冻胀形成机理

冻胀是指使用冻胀性土的路段,在冬季负气温作用下,当有水分供给时,水分不断向上聚集,在路基上部形成冰夹层、冰透镜体,导致路面不均匀隆起,使柔性路面开裂、刚性路面错缝或断板的现象。

当路基表面的土开始冻结时,土孔隙内的自由水在0℃时首先冻结,形成冰晶体。当温度继续下降时,与冰晶体接触的薄膜水受冰的结晶力作用,迁移到冰晶体上面冻结。使得与冰晶体接触的土粒上的水膜变薄,破坏了原来的吸附平衡状态,土粒的分子引力有剩余,就要从下面水膜较厚的土粒吸引水分子。同时,当水膜变薄时,薄膜水内的离子浓度增加,产生了渗透压力差。在土粒分子引力与渗透压力差的共同作用下,薄膜水就从水膜较厚处向水膜较薄处迁移,并逐层向下传递。在温度为 $-5 \sim 0$℃的条件下,当下部未冻区有充分的水源供给时,水分发生连续向冻结线迁移,使路基上部大量聚冰。

当冻结线在某一深度停留时间较长,水分有较多的迁移时间,且水源供给充分时,可能在该深度处形成明显的聚冰层;当冻结速度较快,每一深度处水分迁移的时间短,聚冰少且均匀分布,可能不形成明显的聚冰层。

路基内显著聚冰的层位,一般也是产生不均匀冻胀的层位,通常主要出现在路基上部的某一深度范围内。超过该深度时,由于上覆土层冻结所形成的阻力,将使水分迁移大大减弱,不均匀冻胀实际上停止发展。该深度称为临界冻结深度 z。各种土的临界冻结深度值见表8-11。

临界冻结深度值　　表8-11

土类	细砂	砂性土	粉性土	重亚黏土	轻黏土
临界冻结深度(cm)	80~90	80~90	90~120	100~140	120~160

若当地实际冻结深度 z 大于临界冻结深度 z_0 时,则显著聚冰的层位一般只出现在临界冻结深度范围内;若当地实际冻结深度 z 小于临界冻结深度 z_0 时,则聚冰层位只限于实际冻结深度范围内。

8.6.2 季节性冻土地区的路基冻胀评价指标

1) 总冻胀

在横断面方向,路面全宽内的平均冻胀值称为总冻胀。在寒冷地区内地下水位高的地段,使用强冻胀性土的路基,冻胀可达 15~20cm。

2) 不均匀冻胀

当路基土不均匀或压实不均匀或供水不均匀时,都可能导致冬季聚冰的不均匀,从而形成不均匀冻胀。不均匀冻胀可用指标 f_{uc} 表示:

$$f_{uc} = \frac{\Delta h}{B} \tag{8-91}$$

式中:B——路面宽度(m);

Δh——在横断面内路面的不均匀变形(cm),$\Delta h = h_2 - (h_1 + h_3)/2$;

h_2——路面中心或冻胀最大处的冻胀值(cm);

h_1、h_3——路面两边缘处的冻胀值(cm)。

不均匀冻胀是总冻胀的一部分,但可使柔性路面不均匀隆起或开裂,可使刚性路面发生错缝或断板。

3) 冻胀系数(或冻胀率)

平均冻胀值 h 与其相应的冻结深度 z 的比值,称为冻胀系数 k_t 是综合反映冻胀性强弱的指标:

$$k_t = \frac{h}{z} \tag{8-92}$$

在高地下水位地段,使用强冻胀性土的路基,冻胀系数可达 0.15~0.20。

8.6.3 季节性冻土地区的路基冻胀和翻浆

由于降水或灌溉的影响,在秋季,地面水下渗,地下水位升高,使路基水分增多。到冬季,随着气温下降,路基上层的土开始冻结,而路基下部的土温仍较高,在温度梯度作用下,在土体内的水分由温度较高处向温度较低处移动,使路基上层水分增多,并冻结成冰,使路面冻裂或隆起,形成冻胀。到了春季(有的地区延至夏季),气温逐渐回升,路基上层的土首先融化,上层土基的含水率增大,强度急剧降低,在行车作用下路面发生弹簧、裂缝、鼓包、冒泥等现象,称为翻浆。随着以后天气渐暖,蒸发量增大,冻层化透,路基上层水分下渗,土变干,土基强度又逐渐恢复。

冻胀与翻浆是统一过程的两个阶段。都是在夏、秋季地面水下渗或地下水位升高的基础上,在冬季负气温的作用下,发生水分迁移,使路基上层水分增多,并冻结成冰而形成。冻胀发生在冬季,是路基上层显著聚冰的直接反应;翻浆虽发生在春季,也是在冬季路基上层聚冰的基础上,化冻时土基水分过多,强度急剧下降,并经行车作用而形成。

冻胀与翻浆具有一致性的同时又有差异性。一般情况下，冻胀大的路段，土基聚冰多，春融期水分多，容易翻浆或翻浆较重；反之，冻胀小或不冻胀的路段，土基聚冰少，春融期水分少，不易翻浆或不翻浆，这是冻胀与翻浆的一致性。但在有些情况下，冻胀大的路段并不翻浆，这可能是由于聚冰层位于土基下部或路面较厚等的缘故；而有时冻胀小或不冻胀的路段反而翻浆，其原因可能是聚冰层虽薄但位于土基上部、聚冰下挤没有表现为冻胀、路面过薄或结构不合理等；这是冻胀与翻浆的差异性。

8.6.4 影响路基冻胀与翻浆的因素

公路冻胀与翻浆是多种因素综合作用的结果。土质、水、温度与路面是影响冻胀的四个主要因素。此外，还受行车荷载因素的影响。在上述各因素中，土质、温度和水是形成冻胀与翻浆的三个基本条件。

1）土质

不同土质具有不同的冻胀性。粉性土具有最强的冻胀性，最容易形成翻浆。这种土的毛细水上升较高且快，在负温度作用下水分易于迁移，如水源供给充足可形成特别严重的冻胀，在春融时承载能力急剧下降易于形成翻浆。黏性土的毛细水上升虽高，但速度慢，只在水源供给充足且冻结速度缓慢的情况下，才能形成比较严重的冻胀和翻浆。粉性土和黏性土含有较多腐殖质和易溶盐时，则更易形成冻胀和翻浆。粗粒土在一般情况下不易引起冻胀和翻浆，因其毛细水，上升高度小、聚冰少，且在饱水情况下也能保持一定的强度；但当粗粒土中粉黏粒含量超过一定量以后，冻胀性明显增加，也能形成冻胀和翻浆。

2）水

冻胀与翻浆的过程，实质上就是水在路基中迁移、相变的过程。路基附近的地表积水及浅的地下水，能提供充足的水源，是形成冻胀与翻浆的重要条件。秋雨及灌溉会使路基土的含水率增大，使地下水位升高，从而促成冻胀与翻浆的形成。

3）温度

没有一定的冻结深度或冰冻指数（冬季各月每日负气温的总和）就难以形成冻胀和翻浆。而在同样冻结深度或冰冻指数的条件下，冻结速度和负气温作用的特点对冻胀和翻浆的形成具有很大影响。例如，在初冻时气温较高或冷暖交替变化，温度在 $-5 \sim 0℃$ 之间停留时间较长，冻结线长时间停留在土基上部，就会使大量水分聚流到距路面很近的地方，形成严重的冻胀和翻浆。反之，冬季一开始就很冷，冻结线下降很快，水分来不及向上迁移，土基上部聚冰少，冻胀和翻浆就较轻或不出现。此外，春融期间的气温变化及化冻速度对翻浆也有影响。如春季开始化冻时，天气骤暖，土基急剧融化，则会加重翻浆。如春融期间冷暖交替并伴有雨、雪，也会使翻浆加重。

4）路面

冻胀与翻浆都是通过路面变形破坏而表现出来的，因此，冻胀和翻浆与路面（类型和厚度）密切相关。在比较潮湿的土基上铺筑沥青路面后，由于沥青路面透气性较差，路基中的水分不能通畅地从表面蒸发，可能导致聚冰增加、冻胀量增大，以致出现翻浆。路面厚度对冻胀与翻浆也有影响，路面厚度大时可减轻冻胀，可减轻或避免翻浆。

5)行车荷载

公路翻浆是通过行车荷载的作用最后形成和暴露出来的。虽然路基有聚冰、有冻胀,春融时含水过多,但无行车荷载作用,是不可能产生翻浆的。因此,当其他条件相同时,在翻浆季节,交通量愈大,车辆愈重,则翻浆也会愈多、愈严重。

8.6.5 路基冻胀和翻浆病害的原因分析

由于负温作用,路基开始冻结时,水分由下层向冻结锋面(冻土与非冻土之间可移动的接触界,称为冻结锋面)集聚,形成冰晶体、冰夹层。随着路基下部和路肩土体中水分向路基中部集聚,使路面下部形成较厚的聚冰层,从而使路基土产生冻胀,使路面拱胀不平或产生裂缝。春季时,随着气温升高,路基土开始融化,这时路面下的土体又比路肩土融化快,使路基下形成凹形残留冻核(图8-24),凹曲形冻土核为一不透水层,使其上部已融化土中的水分不能排出,从而造成翻浆病害。

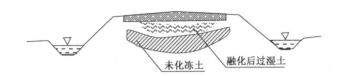

图8-24 路基融化时未融化冻土形成隔水层

道路的不均匀冻胀和翻浆严重程度如何,与路基的土质、水分和温度条件有关。一般粗颗粒的砂砾土填筑的路基,由于很少产生水分迁移和聚冰作用,且具有良好的排水条件,冻胀性很小,不足以构成危害。融化时,承载能力降低不大,也不会产生翻浆现象。但是当路基为亚砂土,且有地下水补给条件下,会产生严重的聚冰现象,冬季路面产生大的冻胀变形,春季融化时水分多处于饱和状态,又不能及时排出,在这种情况下,往往形成流砂和泥浆。黏土在不良水文地质条件下,如地下水位高,路基两旁积水时,路面也能产生较大的不均匀冻胀和春季的翻浆。

路基水分条件是引起路面冻胀和翻浆的决定性因素。当路基土中含水率超过起始冻胀含水率时,路面便会有不均匀冻胀发生,特别是当地下水位较高时,由于地下水位的补给将使路基产生更大的不均匀冻胀。路基土冻结后,由于水分迁移和聚冰作用,使土体含水率显著增大,春季融化时往往处于饱和状态,这时土颗粒间水膜厚度增大,土颗间的摩阻力消失,土壤的强度指标显著降低,造成道路翻浆。

按不同的水文地质条件,道路翻浆可分为以下几种类型。

(1)地下水类翻浆

在地势低洼,积水难以排出,地下水位埋深又浅的地区,路基填土高度不大时,冻结期由于地下水补给使土体含水率增大,春季引起道路翻浆[图8-25a)];在丘陵区域或山区的路堑挖方和半填半挖地段,由于开挖使路基顶面接近地下水位[图8-25b)]或者路堑边坡切断含水层[图8-25c)]且排水不畅时春季产生翻浆;在半山腰的填方路堤,有时压住含水层或泉眼,使水分渗入路基[图8-25d)],冬季引起路基冻胀,春季化冻时产生翻浆,一般称为两肋翻浆;城市道路有时因地下管道漏水,路基含水率增加,将导致道路翻浆。

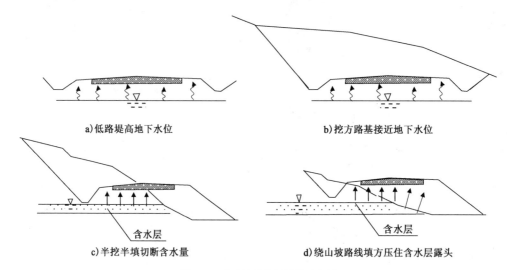

图 8-25 地下水引起的翻浆示意图

(2) 地表水类翻浆

由于降雨、灌溉等使路基两旁积水,而又不能及时排出,渗水使路基含水率增加,又由于冻结过程中的水分迁移作用,使路面下土层含水率增加,春季融化时产生翻浆;由于养护不良、路基边沟堵塞、路面出现车辙、局部洼坑、两侧路肩高于路面等情况使路面或边沟长期积水,渗入路基后使土体含水率增大,春季将引起局部翻浆。

(3) 土体水类翻浆

土体水类翻浆主要是由于施工中遇雨,路基填土含水率大或填筑大块冻土造成,这种翻浆往往发生在桥头或高填方路基处。

(4) 气态水类翻浆

气态水类翻浆多发生在黑色路面下,黑色路面下的水气由于蒸发受到阻碍,而在其下面集聚,如图 8-26 所示。由于黑色路面导温性强,温差变化大,冬季聚流严重,春季则易引起翻浆。

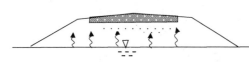

图 8-26 黑色路面产生的气态翻浆

道路工程的冻害,是寒冷气候条件下所特有的现象,因此气候也是影响道路冻害的主要因素之一。一般气候变化是指气候的冷热、持续时间及降雨多少和降雨持续时间等。此外,道路翻浆还与车量荷载的大小和通车次数等有关。交通量越大,车量越重越易引起或加重翻浆。

由上述冻土地区路基病害原因分析可以看出,产生路基冻胀和翻浆的原因很复杂,有时是多种因素综合作用的结果。

8.6.6 防治冻胀与翻浆的技术措施

1) 防治冻胀和翻浆的基本原则

(1) 调节路基水温状况,防止地面水、地下水或其他水分在冻结前或冻结过程中进入路基上部。例如,在路基中设置隔离层、隔温层,做好路基排水,提高路基等。

(2)如有水分聚积在路基上部,则应在化冻时期将多余的水分及时排除或暂时蓄积在渗水性与水稳性良好的路面结构层中。例如,设置排水或盖水砂(砾)垫层等。

(3)改善土基,加强路面。例如,路基换土或采用加固土;路面采用石灰土、煤渣石灰土等结构层。

(4)在有些情况下,用一种处理措施,往往不能收到预期效果或不够经济合理时,可采用两种或两种以上综合措施。

2)防治冻胀与翻浆的措施

(1)做好路基排水

良好的路基排水可防止地面水或地下水浸入路基,使土基保持干燥,减少冻结过程中水分聚流的来源。

路基范围内的地面水、地下水都应通过顺畅的途径迅速引离路基,以防水分停滞浸湿路基。为此,应重视排水沟渠的设计,注意沟渠排水纵坡和出水口的设计;在一个路段内重视排水系统的设计,使排水沟渠与桥涵组成一个完整的通畅的排水系统。

为降低路基附近的地下水位,可采用有管渗沟;为拦截并排除流向路基的地下水,可采用截水渗沟,同时考虑冰冻深度的影响。

(2)提高路基填土高度

提高路基填土高度,可增大路基边缘至地下水或地面水水位间的距离,从而减小冻结过程中水分向路基上部迁移的数量,使冻胀减弱,使翻浆的程度和可能性变小。

路线通过农田地区,为了少占农田,应与路面设计综合考虑,以确定合理的填土高度。在潮湿的重冻区内粉性土地段,不能单靠提高路基填土高度来保证路基路面的稳定性,要与其他措施,如砂垫层、石灰土基层等配合使用。

提高路基填土高度是一种简便易行、效果显著且比较经济的常用措施。同时也是保证路基路面强度和稳定性,减薄路面,降低造价的重要途径。

(3)设置隔离层

隔离层是设在路基中一定深度处,用于防止水分进入路基上部,从而保持土基干燥,起防治冻胀与翻浆的作用的防水结构。设隔离层措施的适用条件:

①隔离层对新旧路线翻浆均可采用,特别适用于新线。

②不透水隔离层适用于不透水路面的路基中;在透水路面下只能设透水隔离层。

③在盐渍土地区的翻浆路段,隔离层深度应同时考虑防止盐胀和次生盐渍化等要求。

隔离层按使用材料可分为透水性隔离层和不透水隔离层两类。

透水性隔离层用碎石、砾石或粗砂等做成,其厚度一般为 10~20cm;为了防止淤塞,应在隔离层上面和下面设置防淤层,隔离层底部应高出地面水 20cm 以上,并向路基两侧做成3%的横坡。

不透水隔离层分不封闭式(隔断毛细水)和封闭式(隔断毛细水和横向渗水)两种。在地面排水困难或地下水位高的路段,宜采用封闭式隔离层。封闭式隔离层可做成垂直封闭式及外斜封闭式。根据隔离层铺筑宽度,不封闭式隔离层又可分为贯通式(当路基宽度较窄时,隔离层横穿全路基)和不贯通式。

不透水隔离层所用材料有:

①8%~10%的沥青土或6%~8%的沥青砂,厚度2.5~3.0cm。

②沥青或柏油,直接喷洒,厚度 2~5mm。

③油毡纸、不透水土工布、塑料薄膜(在重盐渍土地区不宜使用)等不透水材料。

隔离层的深度(隔离层距路肩顶面的垂直距离)一般为$(3~3.5)D$(D为标准轴载的轮迹直径)。在交通量大、路面等级高、冻胀与翻浆严重的情况下,宜采用较大数值。

(4)换土

当采用水稳性好、冰冻稳定性好、强度高的粗颗粒土换填路基上部时,可以提高土基的强度和稳定性。换土措施的适用条件:

①因路基高程限制,不允许提高路基,且附近有粗粒土可用时。

②原有路基土质不良,需铺设高级路面时。

换土层厚度一般可根据地区情况、公路等级、行车要求以及换填材料等因素确定。根据一些地区的经验,在路基上部60~80cm厚的范围换填粗粒土,路基可以基本稳定。换土厚度也可以根据强度要求,按路面结构层厚度的计算方法计算确定。

(5)加强路槽排水

在冻胀与翻浆严重地段,应注意做好路槽排水,通常采用设砂垫层和横向盲沟等措施进行路槽排水。

①铺设砂垫层:砂垫层在融期可起蓄水、排水作用;能隔断毛细水上升;可防止融期路基泥浆上挤污染路面结构层;冬季对路基冻胀可起缓冲作用,从而减轻路面冻胀。在盛产砂石地区,可以采用铺设砂垫层排水,防止冻胀和翻浆。

根据砂垫层的作用,从蓄水和耐污染方面考虑,砂垫层的经验厚度为:中湿路段,15~20cm,潮湿路段,20~30cm。

砂垫层材料的可选用砂砾、粗砂或中砂,要求砂中不含杂质、泥土。

砂垫层路段两端,要用不透水的黏性土封闭,以防止翻浆的蔓延。砂垫层要洒适量水用履带式拖拉机碾压。

在透水性很差的黏性土路基,一般不宜使用蓄水的砂垫层。

②加设横向盲沟。

道路纵坡大于3%的坡腰翻浆路段,当中级路面基层采用透水性材料时,为了及时排出透水层内的纵向水流和春融期土基化冻时的多余水分,可在路槽下设置横向盲沟。横向盲沟可设成人字形,纵向间距10m左右,深度20~40cm,宽40cm左右,填以砂砾等透水性良好的材料,出口按一般盲沟处理。

(6)加强路面结构

在冻胀与翻浆地段,为减小冻胀和翻浆对路面结构及承载力的影响,应使用整体性好的石灰土、煤渣石灰土、水泥稳定砂砾等半刚性结构层,以加强路面结构。但是用这些半刚性材料作基层时,应防止反射裂缝,结合当地的应用经验,注意路面结构组合设计、材料的选择和配合比设计。

(7)加设防冻层

在中、重季节冻结区和多年冻土区的高级、次高级路面,在有可能冻胀的路段,为防止不均匀冻胀,路面总厚度不应小于表8-12的规定。如按强度计算的路面厚度小于表列规定时,应用冰冻稳定性良好的材料加设防冻层补足。

路面防冻最小总厚度(cm)　　　　　　　　　　　　　表 8-12

冻结深度 (cm)	土基干湿 类型	粉性土	砂性土、 黏性土	冻结深度 (cm)	土基干湿 类型	粉性土	砂性土、 黏性土
50~100	中湿	30~50	30~40	150~200	中湿	60~70	50~60
	潮湿	40~60	35~50		潮湿	70~80	60~70
100~150	中湿	50~60	40~50	>200	中湿	70~80	60~70
	潮湿	60~70	50~60		潮湿	80~110	70~90

防冻层材料应选用冰冻稳定性良好的砂砾、粗砂、矿渣、煤渣等粒料,也可采用水泥或石灰煤渣稳定粗粒土、石灰粉煤灰稳定粗粒土等。采用砂砾和粗砂时,小于 0.074mm 的颗粒含量不应大于 5%;采用煤渣时,小于 2mm 的颗粒含量不宜大于 20%。

(8)铺设隔温层

在重冻区,有条件时也可采用铺设高效隔温层的方法,减小土基冻结深度或使土基不冻结,以防治冻胀,从而也防治翻浆。隔温层采用导温性能差的材料,铺在土基内、土基顶面或路面结构层内。

在林区的临时道路上,隔温层多采用压实的泥炭、树皮、木屑等当地材料,铺在土基内或土基顶面。在正规的公路上,可采用泡沫塑料、苯乙烯海绵塑料混凝土、含有多孔填充料的轻混凝土等高效隔温材料。煤渣隔温层铺设于压实的土基顶面,为防煤渣受湿隔温性能降低,可设在砂垫层上;硬化泡沫塑料隔温层铺设于压实的土基顶面;轻混凝土隔温层铺设于面层下的路面结构层内。

在土基顶面铺设硬化泡沫塑料隔温层时,为防其受潮,应先摊铺聚乙烯薄膜,然后安放硬化泡沫塑料板或浇注泡沫树脂,最后再用薄膜覆盖并加铺 5cm 砂层,方可在其上铺筑路面结构层。采用泡沫聚合树脂时,要待泡沫硬化 2h 后再覆盖薄膜。

轻混凝土的强度较硬化泡沫塑料要大几十倍,故轻混凝土隔温层应靠近面层铺设。在苯乙烯海绵塑料混凝土隔温层上可直接铺筑热沥青混凝土混合料,使轻混凝土表面层苯乙烯海绵塑料微粒溶化,提高层间黏结力。

隔温层的厚度,视需要减少的冻结深度通过计算确定。

在选择翻浆防治的各种方法时,应根据当地的气候、土壤地质和地下水条件,因地制宜地采用合理的防治措施。表 8-13 可供选择防治翻浆措施时参考。

各种防治翻浆措施选择　　　　　　　　　　　　　表 8-13

编号	措施种类	适用的翻浆类型	翻浆等级	适用地区或条件	使用说明
1	路基排水	①②⑤	轻、中、重	平原区、丘陵区、山区	适用于一切新、旧道路
2	提高路基	①②⑤	轻、中、重	平原、洼地、盆地	新、旧路均可使用,必要时也可与 3、4、5、6、7、9 任何一类组合应用
3	砂(砾)垫层	①②③⑤	中、重	产砂、砾地区	新、旧路均可用,主要做垫层可与 2、4 类组合应用

特殊路基工程

续上表

编号	措施种类	适用的翻浆类型	翻浆等级	适用地区或条件	使用说明
4	石灰土结构层	①②③④⑤	轻、中、重	缺少砂、石地区	新、旧路均可用,做基层或垫层可与3、5类措施组合应用
5	煤渣石灰土结构层	①②③④⑤	中、重	缺少砂、石地区,煤渣供应有保证时	新、旧路均可用,做基层或垫层,可与4类措施组合应用
6	透水性隔离层	①②⑤	中重	产砂、石地区	适用于新路
7	不透水隔离层	①②④⑤	中、重	沥青、油毡纸、塑料薄膜、不透水土工布供应有保证	多用于新路
8	盲沟	①⑤	轻、中、重	坡腰或横向地下水出露地段,地下水位高的地段	新、旧路均可使用
9	换土	①②③⑤	中、重	产砂砾或水稳性好的材料地区	适用于新、旧路

注:①地下水类;②地面水类;③土体水类;④气态水类;⑤混合水类。

参考文献

[1] 梁钟琪.土力学及路基[M].北京:中国铁道出版社,1982.
[2] 华东水利学院土力学教研室.土工原理与计算[M].北京:水利出版社,1980.
[3] 张天宝.土坡稳定性分析和土工建筑物的边坡设计[M].成都:成都科技大学出版社,1987.
[4] 何兆益,杨锡武.路基路面工程[M].重庆:重庆大学出版社,2001.
[5] 高磊.矿山岩石力学[M].北京:机械工业出版社,1987.
[6] 张永兴.岩石力学[M].北京:中国建筑工业出版社,2004.
[7] 赵德文.岸坡岩体稳定性赤平极射投影法分析[J].山西建筑,2010(36).
[8] 张倬元,王士兰,王兰生.工程地质分析原理[M].北京:地质出版社,1994.
[9] 贺咏梅,阳友奎.崩塌落石SNS柔性防护系统的设计选型与布置[J].公路,2001,11(11).
[10] 《岩土工程手册》编写委员会.岩土工程手册[M].北京:中国建筑工业出版社,1994.
[11] 中国科学院武汉岩体力学研究所.岩质边坡稳定性的试验研究与计算方法[M].北京:科学出版社,1981.
[12] 李海光,等.新型支挡结构设计与工程实例[M].北京:人民交通出版社,2004.
[13] 江级辉,徐国宝.工程地质学[M].成都:成都科技大学出版社,1995.
[14] 《地基处理手册》编写委员会.地基处理手册[M].北京:中国建筑工业出版社,1988.
[15] 交通部第二公路勘察设计院.公路设计手册·路基[M].北京:人民交通出版社,1996.
[16] 洪毓康.土质土力学[M].北京:人民交通出版社,1998.
[17] 罗嘉运.岩土工程及路基[M].北京:中国铁道出版社,1997.
[18] 孙更生,郑大同.软土地基与地下工程[M].北京:中国建筑工业出版社,1984.
[19] 杨锡武,欧阳仲春.加筋高路堤陡边坡离心模型的研究[J].土木工程学报,2000,10(5).
[20] 杨锡武,易志坚.基于离心模型试验和断裂理论的加筋边坡合理布筋方式研究[J].土木工程学报,2002(4).
[21] 高志朋,刘龙武,郑健龙.南友高速公路膨胀土路堤包盖法处治效果评价[J].路基工程,2007(06).
[22] 高歌.膨胀土路基的防护方法[J].路基工程,2003(03).
[23] 中华人民共和国交通运输部.黄土地区公路路基设计与施工技术规范:JTG/T D31-05—2017[S].北京:人民交通出版社股份有限公司,2017.
[24] 中华人民共和国住房和城乡建设部.湿陷性黄土地区建筑规范:GB 50025—2004[S].北

京:中国建筑工业出版社,2004.
[25] 中华人民共和国交通运输部.公路软土地基路堤设计与施工技术细则:JTG/T D31-02—2013[S].北京:人民交通出版社,2013.
[26] 王念秦,张倬元.黄土滑坡灾害研究[M].兰州:兰州大学出版社,2005.
[27] 谢定义,邢义川.黄土力学[M].北京:高等教育出版社,2016.
[28] 王永炎,林在贯,等.中国黄土的结构特征及物理力学性质[M].北京:科学出版社,1990.
[29] 文启忠.中国黄土地球化学[M].北京:科学出版社,1989.
[30] 张吾渝.黄土工程[M].北京:中国建材工业出版社,2018.
[31] 冯志焱.湿陷性黄土地基[M].北京:科学出版社,2017.
[32] 王晓谋.基础工程[M].2版.北京,人民交通出版社,2010.
[33] 刘祖典.黄土力学与黄土工程[M].西安:陕西科技出版社,1997.
[34] 孙继敏.李希霍芬与黄土的风成学说[J].第四纪研究,2005,25(4):438-442.
[35] 李彦武.黄土地区路基病害分析及防治对策[J].公路,2009,(8):218-221.
[36] 关文章.湿陷性黄土工程性能新编[M].西安:西安交通大学出版社,1995.
[37] 刘东生,陈承惠,吴子荣,等.黄土的物质成分和结构[M].北京:科学出版社,1985.
[38] 张登飞,陈存礼,杨炯,等.侧限条件下增湿时湿陷性黄土的变形及持水特性[J].岩石力学与工程学报,2016,35(3):604-612.
[39] 罗宇生.湿陷黄土地基评价[J].岩土工程学报,1998,20(4):90-94.
[40] 张志清,张兴友,胡光艳.湿陷性黄土公路路基病害类型及成因分析[J].路基工程,2007(5).
[41] 臧恩穆,吴紫汪.多年冻土退化与道路工程[M].兰州:兰州大学出版社,1999.
[42] 童长江,管枫年.土的冻胀与建筑物冻害防治[M].北京:水利水电出版社,1985.
[43] 吴紫汪,程国栋,等.冻土路基工程[M].兰州大学出版社,1988.
[44] 中国科学院兰州冰川冻土研究所.冻土的温度水分应力及其相互作用[M].兰州:兰州大学出版社,1990.
[45] 徐学祖,王家澄,张立新.冻土物理学[M].科学出版社,2001.
[46] 李述训,程国栋.冻融土中的水热运输问题[M].兰州大学出版社,1995.
[47] 周幼吾,郭东信,等.中国冻土[M].北京:科学出版社,2000.
[48] 周孟真.关于我国冻土路基处理方法的研究历程[J].四川建筑材料,2018.
[49] 侯宪军.多年冻土地区热棒路基工作原理与施工技术[J].山西建筑,2008,4(34).
[50] 樊云龙,毛雪松,侯仲杰.多年冻土地区热棒路基设计原则和方案[J].路基工程,2012(4).
[51] 梁剑军.热棒制冷技术在多年冻土地区公路路基处理的应用[J].应用能源技术,2011(2).